DOCUMENTS ANTÉRIEURS A 1790
RELATIFS A L'HISTOIRE DU GÉVAUDAN

TROISIÈME PARTIE

DOCUMENTS

HISTORIQUES ET INÉDITS

SUR LES GUERRES DE RELIGION

EN GEVAUDAN

Publiés par la Société d'Agriculture, Industrie, Sciences et Arts de la Lozère, sous les auspices du Conseil Général et sous la direction de M. Ferdinand André, Archiviste du Département.

TOME II

MENDE
IMPRIMERIE TYPOGRAPHIQUE A. PRIVAT
1886

DOCUMENTS

RELATIFS

AUX GUERRES DE RELIGION

EN GÉVAUDAN

Pendant les 16e, 17e & 18e siècles.

Une des époques les plus intéressantes de l'histoire du Gévaudan, est celle de ses guerres religieuses.

Les historiens, suivant qu'ils appartenaient au culte catholique ou calviniste, en ont diversement raconté les origines, les causes, les péripéties.

Animée du seul désir de faire connaître la vérité, la Société d'agriculture commence aujourd'hui la publication, par ordre chronologique et sans commentaires, des diverses pièces officielles publiées à cette époque et existant encore dans nos archives départementale et communales.

Le lecteur, en les parcourant, jugera par lui-même si les revendications qui furent alors formulées étaient légitimes ou mal fondées, et si leur caractère justifie les luttes sanglantes qu'elles occasionnèrent.

Dans le but de rendre aussi complète que possible sa publication, la Société d'agriculture fait appel aux personnes en possession de documents authentiques sur cette période de notre histoire, et les prie de vouloir bien lui en donner communication.

A. M.

MESURES PRISES CONTRE LES LUTHÉRIENS, PAR LES VICAIRES GÉNÉRAUX DU DIOCÈSE DE MENDE, PENDANT LA VACANCE DU SIÈGE ÉPISCOPAL.

1533

Commissio concessa per dominos vicarios, sede vaccante, contra hereticos et Leutheranos.

Raimundus de Grandmonte et Guydo de Montepetroso in utroque jure baccallarii, canonici ecclesie cathedralis civitatis Mimatensis, vicarii generales in spiritualibus et temporalibus episcopatus Mimatensis, sede illius vaccante et ad manus venerabilis Capituli dicte ecclesie existente, per dictum Capitulum deputati : Reverendis dominis Anthonio Coignet, canonico dicte ecclesie, Fratri Johanni Johanensi, ordinis Carmelitarum ac in sacra pagina eximiis doctoribus salutem. Nuper serenissimus dominus noster rex quosdam nobis destinavit litteras quas, cum honore et reverentia ut decet recepimus, continentes quod in regno Francie et diocesibus ejusdem regni infinite pullulabant hereses, quod sue mentis nostre turbatione non precepimus et signanter Leutheri heretici ac suorum sequa cum fauctorum, receptatorum, defensorum ac adherentium, quod cedit in enervationem Cristiane religionis ac nostre fidei et totius ecclesie militantis ; ob quod ut tales extirpentur hereses ac secte Leuteriane ac aliorum eidem asseuciatum se que sint in nostra diocesi nobis injuxit ut supra dictis heresibus ac sectis Leutherianis inquireremus et inquiri faceremus pro debita justicia contra culpabiles ministranda ; et cum ad presens sumus certis negociis arduis prepetiti ob quod ad inquirendum insistere non valemus, volentes mandato regis, ut tenemur, pro posse nostro hobedire et illa exequtioni demandare et ne talia patiamur in presenti diocesi oriri crimina, sed illa ex debito justicie penitus extirpare, confisi de probietate, scientia, legalitate ac idoneitate vestris, vobis igitur et vestrum cuilibet vices nostras ad fines duntaxat premissos committimus ac per expresse mandamus quathinus infra diocesim predictam Mimatensem supra dictis heresibus ac sectis Leutherianis ac aliis que contra determinationem ecclesie sancte militantis esse videntur diligenter in .... processusque supra premissis cum notario publico confina .... confectis clausis et sigillatis nobis apud Mimatam .... ut contra culpabiles et eorum fautores, receptatores ...... procedere possimus justicia mediante et ut ordo juris . ... In quorum fidem has presentes commissionales litteras per ..... nostrum fieri nec non sigillo dicti capituli Mim..... appen.... muniri. Actum et datum Mimati sub sigil.. .... appositione, die vicesima septima mensis maii anno domini millesimo quingentesimo trigesimo tercio. De dictorum dominorum vicariorum.....

TORRENTIS.

(Archives départementales, Série G. 1089, folio 290.)

EXÉCUTION D'UN PROTESTANT DES CEVENNES A NIMES, ET ARRESTATION DE DEUX AUTRES A MENDE, CONDAMNÉS A ÊTRE BRULÉS A TOULOUSE.

1551

L'histoire des martyrs persecutez et mis à mort pour la vérité de l'Evangile, etc. (1) mentionne la mort de Maurice Secenat, natif d'un village prés le Collet-de-Dèze, « en Savennes ».
Il fut brûlé à Nimes en 1551.

—o—

La même année, un protestant, Jean Joery, natif d'un village près d'Albi, qui s'était retiré à Genève, revint quelques années plus tard, au mois de juillet 1551, dans son pays. Il était accompagné d'un jeune garçon. « Pour faire quelque proufit en leur dit voyage, et aussi pour consoler les fidèles du pays, ils s'estoyent chargez de bons livres, qui fut la cause questant à Mende, au pays de Languedoc, il furent pris tous deux et condamnez d'estre bruslez ; dont ils appelèrent. » Ils furent donc envoyez au parlement de Toulouze. Condamnés à être brûlés, ils subirent héroïquement ce supplice.

---

(1) Volume in-folio, imprimé en 1597 (page 315 et 316).

FONDATION D'UN COLLÈGE DANS LA VILLE DE MENDE, PAR LE CHANOINE PIERRE ATGIER, BACHELIER ES DROICTZ, POUR COMBATRE LES HÉRÉSIES.

1554. 11 septembre.

Concidérant les hérésies, malvaises, perverses et iniques sectes Luteriennes et aultres malvaises sectes que ont par cy devant coreu et encores en plusieurs et divers lieux courrent et pelluent journellement, et affin que par ignorance et malvaise doctrine ne soyent plus semées entre les crestiens fidèlles et que par érudition et sçavoir la vraye cognoissance de Dieu soit cogneue et les commandemens dudict seigneur Dieu et de saincte mère Esglise soient observés et gardés, a voleu, veult et ordonne, crée, fonde et érige en la cité de Mende ung aultre collège aultre que son dict college de six prebtres collégiés par luy dessus fondé, et ordonne, à sçavoir: de trois maistres aux ars et gens sçavans en théologie et ausdictz arts, et non suspectz desdictes sectes et de malvaise doctrine et suffisans pour régir, gouverner et endoctriner tous les escoliers de ladicte cité et diocèse de Mende et aultres venans en ladicte cité pour estre endoctrinés en ladicte théologie et arts.

.... Aussi a voulu et ordonne que toutz et chascun les escoliers de son dict collège ez arts soyent tenus chascun jour ouyr et assister à ladicte messe et prier Dieu pour son asme et que luy plaise abolir lesdictes malvaises sectes leutheriènes et aultres malvaises erreurs.

(Archives départementales, Série G. 2647).

STATUTS SYNODAUX DE L'ÉVÊCHÉ DE MENDE ORDONNANT AUX ECCLÉSIASTIQUES QUI ONT CHARGE D'AMES DE DÉNONCER LES HÉRÉTIQUES.

1557

Sequentia requirit procurator officii curie spiritualis Mimatensis in presenti synodo pascali publicari et observari per subditos sub penis juris.

In primis quod moneantur animarum curam habentes nec non veri Christiani ut si quos sciant seminatores errorum et falsarum propositionum qui tam in publicum quam secrete contra religionem nostram christianam aliquod dogma falsum, hereticum et scandolosum et contra ordinationes sancte nostre matris ecclesie tenuerunt, quod infra brevissimum tempus revelent sub penis juris et declarationis fautorum hereticorum.

(Archives départementales, G. 703.)

PERQUISITION DES HÉRÉTIQUES

DÉCLARATION DU CURÉ DU BORN, COMME EN SA PAROISSE N'Y A AUCUN QUI SENTE MAL DE LA FOY.

1557

Inquisition secrète.

Du neufviesme may mil cinq cens cinquante-sept, au lieu et paroisse du Born.

Maistre André Bonyol, prebtre et vicaire du lieu et

paroisse du Born, eaige de cinquante ans, comme a dit, mémoire de quarante ans, tesmoing ministré par le procureur d'office.

Dit, moiennant son serment presté sur les sainctz de Dieu esvangilles, sur ce interrogé, que dans sa paroisse du Born n'a aulcung personnaige qu'il sache que ne vyve en bon crestien et catholique, observant lez mandemans de Dieu et de son Esglise, soy confessant et receu lez sainctz sacremans deucarestie, mesmement à sez festes de Pasques dernierement passeez. Si, luy a este enjoinct que s'il en sçavoit aulcun mal sentant de la foy et ne vyvant comme dict est en bon crestien et catholique le venir dire et declarer à la court de Monseigneur de Mende et à Messieurs ses vicaires et official, sur peyne de sen prendre audict depposant, que a promis de faire recolle, a persevere et cest soubzsigné.

Aussi a esté dabondant ouy s'il sçavoit aulcung prebstre en sa dicte paroisse que ne vesquit en estat ecclesiastique et scandalisant personne, que dit que non qu'il saiche. Et plus n'a dit, mais ces soubzsigné.

Signé : ROMOLLS, v.

(Archives départementales, G 3085).

MANDEMENT DE RECEPVOYR UNG PRESCHEUR A SAINT-ESTIENNE-DE-VALFRANCISQUE ET SERT DE FORME ENVOYÉE A PLUSIEURS AULTRES PAROISSES.

1558

Jacques Macel, docteur ez droictz, chanoine de l'esglize cathédrale de Mende vicaire général de révérend père en Dieu, Messire Nicolas Dangu, evesque de Mende conte de Gevauldan et Gaspar de Gout, licencié ez droictz, juge de la court commune du comté et bailliage de Gevauldan, aulx prieur, procureurs et parrochiens de l'esglise paroisse de St Estienne-de-Valfrancisque, païs des Cevenes, salut et toute prospérité et augmentation de dilection en nostre seigneur. Come par cy devant nous avons cogneu par expérience que la prevarication et devoyment de plusieurs errans subvertis de la foy, union de l'esglize et religion crestienne soit en partie provenue pour la perverse et inique doctrine et prédication de ses faulx prescheurs et dogmatisans que ne sont envoyés que de eulx mesmes et de Sathan, leur conducteur et directeur. Au moien de laquelle subversion et devoiement plusieurs se serions despartis et separés de lunion et religion chrestienne et plusieurs aultres rendus refroidis, et doubtans en ce qu'il convient et est necessaire avoir en lesglise catholique et religion, dont sen est ensuivy la perdition et ruyne de plusieurs, grand scandalle et trouble en lesglise, chose quest grandement à deplorer, et pour y obvier et satisfaire de notre pouvoir à notre charge et garder que telz faulx dogmatisans, ministres de Sathan ne subvertissent les bons crestiens et fidelles par cy apres, et que au contraire de leurdicte faulce doctrine il soit à iceux presché et semé le sainct evangille, sincerement et catholicquement et donne a entendre ce qu'il nous convient à croyre avec lesglize pour la necessité de notre salut, et que par ce moien chacun puisse cognoistre et discerner les faulces doctrines et persuasion de notre ruyne et perdition de noz ames avec ce qu'il nous fault necessairement croyre, fere, garder et observer en ceste presente vie mortelle pour nous joindre après en la vye éternelle; et pour reduire en la vraye religion et foy catholicque ces pauvres devoyés et subvertis, avons à bonne et juste cause advisé vous envoier, pour ceste caresme prochain, prescheur catholicque de bonne et saine doctrine et exemple et vous prouvoir de religieux et honorable personne frere N....... docteur en theologie et de l'ordre de Sainct Françoys que avons par cy devant experimenté et cogneu de doctrine saine et catholicque, bonne vye et exemple. Pour ce, de nostre autorité et puissance, chacun en son endroict et suyvant l'arrest sur ce doné à Montpellier, en novembre passé, par Messieurs les commissaires de la foy, et en intervenant quant à ce la requeste par les procureurs du Roy et de Monseigneur de Mende, nous vous prions, exortons, en tant que besoing seroit vous enjoignons par ces presentes que vous ayez à recepvoir ledict prescheur et icelluy, en ses predications et doctrine, ouyr et y assister neanmoings aulx messes parochialles et aultre service divin toutz les dimanches et festes, devotement et comme il apertient à l'ofice de chacun bon crestien; et pour ce qu'il est tres sceans et raisonable que s'il vous despart come luy sera par Dieu administre la pasture et nourriture spirituelle suplissant et satisfaisant a ce que apertient à l'office d'un vray prieur et recteur, qu'il soit nourry par vous et honnestement receu et entretenu. Ce que ordonnons par vos parrochiens estre faict, et néanmoings la caresme parachevée adviseres ensemble de le fere contant et le pourvoir de quelque honeste estat qu'il ayt moien de mieulx estudier et de fere fruict en lesglize de Dieu. Ce que esperons avec laide du benoict Sainct Esperit, tellement que le tout redondera à lhonneur de Dieu et augmentation de la foy et religion chrestienne et salut de noz consciences; et par tant que besoing seroit mandons a toutz seigneurs, leurs justiciers et officiers et aultres ayans charge de la republicque et a ung chacun deulx que pour ce fere vous aye a donner secours, faveur et aide en ce quilz verront estre necessaire, et a ce contraindre ceulx qui pour ce seront a contraindre par toutes voyes deues et raisonables, sur peynes et suyvant les saincts decretz, edictz du Roy nostre prince tres crestien et lesdictz arrestz sur ce donnés. Mandons en oultre au vicaire de ladicte esglise que nos presens mandement, deslors quils lauront receu, inthiment et signifient aux susdict prieur, procureur et parrochiens et aultres qu'il apartiendra, et de leur inthimation et responce, que sur ce leur sera faicte, nous ayent a certifier dans quinze jours aprez, sur peine de excommuniement avec xxv livres apliqué au roy et audit sieur Evesque, et aultre arbitraire. Donné à Mende soulz noz seings, le vingt quatriesme jour du moys de février l'an 1557 (1558).

Au bas :
Le prieur des Carmes à St-Germain.
(Archives depart., serie E. Registre de M° Torrent, folio 402.)

1557

CAUSE DE LA HAINE DES RÉFORMÉS CONTRE LES HABITANTS DE MENDE.

On conservait autrefois dans les archives du Chapitre cathédral de Mende « *les Procédures contre les Luthériens, en l'an 1557. Le sieur Fontanilles et Mejanelle brulés à l'aire d'Angiran* ». Ces documents n'existent plus aujourd'hui. On peut y suppléer par l'enquête faite en 1562.

(Archives departemeutales, série G. 969).

Michel Jourdan, merchant, habitant de la ville de Mende, dit que la présente ville de Mende, manans et habitans d'icelle ont toutzjours demeuré bons et loyaulx serviteurs du Roy et vescu catholiquement, suyvant les constitutions de lesglise romaine, ouyans messes et aultres divin office. En sorte que peult avoir troys ou quatre ans ou envyron que M. Malras, président en la Court de parlement de Tholose, MM. Dalzon et Fabri, conseillers du Roy, en icelle, et M. Sabatier, procureur général et certains aultres commissaires, pour le Roy depputés, seroient venus en la présent ville de Mende pour pugnir et fere justice de certains hérétiques du pais des Cevenes et d'aultres lieux, tellement que plusieurs personnaiges desdictes Cevenes furent condempnez et exécutez, mesmes ung gentilhomme nommé le sieur de Fontanilhes, ung aultre nommé Mejanele et ung aultre de Florac, lesquelz feurent bruslez et plusieurs aultres en effigie; d'aultres feurent condempnez en amendes honorables et bannys, environ quarante, comme le deppousant dit sçavoir, pour l'avoir veu et avoir este présent esdictes exécutions faictes en ladicte ville de Mende; quest la cause que ceulx de la nouvelle Religion, nommez huguenaulx, tant des païs de Languedoc, Viverès, Cevenes que aultres lieux, auroient conceue grande haine et malice contre les habitans dudit Mende, tant gens d'esglise que aultres, ce qu'ilz auroient monstré par effect, car auroient faicte conspiration et se seroient mys en debvoir de ruyner et razer ladicte ville de Mende et exterminer les habitans d'icelle, et par ce moyen iceulx habitans auroient este contrainctz entretenir grand nombre de gendarmerie et garnyson à leurs despens.

Mᵉ Guyon Malaval, prebtre, du lieu de Becdejù, paroisse de Balsiège, diocèse de Mende.... dit que despuis tout le temps de sa souvenance et mémoire a hanté et fréquanté souvent en la présent ville de Mende; les habitants de laquelle, tant gens d'esglise que aultres a veuz tousjours vivre catholiquement en la foy et unyön de nostre mere saincte esglize, soubz l'obéissance du Roy, nostre souverain seigneur, et sans aulcune sedicion. Et peult avoir envyron quatre ou cinq ans que ung présidant de Tholose et certains conseilliers de ladicte Court, commissaires depputés par le Roy, se seroient transpourtez en la présent ville de Mende pour faire pugnition de certains lutheriens et hérétiques, tant du païs des Cevenes que dailleurs, et condempnarent le seigneur de Fontanilhes et ung nommé Mejanelle a estre buslez et plusieurs aultres en effigie, et plusieurs aultres en amendes pécuniaires et honorables, en nombre de quarante ou cinquante. Lesquelles exécutions feurent faictes en ladicte ville de Mende, comme le deppousant a veu. A cause de quoy ou aultrement les gens de la nouvelle secte, dictz huguenaux, tant dudict païs des Sevenes que de Languedoc et aultres auroient porté haine et malice à ladicte ville de Mende et habitans d'icelle, tant gens desglise que aultres.

(Archives departementales, Série G 969).

25 décembre 1561.

RENVERSEMENT DES CROIX PLACÉES AUX ENVIRONS DE LA VILLE DE MENDE.

(Archives départementales, série G. 1468).

M. de Burdin, dans ses documents historiques sur la province de Gévaudan, a publié l'enquête du procès-verbal mentionnant cet acte de vandalisme. (T. 2, p. 4).

REQUISITION FAICTE PAR M. LE VICAIRE GÉNÉRAL A MM. LES CONSULS DE MENDE.

19 janvier 1562.

L'an mil cinq cens soixante-ung et le dix neufviesme jour du mois de janvyer. Regnant très crestien prince Charles, par la grace de Dieu, roy de France. En la cité de Mende, à la chambre qu'est près la salle basse dicelles, vénérable personne M. Jacques Macel, docteur ez droictz, chanoine de Mende, vicaire général de révérend père en Dieu, Monseigneur Nycolas Dangu, evesque et seigneur de Mende, conte de Gevauldan, avec l'assistance de MM. les bailles, juge et lieutenant de juge pour ledict seigneur, a exposé à saiges hommes Hélie Serre, Jehan Filhot et Jehan Bestion, consulz dudict Mende, qu'il auroit cy devant exposé et remonstré tant à leurs précesseurs au consulat que a eulx, despuys qu'ilz seroient entrés en charge et les auroit advertis pour certaine affaires urgans touchant nostre religion, paix et repos de la Républicque, fere fermer les portes de la présent cité et y fere fere guet la nuict ; et auroient offert pour le Corps du clergé universel de Mende paier des despances de quatre parties les troys. et que le Corps de la ville paie le quatriesme, et qu'ilz luy auroient faict responce qu'ilz le communiqueront à leur conseil et reporteroient la délibération et conclusion qui en seroit faicte.

Parquoy, les a requis luy fere response. Lesquels MM. consulz, par la bouche dudict Serre, premier, luy ont dict quilz missent en délibération ce dessus; et le conseil arresta qu'il ne y avoit lieu de faire garde. Et ce ouy, ledict seigneur vicaire, avec l'assistence que dessus, a derechef requis lesdictz MM. consulz, et en leurs personnes les MM. conseillers et habitans dudit Mende, pour les urgens et éminents périlz concernant toute la Républicque crestiene et pour obvier aulx escandales, inconvenians, périlz et dangiers que s'en pourroient ensuivre. mectre gardes soufizantes aux portes, et que chascun jour ne soient ouvertes que deux portes de la ville, comme est de coustume aux dangiers et périlz évidans, et fere fere guet. Offrant, au nom dudict S^{gr} evesque, MM. du Chapitre et clergé dudict Mende, paier et fraier, comme dessus, des quatre parties les troys, laissant le quatriesme pour la ville, aultrement a protesté desdictz inconvenians, périlz et dangiers à faulte de ce pour les regard, trouble de la religion, conservation du temple, de lesglize, personnes et biens des particuliers et habitants d'icelle ville, qui sen pourroient ensuyvre et d'en avoir recours ou apartiendra.

Lesquels MM. consulz, par la bouche dudict Serre, premier consul, ont demandé le double de la présente réquisition pour icelle communiquer audict conseil, et la communication faicte, luy reporteront ce que le conseil en aura déterminé. Aussi ledict sieur vicaire les a advertis que s'ilz sçavent que en la présente cité se facent aulcungs monopoles ou assemblées et que aul cungs portent armes, pistoletz, pistoles ou arquebouzes deffendus par les ordonnances et contrevenans aulx editz du Roy, en la présent cité, que en advertissent les dictz officiers pour y estre procédé contre les coulpa bles, suyvant le bon plaisir dudict seigneur. Iceulx MM. consuls ont respondu que sil vient à leur notice ce dessus, y feront leur debvoir. Et de ce, icelluy sieur vicaire, a requis acte a moy, notaire soubsigné, ez pré sence de vénérables personnes MM^{es} Pierre Ruvere, Jehan Brugeyronis, plus jeune de atge, habitans dudict Mende, tesmoings ad ce appelez.

(Archives départementales, Serie E).
(Registre de Me Torrent, notaire, année 1561, folio 205)

ACTE DE RÉQUISITION ET PROTESTATION DES REN-
TIERS DU PRIEURÉ DE ST-JEAN-DU-BLEYMARD POUR
FAIRE RÉSILIER LEUR BAIL A FERME A CAUSE DES
TROUBLES.

L'an 1561 (1562) et le tretziesme jour du moys de janvier. Au lieu du Bleymar et dans la maison et logis de Pierre Robert. Mre Anthoine Beys, prebtre, et Pierre Mazaudier, du Bleymar, rentiers du prieuré Sainct Jehan du Bleymar ; ayant la presence de noble Jacques de Juncguet (Jurquet), prothonotaire, de Monjusieu, prieur dudict Sainct Jehan, parlans a luy par lorgane de Mre Guabriel de Sabran, luy ont dict et remonstré comme depuis quelque temps et en ça plusieurs seditions et esmotions populaires se fesoient journellement pour raison de la Religion chrestienne, tellement que plusieurs seducteurs, gens inhumains, venoient si tres fort a hayr et mespriser les églises et les prebtres ou vicaires ayans la charge et regime d'icelles, que en plusieurs endroictz du bas et hault pays de Languedoc sen estoient ensuyviz plusieurs scandalles au moyen de telles seditions, et craignans les susdictz rentiers recepvoir tel inconvenient à leur grand détriment pour indice et dommaige, auroient ils déliberé sy despartir dudict arrentement, mesmes de la charge de la cure et administration des sainctz sacremens de ladicte esglize et le remetre ez mains dudict seigneur prieur, pour y pourveoir. Parquoy l'ont requis instamment a ce leur pourveoir ; declarans dès maintenant quilz nentendoynt doresnavant sy entremetre en rien de la charge dudict prieuré pour les raisons susdictes, et que par luy linstrument d'arrentement fust cancellé et anullé, offrans luy payer tout ce en quoy ilz se treuveroient envers luy redepvables des payes passées ou advenir, aultrement a deny de ce ont protesté, nommement contre la personne propre dudict sieur prieur, de tout inconvenient qui sen pourroit ensuyvre, tant sur leurs personnes propres que biens, dommaiges et intérêts a souffrir.

Ledict seigneur prieur entendue ladicte requisition a dict quil nestoit tenu en ce quilz demandoient, mesmement de ce que lesdictz rentiers ne luy faisoient apparoir daulcune sedition, tumulte ne aultre destriment quilz ayent receu en tenant ledict prieuré. Dailleurs quilz avoient arrenté de luy ledict beneffice pour lespace de troys années à la prochaine feste Nostre Dame de mars, et que par le texte de leur arrentement ilz luy estoient obligez en personne et biens a tenir ledict prieuré trois ans completz et faire servir, durant ce temps, *in divinis* ladicte eglise. Parquoy disoit nostre tenu en ce quilz requerroient, quils neussent complet leur temps, a tout ce moings sans luy payer ses dommaiges et interestz et rebayr du pris quil ferdit arrentant son dict beneffice ailleurs ; protestant pareillement contre eulx ou et quant ilz habandonneroient ledict beneffice sans aultre cause, raison et occasion, et de sen prendre sur leurs personnes au cas ses paroissiens dudict St Jehan, parce moyen recepvroient aulcun scandalle et détriment. Les susdictz rentiers ont dict et protesté comme dessus et requis acte a moy notere soubzsigné, y présent, pour leur descharge. Ce que aussi ledict seigneur prieur a requis ; laquelle leur ay octroyée Faict ou que dessus et dans la chambre haulte dudict logis. Présens : ledict Robert, maistres Anthoine Fabre, Estienne Beys, fils d'Estienne, bozochiens; Barthelemy Cayroche, dudict Bleymar, et moy Jean Baptiste, notaire royal, soubzsigné.

Signé : Baptiste.

(Archives départementales, Série E. Registre de Me Baptiste, notaire, folio 150).

PRISE DE QUÉZAC PAR LES PROTESTANTS.

9 juin 1562.

Au mois de juing dernier passé heust ung an (1562), ledict colliège de chanoynes de Quézac, que residoient pour fere le service divin audict colliège feurent assiégés et posé le camp devant ledict colliège par les gens se disans de la nouvelle prétendue religion à un grand et innumerable nombre de troys à quatre mil hommes; aiant souffer plusieurs assaux. aiant délibéré de ruyner et demollir ledict colliège, copper la gorge ausdictz chanoynes questoient dedans : ce que heusse faict, estant en leur grand furie, sans la grace de Dieu et moien que fut treuvé avec certains cappitaines de fere retirer ledict camp dillec; et a ses fins, pour la solde des soldatz, pour mitiguer leur dicte furie, leur auroient promis la somme de 910 livres 15 sols tournois. Laquelle somme avoit este besoing et convenu leur bailler avant que pouvoir faire retirer ledict camp. Et parce que ledict Mre Hermentier, chanoine en ladicte esglise, auroit esté prié par lesdictz chanoynes vouloir baller ladicte somme pour ledict colliège et pour salver icelluy que leur personne, n'aiant aultrement moien pour lors en recouvrer, d'un bon zèle s'en seroit accordé. Pour laquelle somme lesdictz chanoynes luy auroient faict vente de la seigneurie de Chardonet, acquise par ses prédecesseurs audict colliège.

(Archives départementales, Série E. Registre M^e de La Boude' notaire, folio 250).

PRISE DE QUÉZAC PAR LES PROTESTANTS. — DÉGATS PAR EUX COMMIS. — REPRISE DE QUÉZAC PAR LES CATHOLIQUES.

9 juin 1562 — 17 avril 1563.

L'an mil cinq cens soixante troys et le lundy dix huitiesme d'octobre, environ l'heure de midy. Au lieu de Quezac, devant la porte principalle de l'église dicelluy lieu. Pardevant M⁰ Guillaume Grégoire, notaire royal, baille de la ville d'Yspaignac et lieutenant du juge royal de Gévaudan au Siège ordinaire, en pariaige entre le Roy et le prieur dudict Yspaignac, cest présenté Monsieur M⁰ Robert Nempde, doien, a l'assistance de MM. M⁰ˢ Jehan Garnier, Jehan Lagarde, Pierre Hermentier, chanoines du vénérable colliege dudict lieu. Lequel seigneur doien, pour et au nom dudict Chappitre et aultres que y pourroient avoir interetz, a dict et expausé audict Grégoire, baille et lieutenant de juge susdict, comme officier du plus prochain siege royal, estre notoire de toute ancienneté, l'esglise dudict lieu et cluchier avoir esté en bon estat, de grand valleur, ornée et munie de cloches, rieges de fer, verrines, authelz, cueur hault et chieres de boys, faictes a menuiseries, où se disoict les heures canoniques et office divin accoustumé dire ; pareilhement le chateau fort, colliege où habitoint lesdictz seigneurs et chanoines et tappiés estant à lentour dudict fort estre couvertz et munis de portes et fenestres, trenchatz, drissoirs, graniers, ferramentes, de tiltres et papiers, librerie et aultre utencille commode et necessaire, relicquaires, joyaulx et ornements de l'église, valleur de vingt cinq à trente mil livres tournois pour le moingz ; que par les incursions des cappitaines et soldatz en armes, des gens de la nouvelle religion dictz Ugneaulx, que prindrent par force les esglise et colliege dudict Quezac furent sacaiges et pilhiés au mois de juing 1562. Semblablement se sont appropriés les bleds, vins, chair, fromaige, tant du commun que des particuliers et aultres provisions estantz dans ledict fort et tappiés jusques au neufviesme de juing 1562 que certains cappitaines et gens de la nouvelle Religion les despossedèrent dudict fort et église, ensemble dudict meuble et mis presque en ruyne lesdictes église, clochier, fort et tappies ; sy estant appropriés leurs dictz tittres et meuble et tenu ledict fort, par force et viollance, jusques en avril dernier escheu, que auroit esté reprins par le seigneur de La Vigne ; lequel auroit despuys tenu ou bien le seigneur baron d'Apchier, lieutenant pour le Roy en Gevauldan. Et daultant qu'il a pleu au Roy remectre les gens escliastiques en leurs biens et revenus, liberté et préeminences deues et accoustumées, suivant lequel édict lesdictz seigneurs doien et chanoines et Chappitre préthendoient soy mectre dans ledict fort et église pour y fere et continuer le divin service, et voyantz lesdites ruynes demolictions et volleries faictes despuys ledict jour neufviesme juing 1562 jusques au jour qu'il feust reprins par ledict seigneur de La Vigne, questoit le mercredi sainct du mois d'avril dernier, desdictz fort et église et meuble, avant y entrer et y résider continuellement leur estoient besoing et nécessaire faire apprinse et acte de notoriété desdictes ruyne et perte de leur dict bien, pour en avoir leur reffuge et repparation quand et contre qui appartiendroit comme de raison.

A cause de quoy, ont requis ledict M⁰ Grégoire, comme baille et lieutenant susdict, des choses susdictes en estre faicte aprinse avecque Durand et Pierre Julien, père et filz ; Guillaume Cymeyre, de Faulx ; Guilliaume Douzel ; Anthoine Mathieu ; Claude Gelade ; Anthoine Fournier, d'Yspaignac ; Raimond Mathieu ; Estienne Pagès ; Pierre Prouhezes ; Guilliaume Passebois, de Molines ; Loys Cevanier ; Jehan Vidal, sarouier ; Jehan Montet ; Jehan Serre ; Anthoine Vignolles ; M⁰ Jehan Viguier, cordonnier ; Pierre Viguan ; Jacques Agulhon ; Pierre Couret, de Faulx ; Guilliaume Velaye ; Jean Savy, habitans dudict Quezac, illec présentz et indiciellement treuvés et leur estre concedée acte et atteztatoire pour leur servir et a aultres qu'il appartiendra.

Ledict seigneur baille et lieutenant, ouy le dire et requisition dudict seigneur doien a appoincté le tout estre escript, et que ladicte apprinse seroit faicte avec les sus nommez y presans, leur enjoignant aler voyr et palper lesdicts église, clochier, fort et tappies, pour après estre procédé à ladicte apprinse, y moyenant leur jurement sur les sainctes escriptures de Dieu presté de ou bien viziter et palper et après en faire leur loyal rapport, présents : Guilliaume Brun, de Parros ; Jacques Gout, de St-Estienne et de moy Jehan Fournier, notaire royal qui, de ce dessus, de mandement dudict sieur baille et lieutenant, à la requisition desdictz sieurs doien et chanoines, ay receu acte.

Fournier, notaire.

— o —

Peu après ledict an et jour, au lieu et par devant que dessus, le susdict doien, a l'assistance de ceulx qui dessus, ensemble de M. M⁰ Jehan Deleuze et Claude Ynard, aussy chanoines dudict colliege, yprésentz, suivant l'exposition et requisition et actes précédantz, a requis ladicte apprinze estre faicte avec les sus nommés ; ce que ledict seigneur bailhe et lieutenant auroit faict avec ledict Durant, caigé comme a dict de cinquante ans ou environ ; Pierre Julien, eaigé de vingt cinq ans; Sirieyre, de quarante ; Douzel, de soixante ; Anthoine Mathieu, de quarante ; Gelade, de quarante ; Fournier, de vingt cinq; Raimond Mathieu, de septante; Pagès, de trente cinq; Prouhèzes, de trente; Passeboys, de cinquante ; Sevanier, de vingt cinq ; Vidal, de cinquante ; Montet, de quarante ; Serre, de trente ; Vignolles, de trente ; Vigier de Soixante; Viguan, de trente ; Agulhon, de vingt-cinq ; Couret, de vingt-quatre ; Vellaye, de trente-cinq ; Savy, de vingt-cinq ; Floret, de quarante ans.

Lesquelz, moyenant leur dict jurement comme dessus prezté, lung après laultre interrogés, ont dict, attesté et afferme, toutz dung comung accord, estre veritable lesdictz église et clochier, ensemble lesdictz fort et maisons appelées Tappies que soulloient estre autour dicelly estoient de valleur et extimation, le tout estre bien meuny de portes, feuzteaiges, ferrements et aultre ustencilhe, reliquaires, ornemens et joyaulx d'église de grand valleur que ne sa sauroit extimer au temps de ladicte prinse, le saichant pour avoir este souvant dedans lesdictz eglise et fort, comme habitant et circonvoisins dudict lieu de Quézac, et estre très notoire, tant audict lieu et aultres lieulx circonvoisins en l'année

1562, et au mois de juing dudict an, lesdictz eglise et fort avoir este prins par certains cappitaines et gens de la nouvelle relligion et deppossedes lesdictz doien, chanoines et prebtres de ladicte eglise et fort et dans icelluy tenu fort et garnyson jusques environ le mois d'avril et Pasques dernier escheues, que le seigneur de La Vigne reprint icelluy. Pendant lequel temps que dessus « ceux » de ladicte nouvelle Religion demeurarent audict fort, et mesmement le jour du saisiment devalizarent ladicte eglise et verrines, ensemble unes rieges de fer, cheres de boys de cucur hault, autelz et imaiges, et soy approprier quatre cloches dudict clochier. Pareilhement devalizés les archifz, tiltres et documentz desdictz seigneurs et doyen et chanoines, portes et fenestres desdictz archifz. Semblablement auroient devalizé les portes et fenestres et trenchal tant haultz que batz de ladicte chambre dudict Hermentier, jusques à la cave de la tour ; ensemble auroient devalizé la chambre dudict Lagarde, comme portes et fenestres de M⁰ Jehan de Puechredon et Jehan Gout, chanoynes, leurs chambres, aussy la chambre du sacristain et chambre des clercz devalizées, des portes et feneztres à la chambre de M⁰ Jehan Testellat, délaissée la première porte et les aultres portes et feneztres devalysées et salle bas des planche de celle de M⁰ Jehan Garnier devalisé de portes et fenestres, et celle de M⁰ Claude Ynard devavalizée de portes et fenestres et sol bas ; et quand à celle dudict seigneur doien devalizée de portes et fenestres de leztaige basse et de laute, le sol bas des planchés et devalizé lestaige et liculx où estoient les graniers des particuliers. Lesdictz graniers, portes et fenestres devalizé le lieu et chambre où estoient les livres, lesdictz livres emportés et feneztres devalizé, la salle dicte dalbaye, portes et fenestres devalizées, rompues ou emportées, ensemble dix portes et sarrures desdictz armeres estantz au dressoir devalizées et brizées, l'arière chambre devalizé de paravant, portes et fenestres, la chambre de la mayre devalizée de la porte, le tinel bas devalizé de fenestres, la chambre où tenoient les reliques, joyaulx et acoustremens, aussi le tout a esté desrobé et emporté les cillieres des particuliers, devaliyzés le tinal et porte d'iceluy emportée ensemble les portes daultres deux caves, a lune desquelles tenoient le boys et laultre le vin de mesnaige. Pareilhement devalizé un aultre cave où l'on tenoient aussi de boys, la porte d'icelle aussi emportée, les tappiers sive maisons que soulloient estre autour dudict fort. appartenant tant en commung que en particulier, mesmes de celles desdictz seigneurs doien, Jehan Deleuze, Jehan Garnier, Pierre Hermentier, Jehan Lagarde, Mᵉ Françoys de Salanson, Jacques de Fayet, prebtre, Anthoine Mathieu, de Puychredon, Teztellat, Ynard et Du Gout, le tout devalizé et ruyné, tant couvertz, portes que fustailhe, les canalz de plomb que tournoient la basse court anallées et emportées. Aussy auroient rompu et devalizé le pontillion partant du fort allant a léglise et emporté la chesne de fer que solloit estre audict pontillion ; rompu et emporté les orgues que soulloient estre en ladicte eglise et six authelz questoient aussy en ladicte eglise, devalizés, abattus et ruynes ; et lont dict sçavoir comme ayant esté en ladicte eglise, cluchier et audict fort et chambres desdictz seigneurs doyen et chonoines; et assures, lesdictz Pagès, Cevanier, Prouhezes, Savy, Durand, Julien Jacques, Agulhon, Vignolles, Raimond Mathieu et Guilliaume Douzel, avoir este despuys ledict saisiment ou lesdiciz joyaulx et reliquaires estoient ne les y ayant veuz ; aussi est notoire comme dict est, avoir esté emportés par aucungz qui avoient le maniement dudict fort de ladicte nouvelle Religion, et despuis qu'il feust prins par iceulx de ladicte nouvelle Religion et en tel eztat devalizés, ruynés, pilhés et emportés, eztoient au temps que ledict fort et colliege feust par ledict seigneur de La Vigne reprins et reduict en l'obeyssance du Roy, comme ilz ont veu, et entre le peuple est notoire. Lesquelles devalizations auroient esté faictes avant que ledict seigneur de La Vigne reprins ledict fort, ainsy que dict ezt et grand quantité et habondance de vivres, tant bledz, farines, vins, chairs, lar et aultres monitions et vitualiaiges, appartenans tant ausdictz chanoines que aux particuliers habitans que les avoient mis et retirés, les cuydant sauver et garder en asseurance dans ledict fort, de grand valleur et extimation, furent par les gens de ladicte nouvelle religion mangés, beuz et gastés, comme ont dict estre notoire. Et durant le temps que ledict seigneur de La Vigne ou bien ledict seigneur d'Achier ont heu le gouvernement dicelluy, n'a ezté poinct devalizé ny diminué mais augmenté et melhioré comme est notoire. Lesquelles devalizations, domaiges et intereztz faictz ausdictz église, fort et audict lieu, sont de grande valleur et extimation, laquelle ilz ne sçauroient dire ne juger de ladicte valleur et eztimation tant grande il est ; s'en remectant à la vérité dicelle, dont ledict seigneur doien, au nom que dessus, en a requis acte actestatoire, pour leur servir comme de raison. Laquelle leur a este octroyée et concedée. Presans : Frère Michel Sarrazin, religieux ; Claude David, de Molines, et moy Jehan Fournier, notaire royal qui, du mandement dudict sieur baille et lieutenant, à la requisition desdictz sieurs doien et chanoines, en ay retenu acte, cy après soubz-signé.

Et ce faict ledict seigneur doien, pour et au nom dudict Chappitre, a luy assistans et consentans lesdictz Mes Jehan Garnier, Jehan La Garde et Pierre Hermentier, Deleuze et Ynard, chanoines, veu que leur a appareu comme bien et deument informés, lesdictz seigneurs d'Apchier et de La Vigne, leur avoir faict beaucoup de bien et honneur de reprendre lesdictz fort et esglise des mains de ceulx de ladicte nouvelle Religion, et entretenu et gardé leur dict bien honnorablement, les ont descharges et quictés et quictent de tout ce que ledict Chapitre leur pourroit demander soubz prétexte du temps qu'ilz ont eu ledict gouvernement, et les en ont quictés. Ledict seigneur baille et lieutenant a appoincté ladicte déclaration et lestre escripte pour servir ausdictz seigneurs d'Apchier et de La Vigne et aultres qu'il appartiendra.

Présans : lesdictz frère Michel Sarrazin ; Claude Daudé, de Molines ; et de moy dict Jehan Fournier, notaire royal de Quezac, qui du mandement dudict sieur baille et lieutenant, à la réquisition desdictz sieurs doien et chanoynes en a rettenu acte, et me suys soubzsigné avec ledict sieur baille et lieutenant.

Grégoire, baille et lieutenant de juge susdict.
J. Fornier, notaire.

(Extrait des archives départementales de la Lozère. Série G. Fonds de la collégiale de Quézac G. 2240).

LE CLERGÉ DE MENDE MET EN SURETÉ LES ORNEMENTS PRÉCIEUX DE L'ÉGLISE CATHÉDRALE.

21 juillet 1562.

Mémoire et inventaire des aournemens de lesglise cathedrale de Mende, retirés, le xxvi⁰ jour du mois de juillet l'an mil cinq cens soixante deux, par moy Pierre Torrent, notaire royal, baille et secretaire du Chapitre de ladicte esglise et bedeau dicelle, pour ce que le mardi précédent, questoit la veille de la feste de la Marie Magdalène, intitule xxi⁰ jour de juillet, audit an, les Huguenaultz, contrevenans aulx commandemens de Dieu et saincte esglise, assietgèrent la cité de Mende et tant feirent que le sabmedi, jour et feste de sainct Jacques, apostre, intitulé xxv⁰ dudict mois, envyron l'heure de vespres, par composition ou aultre moien, entrèrent dans la présent cité, cessant le divin office accoustumé estre devotement célébré en ladicte esglize ; lesquels aournemens mis à ma maison de nuict, secretement, affin que lesdictz huguenaultz ne les pillassent ; et après furent inventarizés, le sixiesme du mois d'octobre suyvant, par M. maistre Anthoine Duprat, chanoine de ladicte esglise, en présence de maistre Barthelemy Comitis, prestre, subsacrestain dicelle, et despuis rendus par moy et mis à la maison des enfans du cueur au pouvoir de maistre François Lagante, maistre desdictz enfans, et par fin remis au lieu d'ou avoient esté prins.

(Suit l'inventaire).

(Archives départementales, Série E. Registre de M⁰ Torrent, notaire, année 1562, folio 110).

PRISE ET OCCUPATION DE LA VILLE DE MENDE PAR CEUX DE LA RELIGION NOUVELLE

21 juillet. — 3 août.

1562

Ceux de la Religion nouvelle pour mectre à exécution leur invétérée malice se seroient assemblez jusques au nombre de 22 enseignes ou avoit 4,000 hommes ou plus ; lesquelz seroient venus mectre camp devant ladicte ville de Mende, et y demeurarent devant y tenant le camp, despuis le mardi 21° du mois de juillet dernier escheu, jusques au sabmedi après 25° dudict mois. Lesquelz huguenaulx estoient les ungs du païs de Lenguedoc, les aultres des Cevènes, Viverés et aultres lieux, comme de Nysmes, d'Anduze. Sainct-Jehan-de-Gardonenche, Sainct-Privat-de-Vallongue, de Ginolhac, Florac, Barre, Hispaignac, les Vans en Viverés, Maruejols en Gévaulden, Sainct-Lagier de Peyre, Serveyrete et d'aultres lieux, estans la plus grande partie diceulx armés d'arquebozes, pistoles et pistoletz ; et estoient iceulx conduictz par le seigneur de Sainct-Julien, soy disant coronel dudict camp ; le seigneur Dauzias dict Gabriac, maistre du camp : par ung aultre nommé Coppier, soy disant ministre de Florac et chef desdictes compaignies ; par le prieur des Vans, conducteur des gens à pied dudict lieu des Vans ; le cappitaine La Croix, de Milhau ; ung nommé Privat de Guilho, du Pont-de-Montvert, conducteur des compaignies de la montaigne de Lozère ; ung aultre nommé Basterii, d'Anduze, vivandier desdictes compaignies, lequel feist ransonner à Mᵉ Hélias Serre, premier consul dudict Mende, 15 escuz pistoles, pour quelque solaigement que disoit avoir faict à la ville, lesquelz le deppousant luy veist payer. Et aussi estoient conduictz par M° Guillaume Gibelin, filz du clavaire de Maruejolz; le filz de Jacques Girbail, dict Grinho, merchant; Jehan Jouve, dict Floretin, pourteur d'enseigne dudict Maruejolz ; Jacques Recolin, aussi dudict Maruejols, despuys murtry, à la ville de Chirac, par la compaignie du seigneur de Trélans, et aultres desquelz à présent n'est memoratif. Lesquelz auroient prins l'esglise parrochiale Sainct Gervais, dudit Mende, une maison forte, faicte en tour, scituée au jardin de noble Raymond de Grandmont, archidiacre ; les deux couvens des Carmes et Cordelliers, posés hors ladicte ville, et plusieurs maisons et pigeoniers, ensemble les esglizes de Sainct Ylpide et Sainct-Privat. Desquelz lieux tiroient grands coups darquebuzade contre ceulx questoient sur les murailhes pour la deffense de la ville, tellement que deux hommes d'icelle ville feurent murtris de coups d'arquebozade par lesdictz huguenaulx, à sçavoir Folcaran Bompar, chaussetier, et Jehan Salaves, cousturier, ayant femmes et enfans ; lesquelz aujourdhuy mandient leur pouvre vie ; et plusieurs aultres blaissés, mesmes ung André Traucheseps, cordonnier; ung gentilhomme du païs de Vellay, estant en garnyson audict Mende, nommé le seigneur de Vergezac ; Estienne Abaric et aultres.

Dict davantaige que ceulx de ladicte nouvelle Religion estant au camp devant Mende auroient coppez les conduictz des eaux et fontaines de ladicte ville et desdictz couvens des Carmes et Cordelliers, arrachez et appourtez les thueaux de plomb desdictes fontaines ;

et, non contens de ce, auroient bruslez lesdictes esglises et couvens des Carmes et partie des Cordelliers ; ladicte esglise parochialle Sainct Gervais ; la maison claustralle démeublée, ny ayant rien layssé fors les murailhes ; les esglizes, maison et colliege Sainct Ilpide et Sainct-Privat ; une chappelle Nostre-Dame du Pont, et toutes les maisons et pigeoniers mentionnés et declairés à la declairation qu'à esté mise devers nous des esglizes, collieges, réligions (sic.) bruslés par lesdictz gens de la nouvelle Religion auroient esté pillées et bruslées par lesdicts huguenaulx ; lesquelz auroient faict grand dégast des bledz questoient ez envyrons de ladicte ville, tant des couppés que des aultres ; car feirent brusler les bledz couppés et foller par les chevaulx les bledz restans à coupper, et les fruictz des aultres terres et possessions des habitans dudict Mende et des lieux circumvoysins.

Et ce dessus dict sçavoir pour ainsi l'avoir veu et pour avoir cogneu et cognoistre les personnaiges cy dessus nommez.

Dict en oultre que lesdictes gens de la nouvelle Religion estant devant la ville de Mende feirent plusieurs alarmes, uzant de grandz menasses, et mesmes le mecredi 22° dudict mois de juillet. Auquel jour feirent plusieurs approches et effortz pour prandre ladicte ville, comme de charretées de foien en nombre de cinq ou six, que feirent conduyre et pourter près la muraille de ladicte ville, pour faire deffensoire du costé de la porte Dangerand, tirant presque toute la nuict grandz coups d'arquebozades, tant contre les murailles que ceulx qui estoient dessus icelles ; que feust la cause que les habitans de ladicte ville, tant gens desglise que aultres, voyant les murailhes estre mal seures et sans manteilles, et les faulces brayes en plusieurs endroictz rompues, et que lesdictz huguenaulx avoient faictz plusieurs troux au pied des murailles des jardins et cloz des envyrons de la ville, arquebouzant par iceulx troux ceulx questoient ausdictes murailles ; et aussi de tant qu'ilz avoient soubstenu ledict camp cinq jours, despuys ledict mardi 21ᵉ jusques au samedi ensuyvant, et sans avoir eu secours, et craignant les menasses par lesdictz huguenaulx faictes et estans advertys des murtres faictz à la ville de Montbrison, où certains jours auparavant iceulx habitans dudict Mende, tant gens d'esglise que aultres, pour garder leurs vies, et affin que ladicte ville ne feust entièrement ruynée ni l'esglise pillée, se seroient assemblés a la maison du seigneur evesque de Mende, sçavoir Mᵉˢ Jacques Marcel, docteur et vicaire général ; André Coignet, official ; Jehan Bonyol, prevost ; Antoine Duprat ; André de Coroneau, chanoynes dudict Mende ; Mᵉ Pierre Rivière, prieur de Saulses ; Urbain Poge, maitre d'hostel dudict seigneur évesque ; Michel Delestanc, juge ordinaire dudict Mende, pour ledict seigneur évesque de Mende ; Jehan Malzac, procureur du Roy au bailiaige de Gévauldan ; Pierre Torrent, procureur dudict seigneur évesque, et certains aultres, tant du Chapitre et clergé de ladicte église cathédralle que aultres habitans dudict Mende, le sabmedi 25ᵉ jour dudict moys de juillet dernier escheu, pour adviser et délibérer ce questoit de faire ; et illec ayant considéré les causes susdictes, pour aultant que les habitans de ladicte ville n'avoient la munition questoit requise pour la deffence d'icelle ne aulcune pièce d'artillerie de fonte, sinon quelques vielhes pièces de fer, que ne pouvoient de beaucoup servir et nestoient asseurées, car les deux plus grandes sont de deux pièces ; lesdictes gens desglize pour saulver leurs vies et évicter plus grand dangier et inconveniant et que ladicte esglise cathedralle ne feust bruslée ne pillée, accordarent bailler la somme de 2000 escuz qu'ilz emprumptarent sur certains gaiges, pour soldoyer les soldatz des compaignies desdictz gens de la nouvelle Religion ; lesquels, par accord avoient promis n'entrer poinct dans ladicte esglize cathédralle et de nempecher que la messe ne se dict, l'administration des sainctz sacremens et que le service divin ne feust faict et continuée comme avoit esté auparavant et sellon la détermination de lesglise romaine et forme enciene, et, à telle concion et promesse, lesdictz gens de la nouvelle Religion seroient entrez dans la présent ville et longé chez les habitans d'icelle, tant gens d'esglise que aultres, sauf à la maison épiscopalle, à laquelle neust aulcun lougis, aussi lesdictz habitans pourtarent toute la folle et despence de quatre cens hommes ou plus des compaignies de Maruejols, du seigneur de Fontanilhes, d'ung nommé Jehan Tinel, de Barre, dont lesdictz habitans feurent en grand facherie et peyne, car les clefz de la ville feurent saysies par ledict Coppier, ministre. Lequel commença de prescher, et ayant faict quelques preches, et voyant que personne de la ville ne le voulloit ouyr et que lesdictz habitans ne luy voulloient en rien adhérer, ledict Coppier feist crier à son de tamborin, par les carrefours de ladicte ville, que tous les habitans d'icelle eussent à le venir ouyr, sur peyne de la vie ; ce que ne feirent lesdictz habitans ; aussi moyenarent que dans sept ou huict jours après que lesdictz huguenaulx feurent entrés, lez en fere aller, excepté quelques ungs que demeurarent avec ledict Coppier, ministre ; duquel aussi treuvarent moyen recouvrer les clefz de ladicte ville ; tellement que le lundi, tiers jours du mois d'aoust dernier passé, estans lesdictz huguenaulx sourtis de ladicte ville, les habitans d'icelle feurent advertis que le cappitaine Trélans estoit embusché à une lieue et demye dudict Mende, à ung bois appelé Balmajo, tindrent fermée la porte d'icelle ville, jusques envyron une heure après mydi, que ledict Trélans, cappitaine accompaigné de vingt sept ou vingt-huict hommes à cheval arqueboziers, armés la plupart de corcelletz et morrion en teste vint hurter à ladicte porte, demandant ouverture d'icelle de par Roy; et alors la porte luy feust incontinant ouverture et ladicte ville remise en sa pristine liberté, au grand contentement de tous lesdictz habitans. Lesquelz tant gens desglise que aultres se myrent incontinant en armés, et, par leur secours, ledict Coppier, ministre, et autres feurent par ledict Trélans constituez prisonniers. A cause de quoy, lesdictz huguenaulx estans marris de ce dessus se jactarent soy voulloir réassembler pour venir reprandre et ruyner ladicte ville. Les habitans d'icelle, tant gens d'esglise que aultres feurent contrainctz norrir la compagnie dudict Trélans et d'autres deux cappitaines, ou avoit quatre cens hommes ou plus, par l'espace de quinze jours continuelz. Et par l'adviz dudict Trélans et aultres cappitaines, lesdictz habitans feirent demolir et abbattre les muralles des jardins et cloz et aultres edifices que navoient esté bruslez ez envyrons de ladicte ville et copper plusieurs arbres fructiers, le tout pour fortiffier ladicte ville ; ce que révient en doumaige ausdictz habitans propriétaires desdictz jardins, maisons, cloz et arbres, de plus de 10,000 livres tournois.

Pendant ledict temps de quinze jours, le seigneur baron d'Apchier, lieutenant pour le Roy, en ce pais de Gevauldan, seroit venu audit Mende et assemble les gentilhommes du ban et arrière ban et aultres de guerre jusques au nombre de 800 hommes a pied et 200 à cheval ou plus, lesquelz demeurarent tous en ladicte ville l'espace de quinze jours, aux despens des habitants dudit Mende, tant gens d'esglise que aultres, et ce pour garder la ville contre lesdictz huguenaulx.

MENTION DE LA PRISE DE CHIRAC ET NOUVEAU SIÈGE DE LA VILLE DE MENDE

Les Huguenots après avoir razé et mys a feu et sang la ville de Chirac-les-Maruejolz, distant troys petites lieues de la ville de Mende, vindrent de rechief assiéger et mectre le camp devant ladicte ville de Mende pour la destruyre et ruyner ; ce que le deppousant (M. Michel Jourdain, marchand de la ville de Mende) croict qu'ilz eussent faict sans le secours dudict seigneur d'Apchier, questoit dans ladicte ville accompaigné des barons de Céneret et de Sainct-Remise et aultres gentilhommes et gens de guerre en tel nombre que dessus ; dont les gens de la nouvelle religion estans conduictz par le seigneur de Peyre, coronel dudict camp, le seigneur de Lopiac et aultres cappitaines questoient au premier camp, se retirarent. Et les soldatz dudict camp de la nouvelle Religion feirent grandz voleries et larrecins de bestail, tant gros que menu des habitans dudict Mende et daultres voysins, gastarent les bledz et fruictz de lentour de ladicte ville, coupparent plusieurs arbres fruictiers et feirent grandz menasses de retourner dans quinze jours à ladicte ville et les habitans d'icelle destruyre et ruyner. Lesquelz, au moyen de ce sont esté contrainctz entretenir et soldoyer depuis continuellement, à leurs despens, une compaignie de gens à pied que leur revient à plus de mil escuz le mois, et encores de présent tiennent ladicte compaignie, pour la craincte desdictz gens de la nouvelle Religion ; lesquelx se assemblent journellement avec les habitans de ladicte ville de Maruejolz, se jactans de prandre ladicte ville de Mende et ruyner les habitans dicelle. Et à ces fins ont faict fere certaines pièces d'artillerie, à une desquelles ont escript ces motz : *La brèche de Mende,* comme le deppousant a ouy dire à plusieurs gens et certains habitans dudict Maruejolz. Et pour raison de ce dessus, les habitans dudict Mende, tant gens d'esglise que aultres sont constituez en grand pauvreté, misere, et n'ont aulcun moyen fortiffier ne reparer ladicte ville, qu'est assize en païs de montaigne et infertille, et ny ont aulcungs deniers communs ne aultre revenu. Et lesdictz gens d'esglise, tant chanoynes, prebandiés, prieurs et aultres, ne peuvent jouyr des fruictz et revenus de leurs benéffices, mesmes de ceulx que sont au pais et costé des Cevenes, ains sont lesdictz fruictz, proffictz et revenus desdictz béneffices, prins et vollez par lesdictz gens de la nouvelle Religion, lesquelz ont bruslés les esglises, pillez les joyeaulx dicelles, rompus les autelz, croix et ymaiges, comme le deppousant a ouy dire par un bruict commun, mesmes du prieuré de Sainct-Martin de Canselade, appartenant audict Chappitre ; du prieuré des Bondons, appartenrnt à noble Loys de Grandmont, chanoyne, et aultres. Davantaige, dict avoir ouy dire que lesdictz gens de la nouvelle Religion ont tuez et murtri deux pretres de Chanac, lung nommé Moussen Malhusso, et laultre Moussen Arnal, lesquelz feirent precipiter d'une haulte maison en bas, et plusieurs aultres. Et aussi en ont battus en faict plusieurs menaces, au moyen desquelles nozent fere le divin service ez esglises et paroisses que sont hors de ladicte ville de Mende. Laquelle ville de Mende et les habitans d'icelle, tant gens d'esglise que aultres, sont endebtés pour plus de 100,000 escuz, oultre les bruslemens, ransonnemens, voleries, doumaiges et interestz que leur a convenu souffrir desdictz deux camps des gens de ladicte nouvelle Religion, que ne sçauroient réparer pour 100,000 escuz sols, à ladviz et jugement du deppousant, qui dict sçavoir ce dessus pour avoir esté présent à ladicte ville de Mende, lorsque lesdictz deux camps y feurent mys, et avoir toutjours demeuré en icelle ville, pour la crainte qu'il a destre prins ou vollé par lesdictz huguenaulx, mesmes par ceulx de Maruejolz qui campent journellement ; et pour aussi l'avoir veu, ouy et entendu, et que sest une chose notoire.

Et plus na dict sçavoir ; recolle et persevere et s'est soubzsigné.

Ainsin ay deppousé. Signé : JORDAM.

(Archives départementales, Série G. — Enquêts contenant quinze dépositions analogues).

LA VILLE DE MARVEJOLS, A LA SUITE DES MENACES DU SEIGNEUR D'APCHIER, SE MET EN DÉFENSE.

1ᵉʳ avril 1562.

L'an mil cinq cens soixante-deux et le premier jour du mois de avril, assemblez Messieurs les consulz soub-signez, à la maison consulaire, en tractant des affaires de la ville, menassée par le seigneur d'Apchier de icelle ruyner et saccager ; pour la thuité (sureté) de laquelle, et affin qu'elle fut entretenue soubz l'obeyssance du Roy, le seigneur de Banières, ayant compagnie de deux cens hommes, auroit esté mis en garnison en icelle ; pour l'entretenement de laquelle et pour satisfaire aux soldatz de sa dicte compagnie, actendu que la ville n'avoit poinct de deniers ; par plusieus délibérations et en conseil général, auroit esté conclud et arresté que les joyaulx, calices et autres ornemens que auroient este depositez et mis entre les mains de noble Pierre de Born, gouverneur dudict Maruejolz, de la grand esglise et couvent d'icelle ville, seroyent venduz et employez au payement desdictz soldatz et autres réparations et afferes de ladicte ville ; suivant lesquelles conclusions, lesdictz consulz ont prins, des mains dudict sieur gouverneur, deux grandz chandaliers d'argent, des Jacopins, ung reliquere appelé custode, ung aultre bras dargent surdoré, une ymage Saint-Vincent, dargent noircy ; ung calix dargent, deux chanetes dargent, ung autre reliquere d'argent surdoré, quarré; autre reliquere d'argent surdoré, fait à mode de tornelle ; autre petit reliquere d'argent ; une petite croix de boys, couverte de feuille d'argent. Et oustez les clous de fer, verrines, cuyvre, de toutes lesdictes pièces, ont poisé trente-huict marcz d'argent moinys une once, que ont esté délivrez à monsieur M⁰ Vidal Gibelin, sieur de Laldonnés, pour le prix de quatorze livres tournois le marc, montans, lesdictz trente huict marcs moins une once, la somme de cinq cens trente livres. Delaquelle somme de cinq cens trente livres tournois ledict Gibelin a quicté ledict sieur gouverneur et la ville, en déduction de ce que ledict gouverneur, au nom de ladicte ville est obligé envers ledict. Et de ce ont quicté ledict sieur gouverneur, au nom de la ville et obligé les biens d'icelle, pour luy faire tenir et valoir ledict acquiet aux rigueurs des courtz royalle de ladicte ville, commune du bailliage de Gevauldan, Conventions et de monseigneur le sénéchal de Beaucaire et Nismes et une chascune d'icelles, avec les jurements, renonciations et autres c.... nécessaires.

En foy de quoy nous sommes soubzsignez et faict signer Mᵉ sire Gibelin, comme appert l'instrument receu par moy notaire soubzsigné, de la somme de douze cens livres tournois, et sans soy desmectre de l'yppothecque et novation de ladicte obligation pour le restant d'icelle somme.

(Archives departementales, série E. — Fonds : Marvejols.)

PROMESSE DE ANTOINE VACHERY, BOURGEOIS DE MENDE, DE RENDRE AU CHAPITRE DUDICT MENDE, CERTAINS JOYAULX DE LADICTE ÉGLISE QUI LUY FEURENT BAILLÉS EN GARDE.

11 juin 1562.

Je Anthoine Vachery, merchant de Mende, soubzsigné, confesse avoir de Messieurs du Chapitre de Mende, ce que sensuyt : deux chandelliers d'esglise, d'argent ; plus une croix d'argent avec la couverte du baston d'argent ; plus quatre bastons d'argent, appellés : pour fere l'office dans le cueur ; plus une croix d'argent, y ayant le lieu pour tenir l'hostie ; plus ung baston de croix y ayant six canons d'argent ; plus un texte d'évangille, estant les couvertes d'argent, que leur promectz rendre à leur première requisition.

En foy de ce me suys soubzsigné.

A Mende, ce xi juin mil cinq cens soixante-deux.

Signé : Vachery.

(Archives départementales. G. 1150.)

OBLIGATION PASSÉE PAR LE CLERGÉ EN FAVEUR DE M. HÉLIE SERRE, QUI PRÊTE 400 LIVRES POUR ACHAT D'ARMES.

12 juin 1562.

L'an mil cinq cens soixante-deux et le douziesme jour du mois de juing. Regnant très crestien prince Charles, par la grace de Dieu, roy de France. Establiz en leurs personnes : nobles et vénérables hommes Messieurs Jehan Boniol, prevost ; Loys de Gramont, précenteur ; André Collonel, François Malian et Anthoine Du Prat, chanoines de l'esglise cathedrale de Mende, tant au nom de tous les messieurs chanoines et Chapitre de ladicte esglise, que en leurs propres et privés noms. Lesquels de leur bon gré, pure et franche volonté, certaine science et propre mouvement, sans aulcune force, violance, fraude, erreur et séduction, ont con-confessé debvoir et estre attenuz a saige homme sire Hélie Serre, marchant de Mende, absent, moy, notaire royal soubzsigné, pour luy acceptant et estipulant, la somme de 400 livres tournois, chascune livre valant 20 soulz tournois ; et au contraire et ce à cause de prest et fourniture que icelluy Serre doibt fere, pour la part d'icelluy Chapitre, pour l'achat de certaines armeures que ledict Chapitre veult faire pour la thuytion et deffence des esglize et cité de Mende, accordées par le seigneur evesque, Chapitre et habitans de la cité de Mende, pour les urgens affaires que y sont, à cause que ceulx qui se disent de la nouvelle Religion veulent envahir la present cité. Laquelle somme de 400 livres tournois ont promis payer audict Serre, lorsqu'il délivresra lesdictes armes, avec tous despens, domaitges et interestz ; et pour ce faire lesdictz Boniol, de Grammont, Collonel, Malian et Du Prat, ensemble et chascun seul pour le tout, sans division de parties, ont obligés tous et chescuns les biens dudict Chapitre, ensemble tous et chescuns leurs biens meubles, immeubles, presens et advenir ; lesquels ont soubzmis, aux rigueurs des Courtz spirituelle et temporelle du seigneur évesque de Mende, Comune du Comté et bailliatge de Gévauldan, Conventions de Nismes ; par lesquelles et chescune dicelles ont volu et consenti estre contrainctz par prinse, vente et exploictation de leurs dictz biens, l'une par prevention n'empreschant l'aultre. Et ainsin l'ont promis et juré sur les sainctz euvangiles, avec toutelle renonciation de droict et faict a ce necessaire, et de ce ont concédé acte et instrument estre faict et expédié audict Serre, par moy, notaire royal soubzsigné.

Faict et récité en la cité de Mende, dans l'esglize cathédrale d'icelle, près la chapelle de Sainct Bonet, ez presences de maistre Pierre La Ganta, Jehan Destrata, presbtres bénéficiez en ladicte esglise, tesmoings ad ce apelez.

(Archives départementales. — Série E. — Registre de Pierre Torrent, année 1562, f. 23 v°.)

VENTE DE CERTAINS JOYAUX POUR EMPLOYER LES DENIERS A LA DEFFENCE DE MENDE CONTRE CERTAINS QUI AVOIENT DESJA OPPRIMÉ LE CHAPITRE DE QUÉZAC.

19 juin 1562.

Nous Jehan Boniol, prevost en l'esglise cathedrale de Mende; Loys de Gramond, precenteur; André de Colloneac et Jehan de Myramond, chanoynes en ladicte esglise, commis et depputez pour les autres chanoynes du Chapitre de la susdicte esglise, certifflions que ce jourd'huy, datte des présentes, avons vendu et deslivré a M. le commis Jacques Serre, bourgeois de Mende, cinquante marcs d'argent, scavoir : bassins, chandellié et une crosse, pectoraulx et aultres petites pièces d'argent, peysé le tout par Anthoine Duboys, orfèvre, habitant audict Mende, à rayson de 13 livres le marc ; se montant la somme de 650 livres, pour icelle employer à la deffense et thuition de nostre esglise, Chapitre et ville, contre toutz oppresseurs, volleurs et sédissieux, qui se jactent nous uzer de semblable oppressions qu'ilz ont faict au colliege de Quézac et aultres lieux, que pour employer en achapt d'armeures, et pour soldoyer soldatz de garde de la present ville et esglise. Delaquelle somme a esté deslivré par ledict Serre à sire Anthoine Pons, merchant de Mende, la somme de 400 livres tournois, pour employer à l'achat des armes, suyvant la conclusion qu'en a esté faicte avec Messieurs les vicaire et consulz. De laquelle somme ledict Pons en a faict recepissé à nous, depputez, et le reste de la somme, qu'est 250 livres, ledict sire nous payera suyvant les descharges que par nous luy seront baillées, et, remise à nous, icelluy sera quicte.

En foy de ce avons signé les présentes : A Mende, ce 19 juing 1562.

Boniol. — L. de Gramont. — A. de Coulloneau. — de Myramond. — J. Serre.

Suys esté present a ce dessus : Hélie Serre.

Suys esté present a ce dessus : R. Pons.

(Archives départementales. G. 1150.)

INVENTAIRE DES JOYAUX VENDUS AU SIEUR DE LA VIGNE POUR SATISFAIRE AU PAYEMENT DE LA SOMME DE 2,000 ÉCUS.

30 juillet 1562.

Pour 86 livres, poix de romaine ce que sensuyt :
C'est un calice avec sa patene ;
Ung encecyer d'argent ;
Deux burettes d'argent ;
Lymaige de Nostre-Dame avec son enfant au bras et deux anges ;
Un ange appelié Sainct Michel ;
L'ange qui pourtoyt Sainte Espyne ;
Une longue croix avec ung crucifix, lymaige Nostre-Dame et de Sainct Jehan ;
Deux pieds de reliquiaires ;
Quatre esles desdictz anges ;
Une autre croix ;

Ung petit coffre d'argent dans lequel y a certaines reliques, le tout argent surdoré ;

Sainct Blaise avec sa crosse es mains, poix de romaine, 59 livres ;

Plus troys petitz serpens d'argent et autres pièces, en nombre de dix, poysant un marc, cinq onces, trois quartz, trouvés par Monsieur Duprat à ung armoyre de la sacristye, dans l'esglise, à la compaignye de M. le baille Torrentis, le 50ᵉ juillet 1562 ;

Poisé argent à feulhe que auroit esté tiré du devant du grand autel et du coffre de Sainct Privat, cinquante-quatre livres et demye argent ;

Plus la croix de Condom, d'or, enrichie de dyamans et autres pierres précieuses, poisant cinq livres moins une once.

Toutes les susdictes pièces remises devers les messieurs nommés en la commission, pour vendre et délivrer pour le payement de deux mille écus, aultre partye sauf le remborcement sur l'évesque de Mende, pour la reintegration de l'esglise de Mende et aussi sur les messieurs du Chappitre, année par année, ainsi qu'il plaira au Roy ordonner.

Nous Anthoine Duprat, chanoyne, suyvant la procuration à nous faicte par le Chappitre, avons délivré les susdictes pièces à Monsieur de la Vigne, chevallier, sieur dudict lieu, pour les sommes dessus expécifiées, et ce, avec et en présence de sire Hélye Serre, premier consul de Mende ; sire Anthoine Vachery, nommez aussi en la dicte procuration.

Ce trentiesme juillet 1562.

     Hélye Serre. — Duprat. — Vachery.

(Archives départementales, G. 1150.)

REPRISE DE LA VILLE DE MENDE PAR LES CATHOLIQUES

le 3 août 1562.

5 août. — Ce jour et an 1562, M. de Trélans reprent la ville de Mende, les Huguenots laiant prinse, dont on en faict procession générale.

(Archives départementales, G. 2576. (Obituaire.)

Lan mille cinq cens soixante et dous
Envyron lou mei del mes de aous
Lous ennemis de la sancta crous
Capitani Blacon et sous compainhous
Heretics meschaulz Uguenaudx
En Vellay fairon de grandz maulx,
Eron de nombre mays de cinq mille
Monsieur del Peu defendet sa ville
Et lous chasset jusques a Lyou
Ont acqueriguet grand hounou.

Per aquel mesmo temps
Tallo maneyro de gentz
Guanheron Mende per composition
Monsieur de Trellans nac compassion
Vezen la fiertat daux Uguenaux
Et acompanha de douze chevaux
Reguaignet la ville el Rey
Chasset aquelhous de la meschante ley.

(Ses vers sont transcrits sur la garde d'un vieux livre.)

UNE FEMME IMPRISONNÉE PAR M. DE TRÉLANS

4 août 1562.

Pour ce que Isabel Daudeze, de Mende, a esté constituée prisouniere par auctorité de monsieur Alexandre de Treslans, lieutenant pour le Roy à la present cité pour la Religion chrestienne et est à la prison de Mende, et pour la nourriture de certains soldatz lotges à sa maison; Coderc, sergent, et Mᵉ Anthoine Du Mas, notaire, ensemble et chascun seul pour le tout, ont promis la presenter toutes et quantes foiz que seront requis, soubz obligation de ses personnes et biens à toutes Cours, comme pour les afferes du Roy. Juré, renoncé, etc. Faict à la chambre moienne de la maison de Hélie Serre, ez presances de Jehan Bestion, premier consul de Mende ; Mᵉ Vidal Reversat, prebtre.

Et moy, TORRENT, notaire.

(Archives départementales. — Registre de Mᵉ Torrent, année 1562, fº 98.

LE SEIGNEUR DE GRANDLAC MET EN SURETÉ SES ARCHIVES.

1562.

L'an mil cinq cens soixante-trois et le dernier avril. A la ville de la Canourgue, au plus bas de la maison de noble Gilbert de Mallian, escuyer, sieur de Grandlac,

Pessades, Mallaviolle, et à une instaige qu'est par derrière la cave dudict sieur. Par devant MM. M° Gabriel de Roustaing, baille et claveyre pour le Roy, et Jehan Duperier, aussy baille, pour Mgr le comte d'Alez, marquis de Canillac, en la Cour commune et royale de la dicte ville de la Canourgue, s'est présenté ledict sieur de Grandlac, parlant auxquels leur a remontré que, pour la crainte qu'il auroyt heu durant l'année dernière escheue, 1562, que la presente ville de la Canourgue ne feust envaye et prinse par les ennemis du Roy, sédicieux et rebelles, comme auroyent esté la ville de Chirac et du Monastier les-ledict Chirac, à cause des troubles et guerres civiles qu'ont' coureu toute la dicte année jusques à present, que Dieu et le Roy nous auroient donné la paix en ce royaume de France, il auroyt là caché les titres et papiers, documents et enseignements concernant son Jomaine, dans un petit tonneau qu'il auroyt reclus dans une fosse, au plus bas de terre de ladicte instage, rière ladicte cave, comme oculairement ladicte fosse, non encore remplie et ressarsye le remonstre à la vue de tous les assistants, que pour reconnoitre et retirer lesdictz tiltres et papiers, il auroit faite ouvrir ce jourd'hui même, et fait ouverture dudit tonneau, les auroit, à tout le moins, la pluspart treuvé gastés, pourrys et consumés ; de telle sorte qu'il se doubte ne s'en pouvoyr ayder et servir à l'advenir pour faire foi et preuve à la conservation desdits droictz, etc.

(Extrait du Registre de M° Pierre Combes, notaire de la Canourgue, année 1562 a 1565. (Etude de M. Privat.)

ORDONNANCE DE M. D'APCHIER.

31 janvier 1562.

Nous François d'Apchier, seigneur et baron dudict lieu, lieutenant pour le Roy au païs de Gevauldan. Par plusieurs causes et raisons à ce nous mouvans, avons défendu et défendons à tous les soldatz estans soubz nostre charge et de noz cappitaines de faire aucune coursse, sans la licence et permission de nous ou desdictz cappitaines et principaulx chefz, sur peine d'estre penduz et estranglez. Bien permettons ausdictz capitaines et chefz, d'aller courir sur l'ennemy quant ilz verront la commodité, à la charge que lesdictz chefz respondront des factions qui se feront, et ne se despartira aucun butin, entre eulx, que premier ne leur soit apparu appartenir à l'ennemy ; duquel butin la moytié se departira aux cappitaines et soldatz et l'autre moytié sera vendue au dernier encherisseur, et les deniers qui en proviendront seront employez à la solde et payement des soldatz, au proffit et soulaigement du païs. Et en oultre déclarons que en baillant deniers ou dressant munitions par estappes, faire approcher tant l'infanterie que cavalerie aux lieux ou sera par nous advisé plus commode pour nuyre à l'ennemy, et sera déclairé en quel temps lesdictz deniers ou munitions pourront estre pretz pour pourveoir promptement à l'entretenement de mil hommes, tant d'infanterye que cavalerie, comme il a esté résolu par un article des Estatz.

Faict à Mende, le dernier jour de janvier mil cinq cens soixante-deux.   D'APCHIER.

(Archives departementales. Série E. — Fonds d'Apchier.)

LE SIEUR D'APCHIER, REPREND LA VILLE DE CHIRAC, LA PILLE ET LA SACCAGE.

23 janvier 1563.

Le sabmedy vingt et troysiesme janvier 1562 (1563) au temps des troubles, que ladicte année qui finissoyt le 25 mars et commansoyt après, l'an 1563, le 25° nasquit Anthoinette Boyssonade ma fille, environ la minuit, plus du sabmedi que du dimanche questoyt le 25° janvier 1562, à l'incarnation et à la Nativité, 1563, et fust bathizée le jour et feste de la conversion sain Paul, xxv° dudict moys de janvier, que les companhies qui commandoyt le sieur et baron d'Abchier entrarent dans la ville de Chirac ; laquelle fust pilhiée et sacagée, ensemble le mecredy ensuyvant. Et fust son parrin M° Johan Boyssonade, notaire royal de Montjuzieu, mon père, et marrine doumaiselle Anthoinete de Bompar, vefve de feu M° Pierre Charrier, notaire, ma belle-mère.

(Archives départementales. Série E. — Note généalogiques et historiques, par M° Boissonade, notaire à Chirac, registre de l'année 1563).

UN FILS DESHÉRITÉ PAR SON PÈRE, POUR CAUSE DE RELIGION.

Testament de sire Gibert Vanel, marchand de Mende.

23 mars 1563.

... Item et pour ce que *Vidal Vanel* son fils naturel légitime, comme ledict testateur a dit, estre bien informé qu'il a esté desobeyssant audit testateur comme son père, et na voulu suivre ses comandements, c'est de demeurer en l'obeyssence du Roy et religion catholique, ains a fait le contraire ; car s'est mys à la compaignie des rebelles et sédicieux dudict seigneur, et pour autres ingratitudes à luy faictes. Pour ces causes et autres, de son propre mouvement en tant que de besoins seroit, ledict testateur, par la teneur des présentes, a deshérédé et deshéréde ledict Vidal Vanel, son dict fils, de tous et chascuns ses biens meubles, immeubles, présens et advenir, et par ce moyen a voulu que ne puysse rien demander en sesdicts biens....

(Archives départementales. Série E. — Registre de Jacques Bayssenc, notaire, folio 8. (1560-1567).

REQUÊTE DU PRIEUR DES CARMES, AUX CHANOINES DE MENDE.

1563.

A Nous très honorés Seigneurs, Messeigneurs du Chapitre de Mende,

Supplient humblement les pauvres religieux des Carmes de Mende, que comme ainsin soit que leur couvent soit esté ruiné et démoly par les ennemis de l'église et la plus part de leur bien perdu, la charité du peuple refroedie, quest la cause que les pauvres supplians ne peuvent payer la cire a vous deuhe. Ce considère vous plaira nous ceder et quicter la dicte cire pour le present, vous promettant que, si à ladvenir comodité et pouvoyr ce presente, de faire envers vous tout ce que sera de raison et payer. Ce faisant nous obligeres a prier Dieu pour votre noble estat.

BRAYE, prieur.

(Archives départementales. Série E — Registre de Pierre Torrent, notaire, 1563, folio 125).

MÉMOIRE DE M. DE LA DEVÈZE.

Monsieur de la Devèze, dit que feu son père disait souvent qu'un prêtre, nommé M. Figuière, homme de sainte vie, prédisoit souvant aux prêtres des Cevenes, pour lors extremement débauchés et adonnés aux femmes, ayant leurs maisons pleines de batardz, qu'une hérésie viendroit pour purger les grands abus des ecclésiastiques, disant : malheureux et perfides ecclésiastiques ! votre vie dépravée provoquera le juste jugement de Dieu, pour envoyer, en ce pays, des furieux hérétiques pour vous massacrer cruellement. Oui ! je veray tout cela, à mon regret, avant mourir. Ce prêtre prenoit souvent un batton et alloit aux cabarets, battre les prêtres et aux lieux publicz et infames, frapper les ecclésiastiques, disant · infortunés, que vous êtes, pourquoy provoquer Dieu à renverser son église.

Ce prêtre, avant de mourir vit la vérité de ses propheties, veu que les ministres Copier, Biot, Tinel, Porellin vinrent massacrer tous les prêtres et constraindre les pauvres catholiques a venir au presche et a prendre la cène ; ce qui fiot pronostiquer au sieur de Valmalles, qu'il estoit impossible que cette religion feût de longue durée, disant souvant à M. de La Devèze, son fils, qu'il esperoit voir la fin de cette religion, estant sy mal commencée et sy mal servie par des hommes vains et inhumains ; ce qui l'obligea de conserver sa chapelle, la cloche, le calice et autres ornements dont la chapelle estoit pourvue.

(Archives départementales, série G. 971.

MÉMOIRE DES CHOSES PLUS REMARQUABLES SURVENUES DANS LE GÉVAUDAN, AU COMMENCEMENT DE L'HÉRÉSIE, DONNÉE PAR M. DU TOURNEL.

Le premier qui a dogmatisé le calvinisme, en ce diocèse, fut un Carme de Mende ; soubs le voile de religion, faisant glisser parmi la noblesse, et autres personnes de distinction, de petits livres de la Religion prétendue. Le premier prêche qu'il fit feut à Serverettes, dans une grange à foin ; en présence de M. du Tournel et Mlle sa sœur, déjà corrompue par le venin de ce Carme, ou il y avoit vingt cinq personnes. Celà arriva en l'an 1565 ?. Après s'estre fomenté pendant quelques années à découvert, M. de Fontanille et Mijoule et quelques autres de Serverette furent prins par M. de Trélans, qui estoit gouverneur de ce pays ; ils furent brulés l'an 1567 ou environ. (Il faut lire 1557.)

M. de Vaux, premier apostat de la maison du Roure, avec deux cens hommes et un ministre nommé Coppier, se saisit de Mende et y établit pour gouverneur ce ministre ; mais M. de Vaux ne feut pas plustôt sorty de la ville qu'on en chassa ce malheureux.

La mesme année, les viscomtes hérétiques passèrent en ce pays avec une puissante armée, commandée par le vicomte de Bruniquel, qui prit la Canourgue, et voulut assièger Mende ; mais le baron de Cénaret que le roy avoit establi pour gouverneur en ce pays luy fit lever le siège bien vite.

Les vicomtes estant passés, M. de Marchastel, aujourd'hui M. de Peyre, feut establi gouverneur par les

Huguenots. Sa demeure estoit à Maruejols ; mais ayant esté tué à Paris, M. Du Tournel succéda à sa charge et resta le gouverneur pendant longtemps, sous le bon plaisir de M. .... maréchal de France, père de M. de Montmorency, qui vint avec les huguenots, après le massacre, et demeura en cette union jusques aux secondes guerres; au commencement desquelles, M. du Tournel se fit catholique, et fut trouver le Roy, duquel il reçeut plusieurs bienfaitz.

L'an mil cinq cens huictante, ce Merle dont nous avons parlé, qui estoit fils d'un cardeur de Nismes, prit Issoire et plusieurs autres villes de ce côté là, après ce qu'il avoit fait dans le diocèse de Mende. Sa cruauté fut indissible. Rouan, son frère, l'an 1582, ayant sous sa conduite une armée des Huguenots et Cevenols, se saisit du Bois (Boy), accompagné de Saint-Martin, père de M. de Vaumalle; depuis ce temps là, on n'a veu que meurtres, massacres, renversement d'eglise, sacrilèges, meurtres des catholiques et mille autres malheurs.

(Extrait des archives départementales. Serie G. 971).

GUERRES DE RELIGION EN GÉVAUDAN.

1562 1563.

Le Givaudan n'estoit pas en repos durant telles tempeste. Sur la fin de juin, ceux des Cevenes surprindrent un bourg nommé Iamberigaut. La religion qu'ils y planterent fut de piller et brusler quelques maisons. Quinze jours après, entrez à Quézac, ils bruslerent une image, surnommée Nostre-Dame, fort renommée au pays, firent un butin de reliques et autres tels ornemens, montant à 280 marcs d'argent. De là venus à Mende, ils y entrèrent par composition sur la fin de juillet : mais leur entrecuidance les perdit ; car au lieu de se rendre les plus forts, ils permirent à un ministre nommé Copier, qui les accompagnoit, de faire du capitaine, d'ordonner des deniers et des affaires de la guerre, comme s'il eust esté quelque colonnel des vieilles bandes. Davantage Copier et autres aussi fins que lui en ce mestier, pensans de leur ombre faire peur à chacun, envoyèrent hors à une autre entreprise un certain chaussetier d'Albi nommé Crisas, capitaine taillé tout de frais, et surnommé La Croix, avec cent ou six vingts soldats, qui courans la campagne en dessoulde furent surpris et tuez pour la pluspart, le reste se sauvant comme ils peurent dans la ville de Marvejols. Le jeune Treillans qui avait despeché ceux-là, picque avec sa troupe droit à Mende, où il entra sans résistance, trousse prisonnier le gouverneur, butine mesme un riche calice et l'argent du Roy, et s'en retourne en Rouergue, laissant Mende à l'abandon, où d'autres du parti du Triumvirat entrerent et retindrent prisonniers Copier avec vingt-cinq soldats. Ceux de Marvejols, qui tenoyent pour le prince, ayant assiégé Chirac, où il y avoit des prestres fort eschaufez, quelques gentils hommes essayerent de ranger les assiegez a composition : ce qui ne fut possible ; au moyen de quoi le 24° jour d'août 1562, quelques défenses ayant été abatues et le feu mis en trois portes, et un trou fait à la muraille, la ville fut forcée, plus de 80 hommes tuez, le temple bruslé, ensemble trois ou quatre maisons, pour avoir ceux quy estoyent cachez, les cloches fondues et la ville desmontelée. Les trouppes allerent puis après à Mende, pour la piller : mais il y eut résistance, et ne peuvent faire autre chose sinon ramener saufs Copier et ses compagnons.

Sur la fin de septembre, le baron de la Goize entra dans le Gévaudan, qui commençoit à jouir de quelque repos, et y commis des cruautez, vilenies et pilleries estranges. Un de ses trouppes fut desespéré jusques là de ravir une fille, et contraindre le père, agé de quatre-vingts ans, d'estre proche spectateur, lorsquelle fut violée. Au commencement d'octobre, le baron de St-Vidal, Treillans et autres, ayans ramassé leurs forces au nombre de deux mille hommes, pour s'aller joindre au sieur de Joyeuse au siège de Montpensier, receurent les nouvelles de la defaiste de leurs compagnons à St-Gilles. Cela leur fit changer de desseins et conclure d'aller à Florac qu'ils assiegerent, battirent, essayerent d'avoir par escalade, parlementerie, sappe, assaut, l'espace de 8 jours. Il n'y avait dedans que huit hommes de guerre commandez par un vaillant soldat nommé Boissy, de Montpellier. Les assiegeans ne gaignerent que des coups, et sur un bruit semé entreux que Baudiné venait au secours des assiégéz, leverent le camp a leur grande confusion, et en merveilleux desordre. Les femmes firent merveilles en ce siège : car elles ne cessoyent de tirer harquebuzades, jetter cailloux, rouler des pièces de bois sur les assaillans, et faisoyent les rondes. Le ministre, nomme Loys du Mas, y fit aussi un merveilleux devoir en l'exercice de sa charge et a encourager chacun. Sur le poinct que le siège se levait, Boissy fut legerement atteint d'une harquebuzade : ce qu'ayant dissimulé pour n'effrayer ses gens et laissé sa playe à penser, il en mourut quelque temps après, au grand regret de tous ceux de la ville. Le mois de janvier 1565, se passa en quelques courses et pillage de costé et d'autre. Sur le commencement de février, Coffart, gouverneur de Recoles, assiégea Marchastel, chasteau appartenant au sieur de Peyre, et l'ayant prins par trahison, tint aux soldats la foy de Granes. Peyre en eut sa revenche, ayant attrapé Coffart, tué environ septante de sa suite, reprins Marchastel, chassé les garnisons de Haumont et de Serverette. Les partisans du Triumvirat s'estant ramassez et renforcez, 150 hommes sortirent de Marvejols pour les recognoistre : mais on leur coupa tellement chemin qu'ils furent contraints se jetter dans Haumont, où il ny avoit pouldres ne vivre pour soustenir un siège. Les assiegés voyans qu'ils ne pouvoient estre secourus de Marvejols, se souvenans de la foy de Granes, le deuxieme jour du siège, entre les 10 et 11 heures de nuict, sortirent les armes au poin, fauserent trois corps de garde, et se rendirent à Marvejols, ayans perdu toutes fois vingt-six hommes de leur compagnie, tuez en combatant, et 4 prisonniers traitez à la façon de Granes. Quelque temps après, l'édit de pacification fut apporté et publié par tout le Gévaudan, nonobstant quoi, le mareschal de Danville fit recevoir avec la messe des troupes de gens de pied et de cheval dans Marvejols, qui ravagerent tout le pays de Gévaudan de lieu en autre avec toute impunité. Treillans, le baron de La Fare, La Vigne, et autres firent aussi des désordres apres l'édit : mesme ce baron s'oublia tant que d'assieger Florac, le 5ᵉ jour d'avril, pour avoir une jeune fille d'excellente beauté, qu'il avait paravant essayé d'enlever par tous autres moyens : mais le sieur de Baudiné venu au secours garantit l'honneur de la fille et les habitants de la ville.

(Extrait du Recueil des choses mémorables avenues en France sous le règne de Henri II, Charles IX, Henri III, et Henri IV, depuis l'an 1547 jusqu'au commencement de l'an 1597. 3ᵉ édition, à Heden, 1603.)

DÉTAILS SUR LA MORT DU PRÊTRE MATISON, DE CHANAC.

1562.

Dans le registre de Mᵉ Delaboude, notaire, (année 1560 à 1564) folio 229, se trouvent des détails sur la mort de l'abbé Guillaume Malzac, dit Matison, prêtre de Chanac qui fut tué, l'an 1562, lors de la prise de cette ville par les protestants.

Les détails de cette mort sont donnés par la veuve Magdelène Ferrier qui, sur l'instigation d'un habitant de Chanac, avait déposé que ce prêtre avant d'expirer avait désigné son héritier. Sa rétractation est du 17 mai 1563.

« Ce prêtre, dit-elle, feust prins et mené du chateau de Chanac par les Hugueneaulx jusques a la mayson de Mᵉ Jean Jaffre, dict del Chalsetier, dont le firent sauter de la fenestre. Elle ne luy veist dire ny tirer parrolle de sa bouche aucune, car estoit il grandement tourmenté et enormement blessé, car le sang luy sourtoit à grand efflution par le coul et enclinoit sa teste sur le muscle, estant demy mort, et l'avoir monté à ladicte mayson, soudain le jectarent par ladicte fenestre.

<small>(Archives départementales. Série E. — Registres Delaboude, notaire de Mende).</small>

FORMULE DES RÉQUISITIONS ADRESSÉES PAR M. D'APCHIER, GOUVERNEUR DU GÉVAUDAN, AUX PAROISSES DU PAYS.

1562.

Françoys d'Apchier, baron dudict lieu, vicomte de Vazeilhes, sieur de la Gorce, Salavas, Montaleyrac et autres lieux, lieutenant et gouverneur pour le Roy au pais de Gévaudan. A .... salut. Comme pour faire tenir ledict païs en lobeyssance dudict seigneur, remectre en aucuns lieux l'esglise catholique et romaine en son premier estat et y faire continuer le service divin, aussi garder que ledict païs ne soyt invadé par les sedicieux et rebelles qui ont prins les armes contre la majesté dudict seigneur, nous soit besoing entretenir grand nombre de gens de guerre, tant de pied que de cheval, et mesmes en la ville de Mende, principalle dudict païs, et, pour ce, faire recouvrer vivres et munitions, vous mandons et commettons que, à la plus grande dilligence que faire se pourra, vous faictes contraindre les manans et habitans et habitans de Saint-Pierre-des-Tripiés, d'appourter et mettre dans ladicte ville de Mende, ez mains d'icalluy que nous y avons commis, huict charges vin, ou pour icelles trente livres quinze solz, a quoy ont esté par nous cottisez, et à ce les contaignes par prinse de leurs biens, arrestation et emprisonnement de leurs personnes, et tout ainsi quil est acoustumé faire pour les affaires dudict seigneur.

De ce faire, vous donnons pouvoir et commission.

Donné à Mende, soubz nostre seing, le vi⁰ octobre 1562.

Signé D'APCHIER.

(Archives départementales, C. 1787.

ÉTAT DES GARNISONS ÉTABLIES DANS DIVERSES VILLES DU GÉVAUDAN ET MONTANT DES DÉPENSES POUR LEUR ENTRETIEN.

Septembre 1562 — fin mai 1563.

Estat et despanse des deniers employés pour le payement des compagnies establyes en garnison au païs de Givauldan et diocèse de Mende et aultres deniers employés suivant les mandemens et ordonnance de M. d'Apchier, lieutenant général pour le Roy audict païs de Givauldan, en l'absence de Mgr le conestable, pour la deffance et thuition des villes qui sont soubz l'obeyssance du Roy, et pour resister aux entreprises des sédicieux et rebelles, contrevenans à ses édictz et ordonnances.

Et pour la garde tant de la ville de Mende que des aultres estans soubz l'obeyssance de sa majesté, fut advisé par ledict sieur d'Apchier, lieutenant pour le Roy audict pais, assoir garnisons en icelles pour rompre le desseing desdictz sédicieux et rebelles, lesquelz se seroient assemblez en la ville de Maruejols, avec l'intelligence et secours des habitans des villes de Florac, Yspaignac et de tout le païs des Cevenes, qui est ung tiers du païs de Givauldan ; duquel ledict sieur n'est payé de ses deniers et moingz obéy, conféderés et alliez avec les villes de Nismes, Montpellier, Anduze, Allés, Sainct Jehan-de-Gardomenche, Mayrueys et Milhau, pour venir mestre le siege à la ville de Mende, principalle et capitalle dudict païs de Givauldan, pour icelle mectre hors l'obeyssance du Roy, et parconséquent soy amparer de tout ce que restoit dudict païs ; ce quilz firent par deux fois avec nombre de plus de quatre mil hommes chascune fois.

Au moyen de quoy, ledict seigneur auroit esté contrainct, pour obvier à telles entreprises, et après quil auroit eu plusieurs plainctes et doléances des volleries, saccaigemens, murtres inhumains faictz, tant sur les gens d'église que aultres bruslemens d'églises, monastères, fere levée et assemblée de gens, establir et asseoir garnison ez villes dudict pais estant en l'obeyssance dudict seigneur et fust faicte la dépense que sensuyt :

Le montant de cette dépense est de 111,257 livres 11 sous du mois de septembre 1562 a fin mai 1565.

Voici les noms des capitaines : Coffours, La Fare, Albert de La Vigne, Amblard de La Fayette, S^{gr} de Brosses; Bilières, Boyssonade, La Cornilhade, Leuzière, Du Mazel, de Margerides, Dausans, Puechau, Du Pinet, de Feugiere, Servais.

Les villes qui eurent garnisons sont les suivantes : Mende, Langogne, le Malzieu, Chanac, Serverette, Ste-Enimie et la Canourgue.

(Archives départementales, C. 1320.)

29 juillet 1562.

REFUS DE LA COMMUNAUTÉ DE VILLEFORT D'OBÉIR AUX ORDRES DU BARON DES ADRETS QUI DEMANDAIT UN SUBSIDE.

(Ce document a été publié par M. Benoit, notaire de Villefort dans le Bulletin de la Société d'agriculture, sciences et arts de la Lozère, année 1865).

2 septembre 1562.

DÉLIBÉRATION DE LA MÊME COMMUNAUTÉ POUR LE CHOIX DES DÉPUTÉS A ENVOYER A GÉNOLHAC A L'EFFET DE MAINTENIR L'UNION ET LA PAIX ENTRE CES DEUX VILLES, ET ENCORE RELATIVE AUX JOYAUX DE L'ÉGLISE DE VILLEFORT DÉPOSÉS CHEZ UN HABITANT.

(Communication de M. Benoit, notaire. Même Bulletin).

EXTRAITS DES REGISTRES DE LA COMMISSION INTERMÉDIAIRE DES ÉTATS DU GÉVAUDAN.

(Archives départementales, C. 813).

du 1er décembre 1562.

A esté remonstré par ledict scindic comme hier, seroit venu en notice ; les gens que lon dict estre de la nouvelle Religion avoir tenu certains estatz en la ville de Nismes où auroient faict certains articles et capitulation grandement prejudiciable à nostre Republicque, où est besoing pourveoir.

du 9 décembre 1562.

A esté tracté de la fortiffication de la ville, mesmes de recouvrer d'arquebuzes à croq, pour le present et d'avoir deniers pour les fere feyre.

Conclud que des deniers déjà accordés par MM. du Chapitre et clergé et la ville en corps. sera faict achapt de pièces à crocq et aultres necessaires pour la defense de la ville, et donne charge à Jehan Vincens de les aller fere forger et apporter à St-Estienne en Forestz, et luy a esté donne charge en faire faire deux douzaines, et ce pendant lui sera baillé cinquante livres.

11 janvier 1563.

Après avoyr entendu le raport de M. de Fredault, bailly de Gevauldan que avoyt esté depputé pour aller devers MM. de Montluc et cardinal d'Armagnac pour avoir forces et artillerie pour reduyre le présent pays à l'obeyssance du Roy;

Conclud, après avoir faict lire la cedulle et asseurance d'un fondeur qui est à Alby, passé entre ledict fondeur et M. de Fredault, bailly, et d'Entraigues, capitaine de la garde de la maison de M. le cardinal d'Armagnac, qu'il sera envoyé M. Pierre Monnier avec ung homme et une monture à Alby pour faire venir ledict fondeur et argent pour ses despens.

7 avril 1563.

Du septiesme jour d'avril mil cinq cens soixante-trois. Dans la maison canonicalle de M. de Miramont, chanoine de Mende. Par devant Mgr d'Apchier, lieutenant pour le Roy au pais de Gevauldan, se sont assemblés, par son commandement, les officiers et conseil de la Court du bailliage de Gevauldan, assavoir Albert de Fredault, sieur de Sales, bailly de Gevauldan; Gaspar de Gout, juge dudict bailliage; Robert Fontunye, lieutenant général audict bailliage; Jehan Dinet, lieutenant; Guillaume Pagés, lieutenant particulier en ladicte Court; François Dumas; Pierre Hébrard; André de Chalohet, licenciés; Jean Martin et Claude Achard, bacheliers ez droictz, advocatz en ladicte Court.

Lequel juge, suyvant le commandement de mon dict sieur d'Apchier, lieutenant pour le Roy, a luy faict suivant la teneur des commissions qu'il auroit reçues pour le gouvernement dudict païs de Gevauldan, a rapporté le procès criminel faict, à la requeste du procureur du Roy, audict bailliage de Givauldan, à l'encontre de Antoine Hector de Peyre, sieur et baron dudict lieu; Pierre de Born, gouverneur de Maruejolz ; Pierre Florentin ; Vidal Gibelin ; Barthélemy Tardieu et aultres sedicieux et rebelles contre la magesté du Roy, habitans de la ville de Marvejols et aultres lieux.

du 26 avril 1563.

A esté traité de pourveoir à faire entretenir les articles de la paix que a esté publiée et enregistrée en la Cour de parlement de Tholose séant à Tholose, et donner ordre faire mectre bas les armes et faire deslotger garnisons qui sont en ce païs, pour donner à tout le peuple et subjectz de vivre en tranquillité.

Conclud que la paix et articles contenuz en icelle, seront publiez par les carrefours de la ville ; que les habitants de la ville s'assembleront pour resouldre quelz gens de guerre ilz auront en garnison en ladicte ville, pour cependant et actendant que les garnisons et estrangiers de Maruejolz et aultres lieux ayent vuydé et mis bas les armes.

9 mai 1563.

A esté tracté des affaires du diocèse, mesmes d'envoyer à la Court homme avec mémoires et informations pour remontrer les doléances et excès que ont esté faictz par les séditieux et rebelles contrevenant aux articles de la paix.

7 juin 1563.

Ont remonstré que la présente ville de Mende est la principalle et capitalle du diocèse, et laquelle, cy devant a esté invadée par deux foys par ceulx de la nouvelle Religion que journellement menassent la prendre et mectre hors l'obeyssance du Roy ; et aussi que lesdictz de ladicte religion qui tiennent les villes de Florac et Yspagnac n'ont encore faict vuyder les garnisons ny poser les armes aux gens de guerre qu'ilz y tiennent, et qu'ilz pouvoient donner quelque surprinse à ladicte ville, si par ledict sieur d'Apchier, gouverneur et lieutenant pour le Roy ny est pourveu d'un capitaine pour la garde de ladicte ville qui puisse prendre vingt soldatz qui soyent payés aux despens de tout le païs de Givauldan, car aultrement la ville ne les pourroit payer, attendu les grandz folles et despenses par icelle jà cy devant souffertz et aussi actendu les grandes réparations que y convient faire ; oultre les gens de la ville que seront tenuz garder aussi icelle soubz ledict cappitaine, nommant tel que besoing seroit le seigneur de La Vigne, sans vouloir aucunement contrevenir à l'édict du Roy.

Mondict sieur a ordonné à ladicte requisition et suyvant ledict consentement, en la présence des dessus nommez et des bailly du Gévauldan et procureur du Roy, pour autant que ladicte ville de Mende est la ville capitalle, servant de bolevard à tout le pays, et que icelle perdue tout le pais seroit aussi perdu, que ladicte ville seroit gardée suyvant les édictz de la paix, arrest de la Court de parlement de Tholose et instructions sur ce faictes au conseil privé du Roy ; commectant ladicte garde au seigneur de La Vigne, que aura avec luy vingt soldatz que nous solderont, et ledict sieur de La Vigne, capitaine, aussi aux despens du païs en corps. Et le demeurant de la garde sera faicte par les habitants de ladicte ville et à leurs despens comme conviendra à chascun et suyvant l'ordonnance du capitaine et jusques à ce que aultrement sera par ledict sieur lieutenant ordonné.

13 juillet 1563.

A esté traité des affaires du diocèse et mesmes de mettre police à ce que les édictz du Roy, tant de la paix que autres, soyent entretenuz, gardés et observés, les contrevenans puniz, les larrons, meurdriés, sacrilèges, puniz, et qui fut mandé au sieur Du Mazel, lieutenant de prevost de mareschaulx de France, pour en faire la poursuyte; et pour autant qu'il y a encores desdictz volleurs et vaccabonds en grand nombre qui tiennent les champs et font mille maulx, a esté arresté et conclud que ledict Du Mazel, illec present, exercera son estat de lieutenant de prévost de mareschaulx en la forme et aux gaiges qu'il avoit cy devant, quest de 200 livres tournois par an, et, pour se renforcer à ce que la force en demeure à la justice, luy sont accordez vingt hommes a cheval ou archiers pour exécuter ses commissions et provisions, prendre et chasser les dictz volleurs, pour ung mois prochainement venant, aux gaiges chacun desdictz gens à cheval de 15 livres pour ledict mois, que luy seront payées par le pays.

Du 29 juillet 1563.

A esté remonstré par mon dict sieur le vicaire général comme hier ils se seroit assemblé au lieu de Balsièges avec MM. le licencié Fabri, lieutenant de gouverneur de Maruejolz, et Grignon, merchant, dudict Maruejolz, avec lesquelz il auroit tracté sur les poinctz de la paix et pour iceulx estre observez entre les villes de Mende et Maruejolz; et commee et comme il auroit trouvé estre très necessaire continuer ladicte paix et amytié, comme aussi les habitans dudict Maruejolz le désirent, comme ilz ont dict.

Du 8 septembre 1563.

Il a été conclud que les portes de la ville seront ouvertes, assavoir une chesque jour, et passeront par ordre jour par jour.

Lundi 23 novembre 1564.

M. le gouverneur de Maruejolz (1), envoyé par M. de Peyre, a dict et remostré que, pour obvyer aux grandz fraix, myses et despens, folles et grandz maux que ce pouvre pays endure, tant par les garnysons et gens de guerre que y sont et que journellement passent et repassent, soulz pretexte que lon dict que les villes ne sont daccord et y a sedition; qu'il seroit bon, d'ung commun accord et d'une bonne amytié, remonstrer à Mgr de Dampville comment tout ce diocèse est en tranquillité et amytié, observant les edictz et ordonnances.

Conclud que MM. d'Arenes, envoyé de M. de Canilhac, ledict gouverneur de Maruejolz et le Sgr de Bozène sont depputés pour rediger les articles de confédération, alliance et amytié réunye entre les villes et lieux de Gévauldan; pour après estre promis garder par tout le pays pour le soullaigement dycelluy.

(1) M. P. de Born.

Dudit jour de relevée (24 novembre 1564).

M. le vicaire général, Pierre de Rivière, prieur des Salses, a remostré comme M. le gouverneur de Maruéjols avoyt treuvé expédient, ce matin, qu'il seroit bon, pour le bien et soulaigement du pays et des pouvres subjectz, de faire entendre a Mgr Dampville, comme le pays et habitans des villes et lieux dicelluy sont en bonne unyon, paix et tranquillité, afin qu'il fust son bon plaisir de soulaiger et ouster les garnisons que y sont; mais y a davantaige qu'il fault que l'on face entendre comme les habitans d'icelluy pays entendent adhérer aux conclusions prinses aux Estatz généraulx de Languedoc, en l'assemblée de Beaucaire, dernièrement et que chascun se déclayre sellon sa volonté.

Conclud que les conclusions des Estatz généraulx de Languedoc, prinses en l'assemblée faicte dernièrement à Beaucaire, cy devant leues et données a entendre a haulte voix, mot après aultre, à la présente assemblée et à tout le corps des Estats particuliers dudict diocese, sont apreuvées par les présens Estatz comme sainctes, factes à l'honneur de Dieu et de son esglise catholique, politicques et raysonnables, et, ou lesdictes conclusions ne seroient poursuyvies par le pays de Languedoc, que le présent diocèse les poursuyvra devers Sa Majesté, à ses despens, afin de remectre ce pays en tranquillité et fere vivre en une religion ses subjectz.

(Série C. 813).

EXTRAIT DES ÉTATS TENUS A BEAUCAIRE

du 21 au 30 octobre 1564.

Dans cette assemblée, on continua de supplier le Roi d'ôter la diversité de religion dans la province, de n'y souffrir que la catholique, et d'en faire sortir tous les ministres, ou du moins de ne donner les offices qu'à des catholiques, et d'interdire les officiers qui ne l'étaient pas, et que les Etats offraient de rembourser du prix de leurs charges.

On demanda que tous les consuls et officiers des villes fussent catholiques ; que l'élection de ceux qui ne l'étaient pas, fut cassée; quon saisit tous les livres hérétiques qui étaient exposés en vente, etc.

On pria M. de Damville de ne donner les commissions des assiettes qu'à des catholiques, etc.

(Hist. générale de Languedoc. Tome V.)

NOUVEAUX TROUBLES

en 1567 et années suivantes.

MESURES PRISES PAR LE CLERGÉ DE MENDE POUR LA CONSERVATION DES JOYAUX DE LA CATHÉDRALE.

Le 8 d'aoust 1567. Assemblés à la maison de M. Du Prat, à la salle : nobles et venerables personnes MM. Jehan Boniol, prévost ; François Malian, Jacques Macel, Anthoine Duprat et de Born.

Le sacristain a recogneu le contenu et mis soubz la chapele de St Nicolas, témoins P. Brugeys, M. Jehan Duboiz, Barthelemy Vitalis, présent quant y feust mis. Et apres feust getté et mis a lhautel, grand haulthel. Et après MM. les prévost, archidiacre les entirèrent et les firent pourter et sourtir par la porte devant le Chapitre, et ne les virent, et tout le contenu au hault et bas estoient dans les coffres et il ne les a veu sourtir et ne scait comment, il escripvist questoit sourti. La juré.

Memorit de las piessas qui sont mises en lieu secret par nous soubz signés.

Et primo : Nostre-Dame d.... avec doux angelz.... St Blaise avec sa mitre et crosse. La croix de Condom. Le calice d'or et aultre calice d'argent surdoré. Ung bassin d'argent. St Jean-bouche d'or. Langel St Michel. Langel Ste Ipine. Lou gran coffre d'argen surdauré. Lou reliquiare de Guardo. Lou reliquiari de St Laze.

Lac Beate Marie. Dos anelh pastorath. Dos chanetos dargent surdaurées. Ung sac avecque certaines basses pectralh et aultres pisses.

(Arch. départementales. Serie E. Registre de Me Pierre Torrent, notaire, année 1567, folio 129.

ACCORD POLITIQUE pour l'entretenement d'une paix, unyon et reppos tant pour une relligion que aultre, contenant l'ordre qui sera doresenavant tenu et observé pour le passaige et nourriture de la gendarmerie passant et repassant, avec création de douze sindicz et despputez, passé entre les habitans de Bleymar.

4 octobre 1567.

L'an mil cinq cens soixante-sept et le quatriesme jour du moys doctobre. Tres chrestien prince Charles, par la grace de Dieu, Roy en France regnant. Au lieu du Bleymar et dans la salle haulte de la maison de noble Etienne de Sabran, seigneur des Alpiers, ellec estans congregez, assemblez et comparans en personne, ledict noble Estienne de Sabran, noble Gabriel de Sabran, son oncle, maistres Blaize de Sabran, Jehan Reversat, Estienne et Anthoine Fabres, frères ; Jehan Vinhal, lieutenant; Jehan Mallechane, notaire; Anthoine des Ayfres, praticien ; Anthoine Mothon, Estienne Folchier, etc., tous faisans la plus grande et sayne partie des habitans dudict Bleymar. Auxquels, en la presence de moy notaire royal, soubzsigné et des tesmoingz en bas nommez, a esté expozé et remonstré par la parolle et organe dudict noble Estienne de Sabran, comme ledict villaige du Bleymar estoit grandement peuplé et muny de beaucoup d'habitans y réceans et domicillians, et tant gens literez, de qualité que artizans et aultres de basse-qualité et condition : dans lequel villaige ou son paroisse y avoit ordinaire exercisse, suyvant le édict du Roy, de deux religions, scavoir les ungz soustenans et exerceans la Religion chrestienne et eglise reformée ; les aultres et le plus grand nombre exerceans et soustenans le parti de l'eglise romaine. Et parce que en faisant chascun son debvoir et exerceant sa religion, entre aulcuns y avoit journellement rixes, querelles et esmotions, reprochans et desdagnans les ungz les aultres en leur exercisse et religion, par rizées et mocqueryes, les ungz en sortans des prières et presches ordinaires, et les aultres en sortans douyr la messe, chose grandement scandaleuse et odieuse à voir et ouyr, le tout procedant de telles particularitéz et differences de religion dont ne s'en pouvoit ensuyvre, par ung juste jugement de Dieu, que tout malheur, sil ny avoit prompte reformation, tellement policée que telz mocqueries et seditieux soyent punys de ce quilz ont faict par le passé et que pourroient fere pour l'advenir. A quoy estre très requis et nécessaire, principallement pourveoir et remedier. Dailleurs audict villaige avoit aultre grand desordre et desbordement touchant le passaige, nourriture et entretenement de la gendarmerie ordinairement y passant et repassant, pour aultant que les ungz, pour le maulvais voulloir et inimittié qu'ils ont contre les aultres, tachent et procurent, par tous moyens possibles, leur

ruyne et destruction au moyen de ladicte gendarmerye.
Et, pour ce exécuter, font venir a acheminer audict villaige plusieurs compaignyes de soldatz, tant d'une religion que daultre, par lesquelz sont souventes foys battuz et tourmentez, et après leurs biens et maisons vollez et pillez ; et que pys est, après telle pillerye, acheptent eulx mesmes des soldatz les meubles, marchandises et denrées desrobées. Et encores pys, toutes compaignyes de soldatz estans avec ou sans chiefz et cappitaines entrent ordinairement audict villaige du Bleymar, le plus souvent sans avoir commission ne charge ; et pour si peu de nombre qu'ilz soyent, soy rendent maistres, et lesdictz habitans en telle subgestion et servitude, qu'ilz n'ozent bouger ne soy plaindre en aulcune manière ; le tout procedant de l'inimitié et haine qu'ilz ont les ungz contre les aultres sans aulcun accord, unyon, amour ne fraternité. Et plusieurs aultres insollences, ruynes et dissipations se font et commettent journellement audict villaige par faulte de police et bon reiglement. A quoy aussi estoit fort requis et nécessaire pourveoir, et pour ce respect faire et créer sindicz et procureurs, telz que sera advise ; gens de bons sens et preudhomye et tant d'une religion que de l'aultre, qui commanderont et serviront de chiefz et veillans ordinairement au faict politique. Parquoy a dict ledict seigneur des Alpiers, à l'heure et lieu presens, avoir faict appeller par la voix du sergent ordinaire dudict Bleymar la présente assemblée pour tous ensemble et dun comun accord remédier et pourvoir promptement à tout ce dessus, à celle fin que en lieu de telz désordres, discordz et noyses ordinaires, une paix et tranquillité perpetuelz soient introduictz et

instituez entre iceulx habitans ; desquelz avoir ledict seigneur entendue la voix et de lung apres l'aultre, que auroient dict uniformement et sans discrepance qu'ilz estoient en ferme voulloir et intention de y pourveoir, et que cestoit leur principal desseing de vivre doresenavant en paix et bonne unyon, au moyen de quoy, après que ledict seigneur a eue sur ce conference et adviz avec les principaulx gens literez dudict villaige, ont faictz et dressez certains articles et statutz, escripvant moy notaire soubzsigné, que sont telz et dont la teneur sensuyt :

ARTICLES ET STATUTZ accordez entre les mannans et habitans du Bleymar touchant la police et pour vivre en bonne paix, unyon et tranquillité suyvant le édict et voulloir du Roy nostre sire, s'ensuyvent :

En premier lieu, a esté convenu et accordé, d'ung commun accord et amyable qui doresenavant les ungz avec les aultres, sans difference de religion, se contiendront en paix et amytié, uzans des libertez permises par les edictz du Roy nostre sire, sans estre resserchez en lexercice de leur Religion, et ce sur les penes contenues en le edict du Roy.

Item, pareillement a esté accordé que ou et quant se trouveront aulcuns y contrevenans, qu'il sera permis aux aultres luy accourir sus pour le metre entre les mains des officiers dudict lieu qui, après le puniront sellon ses démerittes, sans aulcune esmotion, pour pretexte daulcune religion, ains consentiront à la punition de telz coulpables et seditieux.

Item, et pour l'observation de telle fraternité et

unyon, ont depputé, scavoir : de la part de ceulx de
la Religion réformée : M° Jean Reversat, Estienne et
Anthoine Fabres, Jean Pelissier, André Paulet et moy,
notaire soubzsigné. Et de la part de la Religion romaine : Maistres Estienne Beys, filz à feu Jehan ; Jehan
Reynalh, Anthoine Moret, Pierre Mazaudier, Jehan Durand et Michel Sollier, pour tous ensemble adviser et
soy prendre garde a ce que nul ne contrevienne à ce
dessus, et des contrevenans en advertir les officiers
et leur sommer en faire justice promptement, et, en
cas de reffus, protester par acte de notaire.

Item, ont accordé que chascun, sans scandalle de
son voysin, ne trouble audict villaige, pourra libremment servir au party qu'il vouldra tenir, sans que
pour cela luy soit loysible prendre argument d'exercer
aulcune cruaulté en l'endroit daulcun habitant dudict
villaige, pour pretexte de luy estre ennemy ou aultrement ; et ce sur les peines contenues en le edict du Roy
et aultres que de droict.

Item, et pour limiter la charge desdictz depputez,
leur sera enjoinct et commandé expressement ou et
quant se feroit bruict daulcun passaige de gendarmerye,
seront tenus aller au devant des compaignyes pour, et
avec les cappitaines soy informer de leur commission,
et si leur commission n'est chargée de pouvoir habiter
et entrer audict villaige, apres l'avoir communicquée
aux habitans, remonstrer ausdictz cappitaines la raison
du deny et reffus de les laisser entrer par deffault de
charge. Et en ce et tout ce qu'ilz se pourroient treuver
faibles, pourront requérir les habitans qu'ils pourront
treuver pour leur assister ; et a quoy ne pourra aulcun
desdictz habitans reffuzer ny denyer, après une seulle

requisition, à peine de 10 livres tournois et aultres que de droict.

Item, et au cas que aulcune compaignye seroit logée pour l'advenir audict villaige de Bleymar, d'une religion ou d'aultre ; et que pour la dissolution des soldatz advint saccaigement ou pillaige de aulcunes maisons dudict villaige, ne pourra aulcun desdictz habitans receller aulcuns meubles ny aultres choses par achept des soldatz ny aultrement, sur la peine d'estre punys comme larrons et recellateurs.

Item, ne sera permys a aulcun donner aulcun advertissement de parolle ne par escript aux ennemys, sur peine de la vye.

Item, est deffendu à tous hostelliers et aultres habitans dudict Bleymar, ne loger aulcuns estrangiés portans armes, passé leur disnée ou soupper, sans en advertir lesdictz depputez, à peine destre punys de la peine que telz estrangiers auront méritée, en cas quilz seroient treuvez traistes audict villaige.

Item, et au cas que pour l'advenir se dresseroit estappe audict villaige pour le vivre et entretenement daulcuns soldatz ou aultres munitions de guerre ; que la commission reçeue par les depputez, seront tenuz icelle communiquer aux habitans, pour tous ensemble y pourveoir comme de raison. Desquels, après avoir faicte lecture ez presences et audiances de toute l'assemblée et en vulgaire, et, entendu langaige ; après les avoir ouys et entendus de poinct a poinct, comme ont dict, ont dict et affirmé, tous ensemble, que tels accordz et articles voulloient et entendoient ils doresenavant tenir, garder et obserser, sans a jamais en rien y derroger ne contrevenir, comme revenans à leur grand proufict, utilité, repos, tranquillité et unyon, tant de leurs personnes que biens; et iceulx, de poinct en poinct, pour cest effect ont aprouvez, ratiffiez, émologuez et confirmez, sellon leur forme et teneur. Et avec ce que les sindicz et depputez y denommez en la plus grande partie diceulx presens, et telle charge acceptarons pour eulx et les absens, ont promis et juré à toute l'assemblée, levans leurs mains à Dieu, de bien et fidellement exercer la charge contenue ausdictz articles. Et du tout leur pouvoir veiller ententisvement a fere tenir, garder et observer lesdictz articles et statutz, sans en rien y enfraindre ny derroger, sur peine, que ou se trouveroit le contraire, destre punys comme traistres et desloyaulx aux bien et repos publicques et perturbateurs d'icelles et daultres peines que de droict; voullans et entendans, iceulx habitans, les dictz articles et tout le contenu en ce contract avoir et obtenir à jamais aultant de vertu, valleur et efficace, comme si des choses y contenues avoit esté donnée sentence diffinitive par leur juge competent, de laquelle neust esté appellé ains acquiescé et passé en force de chose jugée, confirmée par arrest de la souveraine Court de parlement de Tholoze; de laquelle sont ressortissans.

Et pour la plus grande fermetté et perpetuelle asseuance des choses y contenues, lesdictz habitans et chascun d'eulx, pour son regard, de nouveau, sans revocation aulcune, ont faictz et constituez leurs advocatz et procureurs en la court et siège présidial de Nysmes : MM. maistres Pierre et Charles Rozelz, Favier et Deleuziere, Villaris et chascun deulx, pour et en leur nom requérir l'autorisation dudict et présent accord et ilz et les leurs à jamais estre condampnez de le tenir et observer. Et à cest effect estre registré ez actes et registres de ladicte Court. Et en ce, et quen deppend, fère toutes actes et réquisitions necessaires, avec puissance de substituer ellection de domicille, promesse d'avoir le procuré agréable, de rellever et avec toutes aultres clausulles requises et necessaires. Pour lesquelles et tout le contenu en ce contract tenir et observer a jamais, sans en rien y contrevenir, ont les ungz envers les aultres respectivement obligez et ypothèqués et soubmys leurs biens quelconques, meubles, immeubles, présens et advenir, les soubmettant aux rigueurs des Courtz, présidial susdictz et Conventions royaulx de Nysmes, Petit séel de Montpellier, ordinaire de la baronye du Tournel, commune du Comté et balliage de Givauldan et a chascune d'icelles. Et ainsin l'ont de relief juré, en la forme que dessus. En vertu duquel jurement ont renuncé et renuncent à tous droictz et loix à ce contraires, desquelz se pourroient ayder pour contrevenir à ce dessus ; et du ont requis et demandé instrument a moy notaire soubzsigné, en forme de chartre publique, que leur ay octroyé.

Faict et passé ou qui dessus. Présens et appellez en tesmoingz M⁽ʳᵉ⁾ Guillaume Seguin, de Barre, diacre, habitant audict Bleymar ; Barthelemy Bragier ; Maurice Recolin, de Malavielle ; Guillaume Fayet, du Felgas. Et moy Jean Baptiste, notaire royal soubzsigné.

Signe BAPTISTE.

(Archives départementales, Série E. — Registre de M⁽ᵉ⁾ Jean Baptiste, année 1567, folio 180 verso.)

EMPRUNT A FAIRE PAR LE CHAPITRE CATHÉDRAL.

14 octobre 1567.

L'an mil cinq cens soixante-sept et le quatorziesme jour du moys d'octobre... à tous présens et advenir soict notoire que congrégés et assemblés dans la cité de Mende, et salle de la maison canonicalle de M. Anthoine Duprat, chanoine de l'église cathedralle dudict Mende, esleu pour tenir leur Chapitre, aux fins soubzcriptes, nobles et vénérables personnes, MM. Jehan Boniol, prévost ; Françoys Malian, archidiacre ; André Collonel ; Jacques Dussart ; Jehan de Myremont ; Pierre Coignet ; Jacques Macel ; Guillaume Certamy ; Anthoine Duprat ; Jacques de Broa ; Raymond Claustre ; Jacques Albaricy et Loys Ret, chanoines de ladicte eglise cathédralle ; illec capitulans et tenans leur Chapitre. Lesquelz considérans la grand nécessité que se offre en ce païs de Givauldan des gens de guerre quy veulent envahir, comme est femme (Fama, bruit) notoire, la la présent cite et plusieurs aultres villes, et gaster le pays, et pour de la part dudict Chapitre y obvier, avoir advisé le Corps dudit Chapitre n'avoir en comun aulcungs deniers, et fault nécessairement en avoir prontement. Pour ce, de leur bon gré et franche volonté, pour et au nom dudit Chapitre, ont commis à mesdictz seigneurs les prévost, archidiacre, Jehan de Miremont et Jacques Macel, chanoines dicelle esglise, présens, et les ont constitués leurs procureurs dudict Chapitre sans révocation des aultres procureurs, par eulx jusques à présent constitués, ausquelz et deulx d'iceux, en absence des aultres, ont donné plain pouvoir, autorité et mandement spécial de trouver moyen, pour ledict Chapitre, recouvrer argent, tant par emprunt, arrentement de beneffice, constitution de rente, vente et allienation de quelque partie du temporel dudict Chapitre que aultrement, comme verront plus expédiant et utille audict Chapitre, etc.

(Archives départementales, Serie E. — Registre de M° Torrent, notaire, année 1567, folio 132.)

EXTRAIT DE L'INFORMATION FAICTE PAR GASPARD DE GOUT, DOCTEUR EZ DROICTZ, JUGE DE LA COUR COMMUNE, ROYALE DU COMTÉ DE GEVAUDAN, A LA REQUÊTE DU SYNDIC DU CLERGÉ DU DIOCÈSE DE MENDE.

Du 12 avril 1568.

Déposition d'Antoine Vachery.

Sire Anthoine Vachery, marchant, natif et habitant de la ville de Mende, aige comme a dict de 45 ans, tesmoing administré par ledict scindic, ouy et examiné sur le contenu esdictes requeste et intendit, moyenant serment presté sur les sainctz euvangilles a dict savoir que le présent diocèse de Mende est limitrophe et se confronte avec levesché de Nismes Montpellier, Uzès, Viviers, le Puy, Sainct Flour, Rodez et Vabres, et est icelluy evesché de Mende divisé en quatre parties qu'on nomme communement les quatre archipretrés, assavoir : l'archiprebtré des Cevenes, Barjac, Salgues et Javolz, où la ville de Mende n'est comprinse. Et commence ledict quartier des Cevenes au terroir de Mende et finist près Sainct-Jehan de-Gardonenche, diocèse dudict Nismes, qui contient douze grandz lieues. Lequel quartier des Cevenes est entièrement occuppé par ceulx qui se sont novellement eslevés en armes contre le Roy et estat de la crestienté; tiennent aussi et occupent iceulx eslevez, les villes de Maruejolz, Chanac, le Villar et le Monastier, qui sont dans l'archiprebtré de Barjac, contenant en étendue dix lieues, et sont lesdictes villes fortes dans lesquelles ont mis une grande assemblée de soldatz et gens de guerre. Et sur la limite dudict Barjac se sont iceulx eslevés amparés du chasteau de Severac, des villes de Meyrueys, Millau et Compierre. Et quant audict archiprebtré de Salgues, qui contient en estendue douze lieues, occuppent iceulx eslevés les villes de Villefort, Genolhac, les Vans, ainsi que sur l'autre quartier dudict diocèse appelé Javolz, contenant huict lieues en étendue, ont occuppé les places fortes de Peyre, Marchastel, Sainct Latgier, Quintignac et toute la baronye de Peyre; les seigneurs desquelz et aussi le seigneur de Thoras, filz du seigneur de Peyre, le baron de Sainct Remèze et du Tornel, qui a sa baronye audict quartier des Cevenes et Salgues, se sont renduz chefz desdictz eslevés et conducteurs d'iceulx, comme est chose publique, notoire.

Dict que dans iceulx quartiers, sont principalement les collèges de Maruejolz, Quézac, Bédoèse, le prieuré conventuel d'Yspaignac, les bénéfices de Barjac, Chanac, le Villar, le Roquoux, Serveyrete, Sainct Amans, les Laubies, le Buysson, Fornelz et Sainte-Heulalie, appartenans à l'évesque dudict Mende. Sainct-Pierre-de-Nogaret, la Malène, Allenc, Altier, Auroux, Arzenc, Rieutort et Lacham, appartenans au Chappitre dudict Mende. Cubiere, Cubieyrete, Chasseladés, St Lagier de Pierre, St Georges de-Lévéjac, apartenans à la communaulté dudict clergé; Banassac, principal revenu de l'archidiacre; et les Bondons du precenteur de ladicte esglise. La Capelle, appartenant au colliege de Toussainctz, et Sainct-Frézal d'Albuges, apartenant au colliege de Sainct-Lazare, dudict Mende.

Des fruictz et revenuz desquelz bénéfices et de tous les aultres estans dans les enclaves dudict diocèse, lesdictz eslevez se sont saysis et amparez et en ont expolié lesdictz ecclesiasticques, depuis le commencement d'octobre dernierement passé et feste Sainct-Michel. A laquelle feste et aussi à la feste de la Toussainct, après les payements des revenuz desdictz benéfices se devoit faire, suyvant l'ancienne coustume et arrentemens anciens (hors toutesfoys certaines petites parties que iceulx ecclesiasticques ont accoustume prendre sur ladicte ville de Mende, de biens petite valleur). Ont aussi prins le disme carnenc que a accoustume estre levé par lesdictz ecclésiastiques au moys de mars; toutesfoys n'ont peu jouyr iceulx ecclésiastiques ez lieux dessuz occupez par lesdictz eslevez, a occasion des grandes entreprinses et courses que font lesdictz eslevez sur les vraiz subjectz du Roy; tellement que en beaucoup de lieux le laboreur n'a osé semer les grains de mars, par craincte desdictz eslevez que ne cessent jornellement discourir par païs, massacrant lesdictz ecclésiasticques; les aucuns desquelz, pour garantir leurs vies, se sont retirés en la présente ville, ayant abandonné leurs maisons, collèges, églises et biens quelzconques, qui despuis ont esté vollez par lesdictz eslevez, lesquelz en ont appourté plusieurs cloches desdictz lieux et paroisses comme est notoire.

Dict que lesdictz ecclésiastiques ont employé tout ce que leur est resté de leur bien et contribué pour l'entretenement des gens de guerre qui sont en garnison en ladicte ville de Mende ou aultres villes dudict diocèse pour le service du Roy, comme est notoire. Et mesmes non rien épargné pour le service dudict seigneur et conservation de ladicte ville, soubz son obeyssance, au siège de dix à douze mil hommes de guerre que lesdictz eslevés avaient faict camper au devant ladicte ville de Mende, au commencement de novembre dernièrement passé. Lesquelz eslevez faisant ladicte entreprinse auroient ruyné ladicte ville à dix lieues à la ronde, comme est notoire. Comme encores continuent, tenans en craincte tout ledict pais, de façon qu'il ny a personne qui ose entreprendre sourtir hors ladicte ville, sur peine de la vye. Et n'a pas longtemps que iceulx eslevés allarent à la ville de Sainct-Alban, Sainct Denys, Serveyrette et Rieutort où prindrent certains prebtres, les aucuns desquelz, come l'on dict, ont tués et meurtris, mis le feu aux églises, icelles rompues et demollies, faict cesser le service divin; de sorte qu'il n'est faict en aucune part dudict diocèse, forz ez ville-de Mende, Langoigne, Salgues, le Malzieu, Sainct Chély, La Canorgue et Saincte-Eynimye. Au moyen de de quoy lesdictz ecclésiàstiques et tout le peuple sont constituez en grande pouvreté; et ledict sçavoir, pour estre chose plus que notoire commun bruyt et famé publicque, et qu'il a ouy et entendu journellement les plainctes et doléance qui en sont faictes, tant par lesdictz ecclesiastiques retirez en ceste ville que aultres, et par le rapport qui en est faict par ceulx de la garnison establye audict Mende que vont ordinairement descouvrir lesdictz eslevés. Joinct que luy qui deppose ayant la charge du droict de l'équivallent dudict diocèse, estant contrainct appourter les deniers d'un quartier à Tholoze, pour le service du Roy, passa par chemins extraordinaires, alongant son chemin pour se garantir desdictz eslevez; mais en retournant, bien qu'il fut accompaigné de M⁰ Pierre Clusel, commis du receveur général de Tholoze et de Jehan Palanquet, huissier, qui s'en venoient par deça pour le recouvrement des deniers de l'ayde et octroy, furent descouvertz au lieu de Chaudesaigues et advertiz contrainctz de sen despartir à la mynuyt, de façon que encores furent ilz suyvis plus d'une lieue, et, n'eust esté qu'ilz treuverent le pont de la rivière comode à eulx, lesdictz eslevez les eussent prins. Et n'est possible aux habitans dudict Mende, ny moingz ausdictz ecclésiastiques sourtir, de ladicte ville, sans dangier d'estre prins, à raison desdictes courses, et aussi qu'il est notoire que naguières iceulx eslevez ont faict prisonniers deux commis du receveur particulier dudict diocèse, ung sergent et ung tambour, allant par pais pour faire appourter les deniers du Roy.

Et plus n'a dict.

Sur les generaulx interrogatoires, a respondu pertinemment, fors qu'il est habitant de ladicte ville, mais pour ce na dict que la verité. Recolé a persevéré et sest soubzsigné.

Signé : Vachery.

(Cette enquête contient dix dépositions analogues.)

Dans une information antérieure, qui eut lieu du 19 jusqu'au 28 janvier 1568, se trouvent onze dépositions.

Celle de Loys Baldit, marchant et chaussetier, porte que, sur le commencement de novembre dernier (1567), vindrent lesdictz sédicieux, estant de la religion qu'on dict reformée, avec plusieurs aultres des cartiers de Gascoigne, Foix et Guyéne, en nombre de dix a douze mil hommes, camper devant ladicte ville de Mende, pour icelle envahir et mectre en leur dition, où repoussez et contrainctz quitter la place, auroyent discouru tous les envyrons et ruyné tout le païs. Et pour leur resister auroient lesdictz evesque, Chappitre, clergé et aultres ecclesiastiques dudict Mende, fourny grandz sommes de deniers pour soldoyer les gens de guerre estans en garnison audict Mende et aultres villes dudict pais, restans à lobeissance du Roy.

La déposition de Jean Reversat, marchand et sellier de Mende, ajoute quelques nouveaux détails à celle du sieur Baldit : « Sestans, sur le commencement de novembre dernier, assemblés et joinctz avec aultres de leur conserce des cartiers de Montauban, Foix, Gascoigne et Rouergue, faisant nombre d'envyron douze mil hommes et mys le siège devant ladicte ville de Mende, que ceulx de la religion prétendue reformée se seroient mys en devoyr envahir, et repoussés avoyent suivy, vollé et ruyné tout le plat païs de la ronde dudict Mende, estans chiefz : les vicomtes de Bruniquel, de Paulin, de Montclar et sieurs de Thoras, du Tornel et de Mirandol, et faictz les pilhages et bruslemens que dessus, oultre ce qu'ilz avoyent emporté ou bien auparavant ou despuis la pluspart des cloches.

(Archives départementales, G. 1468.)

EXTRAIT DU BRIEF INTERDIT DU SYNDIC GÉNÉRAL
DU CLERGÉ DU DIOCÈSE DE MENDE.

..... En la ville de Mende, lesdictz ecclesiastiques ont souffert ung camp de dix a douze mil hommes au commencement de novembre dernier (1567), conduictz par lesdictz sieurs de Marchastel et Thoras, Sainct-Remèze, seigneur et baron dudict lieu, Myrandol, Montesquieu, Vareilhes, vicomte de Bruniquel, capitaine Rapin, Les Fontanilhes, Ozias de Guabriac, que aultres seigneurs, tant du pays des Cevenes, de Marucjols, montaignes de Foix, de Quercy, que Gascons, qui auroient prins ce peu que restoit aux envyrons de ladicte ville de Mende, de huict a dix lieues à lentour dicelle, mesmes bruslé le chasteau de Balsieges et tout ce questoit dans icelluy, appartenant audict seigneur evesque, et plusieurs autres églises, ne y ayans rien layssé, et murtry les ecclésiastiques qui trouverent sur les lieux.

Nous seullement ont esté expoliés de tout leur revenu, de la présente année, qui se prend ausdictz quatre archipresbiteratz et ville de Mende, non dehors iceulx, comme est notoire, mais lesdictz ecclésiastiques et bénéficiers ont esté constrainctz vendre jusques à leurs chemises pour le soubstenement et deffense dudict camp et garde de ladicte ville; de sorte que plusieurs mendient pour vivre, et lesquelz encores contribuent pour le service du Roy et tenir ladicte ville en l'obeyssance de sa majesté, souldoyer jusques a cinq cens hommes de garnison, etc.

Signé : BRUGEYRON, sindic.

(Archives départementales, G. 1469.)

INCENDIE DE LA COLLÉGIALE DE QUÉZAC.

1567.

D'après une enquête faite en 1595, « la maison collégiale de Quézac feust brullée, en 1567, du commandement du seigneur de Thoras, ensemble le couvert de l'esglise que lesdictz doien et chanoines avoint faict recovrir. »

(Archives départementales, G. 2240.)

ROLLE et COTISATION faicte par manière d'emprumpt par nous Bertrand de Ceneret, Sgr et baron dudit lieu, lieutenant pour le Roy au pays de Givauldan en absence de M. le maréchal de Dampville et sieur de Joyeuse, et suyvant lordre, reiglement et commission par led. sieur de Joyeuse a nous envoyé, sur ceulx qui sont de la prétendue religion refformée que se sont eslevés et ont prins les armes contre la majesté dudict sieur et contrevovenu a ses edictz et ordonnances. Pour les sommes a quoy ils sont cotisés et descriptes après leurs noms et surnoms estre employées au service dudict sieur et entretenir les gens de guerre qu'avons estably et ordonnez audit pays pour la conserver et reduyre à son obeissance ce qui est occuppé par l'ennemy. Lesquelles sommes ordonnons estre mises ez mains de M. Jehan Vunet, receveur par nous a ce commis et ordonné. Donné à Mende, le 12ᵉ jour de décembre 1567.

Mende.

Hélie Serre, habitant jadis de la ville de Mende.	1240	écus.
Galiere, bouvier de M. Jehan Chabrit	5	livres.
Claude Eustachi	50	—
M. Jacques Chevalier, bazochier	5	—
Pierre Planhes	25	—
Guillaume Pagès, licencié	100	—
Pierre Pagès, son frère	50	—
Guillaume Bolet, hoste	20	—
Jacques Rodes, beau-fils de la femme de M. Jacques Bayssenc.	50	—
Antoine Jausiond	25	—
Pierre Torrent, licencié	»	—
Rancond Torrent, son frère	»	—
Deodé Dumas	500	—
Antoine Chevalier	5	—
Pons Bardon	5	—
Jean Martin, licencié	5	—
Aldebert Codere	5	—
Pierre Durand dit Cobeti	5	—
Etienne Seguin	10	—
Etienne Pigière	5	—
Jean Guerin, fils à Jean	5	—

Forains de la paroisse Saint-Gervais les Mende.

Malgoires, de Chabrits	250	livres.
Diet Frape, de Bahours	10	—
Guillaume Galières, de Chabrit, dict Moton	40	—

Marvejolz.

François de Peyre Sr de Thoras..........	1000 écus.
Pierre de Born S^r d'Auriac, gouverneur de Marvejols........................	500 écus.
Vidal Gibelin, clavaire; Guillaume Gibelin, licencié; Antoine Gibelin, marchand, et Jacques Gibelin, ses enfants..........	600 livres.
Jacques Gerbal, Grignon Gerbal, Guillaume Gerbal et Jehan Gerbal, ses enfants. ..	500 écus.
Pierre Florentin, capitaine de Maruejols..	800 livres.
Barthelemy Tardieu, sieur de Ségas.....	500 —
Albert Jouve........................	150 —
Gilbert Fabry......................	200 —
Jacques Fabry......................	100 —
Pierre Crecy, procureur du Roy.......	100 —
Guillaume Fabry, dit Bernoye, diacre....	100 —
Bernard Biern, sieur de Crozetz.........	500 —
Jean Barrau..	200 —
Antoine Molin.....................	200 —
Jacques Fournier...................	200 —
Badossi, apothicaire	100 —
Baron, marchant...	200 —
Laurans, sieur de Pegas	200 —

St-Latgier de Peyre.

Etienne Vigan, dit Pompet; Pierre Vigan, notaire, et Jean Vigan...............	200 —
Antoine Muret, jadis prebtre............	100 —
Jean Muret, dit Blanquary........	100 —
Jean Meyssonnier, dit Boschet........ .	50 —

Pierre Vigan, dit Salazard, et Jehan Vigan, son filz	150	livres.
Guillaume Aigoy, dict Montrodat	50	—
Le fils d'Antoine Hugonet, dict Peyre	25	—
Pasquet Villecourt, cousturier	100	—
Jehan Vigan, filz à Aldebert	10	—
Pierre Hugonet, fils à feu Jehan dict Prodomet, son fils	25	—
Vidal Planchon, de Requoles	200	—
Le fils de Jean Encontre, gendre de Jean del Piatgre	25	—
Jean Mercier, vieux, dit Pauc	55	—
Pierre Trassal, dit St-Gelet	25	—
Jean Vigan, dit Blanquons	25	—
Les habitans de Combechave excepté un nommé Ricucort, sont cotisez	100	—

Ribène.

Antoine Planchon, de Fumas	100	écus.

Lacham.

Pierre Valentin (1) fils à Pierre de Montchiroux	150	livres.
Antoine Malet, du Mazel, grangier de Pierre Florentin, de Marvejolz	100	—
Chaumat, du Mazet	100	—

Sainte-Colombe-de-Peyre.

M. Pierre Bolet, de la Brugeyrete, beau fils d'Etienne Paris, de Marvejols	100	—

(1) Rayé par ordonnance

Pinède, del Chir, consul de la terre de
Peyre.................... . .. 100 —
Jean Armebessière................... 100 —
Son voisin nommé N..... (sic)........... 100 —
Guillaume Astruc, de Coffinet.......... 20 —

Almont.

Anthoine Mercier, notaire.............. 20 —
Aymard Enjalvin..... .... 20 —
Dono Charpaldo.................... 20 —

St-Salveur-de-Peyre.

Les héretiers de François Bonnet........ 200 —
Jacques de la Porte, couturier.......... 50 —

Lanuéjol.

Jean Gaspar, de Chateauneuf seigneur et
baron du Tournel.................. 5500 livres.
Maffre de Montesquieu, sieur de la Prade
et du Planiol et Pierre de Montesquieu,
son frère........................ 500 livres.
Guy de Grisolz, seigneur de Varelhes.... 100 écus.
Pierre Bossuges .... 5 livres.
Claude Mercier...................... 10 —
Jean Mercier, prêtre, son frère.......... 10 —
Privat Bonnet, de Brajahon............ 60 —
Jehan Vinhal, qui demeure au Boy...... 600 —

Brenos.

Loys Delmas, gendre de Meja de Langlade. 25 livres.
Le gendre de Brajahon, de Langlade..... 25 —

Jehan Planches, prestre renyé..........	50	livres.
Etienne Bonnet, de Venède............	50	—

St-Estienne du Valdonès.

Mᵉ Jean Maleval, de Varosos............	25	—
Mᵉ Anthoine Mejan, de St-Estienne......	50	—
Anthoine de Cezar, dudict lieu..........	15	—
Mᵉ Jean Bragier, dudict lieu............	10	—
Jean Mignon, dudict lieu, fils à Pierre....	15	—

Ste-Hélène.

Mᵉ Vidal Bros, prêtre renyé	10	—
Mᵉ Antoine Rebully, médecin, et son frère héritier...................... ...	50	—

Chadenet.

Barthélemy Malachane, grangier, demeurant à Crozetz......................	100	—
Mᵉ Guillaume Michel, prestre renyé, de Crozetz......	100	—

Chanac.

Mᵉ François Bardon................ .	25	—
Illaire Brugas.	50	—
Anthoine Rastays...................	25	—
Guygon Parade, del Gas.............	100	—
Jean Parade, dudict lieu	100	—
Jacques du Brueil........ ...... ,	25	—
Jacques Hors, fils de Vedelut........ ...	25	—
Mᵉ Jehan Barbazan..................	50	—
Mᵉ Estienne Toyron, prêtre renyé et pourtant les armes contre le roi, à Chanac..	300	—

Yspaignac.

Mᵉ Daudon La Garde et son père........	100	livres.
Lyon de Chapelu, sieur de Montbruu....	1000	—
Jacques Mejan, filz à Jehan...........	100	—
Mᵉ Barthelemy Morgue...............	50	—
Pierre Morgue, son frère	25	—
Jean Atenor......................	50	—
Pasqualet, beau-fils de Jehan Viguan.....	25	—
Ung nommé Pelatan, consturier.........	5	—
Antoine Sevanier.....................	»	—
Ung nommé le Catalan, marié avec la Catalane.............................	25	—

Molines.

Un nommé Passeboys................	100	—
Ung nommé Ranquesi, marié à la maison de Cousun de Molines	100	—
Compaing, dict le Rustre, de Nozières....	100	—
Ramonet Compaing, de Volturorgues....	100	—
La demoiselle de Rocheblave et ses enfants	2000	—

Javols.

Jean Bolet, delz bonnelz..............	50	—
Jean Bolet, hoste	55	—

Serveyzette.

Mᵉ Durant Ramadier.................	50	—
Mᵉ Anthone Molines, hoste............	50	—
Jehan Chauvet.....................	60	—
Bernard Béguat et son fils.............	100	—

Mᵉ Gibelin, licencié..	25 livres.
St-Latgier, dict le Chanet..............	25 —
Anthoine Fontunye...................	10 —
Guygon Blanquet..	50 —
Mᵉ Guillaume Cuzat...................	25 —
Mᵉ Antoine Jordan, diacre............	25 —
Michel Jordan.......................	25 —
Jean Pons et son filz......	25 —
Jehan More.........................	10 —
Jean Pagès, de la Bachelerie..	50 —
Claude Meyran.......................	20 —
Jehan Badaroux, de Vanel.............	50 —
André Fontunye.....................	10 —
Jehan Delmas, dict Tramye............	10 —
Guillaume Roche.....................	25 —
Mathieu Maurel......................	10 —
Robert Delmas.......................	10 —
Jehan Verdier.......................	10 —
Bernard Boquet.....................	10 —
Vidal Terrisse, de Roges	50 —
Vazelhes............................	10 —

RIEUTORT-DE-RANDON

Mᵉ Guillaume Enjalvin, notaire..........	5 —
Jean Brunel, autre Jean Brunel et Michel Brunel, ses frères, du Boschet.........	100 —
Le fils de Anthoine Bonal, de Rieutort, dit Charpet............................	5 —
Anthoine Bonal, filz à Estienne du Boschet	25 —
Julien Sanhe, de la Vayssière...........	25 —
Guillaume Brolhet, de Rochebelot.......	35 —

St-Sauveur-de Gineses (*Ginestoux*).

Guillaume Brolhet, dudit lieu............	55 livres.

Estables.

Jehan Meynadier, de la Bastide.........	150 —
Jacques Lobier, dudict lieu, nommé la maison de la Sanye................	55 —
Vidal Clavel......................	5 —
Anthoine Pons, de la Salesse de Crueyse.	5 —
Pierre Delherm	20 —
Philip, nommé le Mynard de La Fau....	60 —

St-Amans.

Barthelemy Brolhet, de Salhens.........	100 —

Baniolz.

Anthoine Leblanc, sieur de La Bessière, Pierre Alexandre Leblanc et Jean Leblanc, frères......................	50 —
Ung nommé Coty et deux de ses enfants..	25 —
Chaptal, jeune, fils à Michel Chaptal. ...	20 —
Bernard et Jean Bicans, père et filz......	5 —

Badaroux.

Jehan Barrandon, dict Jehan de Dono....	10 —
Combe, fils de Michel................	10 —
Pierre Durant, jeune.................	10 —
Antrieu Pla.......................	25 —
Anthoine Pla, filz à Guillaume,.........	15 —
Jehan Sengla......................	50 —

St Denys.

Clément Fraysse	25	—
Jehan Masson, de La Villedieu	25	—

Frayssinet de Lozère.

Me Jacques Martin, prêtre renyé	25	—
Anthoine André, du Pont de-Montvert	50	—
Privat André dudit lieu	50	—
Antoine Loyote, de la Brosse	25	—
Maurisi Daudé, dudict lieu	50	—
Antoine Daudé, dudict lieu	100	—

Le Blaymar.

Etienne de Sabran, sieur des Alpiès	100	—
Me Anthoine Desayffres	100	—
Jehan Reversat	100	—
Etienne Fabre	100	—
Anthoine Fabre	100	—
Barthélemy Diet	25	—
Etienne Corrigier	10	—
Berthomieme, la veufve, et Michel, son fils et Ramond, son frère	25	—
Guillaume Mazel, dict la gento	35	—
André Paulet	15	—
Guygo Girald	35	—
Pierre de Pomarets, hoste	160	—
Privat Gaillard, dict Alegre	25	—
Gabriel de Sabran	25	—
Barthélemy Sevajol	25	—
Jehan Gout	25	—

Mᵉ Jean Malachane....................	25 —
Mᵉ Jean Baptiste......................	20 —
Anthoine Moton.......................	20 —
Michel André, dict Griffet..............	10 —
Antoine dict le basteyro...............	25 —
Mᵉ Jacques Beys, prêtre renyé..........	35 —
Ramond Falguet, dict Durant...........	10 —
Jehan Pelissier........................	5 —
Jean Cassenat........................	10 —
Mᵉ Estienne Voly, dict Felchier..........	10 —

MALEVIEILHE.

Michel, dict Le Langier................	15 —
Maurisy Recoly et Pierre son fils.........	15 —
Barthélemy Bragier....................	15 —

CUBIÈRE.

Pierre Ferrant........................	50 —
Jehan Ferant.........................	10 —
Autre Jean Ferrand, bastard............	5 —
Jean Roux, de Crozets.................	10 —
Anthoine Solier.......................	10 —
Jehan Fabre, de Plamonsiolz...........	10 —

CUDEYRETE.

Vidal Alier...........................	25 —

ALTIER.

Jehan Gardès, du Cros.................	20 —
Jean Fornier, dict le chantre d'Altier.....	25 —

Jacques Gily, fils à François de La Caze...	10 —
Loys Meysonnier dict du Molin..........	10 —
Vidal Rebol dit Renez................	10 —

Ste Erymie.

Gaspard Sales......................	20 —
Pierre Parlier......................	20 —
Jean Parlier, son frère................	10 —
M° Etienne du Bruel, notaire...........	25 —

Fontans.

Jehan Blanquet, de Royrolz............	20 —
Jehan Boquet, hote, des Estretz.........	5 —
Pierre Rosset et son fils dit Régis, de l'Estival................................	25 —
Jean Boquet, de l'Estival et ses filz.......	50 —
Jean Bonal fils à Anthoine, de Chascyroles.	10 —
Vidal Mialan, de Chaseyrolctes..........	5 —

Les Laudies.

M° Guillaume Calvet, ministre d'Arifates..	100 —
M° Siston Savaric, dudict lieu..........	50 —
Jehan Maynié dudict lieu..............	10 —
Jehan Sartre, dudict lieu..............	10 —
Barthélemy Malizie et son filz..........	10 —
Jacques Barres, de Villelongue..........	50 —
Jehan Chausse, de Vidales.............	5 —
Pierre Boguet, del Crozet-Pla..........	5 —
Anthoine Boquet, dudict lieu...........	5 —
Pierre Boquet, jeune.................	5 —

La Canourgue.

Me Robert Le Blanc, juge ordinaire de Nismes .... 200 —

Signé : Ceneret

Tras-Lozère.

Jehan Verdelhan, du Pont-de-Montvert...	100 livres.
Me Jean Pantel, prêtre renyé de Frugières.	100 écus.
Jean Capduc, de Montgros.............	200 —
Pantel, son beau-frère................	100 —
Me Jean Martin, dudict lieu............	50 —
Jean Molynes, dudict lieu.............	50 livres.
Loys Molynes, de Fenialetes...........	10 —
Jacques Molynes, dudit lieu...........	100 —
Pierre Martin, du Cros................	50 —
Jacques Combes, de Villeneuve	100 écus.
Pierre Chapelle, de l'hospital de Gafrançais	50 livres.
Poncet, du Masmejan.................	100 écus.
Pierre Chapelle, dudict lieu............	100 —
Jehan Gau, de Camargue..............	100 —
Jehan de Ramonete, dudict lieu.........	100 livres.
Pierre Chapelle, dudit lieu, jeune........	50 —
Antoine Fayet, de Lalbaret.............	100 écus.
François Vidal, dudit lieu..............	50 livres.
Pierre Coronat, de Palhasse...........	100 —
Jean Reux, de la Vayssière............	100 —

St-Julien-du-Tornel.

Privat Baccallar, du Tornel............ 10 escus.
Jehan Fayet, du Felghas.............. 20 livres.

Chirac.

Jehan Prot, jeune................... 500 écus.
Anthoine Prieur.................... 100 —

Signé : Ceneret.

(Archives départementales, Série C. 876)

RANÇON PAYÉE POUR LA DÉLIVRANCE DE Mre JEAN DE CÉNARET, PRÊTRE, FRÈRE DU GOUVERNEUR DE GÉVAUDAN.

1567

EXTRAIT d'une transaction passée entre Jacques et Grinhon Gerbal, père et fils, de Marvejols, et Mre Bertrand de Cénaret, le 5 décembre 1571.

Le s^curs Gerbal réclamaient à M. Bertrand de Cénaret et à sa femme Françoise de Gorce le montant de diverses marchandises « et oultre ce en la somme de 550 et tant de livres qu'ilz disoient avoir fournies et desbourcées, de leurs propres deniers, au moyen de de certaines lettres missives à eulx dressées, par ledict

Mʳᵉ Bertrand, pour la ranson et tirer de captivité Mʳᵉ Jean, bastard de Cenaret, prieur de Saint Saturnin, quand vivoit, prisonnier en la ville de Maruejolz, ez mains d'aulcuns de la Religion préthendue réformée, estans soubz la charge et la suytte des vicomtes Borniquel, Montclar et aultres ; sur quoy lesdictz Gerbalz disoient avoir arrenté, dudict sieur de Cénaret, les quartz, quinctz, cens, rentes et revenus du lieu et mandement de Coltures, de plusieurs années, mesmes de l'année commençant 1567 et finissant 1568, etc.

(Archives départementales, Série E. — Registre Destrictus, folio 133).

EXTRAICT faict en la Chambre des Comptes en Languedoc, du compte rendu par Hélie de Serre, seigneur du Villaret, de l'administration par lui faite à la ferme de l'équivallent du diocèse de Mende, du 1ᵉʳ septembre 1567, au dernier août 1570.

M. Barthélémy Tardieu, commis de la part de ceux de la religion, a reçu du comptable 5,781 livres, plus la somme de 1,080 livres, 12 solz.

M. de Thoras, commandant soubz l'authorité de MM. les princes de Navarre et de Condé, en Gévaudan.

(Archives départementales, série C. 1321

PROCÈS-VERBAL DE LA PRISE DE LANGOGNE ET DES RAVAGES QUI Y FURENT COMMIS.

21 septembre 1568.

Anthoine Jullien, baille, et Claude Pascal, docteur ez droictz, juge en la Court et juridiction ordinaire de la ville et mandement de Lengonie en la seneschaulcée de Mende, comté de Gevauldan ; A tous ceulx que ces presentes verront, salut. Sçavons faisons. . . . . noble et religieuse personne Mre Françoys de Beaune, prieur du prieuré conventuel dudict Lengoine, Ch. de Volgueur, reffecturier ; Jehan Durand, sacrestain ; Claude Clavel, aulmosnier, tant en leurs noms que des chamarier, curé et prébandé dudict Langonie ont dict et remoustré qu'ilz sont pressés et poursuyvis de paier de grandz et excessifz arreyrages de dexines et aultres surcharges et subventions qu'on leur a mis sus. A quoy n'ont moyen satisfaire, occasion que puys l'année 1568 par ceulx de la nouvelle Religion leur couvent et maisons furent pilhées, saccaigées et bruslées entièrement ; dans lesquelles ilz avoient les terriers, tiltres, papiers et documentz de leurs rentes et revenus, estantz constrainctz, lesdictz religieux habiter et demeurer ez maisons de louaige ; comme aussi fust pilhée et bruslée l'église parrochielle et conventuelle dudict Lingonie, dans laquelle estoit les livres et ornemens pour fère le service divin, reliqueques, croix, calices et aultres beaulx joyaulx, questoient en ladicte église. Occasion de quoy et des pestes, guerre civilles, famines, esterilité d'années et rareté de fruictz, ils n'ont heu moyen paier lesdictz décimes et charges à eulx mis sus, moingz restaurer et rediffier leurs maisons que sont encores en chasal et ruyne, n'ayant peu, par ce moyen, jouyr de leurs rentes et revenus ; que la plus grand partie du temps les religieux claustriers ont esté coustrainctz de de discourir leur vie, et lesdictz prieur et officiers se retirer aux maisons de leurs parens et amys, envers lesquelz se sont grandement endebtés......

Nous dict baille avons de ce dessus faict apprinse et enqueste sommaire avec noble Anthoine de Colombet, cappitaine, commandant pour le service du Roy en ladicte ville de Lengoine ; honnorables hommes Loys Cros ; Anthoine Colombet, vieulx ; Symon Archier ; Jean Chardon et Anthoine Clavel, consulz de ladicte ville ; Guillaume Rossel, prebtre et margulhier dudict Lengoine ; Jacques Bodettes, procureur juridictionnel ; Pierre Marcé et Pierre Bonnefille, marchans, tous habitans de ladicte ville. Lesquelz, moyennant serment par chascun deulx presté et avoir déclaré leur eaige estre le moindre de plus de quarante ans ; tous, uniformement et sans discrepance, nous ont dict et attesté que lesdictz sieur prieur, officiers et bénéficiers dudict Lengoine sont reduictz en grande et extreme pouvretté, estant encores leurs maisons claustralles en cazal et ruyne, où personne nhabite, eulx coustrainctz de demeurer ez maisons de louaige, quilz payent tous les ans ; lesquelles ensemble le chateau et l'église fust le tout bruslé, pilhé et saccaize le 21ᵉ jour du moys de septembre de l'année 1568, jour et feste de Sainct Mathieu, par les troppes de gens de guerre de la nouvelle Religion, estans en nombre denvyron 9,000 hommes,

conduictz par les sieurs de Moutvans, Monthrun......
de Verti et plusieurs aultres chiefs, où furent perdus...
les li[vres], tiltres et documentz, la plus grand pa[rtie]
.... meubles, notamment les joy............
relicques, croix, calisses, qu'ilz ont du despuys achepte de leur bien et revenus qui leur restoit, dont ilz en sont encore endebtés.

Puis lequel temps, tant en la présent ville que aultres lieulx circonvoysins on a esté affligé de la maladie contagieuse de peste par trois diverses années, de telle sorte qu'on a este coustrainct d'habandonner les villes et villaiges, après en estre ensuivye mortalité dung si grand nombre de personnes ; y ayant heu aussi par longues années, puis ledict temps, grand charté et indigence de fruictz voire une desdictes années grand famine à laquelle est aussi mort ung grand nombre de personnes.

Ont aussi dict et attesté puis vingt ans la guerre civille navoir cessé au presant pays ; que les gens de guerre tant dung party que d'aultre avoir tellement pilhé et ravaigé toute sorte de bestailh, que le pays est tout presque expolye, de manière qu'en plusieurs lieulx les metteries demeurent vaccantes et incultes, de manière que la plus grande partie des habitans ont quicté, que a causé ausdictz habitans deposans et à plusieurs aultres une grande pouvreté, ou sont encore constitués pour ne pouvoir plus payer que bien peu de leurs rentes et revenus.

Dequoy, nous dit bailhe avons à iceulx exposans octroyé acte des presantes pour et en servir en tempz et lieu contre et comme verront affere ; et en foy de ce nous sommes soubzsignes avec lesdictz exposans et attestans et faict signer nostre greffier. Donné à Lengoine le 28ᵉ jour d'aoust 1595.

Ont signé :

De Beaune, prieur de Langoine ; Durand, secresten ; Julien, baille ; Clavel ; Marcé ; Clavel, aulmonier ; Chardon ; Bodetes ; Rossel, prebtre, etc.

(Archives départementales, série H. — Fonds du prieuré de Langogne. Papier en partie lacéré).

EXTRAIT DE L'ASSIETTE DU DIOCÈSE DE MENDE.

Gratification à M. d'Apchier.

1568

A hault et puissant seigneur Mʳᵉ François d'Apchier, chevalier de l'ordre du Roy, tant en considération des grandz fraiz et despences, forniture d'armes et chevaulx et perte d'iceulx, que pour la levée de gens de guerre qu'il auroict faictz en l'année 1568, ayant charge et mandement exprès de la majesté du Roy, pour commander pour son service au présent diocèze et païs de Givauldan et le rellever de ce, suyvant les conclusions cy devant prinses en l'assemblée des Estatz, en laquelle luy auroit esté accordé la somme de 2,000 escuz, en ceste présent année, conclud et arreste que ladicte somme luy seroit payée en quatre années, et supplie ledict sieur d'Apchier s'en vouloir contenter, pour ce est cy couché pour la première desdictz quatre année la somme de 1,250 livres.

(Archives departementales, Série C. 877).

MENTION DE LA CONDAMNATION A MORT DE PIERRE DE BORN, GOUVERNEUR DE MARVEJOLS, ET DE PIERRE CRÉCY, PROCUREUR DU ROI, DE LA RELIGION RÉFORMÉE.

1568

A Mᵉ Guilhaume de Caprières, docteur ez droictz, sieur de La Tour, lieutenant de prevost de marechaussée au présent diocèse de Mende, pour le satisfaire des despences par luy exposez en faisans les procès criminelz à la requeste de M. le procureur général du Roy et scindic dudict diocèse, à l'encontre de Born, gouverneur de la ville de Maruejolz, et Pierre Crécy, procureur du Roy, audict lieu, iceulx admenez et conduictz à Tholoze en parlement, ou despuys, sur les procédures dudict de Caprières, auroient toutz deux esté condempnez à mort et exécutez comme rebelles au Roy, dont ledict de Capryères auroit obtenu taxation de la somme de 1,200 livres, sur les biens desdictz de Born, et Crécy ; desquelz n'auroit peu estre satisfaict, occasion de lédict de pacifficquation et restablissement que leurs héretiers auroient obtenu du Roy. A esté accordé par les Estatz la somme de 800 livres tournois, pour tout ce qu'il pourroit demander, payable en quatre années, dont ceste année luy seroit couché, pour la première, 200 livres tournois à la charge que ledict de Caprières remectroit les taxat et pièces, ensemble contes actions audict scindic dudict diocèse. Pour ce que en l'année 1568 auroit esté conclud par MM. les commis que les poursuites contre les rebelles seroient faictes aux despens du pays........ 200 livres.

(Série C. 977).

GRATIFICATION AU CAPITAINE JEAN DE CORONAT.

A Jean de Coronat, cappitaine, pour ce que en l'année 1568 il auroit faict plusieurs services au pays et par commandement dudict sieur de Ceneret, lors gouverneur, il auroit faict levée de gens de guerre pour le service dicelluy, luy auroit esté accordé, par les Estatz, la somme de 500 livres tournois, payable en quatre années dont l'année passée (1573) luy fut couchée la somme de 125 livres ; pour ce luy est couché pour la seconde desdictes quatre annés la somme de 135 livres.

C. 877.

MENTION DE LA DESTRUCTION DU COUVENT DES CARMES DE MENDE, EN 1568.

Le couvent des Carmes, de la ville de Mende, « brulé par ceux de la Religion prethendue réformée, aux premiers troubles, et despuis entièrement rasé, en l'année 1568, par ordre de M. le baron de Cénaret, lhors gouverneur du diocèse et les matériaux employés à la réparation des murailles de la ville ».

EEDICT DE LA PAIX DU XXIII MARS 1568
et publication à Mende le premier mai audict an.

Charles, par la grace de Dieu roy de France. A tous ceulx qui ces présantes lettres verront, salut. Considérant les grandz maulx et calamités advenues par les trobles et guerres, desquelles nostre royaulme a esté despuys quelque temps, et est encores de presant affligé, et presvoyant à la désolation que pourroyt cy après advenir, si par la grâce et miséricorde de nostre Seigneur, lesditz trobles nestoyent promptement paciffiés, Nous pour a iceulx mectre fin, remédier aux afflictions qui en procèdent, remetre et faire vivre noz subjectz en paix, union, repos et concorde, comme tousjours a esté nostre intention ; Scavoyr faysons que après avoyr prins l'advis et conseil de la Royne nostre tres chere et tres honorée dame, mère de nous tres cher et tres ames frères, le duc d'Anjou, nostre lieutenant general et duc d'Alençon, princes de nostre sang et aultres grandz et notables personaiges de nostre Conseil privé, par leur advis et conseil, pour les clauses et raysons dessusdictes et aultres bonnes et grandes considérations à ce nous mouvans, avons en confirmant en tant que besoing seroyt de nouveau nostre édict de paciffication du 19 mars 1562, pour estre observé en tous et chascungz ses poinctz et articles, tant ainsi que si de mot à mot ilz estoynt cy trenscriptz et inserés; dict, declare, estatue et ordonne, disons, declarons, estatuons et ordonnons, voullons et nous plaict ce que si ensuict, àssavoyr :

Que tous ceulx de la Religion prethendue refformée jouyssent dudict edict de paciffication, peurement et simplement et quil soyt executé en tous ses poinctz et articles, selon sa première forme et teneur ; levant et ostant toutes restrinctions, modifications, déclarations et interpretations qui ont esté faictes despuys le jour et datte d'icelluy jusques à la publication de ses presentes ; et, quant aux gentilz hommes et seigneurs qui sont de la qualité de ceulx qui peuvent fere precher en leurs maysons, suyvant ledict édict de paciffication, nous asseurant quilz ne feront chose que préjudicie à nostre service soubz colleur et pretexte desdictz presches, et n'en abuseront ; nous levons et oustons toutes restrinctions, tant pour leur regard que pour ceulx qui y vouldront aller.

Davantaige, les gentilzhommes et seigneurs du pays de Provence, de la qualité susdicte, jouyront du bénéfice dudict édict, et pourront, en ce faysant, faire prêcher en leurs maysons comme ceulx des aultres provinces, estant de la susdicte qualité, et néaultmoingz, pour le regard de la compté et sénéchaussée dudict Provence, il ny aura aultre lieu que celluy de Myrandol.

Que chascung de ceulx de ladicte religion retorneront et seront conservés, mainctenus et gardés soubz nostre protection, en tous leurs biens, honneurs, estatz, charges, offices et dignités, de quelle qualité qu'ilz soyent, nonobstant tous édictz, lettres patentes, decretz, saysies, procedures, jugemens, sentences et arrestz contre eulx, tant vivans que mortz, donnés despuis le consmancement de ceste dernière eslevation et exécution diceulx, tant pour le faict de ladicte religion, levée, solde destrangiers, collectes de deniers, emollementz dhommes, voyaiges et embeyssades aux pays estrangiers et dedans cestuy nostre royaulme, avant et durant les derniers trobles, par le commandement de nostre cosin, le prince de Condé, que pour les armes prinses à ceste occasion et ce que sen est ensuivy ; lesquelz nous déclarons nulz et de nul effect sans ce que, pour raison de ce, eulx ny leurs enfans, héritiers et ayantz cause soyent aulcunement empechés en la joyssance desdictz biens et honneurs, ne qu'ilz soyent tenus en prendre de nous aultre provision que ces dictes présentes. Par lesquelles nous mectons leurs personnes et biens en plaine liberté ; les deschargeans de toutes prinses de villes, port darmes, assemblées, saysies et prinses de nous deniers et fénences, establyssement de justice entre eulx, jugementz et execution dicelle.

Et affin qu'il ne soyt doubte de la droicte intention de nostre dict cosin, le prince de Condé, avons dict et déclaré, disons et déclarons que nous tenons et réputons pareillement nostre dict cosin, pour nostre bon parant, fidelle subject et serviteur ; comme de mesmes nous tenons tous les sires chevaliers, gentilz hommes et aultres habitans des villes, communautes, borgades et aultres lieux de nostre dict royaulme, pays et obeyssance, que l'ont suyvy, secoureu et acompagné en ceste présente guerre et durant ses tumultes, en quelque part que se soyt, de ce dict royaulme, pour nos bons loyaulx subjectz et serviteurs.

Et demeurera nostre dict cosin quicte et deschargé, comme par ces présantes, signées de nostre main, nous le quictons et deschargeons de tous les deniers qui ont esté par luy ou par son commandement et ordonnance prins, levés à nos receptes generalles et particulieres, à quelques sommes qu'il se puysse monter, et semblablement de ceulx qui ont esté, ainsin que dict est, par luy ou de son ordonence, aussi prins et levés des communaultés, villes, argenteries, rentes et revenus des esglises et aultres par luy employés en l'exécution de ceste présente guerre, sans ce que luy, les siens ne ceulx qui ont esté par luy commis à la levée desdictz deniers ; lesquelz et semblablement ceulx qui les ont fornis et baillés en demeureront quictes et deschargés ; et lesquelz nous en quictons et deschargeons, sans qu'ilz en puissent estre aulcunement reserchés pour le presant ne pour l'advenir, ne aussi pour la fabrication de la monnoye, fonte d'artilherie, confections de pouldres et salpétres, fortiffication des villes, demolitions faictes pour lesdictes fortiffications par le commandement dicelluy nostre dict cosin, en toutes les villes de nostre royaulme et pays de nostre obeyssance et generallement de toutes aultres demolitions, sans ce qu'on en puysse pretendre aulcune chose a l'advenir, dont les corps et habitans dicelluy en demeureront semblablement deschargés et iceulx en deschargeons par ces dictes presantes.

Et ne pourront aulcungz de nos subjectz quereller ne faire poursuicte daulcungz fruictz, revenus, arreyratges de rantes, deniers et aultres meubles, qu'ilz prétendroyent leur avoyr esté prins et levés sur eulx, ny aultres domaiges faictz despuys le commencement de ces trobles jusques au jour de la publication de ces presantes, faictes aux deux camps et armées, que sera pour le regard du parlement de Paris, troys jours après la datte de cesdictes présantes. Et pour le regard des autres parlementz, huict jours apres la date de ces dictes presentes ; dedans lequel temps sera mandé, en toute diligence, à nos gouverneurs et lieutenantz généraulx de le faire incontinent lire, publier et observer, chascung en tous les lieux et endroictz de son gouvernement, où il apartiendra, sans attandre la publication desdictes Courtz, à ce que nul ne prétende cause d'ignorance, et plus promptement, toutes voyes d'hostillité, prinses et démolitions d'une part et d'aultre cessant. Declarant dès à présant que toutes demolitions, prinses et ravissementz des biens meubles et aultres actes d'hostillité que se feront despuis ledict temps sont subjectz a restitution et réparation.

Mandons aussi nos Courtz de partement, incontinent après ledict edict receu, ilz ayent toutes choses cessantes, a icelluy nostre dict edict fère publier et enregistrer en nos dictes Courtz, sellon sa forme et teneur, et à nos procureurs généraulx respectivement d'en requerir et poursuyvre la publication, sans y fère aulcune difficulté, user de longueur ny attendre de nous aultre jussion ou mandement pour, comme dict est, mectre plus prompte fin à toutes inimitiés, rancunes et hostillités.

Entendons davantage que la ville et ressord de la prevosté et viscomté de Paris soyent et demeurent exemptz de tout exercisse de ladicte religion, suyvant le contenu audict édict de paciffication, demeurant icelluy en sa premiere force et vigueur.

Et voullons samblablement que après la publication de cesdites presantes, faictes en nostre Court de parlement de Paris et ces deux camps, ceulx de ladicte religion desarment promptement et séparement leurs forces pour se retirer, et que les villes et places, occuppées soyent promptement rendues et remises en leur premier estat et commerce, avec toutes les artilheries et munitions que seront en nature, comme aussi les maysons des particuliers, qui ont esté occuppées, soyent respectivement rendues à ceulx à qui elles apartiennent, et tous les prisonniers, soyent de guerre ou pour le faict de la religion, soyent semblablement remys en liberté et leurs personnes et biens sans payer aulcune rançon.

Et affin que cy après toutes occasions de trobles, tumultes et séditions cessent, et pour mieux reconcilher et unir les intentions et volontés de nos dictz subjectz les ungz envers les aultres, et de cette union mainctenir plus facillement l'obeyssance que tous nous doivent :

Avons ordonné et ordonnons, entendons, voullons et nous plaict que toutes injures et offenses que l'iniquité du temps et les occasions qui en sont survenus ont peu faire naictre entre nos dictz subjectz, et toutes aultres choses passées et causées de ces presens tumultes, demeureront estainctes, comme mortes, encepvellies et non advenues ; deffandant très expressement, sur peine de la vie, à tous nos dictz subjectz, de quelque estat et qualité qu'ilz soyent, qu'ilz n'ayent a s'attacquer, injurier ne provoquer l'ung l'aultre par reproche de ce qui est passé, disputer, quereller ny contester ensemble daulcung faict, offancer ny outraiger de faict ny de parolle, mais se contenir et vivre paysiblement ensemble, comme frères et amys et concitoyens, sur peyne, à ceulx que y contraviendront et qui seront cause et motif de l'injure et offance qui en viendront, d'estre sur le champ, sans aultre forme de procès, punys selon la rigueur de nostre présante ordonnance.

Et, pour faire cesser tout escrippulle et doubte, nos dictz subjectz se despartiront et désisteront de toutes associations qu'ilz ont dedans et dehors ce royaulme, et ne feront doresenavant aulcunes levées de deniers, enrollement d'hommes, congrégations ny aultres assamblées que celles qui sont permises par ce présant édict, et sans armes ; ce que nous leur prohibons et deffandons aussi, sur peyne d'estre punys rigoreusement et comme contempteur et infracteurs de nos comandemens et ordonnences.

Leur defendant en oultre très expressement, et sur les mesmes peynes, de ne trobler, molester ny inquiéter les ecclésiastiques en la célébration du divin cervice ; jouissance et perception de fruictz et revenus de leurs bénéfices, dismes et tous aultres droictz et devoyrs que leur apartiennent, sans que ceulx de ladicte religion puyssent s'ayder, prendre ny retenir aulcung temple ne esglises desdictz gens eclesiastiques ; lesquelz nous entendons estre des maintenant remis en leurs esglises, maysons, biens, dysmes, possessions et revenus pour en jouyr et user, tout ainsin qu'ilz faysoyent auparavant ses tumultes, fere et continuer le service divin et accoustumé par eulx en leurs dictes esglises, sans moleste ne empèchement quelconque.

Voullons, ordonnons et nous plaict que le contenu cy-dessus, ensemble nostre dict premier édict de paciffication, auquel ces présentes se refferent et sont conffirmatives d'icelluy, soyent inviolablement entretenus, gardés et observés par tous les lieux et endroictz de nostre royaulme, jusques à ce qu'il aye pleu a Dieu nous fayre la grace que nos subjectz soyent reduys en une mesme religion.

Sy donnons en mandement à nos amis et féaulx les gens tenans nos Courtz de Parlementz, Chambres de nos comptes, Courtz de nos Aydes, bayllifs, seneschaux et aultres nos justiciers, officiers, qu'il apartiendra ou leurs lieutenants, que cestuy nostre present édict et ordonance ilz facent lyre, publier et enregistrer en leurs Courtz, juridictions et icelluy entretenir et faire entretenir, garder et observer inviolablement, de poinct en poinct, et du contenu jouyr et user playnement, paysiblement ceulx qu'il apartient ; cessans et faysans cesser tous trobles et empechemens au contraire, car tel est nostre playsir.

En tesmoing de ce avons signé ces présentes de nostre main et à icelles faict maictre nostre seel.

Donné a Paris, le 25ᵉ jour de mars, l'an de grace 1568 et de nostre regne le huictiesme.

Signé : CHARLES. — Au dessoubz : Par le Roy en son Conseil, signé : ROBERTET et scellée du grand seau, sur simple queue de sire jeaune.

Collation a esté faicte à son original par moy soubz-signé, secretaire de Mgr de Joyeuse, chevalier de l'ordre du Roy et lieutenant général pour sa Magesté au pays et gouvernement de Languedoc.

Signé : PREVOST.

Leues et publyées a voys de trompe et cry publique, à la place publique dudict Mende, ville principalle et cappitalle du pays de Gevauldan, par commandement de M. de Ceneret, seigneur et baron dudict lieu, lieutenant pour le Roy au pays de Gevaldan, et en sa presance et du seigneur du Roget, regent pour le Roy en l'évesche de Mende ; du seigneur de La Caze, cappitaine de ladicte ville ; Gaspard de Gout, docteur ez droictz, juge de la Court du baylliaige de Gévaldan ; Claude Achard, licencié ; Jehan Gressin et Vidal Baron, consulz de ladicte ville et aultres plusieurs notables personages et habitans d'icelle ; requerant mestres Jehan Malzac, procureur du Roy audict baylliaige de Gévaldan, et André de Challolhet, licencié ez loix, scindic dudict diocèse de Mende. Et après, par commandement dudict sieur, enregistrées au registre de la dicte Court dudit Bailliaige de Gévaldan, pour que personne ne pretende cause d'ignorance, avec inhibition à tous justiciers, officiers et subjectz du Roy, de icelluy édict fere entretenir, garder et observer de poinct en poinct, selon sa forme et teneur, par tous les endroictz de leurs ressortz et juridiction ; chascung en son endroict, ce 1ᵉʳ de may 1568.

(Archives départementales, C. 1794.)

GRATIFICATION AU SIEUR DE LA CORNILHADE POUR AVOIR CONSERVÉ SOUS LE SERVICE DU ROI LA VILLE DE FLORAC

en 1569

(Extrait de l'Assiette et département faits en la ville de Mende, au mois de mars 1574).

Au sieur de La Cornilhade, d'aultant que, en l'année 1569, il auroit azardé, lorsque les secondz troubles commençarent, de se getter dans la ville de Florac, affin que les énemys du Roy ne sen saysissent, et avec le nombre de dix soldatz l'auroit gardée et conservée, soubz l'obeyssance du Roy, l'espasse de huict jours, jusques que le seigneur de Ceneret, chevalier de l'ordre du Roy, commandant pour son service, en ce pays y auroit pourveu ; luy ayant esté accordé par les Estatz pour le relever des fraiz et despens sur ce faictz, la somme de 250 livres, payable en deux années, dont la première luy fut couchée l'année passée, pour ce luy est couche pour la seconde et dernière, la somme de 125 livres tournois.

(C. 877).

MENTION DU SIÈGE D'ALLENC, PAR LE S^{gr} D'APCHIER

Au cappitaine Coronat, pour le rellever des fraiz, mises et despens souffertz en sa maison à Hallenc lorsque le seigneur de la Gorsse, chevalier de l'ordre du Roy, gouverneur pour sa majesté en ce pays, avoyt mys le siège devant le chateau dudict Halen et expulsé l'ennemy du Roy, que y estoit dedans. En consideration que ledict sieur de la Gorsse estoit logé dans sa maison audict Alhenc avec plusieurs gens de son train et suyte, a esté accordé, par lesdictz Estatz, la somme de 50 livres tournois, outre 15 escuz qu'il receust de sire Jehan Vivyan.

Albert de Chapelleu, chevalier de la Vigne, seigneur de St-Denys, pour le rellever des fraiz par luy faictz et exposez pour estre venu en ceste ville, pour donner advertissement du desseing des ennemys et de ce qui se passoit, pour se garder de surprinse. . . . 50 livres.

(C. 867).

A divers hoste de la ville de Mende, toutz ensemble, la somme de 2,002 livres ung sol tournois a eulx ordonnés pour les rembourser, chascun pour sa pourtion, de la despense par eulx fournie et avancée aux gens de guerre et soldatz questoient venuz en ceste ville de Mende, tant par le commandement dudict seigneur de la Gorsse, gouverneur, lors qu'il vint en ceste ville, que après pour aller mettre le siège audict Alhenc, où estoient partie des compaignies des cappitaines Belauzade, de Gasque, de Grimauld, les seigneurs de Sainct-Alban, de Beauregard, de Benistan, de Sainct.........., de Jonchières, de Bessettes et plusieurs aultres.

A pouvre femme à Bernard Hullard, masson, qui auroit esté envoyé à Halenc par commandement de mondict seigneur de la Gorsse, pour sapper ledict chasteau d'Alhenc, dettenu par ceulx de la préthendue oppinion, où ledict Hullard auroit esté thué d'ung coup d'arquebuzade ; a esté par lesdictz diocezains accordé et ordonné la somme de 10 livres tournois.

Daultant que lesdictz rebelles et desobeyssant au Roy, estanz de la prethendue oppinion, s'estoient amparez et saisiz du chasteau et place d'Alhenc, icelluy fortiffié et mis grand quantité de vivres et munitions de guerre dedans, et que icelluy chasteau et place estoit dunc grande importance et conséquence..... estant sur le grand passaige de Vivarez, que sans le recouvrement, dicelluy ledict pays eust enduré beaucop ; au moyen de quoy, et pour aller assieger ladicte place et faire les fraiz necessaires auroit esté imposé la somme de 2,641 livres, 15 solz, pour laquelle satisfère aux creanciers envers lesquelz MM. les commis et depputez dudict diocèze se seroient obligez et pour ce est cy couche pour payer lesdictz créanciers ladicte somme de 2,641 livres 15 solz.

Rolle de la monstre et reveue faicte en la ville de Maruejols, le 28ᵉ jour du moys de janvyer 1570, de 289 hommes de guerre a pied, francoys, tenans garnison pour le service du Roy en la ville de Mende, villes dudict Maruejols, Chanac, la Canorgue, Saincte-Enymye, Yspaignec et chasteau de Planchamp, soubz la charge et conduite du seigneur de la Caze, capitaine, sa personne et celles de ses officiers y comprins, par nous Guabriel du Roys, sieur dudict lieu, commissaire, extraordinaire des guerres, commis et depputé par M. de Ceneret, chevalier de l'ordre du Roy, gouverneur et commandant pour sa majesté au païs de Gévaudan, en l'absence de Mgr le vicomte de Joyeuse, lieutenant général, pour ledict sieur au païs et gouvernement de Languedoc, a faire la monstre et reveue desdictz gens de guerre, servant à l'acquit de Mᵉ (sic), conseiller du Roy et trésorier de l'extraordinaire de ses guerres du comté de Piedmont, Lyonnois, Daulphiné, Provence,

Languedoc et Guyenne, pour le payement faict ausdictz 289 hommes de guerre a pied, francoys, de leurs gaiges, solde, estatz, appoinctement et entretenement dung mois entyer, commensant ce jourdhuy et finissant le 28ᵉ jour du prochain mois de fevryer.

Desquelz 289 hommes de guerre les noms et surnoms s'ensuyvent :

Bertrand de Moustuejolz, Sᵍʳ de la Caze, cappitayne;
Jean de Mostuejolz, lieutenant ;
Guillaume Escurete, enseigne ;
Anthoine Grimaud, chef, à Chanac.

Sergens.

Maurice Chamolle ;
Symon Lacombe.

Fourrier, tambourins et fiffre.

Chaude Laysse, fourrier ;
Guillaume, tambour ;
Anthoine Grasson, tambour ;
Anthoine Fangon, fiffre.

4 *caporalz,* 275 *arquebusiers.*

Au capitaine, 46 livres ; au lieutenant, 26 livres ; au capitaine qui commande audict Chanac, 26 livres ; à l'enseigne, 10 livres 10 sous ; a deux sergens, a raison de 5 livres chascun, 10 livres ; a ung fourrier, deux tambourins et ung fiffre, à 6 livres chascun, 24 livres ; à quatre caporalz, a 7 livres chascun, 28 livres ; à 275 arquebusiers, a 3 livres tournois chascun, 825 livres, le tout pour leurs gaiges, solde, estatz, appoinctemens et entretenemens dung mois entier.

Revenant ensemble pour ledict mois à la somme de 998 livres 10 sous tournois, oultre ce que leur sera baillé pour leur nourriture durant ledict mois, suyvant le reiglement de Monseigneur le maréchal de D'Ampville.

REFUS, DE LA PART DU VICAIRE GÉNÉRAL DE L'ÉVÊQUE DE MENDE, DE CONTRIBUER A LA DÉPENSE NÉCESSITÉE POUR LES TRAVAUX DE FORTIFICATIONS A FAIRE A LA VILLE.

Acte de réquisition et protestation pour le procureur de la ville de Mende.

8 février 1570.

L'an mil cinq cens soixante dix et le huictiesme jour du mois de fevrier. En la ville de Mende, et dans la salle de la precemptorie, Maistre Françoys Enjalvin, procureur de la ville de Mende, ayant illec aprehendé M' M° Jacques Macel, docteur es droictz, viccaire général et official de M'° Regnault de Beaume, evesque de Mende, a sommé et requis ledict sieur Macel, comme viccaire susdict, de, pour et au nom dudict sieur évesque, contribuer pour coliete aux réparations, fortifficactions et aultres afferes de la guerre, necessaires à ladicte ville pour la thuition deffense et conservation d'icelle en l'obeissance du Roy, commandées par M&r de Ceneret, chevalier de l'ordre du Roy ; veu mesme l'urgente necessité et que ledict sieur de Ceneret a heu advis que les forces des ennemys se préparent et assemblent, et pourroient surprendre ladicte ville, a faulte desdictes réparations et entretenement de forces ;

aultrement, au deny de ce, a protesté, tant contre ledict sieur evesque, que ledict sieur Macel, son vicaire, en son propre et privé nom, de tous despens, dommaiges, intéretz et inconvenientz que pourroyent survenir et ladicte ville en pourroyt souffrir, d'en avoir promptement receues, a justice et sayder de l'hyppotheque que ladicte ville a contre ledict sieur évesque. Lequel seigneur Macel, comme vicaire et official susdict, a respondu ledict sieur evesque avoir esté exempté expressement par sa magesté de contribuer ausdictes réparations; de laquelle exemption il a cy devant faict aparoir à ladicte ville, et pour ce ny est aulcunement tenu.

Ledict Enjalvin a dict ladicte pretendue exemption estre insuffizente, veu que le Roy, par icelle, ne deroge aulcunement a lyppothéque, que ladicte ville a contre ledict sieur evesque, moins y en est faicte aulcune mention, joinct que en toutes provisions du pouvre est subentendue ceste clause: *dum modo jus alteri non fuerit quesitum*, comme est a ladicte ville par contrat, si ancien inviolablement entretenu jusques a present, qu'il ne peult estre pour le jourdhuy revocqué; en requérant et protestant comme dessus.

Et ledict sieur Macel a requis coppie du present acte, pour, avec le conseil dudict sieur evesque, fere, si besoin est, plus ample response.

Présens : noble Guy Ret, sieur de Bressolles; Mᵉ Guy Albaric, greffier au bailliage de Gevauldan ; Jehan Prele, de Prevenchieres, en Rouergue ; Jacques Pelisse, poudrier, du Puy, et moy, etc.

DES ESTREICT, notaire.

(Folio 91).

DÉPOSITION CONSTATANT LA MORT DU SOLDAT MICHEL BAUMELLES, DANS LA VILLE DE COIGNAT

au mois de mars 1570.

L'an mil cinq cens septante-deux et le neufviesme jour du moys de septembre. Au lieu du Tournel et dans la première basse cour de Barthélemy Bragier, tant en son nom que de Guabrielle Folchiere, sa femme, et de ses enfans et de feu Michel Baumelles, son premier mary, estant à la présence de Guaspar Molherat, du Pont-de-Montvert, parlant a luy, la requis faire déclaration s'il scait que ledict Baumelles soit trespassé, et si des temps des derniers troubles il le treuva et en quelle part, portant les armes, pour la religion. Lequel Molherat a dict, affermé et s'est déclaré devant moy, notaire soubzsigné et en la présence des tesmoingz bas nommez, que environ le moys de mars dernier passé, a eu deux ans, questoit environ cinq ou six moys avant la publication de lcedict de paix, il estant en la ville de Coignac, soldat de la compaignie du cappitaine Malbosc, ung jour, dont a présent n'est recordz, il veid ledit feu Baumelles mort et estendu sur ung lict, lequel il avoit auparavant veu en ladicte ville de Coignat, parce qu'ilz estoient soldatz et compaignons, soubz la charge dudict cappitaine Malbosc. Et luy souvient que, quant il le veid mort sur ledict lict, il avoit un grand coup de cottellas au dernier de sa teste, et croyt que, pour raison dudict coup, il finist ses jours audict lieu.

Et tout ce dessus dict et attesté sur sa foy et sere-

ment. Dequoy ledict Bragier en a requis cest acte a
moy notaire soubzsigné, pour luy servir en ce que de
raison.

Faict ou qui dessus. Présens : Mre Jehan Reversat,
lieutenant du Bleymar ; Jehan Roux, de la Vayssière ;
Anthoine André, du Pont-de Montvert, soubzsignez.
Et moy Jean-Baptiste, notaire royal, soubzsigné ainsiu
signez : Jehan Ros ; Rervessat ; André.

BAPTISTE.

(Registre de Jean-Baptiste, notaire, folio 299).

LETTRES DE VALIDATION DES DÉPENSES FAITES PAR LE S^gr DE PEYRE, COMMANDANT POUR LE PRINCE DE CONDÉ EN GÉVAUDAN.

20 octobre 1570.

Nous, Henry, prince de Navarre et Henry de Bourbon, prince de Condé, à tous ceulx qu'il appartiendra, salut. Nous, deuement informez et bien certiorés de la charge et commission que bailla feu monsieur le prince de Condé, nostre tres cher et tres amé oncle et père, au sieur de Peyre et de Thoras, durant les secondz troubles, au païs de Gevauldan, quy estoict dy commander en son absence et fere la guerre aulx ennemis de nostre party, comme il a faict. Ayant veu aussi le pouvoir que bailla, soubz nostre auctorité le sieur de La Caze, audict sieur de Peyre et de Thoras, durant les derniers troubles ez pais du Hault et baz Languedoc, Quercy, Rouergne et Agenois, où ledict sieur de La Caze avait esté par nous establv gouverneur et lieutenant général en nostre absence. Nous, pour obvier à ce que ledict sieur de Peyre et de Thouras ne puysse estre à l'advenir aulcunement reserché, inquiété ne molesté de chose quelconque qu'il ayt faicte contre lesdictz ennemiz, tant durant les secondz troubles par le commandement de feu mondict sieur le prince que durant les derniers, en vertu du pouvoir dudict sieur de La Caze, tant pour le regard des exécutions militaires que de la prinse et levée des finances et impositions de deniers que pourroict avoir faicte pour servir aulx afferes de la guerre, avons, tout ce que par ledict sieur de Peyre et de Thouras auroict esté faict, géré et negotyé durant lesdictz troubles secondz et derniers, tant pour le faict de la guerre que pour ladicte prinse et levée des finances et aultres deniers comme dict est, en quelque sorte que ce soit et de tous cas dont leedict de paciffication dernier le quicte et descharge, advoué et rattiffié, advouons et rattiffions et suivant ledict edict quicté et deschargé, quictons et deschargeons ledict sieur de Peyre et Thoras envers tous ceulx qu'il appartiendra par ces presentes ; lesquelles, en tesmoing de ce, nous avons signées de noz mains et faict cachetter de nos cachetz.

Faict à la Rochelle, le vingtiesme jour du mois d'octobre, l'an mil cinq cens soixante-dix.

HENRY. — HENRY DE BOURBON.

Par mesdictz sieurs les princes :
DE MAZELLIÈRE, ainsi signés.

(C. 1794).

EXTRAITS DE L'ASSIETTE DE L'AIDE ET OCTROI,
TENUE AU MOIS DE NOVEMBRE

1570

La somme de 2,111 livres 10 sous est allouée pour la fourniture, solde et entretenement de 50 soldats établis en garnison dans la ville de Marvejols pour le mois d'octobre, novembre et décembre 1570, suivant le règlement de M. de Dampville, mareschal de France.

On alloue en outre la somme de 1,407 livres pour le même objet pour les mois de janvier et février 1571.

—

Au seigneur de Ceneret, chevalier de l'ordre du Roy, a esté accordé et ordonné la somme de 200 livres tournois pour son desfrayement, en considération qu'il seroit venu en la présent assemblée, partant du lieu de Loude, en Velay, distant de la présent ville de plus de douze lieues, et qu'il estoit nécessaire entendre de luy ce que s'estoit passé durant le temps qu'il y avoit commandé pour le Roy en ce dict diocèse.

C. 877.

LETTRE DE VALIDATION EN FAVEUR DU SEIGNEUR DE PEYRE.

31 mars 1571.

Charles, par la grâce de Dieu, roy de France. A noz amez et feaulx conseillers les commissaires par nous depputez pour l'exercice de nostre edict de paciffication en Languedoc et à noz armez et feaulx les gens de noz courtz de parlement, baillifz et seneschaulz ou leurs lieutenens et à tous noz aultres justiciers et officiers qu'il appartiendra, Salut. Nostre cher et bien amé François-Hector-Aldebert, sieur de Peyre et de Thouras, nous a faict remonstrer que durant les segondz troubles, il commanda, au païs de Givauldan, soubz l'auctorité de feu nostre trez cher et bien aimé cousin le prince de Condé, et, durant les derniers troubles, ez païs de hault et baz Languedoc, Quercy, Rouergue et Agenois, soubz l'auctorité de noz tres chers et bien aimez frère et cousin, les princes de Navarre et de Condé, et pendant ledict temps faict plusieurs chozes sellon que les occasions se présentoient et que la nécessité de la guerre le requerroit. Et combien que tout ce que a esté faict par l'exposant, en ladicte charge, ayt esté advoué et approuvé par nous dictz frère et cousin, et que nous avons aussy advoué et approuvé tout ce qui a esté par eulx faict durant lesdictz troubles, toutesfois on veult à présent recercher l'exposant de plusieurs choses quy ont esté par luy, ou par son commandement, faictes audict païs pendant le temps qu'il y a commandé; à cause de quoy il nous a faict humblement supplier et réquérir luy vouloir sur ce pourvoir. Nous, à ces causes, désirant nostre edict estre inviolablement gardé et observé, après avoir faict veoir le vidimus de l'advis de nos dictz frère et cousin, cy attaché soubz le contre seel de nostre chancellerie, de nostre certaine science, plaine puissance et auctorité roial, vous mandons et à chascun de vous, si comme luy appartienne tres espressement enjoignons par ces presentes, que faisant jouir ledict exposant de l'effect et beneffice de nostre dict édict, vous déclairiez tous nos subjectz et aultres personnes sans action à l'encontre dudict exposant, pour raison des cas assoupis par nostre édict de paciffication, qui ont ésté par luy ou par son auctorité faictz, en quelque sorte que ce soict, pendant le temps qu'il a commandé audict pais, soubz l'auctorité de nousdict frère et cousin; faisant inhibition et deffense à tous ceulx qu'il appartiendra de l'en rechercher, troubler ne aulcunement molester, ores ne pour le temps advenir, sur peyne de tous ses despens, domaiges et interestz; et sur ce avons impozé silence à nostre procureur général, présent et advenir, ses substitutz, et à tous aultres. Mandons en oultre au premier nostre huissier ou sergent, sur ce requis, de fere tous exploicts et signiffications requises et nécessaires pour l'exécution de ces presantes, sans pour ce demander permission, placet, visa *ne pareatis*. Et pour ce que de ces présentes l'on pourra avoir affaire en plusieurs et divers lieux, nous voulons que au vidimus d'icelles, deuement collationnées, foy soict adjousté, comme à ce présant original; car tel est nostre plaisir, nonobstant quelzconques lettres à ce contraires.

Donné à Paris, le dernier jour de mars, l'an de grace, mil cinq cens soixante unze et de nostre regne le unziesme.

Par le Roy, en son conseil : DENEUFVILLE, ainsin signé.

(C. 1794).

23 août 1571.

Estat au vray faict par nous François Hector Aldebert de Peyre, seigneur et baron de Peyre, Thouras, Baulmes, suyvant l'auctorité à nous donnée durant les segondz et derniers troubles, tant par feu Mgr le prince de Condé que messeigneurs les princes de Navarre et de Condé, au païs de Gévauldan, de toutes les impositions et levée de deniers que la nécessité de la guerre nous a contrainct fere pour la thuition et desfense dudict païs soubz l'obéissance et auctorité du Roy, en l'absence de mesdictz seigneurs les princes.

Pour subvenir aulx nécessitez de la guerre et solde requise pour l'entretenement des soldatz, ordonnez ez garnisons establyes audict païs, de nostre auctorité et du conseil et advis d'icelluy, auroict esté advisé et ordonné par l'assemblée, sur ce faicte en la ville de Maruejolz, le 25e jour du mois d'octobre 1567, qu'il seroict faicte imposition sur les contribuables aulx tailhes, dicelluy païs, de la somme de vingt mil livres, pour estre employée a ladicte solde et entretenement desdictz gens de guerre, pour la thuition et delfense dicelluy pais ; et néaulmoingz que les deniers de l'ayde et octroy, creues, équivallentz et toute aultre nature de deniers qui se trouveront ez mains des recepveurs particulhiers de ce dict païs ou de leurs commis, seront prins et mis ez mains de Barthélemy Tardieu, Sgr de Séjas, recepveur par nous, à cest effect estably, pour iceulx deniers estre employés par noz mandemens ainsi que verront estre à faire.

Premièrement :

A esté receu des deniers de ladicte imposition de 20,000 livres, faicte en ladicte ville de Maruejolz, le 25ᵉ jour du mois d'octobre 1567, du consentement des depputez dudict païs, tant par Mᵉ Vidal Gibelin, sieur de Laldonès, que ledict Tardieu, recepveur, à ce commis, la somme de 3,318 livres 10 solz 8 deniers. Pour ce, cy. . . . . 3,318 livres 10 solz 8 deniers.

Pareillement auroict esté receu des deniers des équivallens dudict diocèse, du trienne commencé le 1ᵉʳ jour de septembre en 1567 et pour le premier et second quartier de la première année dudict trienne, la somme de 5,781 livres, receue des mains dudict de Serre, recepveur dudict équivallent, que à ce auroict esté contrainct et luy en sont esté expédiés acquictz par ledict Tardieu, recepveur, par nous estably, du 10ᵉ septembre 1567 et 20ᵉ mars 1568 apprès suivant, cy. .. . . 5,781 livres.

Pareillement auroict esté receu, des deniers des équivallens dudict diocèse du trienne, accommencé le premier jour de septembre audict an 1567, et pour le premier et second cartiers de la première année dudict trienne, la somme de 5,781 livres, reçeue des mains dudict de Serre, recepveur dudict équivallent que à ce auroict esté contrainct; et luy en sont esté expédiés acquictz par ledict Tardieu, recepveur, par nous estably, du 10ᵉ septembre 1567, et 20ᵉ mars 1568 apprès, suyvant, cy. . ., ... 5,781 livres.

La Reyne de Navarre, messeigneurs les princes de Navarre et de Condé, estans à Coignac, en leur conseil, où leur assistoient plusieurs sieurs et gentilz hommes de la Relligion, ayant veu l'estat cy dessus, signé dudict sieur de Peyre, contenant l'entière recepte que que luy et ceulx qu'il a à ce fere commis, ont faicte pendant les secondz et derniers troubles au païs de Givauldan, de toutes et chascunes les impositions et levées de deniers, tant royaulx que aultres de quelque nature et espece qu'ilz soient, ensemble de la quantité des grains mentionnez audict présent estat, montant et revenant lesdictes sommes à 40,507 livres 18 solz 6 deniers, et lesdictz grains, cest assavoir : le froment 756 setiers 5 boiceaulx, mixtures 160 cestiers et emyne six boiceaulx ; orge 252 cestiers 2 mitadens 1 boiceau et demy ; avoine, 517 cestiers 3 mitadens 5 boiceaulx ; seigle, 60 sestiers 3 cartons ; gallines 150. La dicte dame et mesdictz seigneurs, souffizement informez du pouvoir expédié audict seigneur de Peyre, par feu Mgr le prince de Condé, ez troubles secondz, ben recordz et mémoratifz aussi de la charge et comandement qu'il a eu soubz leur auctorité, pendant les troubles derniers, au païs de Gevauldan, ont, pour bien agréables et ratifflient, en tant qu'en eulx est, lesdictes impositions, cueillettes et levées de deniers par luy et de son ordonnance faictes audict païs ; approuvent et advouant, en tant que besoing est ou seroict, toutes et chascunes les parties et sommes de deniers et grains, ainsi que dict est, pourtées et contenues par ledict présent estat comme bien et légitimement receues par ledict sieur de Peyre et aultres, par luy à ce commis, et le tout avoir esté employé pour le service et afferes de la cause commune et generalle de la relligion ; n'entendant que pour raison des susdictes impositions, cueillettes, levées de deniers, et grains, icelluy sieur de Peyre ny sesdictz commis en soient ny puissent estre recerchés, inquietez ny molestés, ains que suivant le vouloir et intention du Roy, porté par son édict de pacification, ilz en soient et demeurent respectivement quictes et deschargés, partout où il appartiendra ; à la charge, toutesfois de rendre, par ledict sieur de Peyre et ses dictz commis, quantes fois que requis et appellés en seront, bon et loyal compte de l'administration et manyement susdict, par devant les commissaires qui, a ce faire, seront par le Roy à la nomination de la ladicte dame et de mesdictz seigneurs les princes, commis et depputez.

Faict audict Coignac, le 23ᵉ jour d'aoust 1571.

JEHANNE. — HENRY. — HENRY DE BORBON. — DE CABOCHE, ainsin signés.

(C. 1794).

LETTRE DE JACQUES DE CRUSSOL A M. D'APCHER, CHEVALIER DE L'ORDRE DU ROY ET LIEUTENANT GÉNÉRAL POUR SA MAJESTÉ, EN GÉVAUDAN.

27 avril 1571.

Monsieur, Jay receue la lettre du 15me du présent et suis grandement ayse de la bonne diligence qu'à este faict pour pourveoir à lentreprinse que ja vous escripviez ces jours passez que les ennemis de sa Majesté avoyent dans la ville de Mende, à laquelle je vous mandois que le cappitaine Boysverdun estoit consentant. Et pour ce que despuis en ça j'ai sondé et espluché bien exactement ce faict, et que j'ay cogneu évidemment, par bons tesmoignages, que ledict Boisverdun n'estoit poinct adherant à ladicte entreprinse, ains en estoit innocent. Je vous prie bien affectueusement de faire mettre ledict Boisverdun en liberté, affin qu'il saille rendre prez du sieur de Saint-Vidal, ainsy que je luy commande. Dequoy aussy j'escrips aux commis et depputtez de votre païs, affin qu'ilz y satisffacent de leur part. Cependant il est plus que necessaire de fere veiller plus diligemment que jamais à la garde et conservation de ladicte ville de Mende. A quoy je m'asseure sellon vostre bonne prudence que vous scaurez très bien pourveoir ; me recommandant a tant bien affectueuzement a vostre bonne grace. Priant Dieu, Monsieur, vous avoir en sa saincte garde.

D'Avignon, ce 27e jour d'avril 1571.

Vostre entierement plus affectionné couzin à vous obéir.

JACQUES DE CRUSSOL.

(Série E. Fonds d'Apchier).

LE ROI DE FRANCE VALIDE LES DÉPENSES FAITES PAR LE SEIGNEUR DE PEYRE, CHEF DES PROTESTANTS, DANS LE DIOCÈSE DE MENDE.

27 juillet 1572.

Charles, par la grâce de Dieu roy de France. A noz ames et feaulx les gens de nos comptes, à Paris, salut et dilection. Nous avons faict veoir en nostre Conseil l'estat de la recepte faicte tant par François-Hector Aldebert de Peyre, sieur et baron de Peyre, Thoras et Baulmes que par ceulx qui estoient par luy; pour c'est effect, à ce commis au pais de Givauldan, durant les secondz et derniers troubles soubz nos tres cher frere et cousins les princes de Navarre et de Condé, père et filz, cy soubz le contre seel de nostre Chancellerie attaché, tant des deniers de nos tailhes, équivallent et domaine que rentes et revenus des biens des eglizes et aultres catholicques; lequel nous vous renvoyons; vous mandant et enjoignans, par ces presentes, que de toutes et chascunes les parties et sommes de deniers audict estat contenues et expeciffiées vous tenes et faictes tenir quicte et deschargé ledict sieur de Peyre et aultres par luy à ce depputtés et commis. Lesquelz, en tant que besoing est ou seroict, nous avons quictés et deschargés, quictons et deschargeons suyvant nostre édict de paciffication par ces presentes signées de nostre main ; n'entendans que pour raison ny à l'occasion d'icelles ilz en puisse, moingz leurs hoirs et successeurs, estre aulcunement recherches, inquietés ny molestés ores ny pour l'advenir par ceulx qui les ont fournies, généraulx de nos finances, noz receveurs ou solliciteurs des rentes ne aultres quelconques ; ce que nous leur avons tres expressement inhibé et deffendu, inhibons et deffendons par cesdictes presentes; de l'effect et contenu desquelles voulons ledict sieur de Peyre et aultres a ce par luy commis, jouir et uzer plainement et paisiblement ; cessans et faisans cesser tous troubles et empechemens au contraire. Car tel est nostre plaisir, nonobstant quelconques edictz, ordonnances et lettres à ce contraires.

Donné à Paris, le vingt septiesme jour de juilhet, l'an de grâce mil cinq cens soixante-douze, et de nostre regne le douziesme.

     Signées : CHARLES,
et au dessoubz : par le Roy en son Conseil · de Souries, sellées du grand seel a simple queue pendant en cire jaulne.

(C. 1794).

ASSEMBLÉE DES CATHOLIQUES AU CHATEAU DE COUGOUSSAC.

Au sieur de Fontanilhes, cappitaine pour le remburser et sattisfaire des fraiz et despenses par luy faictes et souffertes en sa maison de Cogossac, lors et après le commencement de ses troubles, que le sieur de Combas, commandant pour le service du Roy en ce pays de Givauldan se y achemyna et y séjourna troys jours avec trente hommes à cheval, attendant [les delegués] de ceulx de Maruejols et de Peyre, pour tracter et treuver expediant pour faire contenir les gens de guerre, tant d'un party et daultre, en l'obeyssance du Roy, où estions les seigneurs de Chesnevert, de Boysverdun, le cappitaine Grimauld, le cappitaine Sainct-Martin, le cappitaine Bochery et plusieurs aultres, et que pour aultres assemblée faicte audict Cogossac, à mesme fin ou estions les consulz de la ville de Mende, le sieur de Boysverdun, bailly ; Vignolle, Boyer, Anthoine Chevalier, et de la part de Maruejols : MM. de Chavanhac, les Fabrys, Rodes, le Mazet, les deux Gibelins, les deux Grignons, Beauguet, Barrau, les deux Boryes, Merle, Gignac, Grandet, Buysson ... et aultres, en nombre de quarante chevaulx, luy est accordé et ordonné la somme de 100 livres.

(C. 877, folio 96).

AFFAIRE DE CHIRAC.

A M⁰ Anthoine Gleyse, la somme de 292 livres 10 solz tournois, à luy deue et ordonnée pour le rembourcer de pareille somme qu'il avoit fournye en avancé naguyères au cappitaine Gasques et à sa compaignie, estant en garnison en la ville de Chirac, affin que les soldatz ne se debandassent.

(C. 887).

A pouvre femme vefve à feu Henry Dumas, artilleur, meurdri à Chirac par ceulx de la prethendue oppinion, a esté accordé et alloué à la susnommée et à ses enfans, la somme de 10 livres.

(C. 887).

—

A Guilhaume Bony, à cause qu'estant traité entre MM. les commis du diocèze et ceulx de la prethendue oppinion de la ville de Maruejolz d'accorder entre toutz une surceance darmes et de laysser le ..... icelluy Bony, estans audict Marucjolz [ayant] esté commandé par les dellegués et envoyé en la ville de Chirac où estoit en garnison la compaignie du sieur de Combas pour leur faire entendre ce dessus, que pour fere lever les troppes du cappitaine Grenyaul que estoit aux envyrons dudict Chirac, ledict Bony auroit esté blessé d'une arquebuzade en ung bras au devant dudict Chirac ; luy a esté accordé par lesdictz diocezains, la somme de 30 livres.

(C. 887).

REQUÊTE DES HABITANTS D'ALTIER ADRESSÉE AU CHAPITRE DE MENDE, POUR RESTAURER LEUR ÉGLISE RUINÉE, ETC.

1572.

A Messieurs du vénérable Chappitre de l'église cathédralle de Mende. Supplient humblement Jehan Portanier, Anthoine Blanc et Jehan Folchier, sindicz de la paroisse d'Altier, disant que la calamité du temps auroict permis durant ses troubles, que ont coreu au present royaulme de France et heu grand vigueur en ladicte paroisse comme proche des ennemys des catholiques et que par ce moien non seullement l'église, temple, cloches, clochier, cloiestre de ladicte eglise, ensemble les joieaulx et relicquieres ont este invays, [prins] et ruynés par lesdictz de la religion prétendue, mais aussi les maisons et biens desdictz catholiques en auroient esté de mesmes visités par lesdictz de la pretendeue religion, tellement qu'en sont devenus pouvres de biens et encores plus pouvres de la parolle de Dieu ; que vous, comme prieurs et recevans les fruictz, diximes et revenus de ladicte paroisse, estes tenuz leur administrer par disposition de droict divin et humain, et aussi restaurer ledict temple, clochier, cloiestre et joiaulx que leur devient à ung grand prejudice. Ce considéré et actendu que le recteur de ladicte paroisse ne peult à ce dessus resister obvier ne fournir, vous plaira ordonner lesdictes ruynes estre rediffiées a voz despens et y envoyer ung de vostre colliege pour assister à ce dessus et, comme curés primitifz que vous estes, leur administrer, ensemblement avec ledict recteur, les sainctz sacrementz et annoncer la saincte parolle de Dieu ; autrement proteste en avoir recours ou il apartiendra, et ferez bien, demandant acte au notaire présent.

L'an 1572, le vendredy premier aoûst. Régnant tres crestien prince Charles, par la grace de Dieu, roy de France. En la ville de Mende et dans la salle basse et lieu où est acostumé tenir le Chapitre de l'esglise cathédrale de Mende, illec assamblés MM. Jehan Boniol, prévost ; Jehan de Miremond ; Jacques Macel, docteur; Jehan de Cénéret, Pierre Coignet, Ramond Claustre, Guilles Certamin, Jacques Albaric, Urbain Poge, Robert Leynadier et Urban de Robert, chanoines en ladicte esglise, capitulans, et, pardevant eux c'est présenté Jehan Folchier, dict Bochardon, d'Altier, comme l'ung des scindicz et procureurs des habitantz de la paroisse dudict Altier, comme a faict foi de ladicte procuration en scindicat, receu par M° Claude Blanc, notaire, le 22e juing 1572, ycy à cause de bresvets à insérer obmise. Lequel a presenté ausdictz MM. chanoines, comme prieurs du prieuré d'Altier, la requeste dernier escripte, requerant et demandant comme en icelle. Lesquelz MM. ont respondu par la bouche dudict Boniol que icelle l'ont communiquée en plain Chapitre, fairont response.

Faict où que dessus, en presence de M° Vidal Reversat, prebtre, marrellier ; François Jacques, praticien, habitants de Mende, et de moy Franço's Enjalvin, notaire royal, requis, soubzsigne qui en ay receu la présente.

Enjalvin, notaire.

Lesdictz ans et jour, iceulx MM. chanoines sus-nommés, aians entre eulx communiqué le contenu en ladicte requeste, que a esté leue par moy notaire roial soubzsigné, ont arresté et conclud que sera respondu ce que au caier des hebdomades.

Laquelle response ont inthimé audict Folchier, present en ce maistres François Enjalvin, notaire ; Vidal Reversat, prebtre, et moy Pierre Torrent, notaire roial soubzsigné.

TORRENT.

(Registre de M° Torrent, année 1572, folio 168).

NOUVELLE PRISE D'ARMES.

La guerre fust ouverte et déclarée au mois de septembre 1572, et ayant Sa Grandeur (1) envoyé audict Mende, le capitaine Combette ; lesdictz habitans [de Mende] se myrent en armes et a faire garde et cela, jusques a ce que Mgr le mareschal eut ordonné le sieur de Combas pour son lieutenant audict diocèse, entretenir à leurs propres despens, le capitaine Escurette et trente soldatz a gaiges.

(C. 1794).

---

(1) L'evêque de Mende.

LA GARDE DES CHATEAUX DE PEYRE, DE MARCHASTEL ET DE BEAUREGARD CONFIÉE AUX CATHOLIQUES.

16 septembre 1572.

L'an mil cinq cens soixante douze et du setziesme jour de septembre. A Mende et maison de Monsieur de Boysverdun, bailly. Pardevant messieurs de Chamfremont, vicquere de Monseigneur de Mende, comte de Givauldan ; Jacques Macel, official ; ledict sieur bailly, André de Chaloillet, lieutenant audict bailliage, et Jehan Malzac, procureur du Roy.

A compareu M⁶ Pierre Enjalvin, greffier de la terre et seigneurye de Peyre, y demeurant résidant, lequel suyvant le mandement que nous avons faict au cappitaine Boyssonnade, maistre dhostel du feu sieur de Peyre et aulx autres serviteurs et domestiques estans dans le chasteau de Peyre, de mectre le chasteau dudict Peyre en la garde et hobeyssance du Roy, attendu que ledict chasteau est principalle forteresse de ce pays et que ledict Boyssonnade, ensemble tous lesdictz serviteurs dudict feu sieur de Peyre estoynt tous de la Religion nouvelle, de laquelle ledict feu sieur de Peyre tenoyt le parti en son vivant. Et obeyssant audict mandement, ledict Enjalvin nous a remonstré qu'il avoyt avec luy admené deux gentilz hommes catholicques quy soy chargeroyent et respondroyent de la garde dudict chasteau en l'hobeyssance du Roy.

Au moyen de quoy, nous dict Chanfremont, du conseil et advis des aultres scindictz sieurs, avons baillé ledict chasteau de Peyre, ensemble les maisons de Marchastel et Beauregard qui appartenoyent audict feu sieur de Peyre et à présent à ladicte dame de Peyre, à Francoys et Anthoine Daurelz, escuyers, estant de la religion catholique, natifz de Balmez au comté de Venize, comme il nous a esté rappourté par eulx et ledict Enjalvin de leurs personnes et biens, sans qu'ilz y puissent recepvoir aulcunes personnes de ladicte relligion novelle ny rendre les places en autres mains que celles du Roy, de Mgr de Mende ou de nous, pour le service de Sa Majesté, dudict sieur de Mende ou de ladicte dame de Peyre. Ce qu'ilz ont juré es mains dudict sieur de Chanfremont, et promis respectivement de fere, sur les peines, et de les garder bien et loyaulment et d'y vivre et fere vivre tous ceulx que y sont de présent ou que y pourroynt estre cy apprès à la religion catholique et suyvant les editz et soubz l'obeyssance du Roy ; sans fere ny permectre ou souffrir y estre faicte aulcune assemblée en armes ny sans armes ny exercice d'aultre religion que de celle de ladicte église catholique, suyvant la voulonté du Roy. Et pour ce fere ont obligé, yppothequé et soubzmis respectivement leurs personnes et biens, comme pour leurs propres afferes du Roy. Dequoy lesdictz sieurs avons ordonné acte estre retenu par notaire royal soubzsigné.

Presens : Messieurs Maistres Claude Achard, licencié, juge de Mende ; Jehan Martin, praticien, et moy notere royal soubzsigné, recevant.

Daurel. — A. Daurel. — Achard. — Enjelvin. — Martin.

(Archives départementales, série E. — Registre de Me Des Estreyctz, notaire, folio 150, année 1572).

FRAIS POUR L'ENTRETIEN DES GENS DE GUERRE.

novembre 1572.

Assiette et despartement faictz en la ville de Mende par nous Phillippes de Robert, escuyer, seigneur de Boysverdun, conseiller du Roy nostre s're, bailly de Givaudan, assistans avec nous reverend père en Dieu, Mre Adam de Heurtelou, abbé du lieu de Restauré, S^{gr} de Chanfremont, vicaire général de Mgr de Mende, comte de Givauldan, Baptiste de Chapeleu, S^{gr} de la Vigne, commis des nobles du diocèse de Mende ; André Achard, S^{gr} de Fangouses, et Pierre Vergille, second et tiers consulz de la ville de Mende, et André de Chalolhet, sindic dudict diocèze, de la somme de vingt mille livres tournois, en ensuyvant l'advis et délibération prinse en l'assemblée des Estatz particuliers dudict diocèse, ce moys de novembre, pour icelle somme employer a la solde et entretenement des gens de guerre, tant de pied que de cheval establyes en garnison en ce païs de Givauldan, par Mgr de Dampville, mareschal de France, gouverneur et lieutenant général pour le Roy ez province de Languedoc, Prouvence et Daulphiné, pour la conservation d'icelluy païs de Givauldan et diocèse de Mende, en l'obeyssance du Roy, et résister aulx entreprinses de ceulx de la novelle oppinion de la ville de Maruejolz et païs des Cevenes qui ont prins les armes contre sa majesté, faisant plusieurs massacres, pilleries, rançonnemens, impositions sur le peuple, et exerceans tous actes d'hostilté ; que de la somme de 5,254 livres 2 sols 2 deniers pour les frais de la present imposition comprins les gaiges du recepveur a 2 solz 6 deniers pour livre, suyvant le contrat par les gens desdictz Estatz sur ce avec ledict recepveur passé, payable en la ville de Mende, ez mains de M⁰ Anthoine Gleyse, à ung seul terme, que sera le 15ᵉ décembre prochainement venant, soubz toutesfoys le bon plaisir du Roy et de mondict S^{gr} le mareschal, devers lesquelz sieur Roy et de mondict S^{gr} le mareschal ledict sindic sera tenu poursuyvre l'auctorisation et permission de ladicte imposition de deniers, la levée desquelz demeurera cependant en suspens.

Suit la répartition sur chaque communauté du diocèse :

Etat de la presente imposition.

Pour employer à la solde et entretenement des compagnies establies en ce pais de Givauldan, 20,000 livres.

Pour bailler au seigneur de Saint Aban, pour dresser sa compagnie de cinquante hommes à cheval	500 —
Pour bailler au cappitaine Combelle pour dresser sa compagnie	250 —
Pour bailler au seigneur de Pecheriol pour dresser sa compagnie............	250 —
Pour les espions.	100 —
Pour bailler au sieur de La Roche-Sainct Paulhan pour dresser sa compagnie	250 —

A nous, Philippes de Robert, escuyer, S^{gr} de Boysverdun, bailly de Givauldan, pour noz gaiges ordinaires suyvant les anciennes taxes faictes en creues et impositions a estre ordonné et taxe pour nos vaccations, 12 livres 10 sous.

Et pour ce que les seigneurs de Sainct Alban, de La Roche-Sainct Paulhan, de Sangac, de Haulte-Ville, de Combelle et aultres seigneurs et gentilzhommes avec plusieurs soldatz de leur suytte se seroyent acheminez en la présent ville, pour entendre ce que se passoyt, suyvant les advertissemens que leur avoyent esté donnez par MM. les commis, aux fins de prendre adviz et resolution de resister aux entreprinses que faisoyent ceulx de ladicte novelle oppinion dudict Maruejolz, et afin de les debeller et rompre leur desseingz, au soulaigement du pais, auroyt esté ordonné que lesdictz sieurs seroyent desfrayez et la despence qu'ilz avoyent faicte avec leurs gens et soldatz seroit satisfaicte aux hostes que s'ensuyvent, etc.

Faict à Mende, le 28º jour de novembre 1572.

(C 877).

ASSIETTE ET DÉPARTEMENT

du 22 avril 1573.

Le sieur de Combas, commandant audict Givauldan en absence de mondict seigneur le maréchal, et du seigneur de Joyeuse.

Parmi les dépenses : frais pour l'entretien des garnisons à Bédouès, au chateaux de La Vigne, d'Allenc, à la tour de Montagnac, à Mende.

Au seigneur de Chanfremont, abbé du lieu Restauré, vicaire général de Mgr de Mende, comte de Givauldan, pour le recompenser et relever de plusieurs voyaiges qu'il a faict fere à ses despens, tant devers le Roy, mondict seigneur le Maréchal, que mondict seigneur de Mende, pour les advertir de ce qui se passe en ces quartiers pour les afères de la guerre, sur l'assiègement des villes de Maruejolz, Florac et chasteau de Peyre, que pour avoir obtenu lettres patentes de sa majesté, par lesquelles les despenses de la guerre de ce diocèze doibvent estre comprinses ez 500,000 livres imposées en Languedoc, etc............ 1,000 livres.

(C. 877).

1573.

Au sieur de Fontanilhes, cappitaine de cent hommes de guerre à pied, pour ce que ledict sieur de Combas avoit ordonné à la maison de Cogossac appartenant audict sieur de Fontanilhes douze soldatz de garde, pour la conserver en l'obeyssance du Roy, pendant le temps que icelluy sieur de Fontanilhes estoit au service du Roy, au pays de Languedoc ou mondict seigneur le maréchal luy avoit commandé venir, et que ledict sieur de Fontanilhes avoit tousjours entretenu lesdictz soldatz à la dicte maison, à ses despens. Pour estre rellevé duquel entretenement se seroit retiré devers mondict seigneur le maréchal, lequel, par son ordonnance et commission luy auroit accordé la somme de 540 livres, et pour le moys de janvier et fébrier derniers 1574, la somme de neuf vingtz livres, suivant ladicte ordonnanse pour à luy est cy couché la somme de 720 livres.

(C. 877).

ÉLARGISSEMENT DE NOBLE LÉON DE CHAPELU, SIEUR DE MONTBRUN.

18 mars 1573.

L'an mil cinq cens soixante-treize et le dix huictiesme jour du moys de mars. Dans le chateau de Balsièges, apartenant au sieur évesque de Mende. Noble Léon de Chappelu, sieur de Montbrun, a remonstré à M. Loys de Pelet, sieur et baron de Combas, gouverneur et comandant pour le service du Roy au païs de Gevauldan, que combien depuis l'édict du Roy faict en dernier lieu sur la paciffication des troubles du présent royaulme de France et suyvant la volonté de sa majesté prescripte par icelluy, il se soit contenu en sa maison, et tant par ce moyen que a raison d'une saulvegarde a luy particulierement et puis peu de temps en ça accordée par Mgr le mareschal de Dampville, il deust estre et demeurer, en personne et biens, en paix et sans estre reserché; Si est ce que le cappitaine de Gasques, qui comande pour le service du Roy à la ville d'Hispaignac, puis quinze jours et en ça l'auroyt detenu et détient prisonnier, encores sans sçavoir pourquoy, qui l'empeche d'exécuter l'extreme désir qu'il a de fere très humble service à sa majesté en toutz endroictz, et aussi de se trouver pardevant MM. les commissaires depputez par le Roy, sur le faict de la verification des restes de toute nature de deniers, tant ordinaires que extraordinaires deuz à sa Majesté en Languedoc, depuis le commencement des premiers troubles jusques à la fin de l'an 1570, à certaine assignation à luy devant eulx donnée au 19 du présent moys pour rendre compte et reliqua de quelques reliques et argenterie des églises de Quézac et Yspaignac, dont l'on le prétend chargé. Parquoy a supplié ledict sieur de Combas, gouverneur, le fere jouyr de ladicte saulveguarde du Roy et de mondict sieur le marechal, et le fere mectre en liberté, aux fins de se trouver à ladicte assignation, pardevant mesdictz sieurs les commissaires et déduire ses exceptions et déffenses ; offrant vivre et se contenir paisiblement en sa maison, comme bon et fidelle subjet du Roy, suyvant ses édictz, voulloir et intention, et s'employer en tout ce qu'on luy vouldra commander pour le service de sa dicte majesté, et de ce fere bailler en pleiges noble Baptiste de Chappelu, chevalier, seigneur de la Vigne, commis de la noblesse dudict pais de Gevauldan, son frère, et M° Jehan Comitis, notaire royal de Ste Erymie, illec presentz, qui se sont offertz respondre de ce et pleiger pour luy, et aussi de le représenter en estans requis. Et lors, ledict seigneur de Combas, entendu ce dessus, et veu les pièces sus narrées, l'offre dudict de Montbrun, et pour lui donner plus ample affection de l'effectuer, moyen se trouver à ladicte assignation, à luy donnée, devant lesdicts commissaires et rendre le compte qu'on luy demande, a ordonné qu'il jouyra de ladicte sauvegarde, tant du Roy que de mondict seigneur le maréchal ; et, audict effect, la presentement mys en liberté, à la charge de vivre paisiblement et modestement en sa maison suyvant les voulloyr et intention du Roy et ses édictz, et de s'employer pour son service en tout ce que par sa majesté, mondict sieur le marechal et luy, luy sera commandé, ne adhérer directement ni indirectement ou favoriser ceulx de la nouvelle oppinion et aultres rebelles audict sieur, ains rompre et empecher de tout son pouvoir les desseingz et entreprinses quils pourroyent avoir contre ledict service et en advertir lesdictz sieurs, et ne prendre aulcunement les armes, sans expresse licence diceulx ; luy deffendant ce fère, a peyne d'estre puny comme crimineulx de leze majesté et turbateur du repos public, et aussi à la charge de se représenter et rendre en l'estat qu'il estoit ou aultre comme et des lors que par lesdictz sieurs ou l'ung deulx en sera requis, en présence ou domicille ou parlant à la personne desdictz sieur de La Vigne ou Comitis, à peyne d'estre atteinct et convaincu des cas à luy impozés, et de tous despens, dommaiges et interestz que ledict païs, ledict sieur de Combas et cappitaine de Gasques en pourroient souffrir à faulte de ce. Et de ce fere bailler en pleige lesdictz sieur de La Vigne et Comitis. Lesquelz sieur de La Vigne et Comitis, illec estans en personnes, ledict de Montbrun a présentés audict seigneur de Combas qui, à la prière et réquisition dudict de Montbrun, ayant entendue de mot à aultre ladicte ordonnauce, par la lecture que lui en a esté faicte, se sont rendus respectivement et l'ung pour l'aultre et le seul d'eulx pour le tout, sans division, pleiges es respondans pour ledict de Montbrun, qu'il se contiendra en sa maison et vivra suyvant le voulloyr du Roy et de ses édictz, s'employera pour son service comme luy sera commandé, et aultrement satisffera à ladicte ordonnance dudict sieur de Combas, en tous ses poinctz, à peyne de tous despens, dommaiges et interestz que ledict païs et lesdictz sieur de Combas et de Gasques en particulier et général en pourroyent souffrir; desquelz ont promis les relever envers et contre toutz, et aussi de le représenter en l'estat qu'il estoit, toutesfois et quantes qu'ilz en seront requis de la part du Roy ou de mesdictz sieurs les marechal et de Combas, suyvant la susdicte ordonnance, deue stipulation intervenent. Et de ce ledict seigneur de Montbrun a promis les relever respectivement indempnes dudict appleigement et responsion, pour luy faictz, ensemble de toutz despens, dommaiges et interestz qu'ilz en pourroyent souffrir; et aussi de se représenter et rendre en lestat, toutesfois et comme il en sera requis, et de obéir à ladicte ordonnance dudict sieur de Combas de poinct en poinct suyvant sa teneur et l'offre par luy dessus faicte, qu'a aussi promis exécuter et effectuer sur les peynes y contenues. Ledict sieur de La Vigne et Comitis avec moy notaire pour tous ceulx que y pourroient avoir interestz stipulantz et recevans. Et pour ce fere ont obligé ypothequé et soubmis toutz et chascuns leurs biens présents et advenir, ensemble leurs personnes propres comme pour les propres afferes du Roy, respectivement à toutes courtz, avec jurement sur les sainctz evangilles, et renonciation necessaire, mesmes lesdictz pleiges à l'ordre de droyt et discussion.

Presens et tesmoingz : Guillaume Lerys. marchant ; Benoist Bernard, menuisier; Estienne Carrière, taneur, de Mende ; Guillaume Delhom, serviteur dudict sieur de La Vigne, Et moy, notaire, avec lesdictz sieurs et tesmoingz soubzsigné et escripvant et recevant ledict acte.

De Combas. — Lavigne. — Comitis. — Benoist Bernard. — Delhom. — E. Carrière. — Lavigne. — Lirys.
Des Estreytz, notaire.

(Registre de 1573, folio 35).

FORTIFICATION DE LA VILLE DE MENDE.

Par acte du 12 avril 1573, reçu M⁰ Destrictis, notaire des travaux de fortification sont exécutés aux murailles et portes de la ville et principalement vers la partie du Soubeyran.

Le prix fait s'élève à la somme de 580 livres tournois. On doit fournir aux maçons: « les achaulx, sable, boys, tous charroys et maneuvres necessaires, sans que iceulx massons y trempent en rien ains demeurera ladicte somme a eulx precipue pour leur manufacture, achept et entretenement de leurs utils, nourriture et gaiges de leurs personnnes.

(Folio 65).

ACTE DE COMMANDEMENT CONTRE LE CAPITAINE FONTANILLES.

27 avril 1573.

L'an mil cinq cens soixante treize et le vingt-septiesme jour du moys d'avril ; en la cité de Mende et dans les maisons épiscopalles. M⁰ Jehan Bastit, notaire royal dudict Mende, substitué du scindic du présent diocèse à cet acte, comme a dict, a remostré à noble Loys de Pelet, sieur et baron de Combas, gouverneur et commandant pour le service du Roy au présent pays de Gévaudan, en absence de messeigneurs les maréchal de Dampville et vicomte de Joyeuse, que Françoys Calvet, sieur de Fontanilhes, ayant treuvé moyen obtenir, de mondict sieur le mareschal, commission pour dresser une companie de gens de guerre arquebusiers a pied, audict pays de Givaudan, après et cinq ou six sept meymes sont ja escheues, ayant dressé ladicte companye et avec icelle descoreu ledict pays de Givaudan, à la grande folle et insupportable despense des pauvres subjectz du Roy d'icelluy pays, (combien soyent assez follés et opprimés par la despense et charges, tant ordinayres que extraordinaires que de jour à aultre leur sont mises sus), et car le susdict scindic auroit esté adverti mondict sieur le mareschal avoir, ces jours passés, mandé tant audict sieur de Combas que aux commis dudict pays, voyre ordonné respondant a certains articles dudict diocèse que ledit Fontanilhes viendroit en son camp et armée dressée au bas pays de Languedoc pour sy employer pour le service du Roy ; ce qu'il ne tient compte fere, à la grande retardation dudict service, contenpement des comandemens de mondict sieur le marechal et folle dudict pays de Givaudan, ne sy estant, ledict Fontanilhes aulcunement employé pour résister à ceulx de la nouvelle oppinion, qui ont prins les armes contre l'auctorité de sa majesté. Parquoy, a supplié mondict sieur de Combas de commander et enjoindre audict de Fontanilhes, qui est en la présent ville, de incontinent vuyder ledict pays de Givaudan avec sadicte companye et sen aller audict camp de mondict sieur le marechal, suyvant l'ordounance et volonté dudict sieur ; aultrement a protesté d'en advertir mondict sieur le marechal, du retardement du service du Roy et de la folle que ledict pays de Givaudan en a souffert ou pourroit souffrir cy après, et requis acte à moy notaire royal soubzsigné. Lequel S^{gr} de Combas a respondu estre prest executer la volonté de mondict S^{gr} le maréchal, et à ces fins avoyr mandé quérir ledict capitaine Fontanilhes en la present ville et au présent lieu, présens : MM. Adam de Heurtelou, abbé de Restauré et vicaire général du sieur evesque de Mende et ung des depputés dudict pays de Givaudan ; Jehan Bruneuc, sieur de la Cornilhade ; Estienne Alméras, consul de Ste-Enymye ; Me Estienne Falguyere, prieur de Chasteauneuf-de-Levesou, et moy Jehan Des Estrectz, notaire royal, soubzsigné.

Et peu après se presentant illec ledict de Fontanilhes, ledict sieur de Combas luy a exibé lesdictz articles respondus par mondict sieur le mareschal et aussi la lettre dressée par ledict sieur audict sieur de Chanfremont, où ledict sieur commande fere acheminer ledict de Fontanilhes et sa companie en dilligence a son dict camp et armée. A quoy luy a commandé, de par le Roy et pour son service obéyr en toute dilligence, suyvant aussi la réquisition dudict scindic, à peyne de désobeyssance. Lequel de Fontanilhes a respondu que mondict sieur le mareschal auroit respondu au marge de lung desdictz articles, qu'il luy seroit escript fere acheminer sa companie en sadicte armée : ce que n'a esté du moingz n'en a il receu aulcune lettre, et s'il y en a aulcune, requiert luy estre baillée, offrant, icelle veue, satisfère à son contenu et volonté de mondict sieur le mareschal, à la plus grand dilligence qu'il luy sera possible. Ledict S^gr de Combas luy a remostré qu'il n'avoit en son pouvoyr ny scavoit qui avoyt la missive demandée et qu'il luy debvoit suffire exhibition desdictz articles respondus et missive dressée audict sieur de Chamfremont, contenans ce que dessus et signés de la main propre dudict sieur; luy comandant encore de rechief y obeyr, sur la peyne que dessus. Et lors ledict de Fontanilhes a respondu qu'il avoit envoyé quérir d'armes au Puy pour armer sadicte companye, et icelles recouvertes (comme speroit de jour à aultre), ne failliroit obéyr et sacheminer avec sadicte companye audict camp, luy baillant commissaire pour ly conduyre. Ce que ledict sieur de Combas a offert fere, et ma commandé retenir de tout, acte pour sa descharge.

Présens : Philippe de Robert, sieur de Boysverdun, bailly de Givaudan; Guillaume Bony, son serviteur; Pierre de Vergesac, sieur de la Brosse; François de La Panose, sieur de Palheyretz; Jehan de Fontbesses, sieur de Rochevalier, et moydict Desestreyetz, notaire royal soubzsigné.

        Signé : DES ESTREYCTZ.

(Folio 69).

ARTICLES ENVOYÉS A M. DE DAMPVILLE, MARÉCHAL DE FRANCE, PAR LES DÉPUTÉS DU DIOCÈSE DE MENDE,

au mois de mai 1573.

Remerciments. — Solde des compagnies de gens de guerre à maintenir. — Le capitaine Fontanilles à faire sortir du Gévaudan avec sa compagnie. — Le capitaine Felgeirolles, protestant, à exécuter. — Purger le pays des nombreux voleurs et vagabonds.

Articles qui seront presentez à Mgr le mareschal, gouverneur et lieutenant général pour le Roy en ses païs de Languedoc, Provence et Dauphiné, de la part des commis et depputez de ce diocese, assistez de la pluspart des consulz des villes d'icelluy, que lesdictz commis et depputez avoient faict assembler pour entendre le reiglement qu'il a pleu a mondict seigneur le mareschal de faire pour l'estat de la guerre en ce païs, et pour recepvoir les impositions nécessaires pour l'entretenement des compagnies establies par mondict seigneur en ce dict païs, suyvant la permission d'imposer accordée ausdictz commis et depputez par mondict seigneur.

—o—

Sera très humblement remercié mondict seigneur le mareschal des reiglemens qu'il luy a pleu faire pour la conservation de ce païs, tant en la garde des villes, chasteau et forteresses necessaires de garder, aux despens d'icelluy, par lesdictes compagnies establies, que de ladicte permission d'imposer pour la solde et payement d'icelles compagnies, selon l'estat des payemens qu'il luy a pleu den ordonner pour le bien et soulaigement de ce dict diocèse.

Lequel estat, d'aultant que les capitaines d'icelles compagnies ont faict entrendre à M. de Combas, presens lesdictz depputez, l'impossibilité que leur est, a ce qu'ils dient, de faire contenter leurs soldatz de si petite solde, et de payer les monitions que leur seront necessaires, quelque modéré taux que a esté faict desdictes monitions, sera le bon plaisir de mondict seigneur le maréchal de pourvoir pour ce que tous lesdictz cappitaines se veullent desbander et retirer, et tout ce que ledict sieur de Combas et depputez dudict pais ont peu faire en leur endroict est de les faire attendre jusques à ce que mondict seigneur y ayt pourveu, et ce pendant leur promectre que les soldatz estans en garnison ez villes et chasteaux de garde, qui sont prez l'ennemy, ilz soient payez de ceste monstre à mesmes raison qu'ilz estoient, en attendant qu'il ayt pleu a mondict sieur le maréchal d'en donner son bon plaisir sur ce que dessus, d'aultans que lesdictes compagnies venens à se desbander, comme elles vouloient faire sans ceste promesse, l'ennemy se pourroit saisir de quelques villes ou forteresses de cedict diocèse, au grand domaige et ruyne d'icelluy, lequel recepvroit plus de soullaigement qu'ilz feussent soldoyez et contentz à la raison des aultres compagnies, et payer les monitions, que de les payer selon le retranchement et leur fournir de vivres comme ilz veullent et entenden que ledict païs face, que luy seroit chose insupportable. Ilz se plaignent aussi de ce que les lieutenens ont esté retranchés par ledict reiglement, disans ne vouloir recepvoir moindre trartement que les compagnies qui sont en Languedoc, ou plustost se veullent casser du moings pour le contentement dudict sieur de Combas; qu'il plaise a mondict seigneur le luy vouloir accorder pour ne pouvoir estre ordinairement à sa compagnie. Surquoy mondict seigneur pourvoira comme sera son bon plaisir.

Il auroit pleu à mondict seigneur le maréchal ordonner sur lesdictz articles et particulièrement il auroit faict ceste honneur ausdictz depputez leur escripre sa volonté sur la priere quilz luy auroient faicte, de mander prez de luy la compagnie du capitaine Fontenilles, tant pour la deffence que ledict païs a de luy que la ruyne que sadicte compagnie a faict et faict encores pour avoir tousjours tenu les champs en cedict diocèse, comme elle faict; ce que mondict seigneur auroit ordonné audict capitaine Fontenilles de ce fere incontinent; mais quelle ordonnance et commandement que mondict seigneur le marechal en ait faicte, et requisition du scindic de cedict païs, à mondict sieur de Combas d'y obeyr et faire satisfaire ledict cappitaine Fontenilles, ledict sieur de Combas n'a peu tant gaigner sur luy qu'il vueille s'achemyner pour aller trouver mondict sieur le maréchal avec sadicte compagnye, disant ne vouloir sourtir qu'il n'en recoipve ung particulier et plus exprez commandement de mondict sieur le marechal, quelque ruyne que sadicte compagnye apporte à ce dict païs.

Plaira à mondict seigneur le maréchal d'en faire ung

si exprez et particulier commandement audict capitaine Fontenilles, qu'il ne puysse plus differer ni dillayer d'obeyr à mondict seigneur le marechal, sur telles peynes qu'une telle désobeyssance mérite et au plustost que faire se pourra, pour le soulaigement de ce dict pouvre diocèse, qui est tout ruyné, et pour l'ouster hors de la grande deffiance qu'il a tousjours eue de luy et de sadicte compagnye, ne voulant encores se reduyre et la pluspart de sadicte compagnye tous huguenotz.

Aussi ne permectra, s'il luy plaist, que le capitaine Felgeyrolles sorte de prison, comme il se promect, pour estre lun et des principaux chefz des rebelles ; lequel est cause de la rebellion de la ville de Florac, et qui a commis aultant de cruaultez et inhumanitez en l'endroit des ecclésiastiques subjectz du Roy, catholicques, que nul autre capitaine desdictz rebelles, et encore avoit il, quand il fust prins, charge et commission pour lesdictz rebelles de cent chevaulx, faict plusieurs impositions despuis ceste guerre ; et lequel feust prins par force d'armes par ledict sieur de Combas dans une commanderie qu'il occuppoit par force, comme il faisoit tous les bénéfices des envyrons de Florac, et aussi que cestoit l'ung diceulx qui mettoit les pouvres catholicques dans le puy à Nismes ; et encores tout prisonnier qu'il est, il est plus oppiniastre que jamais, ne sestant voulu donner peyne de semployer pour tascher a faire rendre Florac en l'obeyssance du Roy et de mondict S^{gr} le marechal. Sera le bon plaisir de mondict S^{gr} le marechal, d'ordonner qu'il sera mis ez mains du prevost, pour luy faire son procès, et que, sur son bien, ce qu'il peult debvoir a mondict S^{gr} le marechal sera préalablement prins.

De tant que en cedict diocese n'y a aulcun lieutenant de prévost de mareschaulx et qu'il y a plusieurs vouleurs, vaccabondz et gens oisifz qui, soubz couleur de la présent guerre, se sont licenciez a commectre tous actes et excez inhumains, troublant le repoz public, qu'il soit le bon plaisir de mondict S‍ᵍʳ le maréchal, ordonner que le prevost général de Languedoc despechera lettres de lieutenent, en blanc, pour cedict diocese, aux fins de chasser lesdictz vouleurs, pour ce que les commis et depputez dudict païs, ne le rempliront que de quelque homme de bien qui en soit digne.

Extrait de l'original.

Signé : ALBARIC.

(C. 1794).

BAIL A GARDER LE CHATEAU DE GRÈZE.

28 avril 1573.

L'an mil cinq cens septante trois, et le vingt huictiesme jour du moys de avril. Estant en personne noble Françoys de la Panose, Sgr de Palheyretz ; Lequel a remoustré à Mgr de Combas, gouverneur et commandant, pour le service du Roy, au présent païs de Gevauldan, avo‍ir esté informé par Mgr le marechal de Dampville, gouverneur et lieutenant du Roy, et commandant pour son service au pais de Languedoc, avoir ordonné en ses 'réglementz envoyés au présent diocèse, que chascun gardast ses maisons et fortz à ses despens ; le suppliant, à ceste occasion voulloyr fere vuyder de sa maison et chasteau de Greze, le cappitaine Combelle et sa compaignie, y estans de présent en garnison, et luy bailler la garde d'icelluy, laquelle il est prest prendre et fere cy après à ses propres despens, pour le service du Roy et soulaigement de ses subjectz dudict païs. A quoy, inclynant mondict sieur de Combas, luy avoyr apparu de la fidelité au Roy, foy et religion catholicque dudict de La Panose, par le dire et tesmoignage de nobles Pierre de Vergesac, sieur de la Brosse ; Jehan de Fontbesses, sieur de Rochevalier, illec présentz et ainsin l'attestans, luy a baillé en charge la garde de sadicte maison et chasteau de Grèze, moyennant ce qu'il a promis, et juré la main levée à Dieu, de bien et fidellement garder et fere garder et conserver iceulx maison et chasteau, en l'obeissance du Roy, par gens et personnages catholicques, non suspectz au service de sa majesté, offenser et empecher à son pouvoyr ses ennemys et aultres qui entreprendroient aulcune chose contre sondict service, ses voulloir et intention, ne les recevoyr, favoriser ne secourir ou ayder de vivres, biens, faveurs ne moyens, recevoir en sesdictz maison et chasteau telle force et garnison que par sadicte majesté, mondict sieur le maréchal et ledict sieur de Combas luy sera commandé et ordonné cy après, pour ledict service. Et à ce fère s'est soubzmis en personne et biens, comme est accoustumé fere pour les propres afferes de sadicte majesté, et comme par les réglementz de mondict seigneur le maréchal luy est ou sera ordonné.

Faict à Mende, et dans la maison de la précenterie. Presens : noble Jehan de Brunent, sieur de La Cornilhade ; Estienne Almeras, consul de Ste Enimie ; Mre Estienne Falguière, prieur de Chateauneuf de Levezou ; Me Jehan Meynadier, notaire de La Canourgue, et moy Jehan des Des Estreyctz, notaire royal dudict Mende, qui, par commandement dudict sieur de Combas, ay retenu le présent acte, soubzsigné.

De Combas ; Rochevalié ; De Fabregues ; Falguière ; Lacornylhade ; Maynadier ; des Estrectz.

(Folio 71).

LE GOUVERNEUR DU GÉVAUDAN SIGNALE L'ARRIVÉE DE NOUVEAUX RENFORTS AUX RELIGIONNAIRES, QUI EN ATTENDENT ENCORE, ET ONT LE PROJET D'ASSIÉGER CHIRAC ET SERVERETTE.

19 mai 1573.

Acte de commandement fait aux consulz de Mende.

L'an mil cinq cens septante troys et le dix-neufviesme jour de may. Dans les maisons de la précemptorye, Mgr de Combas, gouverneur et commandant pour le service du Roy au païs de Gevauldan, a remonstré cy devant et dès dimanche dernier passé pour faire entendre aux Messieurs commis et depputez dudict pays de Gévaldan, officiers et consulz et aultres principaulx habitantz de la présent ville de Mende, que ceulx de la nouvelle oppinion se sont refeict de quelques troppes de cavalerie et attendent plus grandz forces du costé des Cevennes et aussi de Millau, pour venir assiéger les villes de Chirac et Serverette, et qu'il estoit besoin mectre vivres et munitions dans icelles, afin que les soldatz, y estans en garnison, eussent moyen les tenyr en l'obéissance du Roy et commander ausdictz consulz fere delivrer et compter des vivres les quantitez de grains, vin et chair esquelles ladicte ville a esté colisée à la partition générale dressée par les depputez dudict païs, pour les mectre esdictes villes. A quoy lesdictz consulz luy avoyent respondu qu'ilz bailleroyent trente sestiers bled pour prest au païs. Et si nont tenu aulcun compte rien fere, dequoy pourroyt advenir extreme préjudice au service du Roy, perte desdictes villes et des soldatz y estans en garnison. Parquoy, ayant illec apprehendé MM. M. Anthoine Moret, docteur en médecine et Jehan Vellaye, premier et tiers consulz de ladicte ville, et Me Loys Fontunye, sindic dudic pays, leur a faict commandement, de par le Roy, de incontinent et sans délay fere delivrer audict commissaire lesdictz grains, aux fins que dessus, à peyne de désobeyssance au Roy et de s'en prendre à eulx de la perte que pourroyt advenir desdictes villes et des soldatz y estans en garnison et du recullement et préjudice du service du Roy. Lequel Fontunye a dict qu'il fera sa responce par escript; requérant estre inserée au présent acte, et lesdictz consulz qu'ilz seront en continuelle diligence fere leur debvoir et obéyr au commandement de mondict sieur de Combas. Et de rechef ledict sieur de Combas le leur a commandé de plus fort, afin que le retardement ne préjudicie au service au service du Roy. Et a commandé à moy notaire en retenyr acte pour sa descharge. Présens : Pierre Malet, du Monestier les-Chirac ; Guillaume Chirac, oste; Anthoine Potger, de Cubiere, et moy dict notaire soubsigné.

Ant. DE MORET, consul.

Et incontinant ledict Fontunye m'a baillé son dire par escript de teneur :

Mᵉ Lois Fontunye, sindic substitué du present diocese de Mende respont sur l'acte de requisition à luy faicte par M. le baron de Combas, chevalier de l'ordre du Roy et lyeutenant pour Sa Majesté à l'absence de Mgr le mareschal de Damville et de Mʳᵉ de Joyeuse, que le sindic a satisfaict et qu'il a requis suyvant la conclusion sur ce faicte par MM. des Estatz et commis dudict diocèse, et que le despartement sur ce en a esté fayt généralement sur ledict diocèse. Parquoy on ce est retiré au comyssaire quy a charge fere la ceulhette desdictz vivres, consulz et proqureurs des villes et lyeulx à ce contribuables. Parquoy proteste contre eulx de toutz despens, domaiges et interetz, mesmes pour la partie des villes où sont les garnysons à faulte de vivres.

FONTUNIE, sindic, substitué.

(Folio 83 et suivant).

BAIL A GARDER LE FORT ET TOUR DE MONTAGNAC.

5 juin 1573.

L'an 1573 et le 5ᵉ juing, Mᵉˢ Jehan et Jacques de Chasalmartin, procureurs des habitans du lieu et mandement de Montanhac, comme ont faict aparoir par acte receu par Mᵉ Mathieu Armand, notaire d'Auroux, du 3ᵉ du présent moys, ont, suivant leur pouvoir, remonstré à M. de Combas, gouverneur et commandant pour le service du Roy au présent païs de Gevauldan, en absence de Messegneurs les mareschal de Dampville et vicomte de Joyeuse, plusieurs malversations commises par Gervais de Chasalmartin, chief cy devant esleu à la garde du chasteau de Montagnac et aultres soldatz estans à sa charge, supplie ledict sieur les casser, fere retirer dudict fort, et en leur lieu y mectre tel chief qu'il advisera, luy nommantz pour soldatz suffizantz et expérimentez à la garde dudict fort Mᵉ Pierre Roche; Barthélemy Crozet; Vital Martin, de la Panose; Jacques Rosset; Denys Gaifier, ; Estienne Thomet; Laurens Rosset, du Villar ; pour lesquelz lesdictz de Chazalmartin, au nom que procedent, se sont rendus pleiges, sans division ne discussion envers le païs, et promis de respondre de leurs faultes et en demeurer à qui apartiendra, moy notaire, comme personne publicque, pour les absentz, stipulantz. Quoy entendu par mondict sieur de Combas, se présentant illec noble André de Ret, sieur de Cheminades et se offrant prendre la garde dudict fort, du consentement desdictz de Chasalmartin, procureurs desdictz habitans, luy a baillé la charge de garder ladicte tour et fort de Montaignac en l'obeissance du Roy, avec lesdictz soldatz nommez de la part desdictz habitans, moyennant ce quil a promis et juré de bien et fidellement servir le Roy à la garde et conservation dudict fort en son obéissance, soubz l'auctorité de sa majesté et dudict sieur de Combas, en absence de Mgr le marechal de Dampville, recevoir et obeyr à leurs commandementz et règlementz. Et lesdictz Roche, Crozet, Martin, Laurens Rosset, soldatz, illec présentez de la part desdictz habitans audict sieur, ont aussi promis et juré de obeyr pour ladicte garde audict chief, et en son absence, icelle fere fidellement, à peyne de respondre en leurs propres noms des inconvenientz que y pourront advenir et de leurs vyes. Et, sur ce, a ledict sieur ordonné leur estre expédié commission et deschargé : Gervais de Chasalmartin de la garde dudict fort, doresnavant, et commandé à moy notaire royal soubzsigné de ce dessus retenir et luy expédier acte.

Faict audict Mende, en la maison de la précenterie, présens : Mes Claude Achard, juge ordinaire ; Jacques de Bira, curé d'Allenc, habitantz dudict Mende, et moy dict notaire soubzsigné.

Des Estreyctz.

(Folio 101).

PROMESSE DE GARDER LE FORT ET CHASTEAU DU BESSET, (PAROISSE DE SAINT-PIERRE DE NOGARET).

8 juin 1573.

L'an 1573 et le 8 juin. Personnellement constitué noble Aldebert Puel, sieur du Besset, en Gevauldan, lequel, de son gré, obéyssant au commandement à luy faict, comme a dict, par Mgr de Combas, gouverneur et commandant pour le service du Roy au païs de Gevaudan, en absence de Messeigneurs les mareschal de Dampville et vicomte de Joyeuse, et pour le bien, zelle et affection quil a audict service, et de conserver sa maison, chasteau et fort du Besset en l'obéissance de Sa Majesté, a promis et juré, la main levée à Dieu, pardevant moy notaire royal, et à la présence des tesmoingz soubz nommez de bien et fidellement garder et fere garder par ses subjectz ledict fort et chasteau du Besset, en ladicte obéissance, recevoir et obéyr aux commandementz que, par mesdictz sieurs les maréchal de Joyeuse et de Combas, luy seront faictz ou de leur part et aultrement fere comme chascun vray et fidelle subjet de sadicte majesté est tenu fere et à ce fere. A faictes les soubmissions et tel cas requises et necessaires, et de ce requis acte à moy dict notaire soubzsigné. Faict audict Mende, en ma maison ; présens : Jacques Berard, de Polignac ; François Gay, boucher, dudict Mende, et moy Jehan des Estreyctz notaire royal, avec lesdictz tesmoingz soubsigné ; ledict sieur du Besset ayant affirmé ne sçavoir escripre.

Des Estreyctz.

Suis esté presant : Berard

(Folio 110).

AU SUJET DE LA GARDE DU FORT DE CHASTEL-NOUVEL

10 juillet 1573.

L'an mil cinq cens soixante treize et le dixieme jour du mois de juillet. Regnant très crestien prince Charles, par la grace de Dieu, roy de France. Par devant MM. Jehan Boniol, prevost; Pierre Coignet, Jacques Macel, Ramond Claustre, Jacques Albaric et Guillanme Brès, chanoines de l'esglise cathédrale de Mende, s'est présenté Loys Claustre, qui a dict que le Chapitre l'auroit commis à la garde du fort du Chasteau novel, appartenant audict Chappitre, avec le nombre de quatre souldatz ordonnés par le sieur de Combas, lieutenant pour le Roy au présent pais de Givauldan, a requis MM. chanoines et en leurs personnes les aultres Messieurs du Chappitre de luy satisfaire les gaitges par eulx accordés tant à luy que à ses souldatz, n'aians moien de vivre ung mois desja escheu et encores dix jours de ce mois davantaitge, et, à faulte de ce, de pourveoir incontinent à la garde dudict fort et luy voloir donner son congied, avec protestation que s'il advient faulte audict chasteau par les ennemis du Roy qui courent journellement, que du retardement du service du Roy, en avoir recours à qui apartiendra, se deschargeant de la charge que luy a esté baillée; protestant comme dessus. Requerant acte à moy, notaire roial soubzsigné. Lesquels MM. chanoines, par la bouche dudict Sgr prevost, luy ont respondu qu'il n'a esté commis par le Chapitre à ladicte charge, mais par M.

de Combas, commandant pour le Roy en ce pays, duquel il auroit receues commissions pour la garde dudict chasteau, et despuys aultres commissions à ces fins. Protestans au contraire ou ledict chasteau se perdroict à la faulte dudict Claustre et exederoit le réglement et instructions sur ce faicte par Mgr le mareschal de Dampville, lieutenant pour le Roy à ce pais de Languedoc, en vertu de ses commissions pretendues, ledict M° Ramond Claustre a dict ne concentir à ladicte responce. Faict en la cité de Mende, à la sale de la maison canonicale dudict M. Macel, ez présences de maistres Vidal Solinhac, prebtre ; Bertrand de Sainct-Bauzille, habitans de Mende, Et moy, notaire royal soubzsigné.

Torrent.

(Folio 63).

GRATIFICATION AU SIEUR BLANC, CHARGÉ DE L'ENTRETIEN DE L'ARTILLERIE DE LA VILLE.

10 août 1573.

A esté baillé à M. Jacques Blanc, peyrolier, de Mende, la somme de 10 livres tournois, à luy ordonnée par adviz du conseil de ladicte ville, pour l'entretenement et gouvernement de l'artillerye estant en la ville, comme pareilhement pour en tirer, comme canonner venant le cas de nécessitée et pour maintenir et conserver ladicte ville en l'obeyssance du Roy, comme appert descharge, signée Baldit, du 10° août 1573.

(Archives de la ville de Mende, CC. 169).

ACCORD ENTRE LE CHAPITRE DE MENDE ET LES HABITANTS DU CHASTEL-NOUVEL POUR LA GARDE DU FORT DE CE VILLAGE.

1ᵉʳ septembre 1573.

L'an 1573 et le 1ᵉʳ jour du moys de septembre. Regnant très crestien prince Charles, par la grace de Dieu, roy de France. Comme soit ainsin que le Sgr de Combas, commandant pour le service du Roy au pays de Gévaudan, en l'absence de Mgr le marechal de Dampville, lieutenant general du pays de Languedoc, pour sa majesté, eust estably certain nombre de soldatz avec capitaine, par eulx nommé et de leur consentement, au chasteau et fort de Chastel-Novel, appartenant ausdictz sieurs du venerable Chapitre de l'esglise cathédrale de Mende, où auroient demeuré certain temps aux despens tant dudict Chapitre que des habitants du mandement du Chastel Nouvel, tellement que voyant la suspension d'armes criée, et en attendant une pacifflication généralle, pour obvier à la despense et entretenement desdictz soldatz et cappitaine, auroient lesdictz MM. dudict Chappitre et habitans du Chastel novel suplié, par requete verballe, ledict Sgr de Combas les voulloir descharger de ladicte garnison, à la charge de garder ou fere garder ledict fort et chasteau à l'obeyssance de sadicte majesté, a leurs despens, jusques à la publiquation de ladicte paix ; ce que par ledict seigneur leur auroit esté accordé, en faisant les submissions en tel cas requises. A ceste cause, pardevant moy, notaire

— 174 —

royal soubzsigné, présent les tesmoingz de soubznommés, establys Mrs Jehan Boniol, chanoyne, prevost, en ladicte esglise et baille dudict Chapitre ; Jacques Albaric et Jehan Carel, chanoynes, commis et à ce depputés, avec l'assistance de Me Jehan Cayras, sindic dudict Chappitre, et au nom dicelluy, d'une part; et Guillaume Merle, Guillaume Vidal, Estienne Constans, Vidal Corsat, Jehan Constans, Guillaume Malhion, Jehan Delmas, Estienne Cobe, Jehan Pons, Jehan Clavel, Aldebert Tichit, Antoine Girbal et Raymond Vidal, manans et habitans dudict Chastel novel, presents, en leur propre nom que des aultres habitans dudict lieu et mandement dicelluy et à la charge de faire ratiffier au contenu au présent contract a peyne de touz despens, domaiges et interestz. Lesquelz librement se sont chargés de la garde dudict chasteau et fort de Chastel novel envers ledict sieur de Combas, present et acceptant, pour icelluy maintenir et conserver en l'obeyssance de sadicte majesté y faire garde et sentinelles accoustumées jusques a ce que la paix sera publié au present pays de Gevauldan ; le tout ausdictz manans et habitans, sans prejudice du reglement de mondict seigneur le mareschal son bon plaisir et conséquence et respectivement en ont obligé et yppothéqué leurs personnes et biens a toutes courtz de la sénéchaussée de Beaucaire et une chascune dicelles. Et ainsin l'ont promis et juré aussi a peyne en subir despens, dommages et interestz.

Faict et recité à Mende, etc.

(Registre de M. Torrent, notaire, folio 103).

LE CAPITAINE FELGEIROLLES, HUGUENOT, PRISONNIER A MENDE, EST ENVOYÉ AU MARÉCHAL DE DAMPVILLE.

21 septembre 1573.

L'an 1573 et le 21ᵉ jour du moys de septembre. En la ville de Mende et à la salle haulte de la maison de la précempterie, noble Loys de Pelet, sieur et baron de Combas, gouverneur et commandant pour le service du Roy au pays de Gevauldan, en l'absence de messeigneurs les marechal de Dampville et vicomte de Joyeuse, ayant receu certaine lettre cloze, à luy dressée par mondict seigneur le marechal, dattée à Montpellier, le quinziesme du present moys, signée par ledict seigneur, par laquelle luy est mandé que mondict sieur le marechal envoye au pays de Gévauldan le sieur d'Apremont, pour admener devers luy le cappitaine sieur de Felgerolles, que ledict sieur de Combas tient prisonnier et luy pour le luy delivrer en luy laissant bonne et seure caution ; ou bien s'il cognoist qu'il n'en soyt trop de besoin luy bailler sur sa foy le chemin pour prison. A mandé illec quérir Anthoine de Feugerolles, prisonnier susdict, ensemble noble Pierre de Apremont, envoyé par mondict sieur le marechal, ausquelz a monstré et faict entendre le contenu en ladicte missive dudict sieur, sommé et requis ledict Felgeyrolles de bailler bonnes et suffizentes cautions de, incontinent et à la suite dudict sieur d'Apremont, aller treuver mondict sieur le marechal, la part ou il sera ; et remonstré audict d'Apremont qu'il ne s'asseure poinct de bailler audict Felgerolles, audict effect, le chemin par prison sur sa foy ; qui ont respondu cest ledit Felgeyrolles avoyr faictes toutes diligences possibles de trouver caution en ceste ville, que n'a peu, ny estant cogneu ; bien a promis et promect audict sieur de Combas et audict sieur d'Apremont, respectivement et donné la foy de parolle et aussi de main touchée, comme s'en ira avec ledict sieur d'Apremont, incontinent et sans aulcunement habandouner sa compaignie, trouver mondict sieur le marechal, là partout on sera, à peyne destre atteinct et convaincu des cas à luy imposés et de tous les despens, dommaiges et interestz que lesdictz sieurs de Combas et Dapremont, respectivement, en pourroient souffrir, deue stipulation intervenant.

Quoy entendu par ledict sieur de Combas, a deslivré ledict Felgeyrolles entre les mains dudict d'Apremont qui s'en est chargé, et a promis le rendre et representer à mondict sieur le marechal, et en descharger ledict sieur de Combas et tous aultres qu'apartient. Et, pour ce fere, ont respectivement faictes les submissions en tel cas necessaires de leurs personnes et biens à toutes courtz, comme pour les propres affères du Roy.

De quoy, ledict sieur de Combas a requis cest acte estre retenu et expedié par moy notaire, pour sa descharge et de Pierre Lignol, géolier des prisons de la présent ville qui avoyt cy-devant en garde ledict Felgeyrolles.

Presens : nobles Gaspar de Bony, sieur de Larnac, d'Allez ; Tristan de Lambrandès, d'Hispagnac ; Mᵉ Jehan Bastit, notaire de Mende, et moy Jehan Desestreyelz, notaire royal soubzsigné

        De Combas. — Apremont. — de Lambrandès.

            G. de Bony. — Filfeirolles.

REFUS DE RECEVOIR DANS LA VILLE DE MENDE LA COMPAGNIE DU CAPITAINE MAS.

22 septembre 1574.

L'an 1574 et le 22e septembre. En la ville de Mende et à la salle des maisons episcopalles. Le cappitaine Mas ayant illec aprehendé monsieur de Combas, gouverneur et lieutenant pour le service du Roy au pays de Gevaudan a remontré que Mgr le marechal a ordonné sa compagnie estant de cent hommes arquebusiers à pied en garnison en la présent ville de Mende, ainsi que leur a faict cy-devant apparoit par sa commission particulière ; et de tant que les consulz de ladicte ville offrent toute obeissance au Roy et à Monseigneur le Maréchal, il a protesté contre eulx des inconvenientz que pourroyent advenir a sa dicte compagnie et recullement du service du Roy. Mondict sieur de Combas, ce entendu, a faict commandement à M. Guy Albaric, premier, et Michel Baldit, second consulz de ladicte ville, de recepvoir et loger ladicte compagnie en ladicte ville et leur pourvoyr des choses nécessaires, suivant ladicte commission. Lesquels ont respondu qu'ilz offrent obeyr, totesfoys ils n'ont juridiction ny de [ordonner] en ladicte ville ny les clefz dicelle, mais c'est mondict sieur de Combas, gouverneur et commandant pour le service du roy audict pays ; et ledict sieur de Chamfremont, vicaire général et representant la personne de Mgr l'évesque et seigneur dudict Mende, et ledict sieur de Chamfremont a aussi respondu que a ladicte compagnie y a grand nombre de mallades de malladie contagieuse, que si entroyent, dans ladicte ville qui est composée d'une infinité de pouvre peuple, serrée et mal saine, sans pouroy tensuyvre très grand préjudice et contagion a ladicte ville, joinct la grande sterillité et rareté des vyres que y est la presente année, et que pour loger ne sy trouve une goutte de vin, estant pays de montagne, ayant esté à ladicte ville le reffuge et entière retraicte de tous les catholicques et ecclesiastiques dudict pays que y sont encores de present, a occasion des présens trobles, et que les provisions que y estoyent ont este finyes et employées pour la nourriture des garnisons que sont es aultres villes et lieux dudict pays, et aussi, que par l'édict de la pacification des derniers trobles, leu et publié en la cour de parlement de Tholose et à ladicte ville de Mende, est ordonné et commandé que toutes garnisons vuydent et les armes estre posées d'ung costé et d'aultre. Ladicte publication estant posterieure à ladicte commission dudict capitaine Mas, et que par la lettre de Mgr le maréchal, dressée audictz consulz, est porté qu'il envoye ladicte compagnie sinon pour y demeurer, attendu la publication de ladicte pacifiication ; pour lesquelles occasions et aultres que ladicte ville entend faire et dire à mondict sieur le maréchal, a supplié pour et au nom de ladicte ville, tant mondict sieur de Combas que le cappitaine Mas volloyr surceoir de mectre ladicte compagnie dans ladicte ville par huictaine, attendre plus ample déclaration de la volonté de mondict sieur le marechal et l'effectuer après comme sera son bon plaisir ; offrant cependant fournyr de vivres necessaires à ladicte compagnie à ung village proche de ladicte ville, comme par le règlement de mondict sieur le marechal est ordonné .... de recepvoyr, nourrir et loger dans icelle ville ledict cappitaine et cinquante de ses .. .. et soldatz non mallades; s'il luy plaist ainsi le .... ce que ledict cappitaine a pris pour reffuz et requis acte à moy notaire soubzsigné.

Presens : Noble François de Combelle, de. ... Mᵉ François Enjalvin, etc.

(Registre de Mᵉ Desestreyctz, notaire, folio 174).

FRAIS POUR L'ENTRETIEN DE LA COMPAGNIE DU CAPITAINE MAS. GRATIFICATIONS A M. D'APREMONT ET A Mᵐᵉ LA MARÉCHALE DE DAMPVILLE.

1573.

A esté paié au cappitaine Mas, la somme de 500 livres tournois, que luy a esté ordonnée pour nourrir et entretenir sa compaignie de deux cens hommes de guerre à pied, que le seigneur de Combas, commandant pour le service du Roy, au païs de Givauldan, a ordonnée luy estre délivrée, pendant le temps et actendant que par Mgr de Dampville y ait esté aultrement pourveu. Comme appert descharge, signée Albaric, du 22 septembre 1573.

Plus, a esté paié à Mᵉ Jacques Jacques Michel, la

somme de 11 livres 12 solz, pour une charge vin, fournye à ladicte compaignie, comprins le port ; plus, à Jehan Clavel, 27 solz 6 deniers tournois, pour avoir fourny une emyne vin et 2 solz 6 deniers pain, pour la passade de ladite compaignie.

(CC. 169).

Plus a esté payé audict capitaine Mas, estant lotgé en guarnison en la présent ville avec sa compaignie, la somme de 40 escutz pistoles que lui ont esté accordez pour le gratiffier et affin qu'il fist promptement sourtir sadicte compaignie de ceste dicte ville, comme appert descharge, signée : Albaric, du 9 octobre an susdict 1573.

Plus a été payé au seigneur d'Aspremont, la somme de 50 escus sol, a luy ordonnée pour le gratiffier de ses peynes et vaccations d'avoir obtenu et poursuivy commission pour faire deslotger la compagnie du capitaine Mas, par devers M. le mareschal et l'avoir faicte sortir hors la présent ville.

(CC 169).

Au mois de novembre 1573, on offrit à Madame la maréchale un mullet, acheté à un muletier de Chaliers, pour la somme de 75 escus pistoletz et ce par délibération du conseil de la ville de Mende.

(CC. 170).

GRATIFICATION A M. D'ASPREMONT, POUR AVOIR FAIT DÉLOGER DE LA VILLE DE MENDE LA COMPAGNIE DU CAPITAINE MAS.

26 octobre 1573.

M. le consul Baldit, baillés et delivrez à M. M⁰ Pierre Coignet, chanoine de Mende, la somme de 95 livres tournois, à luy deue et ordonnée pour la vente d'un mullet qui a esté achapté pour gratiffier le seigneur d'Aspremont, des biens qu'il a faictz a la présent ville, pour raison de la compaignie du capitaine Mas, pour la fere desloger de ladicte ville, que aultres affaires. Car, en rapourtant la présente, ladicte somme vous sera allouée, tant moingz de ce que a estre emprumpté de monsieur Montbel, seigneur et baron de Moissac.

Faict à Mende, le 26ᵉ jour d'octobre 1575.

Signé : Albaric, consul.

M. le consul Baldit, baillés et délivrez à M⁰ Bertrand Grimal la somme de 80 livres tournois, à luy ordonnée pour la vente d'un jument quil a délivré à la ville pour gratiffier le sieur d'Apremont pour ses peines d'avoir faict deslotger la compagnie du capitaine Mas, y estant en garnison par commandement de M. le maréchal ; car rapourtant la présente, ladicte somme vous sera allouée tant moingz des deniers qu'avons emprumptez de M. Monbel, sieur de Moyssac.

Faict a Mende, le 26ᵉ octobre 1575.

Signé : Albaric, consul.

(Archives de la ville de Mende, CC. 168.).

PLAINTES DU SIEUR DE COMBAS, CONTRE DIVERS HABITANTS DE MENDE.

24 septembre 1574.

Le 24 septembre 1574. A Mende, et dans l'évesché, y estant le sieur baron de Combas, gouverneur et commandant pour le service du Roy en ce diocèse de Mende, en absence de Messeigneurs les mareschal de Dampville et vicomte de Joyeuse, M° Guy Albaric, premier; Jehan Velaye, tiers consulz de ladicte ville, assistez de MM. Adam de Heurtelou, vicaire général de Mgr l'évesque dudict Mende, et Urban de Poge, chanoines; Pierre Mounyer, baille du clergé de l'esglise cathédralle, Jehan Malzac, procureur du Roy; Jehan de Sabran, docteur en médecine; Françoys Dumas, licencié; Déodé Dumas; Pons Bardon, docteurs; Loys Chevalier, bourgeoys, et aultres notables habitans dicelle ville. Lesquelz consulz auroyent remonstré audict sieur de Combas comme ladicte ville avoyt heu advertissement de quelques poursuytes que ledict sieur faisoyt par devers mondict sieur le maréchal; accusant et voulant taxer les habitans de ladicte ville en Corps de rebellion et désobeissance, bien que jamais ilz ne luy en ayent donnée ny vouldroyent donner tant peu soit d'occasion, ains au contraire luy ayent obey en tout ce qu'il luy a pleu leur commander, et offrent cy après obeyr et le respecter en tous poinctz, comme représentant la personne de mondict sieur le mareschal et mourir à ses piedz pour le service du Roy et manutention de ladicte ville en son obéissance; et supplians tres humblement leur fere déclaration s'il a receu aulcune désobéissance ou facherie desdictz habitans, en corps ou en particulier et de qui, afin en fère fère telle réparation que le cas meritera. Ledict sieur de Combas auroit déclaré n'avoir receu desdictz habitantz en corps auleun mauvais traictement ny desobéissance, bien et vray qu'il en y a aulcuns particuliers, comme ung nommé Bony et aultres serviteurs du bailly que luy ont faict de si grandes esgarades, bravades et desobeissances, jusques luy estre venuz tirer, de nuyct, des arquebuzades devant la porte de son lotgis ; qu'il s'en ressent si avant, qu'il spère obtenir de mondict sieur le mareschal ung prevost ou aultre juge, pour en avoyr justice ; mais quant audict corps, il ne s'en plainct sinon de ce qu'il semble qu'on a laissé passer trop légèrement jusques icy ceste rebellion par connivence ne faisant fere justice et punytion desdictz rebelles.

Lesdictz consulz, audict nom, et pour le corps mistcque de ladicte ville, avoient accepté ceste déclaration, remonstré que ladicte ville en corps n'a aulcunement advoué ny advoue telz particuliers, connivé ny connive ladicte punytion de leurs meffaictz, n'ayant la force ny la justice en main, moins receu dudict sieur, jusques icy, aulcune plaincte contre lesdictz particuliers ny commandement se saisir de leurs personnes, car y eussent obey; se offrant, tout ledict corps, assister audict sieur à ladicte poursuyte, et mesmes fere, aux despens de ladicte ville, poursuyte contre ceulx qui ont faict et commis lesdictz excez par ledict sieur prétenduz, afin de fere aparoistre à sa grandeur que ladicte ville, en corps, ne trempe aulcunement à telz excez, ains les a en horreur et desplaisir pour le devoir que mérite estre rendu à ung seigneur qui tient le grade et a l'honneur de commander, en une diocèse, pour le service du Roy, comme il faict.

Ledict Sgr de Combas leur a dict que, pourveu qu'ilz exécutent ce qu'ilz disent, se contente deulx et dudict corps ; se déclarant affectionné amy desdictz habitans en corps, et qu'il leur fera toujours preuve asseurée de son voulloyr. Et lesdictz sieurs consulz en auroyent requis, à moy notaire soubzsigné, acte. Présens : de Lot Girodés, de Pont Gibaud, diocèse de Clermont ; M⁰ Claude Vaysse, praticien ; Aymar et Jean Brugières, sergentz, père et fils ; François de Combelle, escuyer dudict Clermont, et moy Jehan Desestreyetz.

DESESTREYCTZ.

Et peu après, le mesme jour, mondict sieur de Combas a mandé moy dict notaire venir en son lougis, où estant, m'a commandé escripre au pied dudict acte, en absence desdictz consulz et habitans, ce que s'ensuyt : Qu'il a donné adviz à Mgr le maréchal de tout ce que s'est passé en ce païs depuis qu'il est de retour devers sa grandeur, et mesmes des rebellions et désobéissances que luy ont esté faictes par certains particuliers de ladicte ville, leur commandant pour le service du Roy et luy en a requis justice et juges, qu'il espère obtenir contre lesdictz particuliers désobéissans. Et que pour le regard du corps de ladicte ville, il ne s'en plainct aulcunement ou seroit de la connivence de justice comme luy ayant esté faictes lesdictes rebellions à la présence daulcuns des principaulx, nayant luy seul forces suffizantes pour s'en fere fere raison.

Et aussi de ce que estant l'ennemy bien proche ceste ville avec grandz forces à cheval et à pied pour envahir quelque ville de ce diocèse, par le moyen de quelques intelligences qu'ilz y avoient, mesmes en la présent ville, suyvant les advertissementz que luy en ont esté donnés par sa majesté, mondict sieur le maréchal et d'ailleurs ; pour éviter leurs desseings, de ladvis dudict sieur de Chamfremont et aultres principaulx de la ville, il y avoit faict venyr vingt cinq arquebusiers, pour y demeurer, attendant lesdictz ennemys estre retirés, veu le peu des forces de ladicte ville de gens de guerre, ny ayant aulcune garnison ; et estant arrivés lesdictz soldatz en son lougis, après les avoyr faict desjuner auroyt envoyé quérir le second consul, nommé Michel Baldit, auquel auroit commandé faire accommoder de lougis et vivres lesdictz soldatz. Lequel, au lieu de satisffere audict commandement, auroit respondu qu'il en vouloit communiquer au conseil de ladicte ville, et à ces fins il l'alloit fere assembler. Et ledict sieur de Combas, pour l'inciter plus avant a ce fere, luy bailla deux missives, l'une à luy dressée par le Roy, luy donnant adviz l'ennemy avoyr intellegence dans ladicte ville de Mende, et l'aultre dressée par mondict sieur le marechal ausdictz consulz, par laquelle estoyt commandé ausdictz habitans de luy obeyr et recevoyr telles gens que ledict sieur de Combas leur bailleroyt en garnison. Mais au lieu de satisffere à ce dessus, lesdictz particuliers se mutinerent et meyrent en armes que dura certains jours, pendant lesquelz ledict sieur receust plusieurs scornes (?), injures, menasses et rebellions desdictz particuliers, en la présence dudict consul et aultres principaulx de ladicte ville qui ne feyrent aulcun semblant s'en ressentir, comme plus a plain il particularisera, ayant veu leur requisition verballe par escript.

Délégation pour la ville de Mende.

L'an susdict et le vingt-quatriesme jour du mois de septembre. En la cité de Mende, et dans les maisons épiscopalles. Assemblez illec MM. Adam de Heurtelou, abbé de Restauré et vicaire général de Mgr l'évesque dudict Mende ; Pierre Monnyer, baille du clergé de l'église cathédralle ; Guy Albaric, premier ; Jehan Velaye, tiers consulz ; Jehan de Sabran, docteur en médecine ; François Dumas, Jehan Malzac, Déodé Dumas, Hélie Fabri, Pons Bardon, Loys Chevalier, Jehan Bastit, Jehan Guérin, Privat Inard, conseillers de la maison consulaire de la cité de Mende, représentans le corps misticque de ladicte ville. Lesquelz, pour et nom d'icelle, ont soubz l'auctorité dudict sieur vicaire et de son consentement délègue M° Anthoine Chevalier, praticien, habitant dudict Mende, pour associer et accompaigner noble François de Combelle, au voyage qu'il s'en va fere presentement devers le Roy et mondict sieur de Mende, aux fins de leur fere entendre l'estat et disposition des afféres, calamitez et necessitez de ladicte ville de Mende et pays circumvoysins de Gévauldan, procurer toutes provisions et despeches servans au profit, utilité et soullagement de ladicte ville et païs de Gevauldan, et luy ont donné, pour ce fère, toute puissance avec promesse de agréer et advouer tout ce que par luy, ou iceulx qu'il employera, sera faict et negocié en c'est endroict et les en relever indempnes, soubz les obligations, jurement et renonciations necessaire ; et en ont requis cest acte à moy notaire royal soubzsigné.

Présens : M⁰ Clause Vaisse, praticien ; Aymar et Jehan Brugières, père et filz, dudict Mende ; de Lot Girodés, du Pont-Gibaub, diocèse de Clermont. Et moy Jehan Desestreyctz, notaire.

DESESTREYCTZ.

Et le mesme jour, venerable personne M. Jehan Boniol, prevost et chanoyne en l'église cathedralle de Mende et baille du Chappitre de ladicte église, heue conférence avec ledict Chappitre cappitulairement assemblé en leur maison cappitulaire, où assistoyent venerables hommes messires maistre Pierre Coignet, Jehan Certain, Raimond Claustre, Adam de Heurtelou, Jacques Albarici, Guillaume Brés et Jehan Carrel, chanoynes ; a plain certiffié, par moy notaire, de la susdicte délégation, faicte de la personne dudict Chevalier, pour faire le voyage et actes couchez au précédent acte ; de son gré, pour et au nom dudict Chappitre, a approuvé icelle délégation, et donné, au nom dudict Chappitre, audict Chevalier, mesmes pouvoyr que par ledict acte de délégation luy est donné, soubz mesme promesse, obligation, jurement et renonciation y contenuz, et en a requis cest acte a moy dict notaire soubzsigné.

Faict et recité audict Mende, devant ladicte maison cappitulaire.

Présens : Mᵉˢ Estienne Sarrazin, marguillier ; Jehan Nigri, chorier, en ladicte église, et moy dict notaire soubzsigné.

(Registre de Mᵉ Desestreyctz, notaire).

EXTRAIT DU CAHIER DES DÉPENSES DU COLLÈGE DE SAINT-LAZARE, A MENDE.

Le 18 octobre 1575, avons heu sceans huit soldatz de la companie de M. de Combas, pour les louger et les nourrir, et ay achepté ung cartier de moton que n'ay payé 9 solz 9 deniers.

Le 19, ay achepté une piesce de moton rostie du pasticier pour leur donner a souper, que n'ay payé .... 3 solz,

Plus en pain blanc....... 2 solz 6 deniers.

Le 20, en une pièce de moton pour leur donner à diner, 2 solz 6 deniers. Plus en deux gigotz roustis du pasticier pour leur donner à souper quant ilz furent arrivés sceans, 7 solz.

Le 21, ay achepté ung gigot de moton que nay payé 5 solz 6 deniers. 12 pincte de vin pour lesdictz soldatz, 4 soulz la pincte montent 2 livres 8 soulz.

ATTESTATION DES TROUBLES ET DE LA PRISE DU MALZIEU PAR LES GENS DE LA RELIGION PRÉTENDUE RÉFORMÉE.

17 novembre 1573.

A tous ceux qui ces présentes verront et ouïront, salut. Savoir faisons et attestons, que la nuit du mardi 17 du mois de novembre 1573, à minuit, les gens de

Prétendue Religion réformée, commandant le capitaine Merle, entrèrent par escalade en la présente ville du Malzieu, du côté et tout auprès la tour du four de Talher ; étant consuls, ladite année, M. Claude Vache, Vidal Albaret et Pierre Falcon ; et était de garde et caporal, la nuit, Jean Becat, beau-fils dudit Vache. Ouyant par les rues marcher la cavalerie et sonner la trompette, l'on se lève, craignant que ce fut autre capitaine et compagnie des gens de pied que l'on avait un jour auparavant refusé la porte, étant catholique et que fut entrée par quelque moyen ; mais ce fut ledit capitaine Merle, le premier, tenant le coutelas à la main, marcher par les rues, la nuit, bien accompagné de vingt cinq ou trente d'un côté, et d'autre, de ville faisait marcher la cavalerie par les reguas, criant qui vive ! Je le vis et entendis par les verrines de ma maison, de la place devant laquelle avaient dressé un grand feu de garde, ou illec plusieurs reguas et gens de la secte se retirant, les uns portant de *patre nostres* que avaient pris des maisons ou entrant de nuit, les autres de linge de draps, se riant et moquant, disant : et que fera la Mère de Dieu du Malzieu ? Que pour lors fut bien certain que c'était les Huguenots. Je me renfoursis dans ma maison et fermais bien les portes, que de toute la nuit personne n'y entra, et jusques le lendemain matin à neuf heures, que le capitaine Merle, accompagné comme est dit, vint heurter à la porte, tenant les épées nues à la main Esperant lors finir mes jours, je vais ouvrir la porte ; icelle ouverte, ledit capitaine me dit pourquoi je n'ouvrais ma porte. Je fis response que j'avais obéi, et soudain me commanda le suivre et me amena prisonnier dans la grande tour ; et, pour me donner plus de frayeur, me faisait passer tout auprès de ceux qu'ils avaient massacrés, même au devant la maison de Jacques Brugeyron, marchand ; me fallut passer par dessus M⁰ Jean Treucald, prêtre, étant étendu au travers de la rue. Etant dans la dite tour, fumes dedans prisonniers vingt deux, où je demeurais cinq jours, et jusques que je payais pour ma rançon 80 écus sol. L'on me prit mon cheval de l'étable, mes pistoles. Ledit Merle se saisit de mon hallebarde. Etant sorti de prison ; M. de Chavanhac arriva en la présente ville, qui était gouverneur desdites gens, auquel je présentais requête de vouloir mitiger les sommes auxquelles étaient cotisés par ledit capitaine Merle sur les autres prisonniers qui étaient à la tour, pour leur rançon ; lequel ordonna que la modération serait faite par deux de la Religion, et appelés autres deux catholiques, et furent nommés pour la Religion : M. Jaufredy dit Lescure et Jean Prieur ; sire Pierre Rauzière et moy pour catholiques, où la modération fut faite de 5,000 livres, selon la portée d'un chacun et, par ainsi après, chacun donna moyen de sortir de prison et payer sa rançon. L'on ne fut pas quitte avec cela, car nous fallait nourrir les soldats et n'osions sortir ; ce fut durant six mois que j'ai demeuré à leur compagnie, nourrissant sept ou huit bouches. Mes premiers hotes étaient Marcou de Marvejols, M⁰ Pierre Filhon, de Termes. Lequel Marcou, dans lesdits six mois fut exécuté, pendu et mis en quatre quartiers par le prévôt, condamné pour avoir pris par force et abusé une fille appelée Terciette, de la présente ville, laquelle en mourut, et le supplice fut vu et fait au-devant ladite porte de ladite fille.

Et pour ce que l'on vient au temps de Noël et au cinquième janvier 1574, veille des Rois, auquel jour l'on crée les consuls en la présente ville, ledit seigneur de Chavanhac, gouverneur, me manda venir parler à luy, estant logé à M. du Bacon ; lequel me dit qu'il avait été averti que ledit jour l'on avait accoutumé de faire les consuls en la présente ville, ce qu'il voulait être fait comme nous avons accoutumé ; me commandant à moi, comme procureur, de le faire avec le greffier Paulhac, mon beau fils, et lesdits consuls ; ce que l'on fit, le rôle et nominations accoutumés faire, et suivant les voix particulières des habitans. Suivant lesquelles furent élus comme consuls M° Guillaume Saint-Lagier, notaire ; Antoine Asatgier, J. Pagès, cellier ; auxquels ledit seigneur Chavanhac, gouverneur, bailla le serment en ma présence, dudit Rauzière et de plusieurs autres, même du capitaine Merle, et furent élus consuls de ladite ville, l'année 1574 et l'année 1575 : François Dupeyron ; Guillaume Brassac et Jean Albaret ; l'année 1576 M° Pierre Paulhac, notaire, mon beau fils, M° Jean Boulangier, chirurgien, et Etienne Anthoine, maréchal ; et l'année 1577 ; sire Pierre Rauzière, Louis Olier et maître Guillaume Aoustet ; et l'année 1578, nous Bertrand Chantal, Jean Prevôt et Pierre Redon fîmes faire trois grandes cloches ; de la plus grande fut parrain ledit Chantal ; marraine Anne de Talher, femme à Pons Dupeyron, seigneur d'Asnières. Laquelle cloche fut montée au clocher de la chapelle Notre-Dame.

Et pour venir comment mon départ fut de cette ville, ne passant plus de contrats comme notaire ; ce fut à la fin du mois de mai audit an 1574, qu'un soldat des

Cevenes, étant logé à ma maison, voulut acheter une jument que l'on lui voulait vendre à Verdezun, me pria y aller avec lui, et que ledit jour était de garde, à la porte, un soldat de son pays, qui nous laissa sortir. De quoy en avais bonne envie : ce que nous fimes, Dieu grâces, que personne ne dit rien ; et tous deux allames à Verdezun, où ne fut point d'accord de ladite jument, et moi exigeant m'en aller plus avant, fis tant que acheminais ledit soldat jusques à ma métairie de Chaulhac, et là étant, je pris congé dudit soldat, lui montrant lettre que le seigneur de Chaliers m'avait écrite m'en venir parler à lui. Moi bien joyeux du départ ; ledit soldat bien marri ; si que étant retourné au Malzieu, de ce que le capitaine Merle le menaçait pour m'avoir sorti, fallut qu'il délogeat et s'en alla à son pays. Au chateau de Chaliers je demeurais trois ou quatre jours et jusques à la veille de la fête du Corps Dieu, que j'allais à St-Flour, où, en cet endroit dudit jour et fête du Corps de Dieu 1574, demeurais jusques au 25ᵉ juin 1576, à laquelle ville décéda ma femme, Antoinette de Pradines, le jeudi 15ᵉ de septembre, heure de midi 1575, enterrée aux cloîtres du Couvent, au-devant la chapelle Notre-Dâme de-Pitié.

Et parce que la paix fut publiée en ladite ville, et nonobstant icelle ne voulaient sortir de la présente ville du Malzieu, j'eus lettre de M. d'Albret, adressée audit seigneur de Chavanhac, par laquelle je lui apportais audit Malzieu ou je demeurais sept ou huit jours, sollicitant ledit seigneur et avoir réponse de la lettre, lequel désirait sortir, jusques à la venue du capitaine Merle, qui était à Marvejols. Et le 4ᵉ jour de juillet 1576, Jacques Privat dressait sa boutique pour faire son état de tisserand, un soldat de la Religion tira un coup d'arquebuse à l'encontre de la maison dudit Privat, mais ne sachant qu'il fut dedans ; lequel blessa en danger de mort. De quoi la ville fut émue et, j'allais remontrer audit seigneur Chavanhac que l'on avait ainsi blessé les gens de cette ville et que l'on démolissait de jour en jour les défenses d'icelle, contrevenant à la paix. Lequel incontinent alla saisir ledit soldat, commandant en faire justice. A quoy je n'avais moyen, voyant que les troupes de la Religion étaient encore dedans la présente ville, ignorant n'y avoir aucune paix, parce que dans icelle n'était publiée ; requérant audit seigneur la faire publier ; ce qu'il fit incontinent où je l'avais empressé et en sa présence, de son commandement, assistant lesdits consulz Paulhac, Boulangier et Anthoine, je la publiais et baillais acte audit seigneur gouverneur, signé par moi, requérant nous rendre les clés de la ville ; ce qu'il fit alors, après qu'il eut fait sortir ses troupes, ledit jour, lui dernier. Et fîmes en sa présence feu de joie à la place et meilleur le lendemain de l'estrapade qu'il avait dressé en icelle. Le dimanche suivant M. le curé Aldebert, qui était fugitif à St Flour, vint célébrer messe à ladite place ; où depuis, Dieu grâces, avons tenu la présente ville et tenons à l'obéissance du Roy ; priant Dieu nous vouloir préserver et maintenir en sa sainte garde.

En foi de ce, ai fait écrire les présentes par autre main, et de la mienne propre signées.

Signé : Chantal.

Archives départementales. Série E. Registre des années 1571-1577, folio 270 v°.

LOGEMENT DE GENS DE GUERRE.

1ᵉʳ décembre 1573.

Le premier jour du mois de décembre 1573, nous a bailhé, Claude Vaysse, deux soldatz du capitaine Grimal, et leur ay bailhé a ung chescun deux pour le lict et instancilhe de maison que nous estions tenus leur bailher 18 soulz 9 deniers pour quinze jours a un chescun que montent en somme 37 soubz 6 deniers tournois.

<small>Comptabilité du collège de St-Lazare à Mende. G. 2444.</small>

DÉGATS CAUSÉS PAR LES SOLDATS HUGUENOTS ET CATHOLIQUES AUX ENVIRONS DE GRÈZES-LA-CLAUSE

1573 et années suivantes.

A Nos seigneurs,

Nos seigneurs des Estatz particuliers du present pays de Gevaudan,

Supplie humblement et remonstre Jean Grenier, habitant au lieu et paroisse de Grèzes, près Salgues, homme septuaginaire, ayant dix-sept enfans en vye, que puys l'année mil cinq cens soixante-treze que le feu cappitaine Merle, huguenot, ce saisit de la ville du

Malzieu la première foys, proche de deux lieues dudict Grèzes, et l'année mil cinq cens soixante dix-sept que le cappitaine Bau, aussy huguenot ce saisit de la Clauze et après luy le seigneur de Fauseuze, proche d'ung demy quart de lieue dudict Grèzes, prinse de la present ville de Mende par ledict Merle, au moys de décembre mil cinq cens soixante-dix-neuf et aultre prinse dudict Malzieu, en l'année mil cinq cens quatre vingt cinq, et generallement pandant et durant toutes les guerres passées, tant de la ligue que aultres, il a souffert plusieurs foules, passaiges, logis, perte de biens et tous ravaige de bestail aultant qu'aultre diocezain, pour habiter en lieu de passaige et n'avoir aulcune forteresse audict Grezes, petardé dans sa maison au grand hazard de sa vie sans la desfence que Dieu permict qu'il en fict, etc. Le suppliant demande qu'on lui accorde quelque secours.

(Extrait d'une Requête présentée en 1621 aux Etats du Gévaudan. C 1792).

ORDRE DU DUC DE MONTMORENCY AU CAPITAINE GASQUES DE SE RENDRE AVEC SA COMPAGNIE A LA CANOURGUE.

3 décembre 1573.

Henry de Montmorancy, seigneur de Dampville, marechal de France, gouverneur pour le Roy en Languedoc et commandant génerallement pour le service de sa majesté es provinces de Lionoys, Daulphiné et Provence, au cappitaine Gasques, ayant charge d'une compagnye de gens de guerre à pied, son lieutenant ou aultre, commandant ladicte compagnye en son absence, salut. Nous vous mandons et ordonnons icelle fère promptement desloger du lieu où elle est maintenant et la fere promptement conduire et mener, par le plus court et asseuré chemin et aux plus grandz journées que fere se pourra, au lieu de la Canourgue, diocèse de Mande, où nous avons ordonné quelle sera reunie, et ordonnons en garnison, pour le service du Roy et conservation dudict lieu, soubz son obeyssance ; mandant et commandant aux consulz, manans et habittans dudict lieu de la Canourgue et aultres, où vostre chemin sadonnera, vous recepvoir, loger et administrer vivres, suyvant noz reiglementz, et sans iceulx exceder aulcunement, soit pour le regard des goujatz, femmes lubricques, que chevaulx, que nous vous deffandons, a peyne de la vie, mener en plus grand nombre que de quatre en quatre soldatz, un goujat et six chevaulx en tout, pour tous ceulx de ladicte compagnye, quy doibvent aller à cheval, et en rapportant par lesdictz consulz et habittans desdictz lieux ung vidimus de ces présentes et le roolle de ce que par eulx vous sera fourny et administré, vérification en sera faicte sur ce ; et ce à quoy se treuvera monter ladicte fourniture leur sera passé et employé pour leur ramboursement sur tout le diocèse à sol et livre, comme les aultres foulles dicelluy. Et où il auroyt aulcuns reffuzans ou contrevenent à la teneur des presentes, sera procédé contre eulx comme contre rebelles et desobeyssans à sa majesté et noz commandemens.

Donné à Montpellier, le troiziesme jour du mois de décembre l'an mil cinq cens soixante-treize.

Signé : MONTMORENCY.

(C. 2).

ORDRE DU DUC DE MONTMORENCY AU CAPITAINE MAS DE SE RENDRE A SAUGUES ET A LA CLAUSE.

3 décembre 1573.

Henry de Montmorency, seigneur de Dampville, maréchal de France, gouverneur et lieutenant général pour le Roy au païs et gouvernement de Languedoc, et commandant génerallement pour le service de sa majesté ez provinces de Lyonnois, Daulphiné et Prouvence, au cappitaine Maz, ayant charge d'une compagnie de gens de guerre à pied, son lieutenant, ou aultres commandant ladicte compagnye en son absence, salut. Nous vous mandons et ordonnons icelle fere promptement desloger du lieu ou elle est maintenant et la fere promptement conduire et mener par le plus court et asseuré chemin et aux plus grandes journées que fere se pourra aux lieux de Salgues et la Close, diocèse de Mende, où nous avons ordonné quelle sera réunie et ourdonnons quelle sera en garnison pour le service du Roy et conservation dudict lieu, soubz son obéissance ; mandant et commandant aux consulz, manantz et habitans desdictz lieux et aultres où ung chascun sadonnera vous recepvoir, loger et administrer vivres suivant noz reglemens et sans iceulx exeder aucunement, soit pour le regard des gojats, femmes lubriques, que chevaulx que nous vous deffendons à peine de la vie, même en plus grand nombre que de quatre à quatre soldatz un gojat et six chevaulx en tout, pour tous ceulx de ladicte compagnie qui doibvent aller à cheval et en rapportant par lesdictz consulz et habitans desdictz lieux ung vidimus de ces présentes et le roolle de ce que par eulx vous sera fourny et administré veriffication en sera faicte sur ce, et ce a quoy se trouvera monter ladicte fourniture vous sera passée et employée pour vostre remboursement surtout le diocèze à sol et livre comme les aultres foulles dicelluy ; et ou il y auroit aucuns reffuzans ou delayant, à la teneur des présentes, sera proceddé contre eulx comme a rebelles et desobéissans à sa majesté et à nos commandemens.

Donné à Montpellier le troisiesme jour du moys de décembre l'an mil cinq cens soixante-treize.

Signé : Montmorency.

(C. 1790.)

RÉPARTITION DES DÉPENSES POUR LA GARDE DE LA VILLE DE MENDE.

En 1573.

La plus active surveillance est faite dans la ville de Mende, pendant le jour et la nuit. Il y avait quatre corps de garde.

La dépense faite pendant l'année 1573 s'élève à 2,150 livres 4 sous 8 deniers.

Et despartant toute la dicte somme sur les quatre corps se monte la part de Monseigneur de Mende la somme de 724 livres 5 solz 5 deniers tournois; laquelle sera satisfaicte ausdictz comptables par le corps de ladicte ville, sauf de suplier ledict seigneur d'en faire le remboursement.

Les messieurs du Chappitre en portent en leur portion qui se monte la somme de 552 livres 11 solz et un denier tournois, de laquelle ilz ont satisfaict de la somme de 205 livres 10 solz 11 deniers tournois. Pour ce restant de net la somme de 327 livres 2 deniers tournois.

La part de MM. du clergé revient et se monte la somme de 340 livres 16 solz 8 deniers tournois ; et dicelle rebatu qu'ilz ont paié, et les comptables s'en sont chargés en recepte, la somme de 105 livres 5 solz ; restent debvoir de net la somme de 235 livres 11 solz tournois.

La part du corps de ladicte ville se monte la somme de 552 livres 11 solz un denier tournois.

(Archives de la ville de Mende, CC. 169.)

UN PRISONNIER DÉTENU AU CHATEAU DU BOY, REVENDIQUÉ PAR LE MARÉCHAL DE DAMVILLE

11 février 1574.

On lit au folio 42, du registre de M⁰ Cogoluenhes, notaire, année 1574.

Du 11 febvrier 1574. Ici fault mectre l'acte de requisition faicte, au sieur baron du Tournel, par les officiers ordinaires du mandement de Florac, pour le maréchal de Dampville, touchant la délivrance et recouvrement de ung nommé Gilles Masauric, maréchal, du Pont-de-Montvert, prisonier, détenu au chateau du Boy, comme est ici à part aux couvertes du présent livre, receu par moy, notaire royal soubzsigné.

Signé : COGOLLENHES.

NOTA. — Les couvertures de ce registre ayant disparues, l'acte en question ne s'est pas retrouvé.

MENTION DE LA PRISE DE CHIRAC PAR LES PROTESTANTS

Au mois de février 1574.

A Messieurs les consulz et conseilhiers de la cité de Mende,

Supplie humblement pouvre home Michel Jourdan, habitant de Mende, chargé de fame et enfans, disant qu'il auroit esté comys pour l'auctorité du sieur de Combas, pour lors comandant pour le service du roy au païs de Gevauldan, au mois de novembre darnier passé, pour lever et administrer la munytion aux soldatz estabiliez en garnison en la ville de Chirac et, icelle administrant, fust la ville dudict Chirac prinse par ceulx de Maruejolz au mois de février dernier passé, tellement que ledict Jourdan estant lotgé à la maison dung des consulz dudict Chirac où ledit Jourdan faysoit sa recepte, environ la demy minuyt, l'énémi entra dans ladicte maison, et estant entré dans icelle, incontinant rompit et pilha tout ce questoit dans son coffre, comme argent ou aultre meuble ; aussy luy brulharent toutz ces pappiers estans dans icelluy coffre, et luy avecque son filz, incontinent furent prins, lyés et espoliés de toutz leurs acotremenz jusques à la chemise, liés, batus et admenés prisoniers au chasteau de Maruejolz, myses dans ung cachot, les fers aux piedz, où ilz y ont demeuré lespasse de six mois et demy, à grand frais et à leur despens ; tellement que ledict suppliant a consumé et despendu, y comprins ce que luy prindrent à Chirac, plus de byen qu'il ne nauroit pas, car luy a convenu enpronter beaucoup et vendre partye de son meuble à vil pris, et ce pour sourtir de captivyté. Ce considéré, Messieurs, et sans conséquence, vous playra de vos bénignes graces exenter ledict suppliant de toutes talhes et impositions de la présente ; et ledict suppliant et toute sa famille seront tenus de prier pour vostre estat et prosperyté. Sy feres byen.

Ceste requeste ayant esté communiquée à Messieurs les consulz et conselhiers de la ville, en présence du procureur de la ville, que y a presté consentement, en considération des faictz narrés en la requeste, le suppliant, pour ceste année scullement et sans mectre conséquence, est exampté en talhe et impositions.

Faict ce viie octobre 1574.

Signé ALBARIC.

JOURDAN, suppliant.

(Archives de la ville de Mende, CC. 145).

SECOURS A LA VEUVE D'UN SOLDAT, TUÉ A UNE RENCONTRE QUI EUT LIEU ENTRE CATHOLIQUES ET PROTESTANTS.

A Messieurs les consulz de la ville et cité de Mende,

Supplie très humblement pouvre femme Anne Roberte, vefve à feu Henry du Mas, chargée de troys petitz enfans, disant que son dict feu mary estant soldat de la present ville et mesme auroyt il en charge des pièces d'artillerie de ladicte ville, auroyt esté commandé par le gouverneur de ce païs aller à la guerre pour debeller l'ennemy, où seroit esté thué par lesdictz ennemys au rencontre entre Chirac et Maruejolz, ayant delayssé la pouvre suppliante avec ses pouvres enfans denués de tous biens, fors d'une petite maison de peu de valleur; laquelle néanmoingz est grandement couchée en toutte occasion des impositions que sont faictes ceste présent année, à la suppliante insupportables, occasion de sa grande pouvreté et de sesdictz enfans que mandient ordinairement comme vous est notoire.

Ce consideré, vous plaise, de vostre grace, l'exempter de ladicte taille, par pitié et ausmone, ayant pitié et commiseration d'elle et de ses pouvres enfans, et priera Dieu pour vostre estat et prospérité.

La ville lui fait droit à sa demande, 5 septembre 1574.

CC. 145.

LOGEMENT DE GENS DE GUERRE.

11 février 1574.

Le xi dudict moys de febrier 1574, vint M. de La Gorce en ceste ville avecque une companie de cent ou six vingtz chevaulx, et l'on nous bailla pour hoste le sieur de Larfolhete (1) et M. Ruati avecque le sire Anthoine Vacherii, toutz ensemble. Et ledict de Larfolhete ne lougea poinct sceans, et avons acordé avecque luy avecque quatre escus sol et une once et demye de saffran, que monte tout en somme ledict saffran et argent 13 livres 4 solz.

Plus troys massapains pour mettre ledict saffran, 3 solz.

Le xxi febrier, avons heu sceans deux soldatz du capitaine Hou pour les louger ; lesquelz ne firent que boyre ; et ay achepté ung pot de vin pour leur donner, que n'ay paye 4 solz 3 deniers.

Série G. 2444. (Compte du collège de Saint-Lazare).

---

(1) Ailleurs on a écrit M. de La Foliette.

ÉTAT DES GARNISONS.

26 février 1574.

Du vingt sixiesme jour du moyz de fevrier, mil cinq cens soixante-quatorze, à Mende, au lotgis du capiscolat. Par devant Mgr de La Gorsse, chevalier de l'ordre du Roy, gouverneur et lieutenant pour sa majesté en ce païs de Givauldan. Assemblez MM. les auditeurs de comptes et commis dudict diocèse de Mende, déléguez pour prier mondict seigneur de pourveoir à la garde des villes, chasteaux, lieux et places dudict diocèse et païs de Givauldan et quel nombre de soldatz y seront establiz pour la garde diceulx. Et, ayant conféré ensemble, a esté advisé que les villes, chasteaux et plasses que sensuyvent, seront gardés et conservés soubz l'obeyssance du Roy avec le nombre des soldatz comme sensuyt :

La ville de Mende...... 100 arquebuziers à pied.
— de St-Chély.... 50 — —
— de St-Alban.... 30 — —
— de Salgues..... 40 — —
— d'Yspaignac.... 40 — —
— de Ste-Enymie.. 20 — —
— de la Canorgue. 40 — —
— de Langogne .. 40 — —
— de Chanac, fort du Villar, pour ce que son près de Maruejolz, 50 arquebuziers à pied.
— de Serveyrete ou à fort d'icelle, 20.

Au chateau de la Garde pour ce qu'est près du Malzieu, 10 arquebuziers à pied.

La maison de Cogossac, apartenant au Sgr de Fontanilhes, 10 arquebuziers à pied.

La ville de la Garde Guerin, 6 arquebuziers à pied.

Le fort de Bédoesc....... 10 — —

Les soldatz desquelles garnisons seront payez et soldoyés aux despens dudict diocèse de Mende et pays de Givauldan, a raison de 10 livres tournois par moys, chascun soldat, ayant esgard à la grande charté des vivres et estérilité que est audict païs.

Revenant lesdictz soldatz arquebuziers en nombre de 475 arquebusiers.

Et pour le regard des autres villes et chasteaux et forts que sont audict diocèse sera mandé aux seigneurs d'icelles les garder ou fere garder, si bon leur semble, à leurs despens et y pourveoir à toute diligence, autrement seront ouvertz et emantellez, mis et reduictz en tel estat que l'ennemy ne s'en puisse prevaloir, suyvant les reglemens de monseigneur le mareschal, et le tout soubz son bon plaisir.

(Fonds : Apchier).

ATTAQUE DE LA VILLE DE MENDE.

31 mars 1574.

Pour la despense faicte par Ramond Marquezin, Robert de Boys et deux hommes le jour que les trouppes de Grymian se presentèrent devant la présent ville, ayans ledict jour et la nuyct suyvante demeurés aux clochiers pour tirer des pièces d'artillerie, 57 solz 10 deniers.

CC. 170.

IMPOSITIONS POUR FRAIS DES GARNISONS.

6 mars 1574.

Assiette et deppartement faictz en la ville de Mende le sixième du mois de mars mil cinq cens soixante quatorze, par nous, M° de Chalolhet, licencié ez loix, lieutenant général de bailly de Givauldan ; Jehan Destreyctz, bâchelier ez droitz, et Ambroise Bardet, consulz de la ville de Mende, commissaires de l'ayde et octroy, depputés par le Roy nostre sire, et MM. les présidens pour sa majesté en l'assemblée des Estatz généraulz de Languedoc, de la somme de 50.000 livres, suyvant la délibération prinse pardevant le seigneur de

Gorsse, chevalier de l'ordre du Roy, gouverneur et lieutenant pour sa majesté au pays de Givauldan, par les gens des Estats particuliers du dioceze de Mende, pour employer à la solde et entretenement des gens de guerre, tant de pied que de cheval, qu'il convyent y avoir et establir en garnison pour la conservation dudict pays en l'obeyssance de sa majesté, rompre le desseing et entreprises de ses ennemys et rebelles à ses edictz et ordonnances, perturbateurs du repos public que journellement ne tachent que surprendre les villes, chataulx et fortz de son [royaulme], commetans infinité de massacres, pilleries, rançonnements, cruautés, violences et excez execrables, que auz gaiges d'un M^e de requestes et du secretaire dudict sieur gouverneur, que de la somme de 500 livres tournois pour les fraiz de la presente imposition, comprins les gaiges du receveur à 2 solz pour livre, y comprins audict deppartement les villes et lieux qui sont dettenuz et occupez par lesdictz rebelles, mesme les villes de Maruéjols, Florac et le Malzieu, ensemble les lieux des Cevennes, sauft à les y contraindre, lorsqu'il plaira à Dieu et au Roy en donner la commodité. Les sommes y cotisées estre payées ez mains de Me Pons Destrech et Antoine Gleysse, receveurs dudict diocèse, à deux termes, assavoir aux 15e de ce mois et 15e avril ensuyvant, en la ville de Mende.

G. 877.

GRATIFICATIONS.

15 avril 1574.

M⁰ Anthoine Cayrel, collecteur de la présente ville, baillez et délivrez, à noble Gilibert d'Arfeulhette, 6 escuz pistolletz, vallans 16 livres 4 solz, et à M⁰ Guillaume Ruat, de St-Chély, 10 escuz aussi pistolletz, vallant 27 livres tournois, à culz accordés en plain conseil de la ville pour les gratiffier des peynes par eulx exposées pour fère pourvoyr par Mgr de La Gorse d'ung cappitaine à souhait en ceste ville.

Signé : DESTREX, consul.

(CC. 170.)

ÉTAT DES DÉPENSES.

Autre assiette et département faictz en la ville de Mende, le 7 juin 1574, d'une somme de 40,000 livres, par André de Chalolhet, licencié ez lois, lieutenant général en la cour du balliage de Gévaudan, par délibération prise en l'assemblée faite, ce même jour, par devant le seigneur de la Gorce, gouverneur du diocèse.

Assiette pour l'aide, crue, réparations, frais, augmentation de solde, ustansiles, gratifications à M. le gouverneur, frais d'assiette, etc. 1574, mois de [mars.]

Le total est de 66,264 livres 13 zolz.

RENCONTRE ENTRE CATHOLIQUES ET PROTESTANTS A JAVOLS.

avril 1574.

Lettre de M. E. Moré, de Serverette, à M. d'Apcher, lieutenant pour Sa Majesté au pays de Gévaudan, à Mende.

Monseigneur, je vous advertis que aujordhuy matin suis esté adverti que les huguenaux estoient à Pouges et à Malevielete et aux Estrex paroisse de Fontans que faisoient prisoniers les persones et leur en admenoient leur bestail disant quilz paiassent les dismes, lesquelz sont esté paies à la St-Michel dernier passé, et, voyant cella je y ay envoyé neuf soldatz pour voir que c'estoit : en estant audict lieu de Pouges, vilaige appartenant à Mons' de Mande, ont treuvé que en avoient admené les hommes et leur bestail. Ils les ont suivys jusques au lieu de Javoulz et estant là se sont mis en deffence de fason que les nostres ont prins trois prisoniers que jay icy et en y a deux qu'estoient dans le fort de Monseigneur de Mande, lesquelz feurent saves par quelques soldatz. Il en ont tué deux et blessé d'aultres qui se sont sauvés. Je vous prye me mander votre volonté et me donner moien que je puisse entretenir les soldatz, lesquelz sont en bonne volonté de bien fere leur debvoir et tout ce que se presantera pour le service du roy notre sire. Je vous supplye encore ung coup les avoir [en] recommandation ; priant Dieu,

Monseigneur, en bonne santé, vous veulhe donner longue et heureuze vye. A Serverette ce xx⁰ avril 1574.

Votre humble et obéissant serviteur.

E. Moré.

(Série E — Fonds d'Apchier.)

ORDONNANCE DE M. D'APCHIER COMMANDANT PAR INTERIM DANS LE DIOCÈSE DE MENDE, CONTRE LES GENTILS HOMMES DU BAN ET ARRIÈRE-BAN, QUI NE S'ÉTAIENT PAS RENDUS A SA CONVOCATION POUR SERVIR CONTRE LES CALVINISTES.

5 mai 1574.

Jean d'Apchier, seigneur et baron de la Gorse, vicomte de Vazelhes, chevalier de l'ordre du Roi, commandant pour son service en ce diocèze de Mende, en l'absence de messeigneurs les maréchal de Dampville et viscomte de Joyeuse, depputé, aux officiers ordinaires de Saincte Enymie, leur dit lieutenant, et chascun d'eulz, salut. Ayant esté messieurs de la noblesse de ce pays de Gévaudan, diocèse de Mende, servant au fait du ban et arrière ban, appelles pour se trouver en ceste dicte ville de Mende et l'équipage qu'ilz sont tenus d'anciennetté, pour s'employer au service de sa majesté, suivant le commandement qui leur en eust esté donné par nous le 8ᵉ jour de ce moys d'apvril, la plus grand partie desdictz seigneurs gentilshommes ne se seroyent présentés, monstrant par là le peu d'affection et maigre volonté qu'ilz ont à son dict service et le peu de respect à nous qui, par faute de leur service, n'avons peu effectuer nos desliberations ni rompre les desseins et entreprinses que ceulx de la préthendue relligion, rebelles à sa coronne, conduictz par le seigneurs de Gremian et de Chevanhac, leurs chefs, ont despuis mises en effect et exécution en ce pays, à la grandissime ruyne de tous les bons catholiques dudict pays et dioceze ; de sorte que accusans les desfautz que lesdictz seigneurs gentilshommes, le procureur du Roi au baillage de Gévaudan, l'assignation espirée, par nous auront esté ordonné qu'ilz seroyent encores attendeus par troys jours, et faict crier, à voix de trompette, par les carrefours de ceste ville de Mende, le 19ᵉ jour de cedict mois d'apvril, jour de foire, ledict ban et rière ban, et n'estant présentés despuis, par nostre ordonnance avec mure deshbération, aurions contre lesdictz gentilshommes contumax, octroyé tel advantaige audict procureur du Roy, que toutz et chascuns leurs fiefs nobles, peur raison desquelz ils sont tenus audict service de ban et rière ban, seront prins, saisis et annottés à la main du Roi et régis et gouvernés par main de commissaires solvables, jusques autrement, par sa dicte majesté, leur ait esté proveu. A ces causes, vous mandons et comettant qu'incontinant, toutes excuses cessant, vous ayes à saisir et mettre soubs la main du Roy toutz et chascuns les fiefs nobles, subjetz audict service, si par rolle estant descrit quy sont dans et aux environs de vos juridictions comettés commissaires et sequestres au régime et gouvernement d'iceulx, solvables et suffisantz, pour en rendre compte et prester le reliqua ; à quoy procederés non obstant toutes oppositions, appellations, ni subterfuges, et nous certifierés et renvoyerés vos procédures dans huit jours appres la reception de ces présentes, à peyne de mil livres tournois, en leur propre et privé nom, applicables au proffict de sa majesté. Mandons à toutz officiers et subjectz vous obéir comme à nous.

Donné à Mende, le cinquiesme may mil cinq centz septante quatre.

J. D'APCHIER.

Par mondict seigneur, comme escrivant aux actes de ce faict : Chevalier, ainsin signé, en l'expédié de la susdite ordonnance trouvée dans les archives de la Cour ordinaire de la ville de Ste Enymie, d'où cest extraict a esté tiré, à la réquisition de noble Jean-Baptiste de Sales, seigneur de la Bastide, par nous Jean André, notaire royal et greffier en ladicte Cour, et deue collation faicte ne suis soubsigné. En foy de ce, à Ste Enymie, le 12 mars 1665.

Signé : ANDRÉ, notaire et greffier.

(Série E. Fonds : Apchier).

GRATIFICATION A M. DE LA GORCE PAR LA VILLE DE MENDE.

Je Anthoine Dalverni, hoste de Mende, soubzsigné, confesse avoyr heu et receu de sire Anthoine Cayrel, collecteur de la présent ville de Mende, la somme de 42 livres tournois et ce pour vente de ung toneau vin blanc, baillé à M. La Gorce, gouverneur en ce pays, par mandement des Estatz. De quoy l'en tiens quitte, et en foy de ce me suys soubzsigné.

Faict à Mende le 8ᵉ mai 1574.

Signé : Anthoine DALVERNI.

(CC. 170.)

ASSIETTE ET DÉPARTEMENT FAICTZ EN LA VILLE DE MENDE.

le 7 juin 1574.

Par nous André de Chalolhet, licencié ez loix, lieutenant géuéral en la Court du bailliaige de Givauldan, la somme de 40,000 livres, ordonnée estre couchée sur le diocèze de Mende, par delibération prinse en l'assemblée faicte cejourdhui, pardevant le seigneur de la Gorsse, chevalier de l'ordre du Roy, gouverneur et commandant pour le service de sa majesté audict diocèze, par les commis dicelluy diocèze, consulz, scindicz et procureurs des villes et aultres notables personnaiges, pour ce assemblez, et suyvant les lettres patentes du Roy, donnees à Paris le 10ᵉ jour de décembre 1572, et aultres lettres pattentes de sadicte majesté, données au boys de Vincennes le 22 may dernier, signées par le Roy : Fizes. — Aux fins de satisfere ce que a esté emprumpté des deniers du Roy que des particulliers pour le faict de la guerre et conservation dicelluy diocese en l'obeyssance de sa majesté et le surplus à l'entretenement et solde des gens de guerre, tant de cheval que de pied, estans establys et ordonnés, en cedict diocèze, soubz ledict seigneur de la Gorsse, et suyvant ses mandemens et ordonnances et celon les occurences, payable la somme en deux termes esgaulx en la ville de Mende, assavoir aux 15ᵉ de ce moys de juing et juillet ensuyvant, ez mains de Mᵉ Pons de Rech et Anthoine Gleyse, receveurs à ce commis et depputez.

ORDRE DONNÉ PAR M. D'APCHIER, A M. DE GRAND-
LAC, DE GARDER SOIGNEUSEMENT LES CHATEAUX
DE GRANDLAC ET DE LA CAZE.

13 juin 1574.

Jean d'Apchier, seigneur et baron de la Gorce, chevalier de l'ordre du Roy, gouverneur et lieutenant pour sa majesté au pays de Gevaudan, en l'absence de MM. de Damville, maréchal de France, et viscomte de Joyeuse, au sieur de Grandlac, salut.

Nous, estans deuement adverti que les ennemys du Roy, rebelles à sa majesté, tachent par tous moyens surprendre vos maisons et fort de Grandlac, et de la Caze; vous mandons et enjoignons très expressement les bien garder et conserver soubz l'obéissance du Roy et nostre; Contraignant, pour plus ample assurance de la dicte garde, tous voz subjectz et aultres voisins de vos dictes maisons, à cause des affaires qui ce présentent pour le service du Roy, sans les tirer à conséquence, à venir faire la garde et sentinelle, par tour, de nuict, ausdictes maisons de Grandlac et de la Caze, comme pour les propres affaires du Roy.

Donné à Mende le treitziesme juin mil cinq cens septante quatre.

Signé : J. D'APCHIER.

Par mondict seigneur : DURON.

(G. 973).

TRÈVE.

25 juillet 1574.

Sire Anthoine Cayrel, collecteur de la ville de Mende, baillez et délivrez à Monsieur du Puy, envoyé par Monseigneur le mareschal pour l'entretenement de la trève, la somme de 10 escus, valant 29 livres tournois, pour le satisfère des vacassions par luy faites ou à fere pour ladicte ville.

A Mende, ce 25 julhet 1574.

Signé : Destrex, *consul.*

(CC. 170).

DIFFICULTÉ DE PERCEVOIR LES REVENUS DES BÉNÉFICES ECCLÉSIASTIQUES.

3 août 1574.

L'an mil cinq cens soixante quatorze et le troysiesme jour du moys d'aoust, dans le chasteau de Montcaloux, M° Anthoine Rousson, baille en la terre du Tournel et subrentier des bledz decimaulx du prieuré de Laval, l'année présente, ayant illec aprehendé sire Pons Destrex, marchant de Mende, rentier principal des fruictz dudict bénéfice, tant en son propre nom que de Gaspar Salles et Anthoine Chappellier, ses compaignons audict subarrentement, a monstré et exibé audict Destrex ung acte de requisition par eulx faict aux paroissiens dudict paroisse, de leur payer la disme de leurs grains, qui ont faict reffus ce faire, comme apert par ledict acte, en datte du penultiesme juillet dernier, receu par M⁰ André Comte, notaire. Veu lequel reffus et la forse qu'est aujourd'hui en campagne, tenant le parti de ceulx de la nouvelle oppinion, qui ont faict arrester lesdictz dismes et deffendu audictz paroissiens les payer à aultre que à eulx ; leur est-il impossible lever ny jouyr desdictz dismes. Parquoy à requis ledict Destrex leur faire jouyr diceulx paisiblement, aultrement, a faulte de ce fere, a protesté contre luy de tous despens, dommages et interestz, et des maintenant tant en son nom que de sesdictz compaignons luy a remys le subarrentement qu'il leur avoyt faict desdictz dismes et requis le leur conceller et reffere leurs interestz qu'ilz souffrent à faulte de pouvoyr jouyr, etc.

(Registre de Destrictus, notaire, folio 74).

IMPOSITION POUR L'ENTRETIEN DES GENS DE GUERRE PENDANT LA TRÊVE. — 25 CAVALIERS POUR LE SIEUR DE CHAVANHAC, COMMANDANT A MARVEJOLS, ET 35 POUR LE SEIGNEUR DE LA GORCE, ETC.

5 août 1574.

Assiette et imposition faicte, le cinquiesme jour d'aoust mil cinq cens septante quatre, de la somme de 67,945 livres 1 sol 10 deniers obole, ordonnée estre couchée sur ledict dioceze de Mende, exemptz et non exemptz, privilégiés et non privilièges, et tant du parti des catholicques que de ceulx de la préthendue religion, par advis et délibération prinse par les gens des estatz particuliers dudict diocèse, que delleguez, tant du parti que daultre, commis, depputez et scindic dudict dioceze, assemblez pour la conferance le jour précédent; pour icelle somme employer à la solde et entretennement de soixante hommes de guerre à cheval, à sçavoir : 35 pour ledict seigneur de la Gorce, gouverneur susdict, et 25 pour le sieur de Chavanhac, commandant en la ville de Maruejolz, pour ceulx de ladicte religion, que de 570 arquebuziers, cappitaines des compaignies, sergens, capporaux, lieutenant de prévost de mareschaux, leurs archiers et greffier, ordonnés pour la conservation dudict païs en l'obeyssance de sadicte majesté, pour faire cesser les coursses, rendre le commerce libre pendant la trefve et suspension d'armes, en ladicte assemblée, accordée tant d'un party que daultre, durant quatre moys et demy, acommençant le quinziesme dudict moys, comprins les aultres fraiz que gaiges des receveurs, à 2 solz pour livre, payable ladicte somme à deux termes, scavoir a l'huictiesme septembre lors prochain et au premier jour de novembre après ensuyvant, ez mains de M⁰ Anthoine Chevalier et Guérin Fontunye, receveurs a ce commis ; le tout soubz le bon plaisir du Roy.

Ce présent estat a esté faict, et tiré desdictes assiettes et impositions y contenues, par moy soubzsigné, substitut du greffier dudict diocèse de Mende.

Signé : MARTIN.

(Fonds Apchier).

A MESSIEURS LES CONSULS DE LA VILLE DE MENDE.

7 octobre 1574.

Supplie humblement Anthoine Moret, de la ville de Maruéjolz, qu'estant ladicte ville occuppée par les rebelles à la majesté du Roy, en laquelle ne veullent permectre l'exercisse de la Religion catholique, le suppliant ne voulant adhérer à leur malheureuse secte, se se seroit retiré en ceste ville de Mende et abandonné ses biens, desquelz depuis ces derniers troubles n'en a jouy aucunement.

Ce considéré, actendu que lon la couché en taille et enregistré pour son chef, vous plaise, de vos graces, veu sa pouvreté, ordonner qu'il sera rayé pour sondict chef, et le suppliaut priera Dieu pour vostre estat et prospérité.

Vu la présente requeste et eu esgart au contenu en celle est ordonné que le suppliant sera rayé de la matriculle pour son chef.

Faict au Conseil le 7 octobre 1574.

Signé : ALBARIC.

CC 145

LETTRE DU ROI HENRI 3 A JEAN D'APCHIER, SEIGNEUR DE LA GORCE.

30 octobre 1574.

Monsieur de La Gorce,

Le sieur de Sabran, qui est ordinairement employé pour mon service près du sieur de Lamothe-Fénélon, mon conseiller et ambassadeur en Angleterre, m'a fait entendre qu'étant absent de sa maison et occupé à mon service, les habitans du lieu du Bleymar, où sa dicte maison était assise, ont icelle démolie et ruinée, suivant l'ordonnance que vous aviez faite, que tous propriétaires des maisons fortes seroient tenus de les garder à leurs depens ou souffrir quelles fussent démolies, encore que la sienne ne feusse si forte que l'on deut avoir crainte que les ennemis s'en emparassent et qu'ils nayent peu scavoir ladicte ordonnance, et, pour ce qu'il demande recompense de la perte qu'il a faicte en cella fondes sur le commun bien du pais; J'ay bien voulu vous faire cette lettre pour vous prier de m'écrire et avertir bien particulierement des causes de ladite démolition et de la valleur d'ycelle, pour après en pouvoir, sur sa requette, ainsi que j'aviseray estre à faire, nétant cette letre a aultre fin.

Je prieray Dieu, M^r de La Gorce, vous avoir en santé et digne garde.

Ecrit a Lion, trentiesme jour d'octobre 1574.

Signé HENRI, — et plus bas : JOUART.

Extrait d'un recueil de lettres adressées par les rois de France a divers membres de la famille d'Apchic a diverses époques. (Fonds Apchier. — Série E).

---

octobre 1574.

M. Guillaume Brés, chanoine de la cathédrale, demande d'être déchargé de la taille, « pour avoir lotgé en sa maison le cappitaine Grimauld, estably en garnison en la présent ville, l'espace de neuf mois, sans intermission, et sans avoir receu aulcun contentement ni satisfaction ».

(CC. 145).

FRAIS DE LA GARNISON DE MENDE.

1574.

Le capitaine Du Fau et sa compagnie en garnison à Mende reçoit pour les ustencilles des mois de septembre, octobre, novembre et décembre 1574, la somme de 120 livres.

(CC. 170).

ESTAT ET RÈGLEMENT POUR L'ENTRETIEN DES GENS DE GUERRE EN GÉVAUDAN.

20 décembre 1574.

Estat et reiglement sur l'entretenement des gens de guerre establys en garnison au pays de Givauldan et diocèse de Mende, pour la conservation d'icelluy en l'obeyssance du Roy, faict et arresté par le seigneur de La Gorce, chevalier de l'ordre du Roy, gouverneur et lieutenant pour sa majesté audict pays, avec messieurs les commis et depputez dicelluy, assavoir MM. de Chanfremont et Macel, vicaire et official de Mgr de Mende, Anthoine Barrau, substitut du commis des nobles dudict diocèse, Jehan Desestreetz, second consul dudict Mende, ascistés des sieurs de saincte Enymye et de Beauregard, M⁰ Jehan Malzac, procureur de la Court commune et royalle de Givauldan et aultres personnaiges notables soubz le bon plaisir de sa majesté ou de Mgr le duc d'Uzès, gouverneur et lieutenant general pour le roy au païs de Languedoc.

Premièrement,

En la ville de Mende, compris Chastelnovel et Severette y aura 80 soldats arquebuziers à pied qui seront commandés par le capitaine Lambert.

En la ville de St-Chély, comprins les forts d'Apchier et de la Garde, y aura 80 arquebuziers à pied.

En la ville de Salgues, comprins le chasteau de la Clause, 30 arquebuziers.

En la ville et chasteau de St-Alban, 20 arquebuziers.

En la ville de Languoigne, 25 arquebuziers.

En la ville de la Canorgue, 20 id.

En la ville et fort de Ste-Enymye, 20 arquebuziers.

En la ville d'Yspanhac, comprins le fort de Bedoesc, 50 arquebuziers.

En la ville et chasteau de Chanac, comprins le fort du Villar, 40 arquebuziers.

Nombre des arquebuziers : 365.

Le payement desquelz à raison de 10 livres pour chascun soldat, sans comprendre les ustencilles, revient par moys à la somme de 3,650 livres.

Plus une compaignie de quarante chevaulx légiers à raison de 36 livres, l'homme à cheval, revient par moys à la somme de 1,440 livres.

Somme toute, tant de chevallerye que fanterye 5,090 livres par moys.

Estatz des chefz qui commanderont aux susdictes garnisons.

En la ville de Mende, ung cappitaine à raison de 100 livres par moys ;

A une enseigne, oultre sa solde, 25 livres ;

A deux sergens à vingt livres par moys, oultre leur solde ;

Troys capporaulx à 18 livres par moys, oultre leur solde ;

Au chef du Chastel novel, a raison de 10 livres, oultre sa solde ;

Au chef pour la ville de Saint-Chély, 100 livres ;

Une enseigne audict Sainct-Chély, oultre sa solde, 25 livres ;

A un sergent outre sa solde, 10 livres ;

Troys capporaulx, a raison de 18 livres par moys, oultre leur solde ;

A Apchier, ung chef, oultre sa solde, 10 livres ;

A la Garde, ung chief oultre sa solde, 10 livres ;

A la ville de Salgues, ung chef, 50 livres ;

A ung sergent, oultre sa solde, 10 livres ;

A deux capporaulx, oultre leur solde, 12 livres ;

Au chef de la ville de Sainct-Alban, oultre sa solde, 10 livres ;

Au chef de Lenguoigne, oultre sa solde, 50 livres ;

A ung sergent audict Lenguoigne, oultre sa solde, 10 livres ;

A deux capporalz, oultre leur solde, 12 livres ;

Au chef de la ville de Ste-Enymye, oultre sa solde, 10 livres ;

A ung sergent, oultre sa solde, 10 livres ;
A deux capporalz, oultre leur solde, 12 livres ;
Au chef d'Yspanhac, 30 livres ;
A ung sergent, oultre sa solde, 10 livres ;
A deux capporalz, oultre leur solde, 12 livres ;
Au chef de Bedoesc, oultre sa solde, 10 livres ;
A la ville et chateau de Chanac, ung chef, 50 livres.
A ung sergent, oultre sa solde, 10 livres ;
A deux capporaulx, oultre leur solde, 12 livres ;
Au chef du Villar, 25 livres.
Somme desdictz estatz par moys, 725 livres.
Le chef de la cavallerye par mois, 100 livres ;
L'estat de mondict sieur le gouverneur, 600 livres ;
Le sieur de Boysverdun, bailly de Givauldan, cappitaine entretenu, 50 livres.
Somme toute de ce présent estat 6,566 livres.

Les monstre et revenus se feront par les commis et depputez dudict pays, ung ou deux deulx officiers et consulz des l eux.

Faict et arresté a Vic-le-Comte, le vingtiesme décembre mil V^e soixante-quatorze.

(Fonds Apchier).

JEAN DE BARJAC, SEIGNEUR DE GASQUES, D'ALAIS.

9 décembre 1574.

L'an mil cinq cens septante-quatre et le neufviesme jour du moys de décembre. Très chrestien prince, Henry, par la grâce de Dieu, roy de France et de Poloigne, regnant. En présence de moy, notaire royal soubzsigné et tesmoingz soubznommés. Estably en personne puissant seigneur Jehan Gaspar Guérin de Chateauneuf, dict de Ceneret, seigneur et baron du Tournel, de Sainct-Remese et dudict Ceneret, habitant du chateau du Boy, en Gevauldan ; lequel de son bon gré, pour lui et les siens hoirs et successeurs à l'advenir, a dict et confessé avoir esté payé et entierement satisfaict de Me André Comte, notaire royal de la ville de Saincte-Enymye, diocèse de Mende, absent, Me Pierre Comte, son filz, avec moy notaire, pour luy et les siens hoirs et successeurs à l'advenir, recepvant, acceptant et stippullant, a scavoir est de la somme de 140 escutz d'or, chascun vallant et compté pour 2 livres 15 soulz tournois, en laquelle somme ledict Me Comte luy estoict actenu et obligé comme plége et caution de noble Jehan de Barjac, seigneur de Gasques, de la ville d'Allés, pour les causes contenues en l'instrument d'oblige, sur ce receu par Me Estienne du Bruel, notaire royal de Saincte-Enymie, le 6e jour du moys de septembre an susdict 1574 ; lequel demeure cancellé et annuellé par la teneur de la présent quictance. De laquelle somme de 140 escutz d'or a quicté ledict Me Comte et promis fere tenir quicte avec pacte de ne rien plus jamais demander. Et pour ce fère et jamais au contrère venir a obligés et yppothecqués toutz et chascuns ses biens présens et advenir aux forces et rigueurs des Courtz commune et royalle du comté et bailliaige de Givauldan, présidial, et Convention de Beaucaire et Nysmes et chascune dicelles. Et ainsin la promis et juré sur les sainctes lettres, avec renonciation de faict et droict en tel cas requise et necessaire. Dequoy ledict M⁶ Comte a requis cest instrument a mon dict notaire, soubzsigné. Faict et récitté audict Chateau du Boy et dans le cabinet dudict sieur, ez presences de M⁶ Deodé Dumas, juge dudict sieur Baptiste Leblanc, du lieu de Baniols, et de moy Guillaume Cogolucnhes, notaire royal soubzsigné, recepvant.

Cogoluenhes.

(Folio 126).

1574.

ARTICLES *pour présenter à Mgr de Mende, comte de Gévaudan, touchant les misères et calamités que ses pauvres subjectz, habitans dudict Mende ont esté constraincts souffrir et endurer durant et pendant ceste malheureuse guerre qui a demuré et faict encores au diocèse dudict Mende puys deux ans quatre moys sans intermission, qu'elles trefves qu'il y aye heu, affin qu'il plaise à sa grandeur, pour l'advenyr, donner à sesdictz subjectz, du tout travaillés et harassés, quelque bon remède et soulaigement qu'ilz attendent dudict seigneur leur souverain et seul seigneur. Dequoy en sera très humblement supplié par Messieurs que lesdictz habitans ont délégués à ces fins.*

1°

La guerre fust ouverte et déclarée au mois de septembre mil cinq cens soixante-douze, et ayant sa grandeur envoyé audict lieu de Mende le cappitaine Combelle, lesdictz habitans se myrent en armes et a fère garde, et leur convint, jusques a ce que Mgr le mareschal eust ordonné le sieur de Combas pour son lieutenant audict diocèse, entretenir, à leurs propres despens, le capitaine Escurette et trente soldats à gaiges.

2°

Avoyent lesdictz habitans beaucoup des armes, comme arquebouses et allebardes dans leur maison de ville qu'ilz avoyent achaptées aux précédens troubles.

Lesquelles ilz furent contrainctz bailler, tant au cappitaine Combelle, sieur de Combas que aultres, pour n'avoyr esté iceulx habitans soustenus daulcun qui, ouvertement les aye voflus deffendre et prendre leur faict en main, de sorte qu'a present leur dicte maison de ville est despeuplée desdictes armes.

3°

Et pour prendre reiglement sur le faict de la dicte guerre, lesdictz habitans, à leurs despens, envoyarent délégués vers Mgr le vicomte de Joyeuse, lieutenant général pour le Roy en Languedoc.

4°

Et après, venant mondict sieur le mareschal en son gouvernement, lesditz habitans aussi y délégarent aultres personnaiges, aussi a leurs despens, et lors ledict sieur envoya audict diocèse, pour y commander, le seigneur baron de Combas, qui se rendict audict Mende avec grand train, conduisant deux companyes de gens darmes à pied, ausquelz en passant, les dictz habitans estoyent contrainct leur donner vivre et loger ledict seigneur de Combas, luy achapter toute ustencille et meuble de maison, fournir de boys pour sa mayson, et en cella employé beaucop de deniers, le tout aux despens desdictz pauvres habitans.

5°

Estant ledict sieur de Combas en charge, furent faictz audict diocèse premièrement une imposition de 24,971 livres, aultre de 50,120 livres, aultre imposition en denrées, par forme de munitions que se montoit aultant que les aultres deux ; de toutes lesquelles impositions lesdictz habitans en ont et furent contraintz les premiers d'en payer leurs cottités, et oultre icelles fournir tousjours boys et chandelles à trois corps de guarde d'ordinayre, payer et sallaryer deux portiers, aux gaiges de 18 livres ou envyron par moys, fournyr et payer aussi pour les ustencilles du cappitaine que leur a esté estably audict Mende, à rayson de 50 livres tournois par moys, achapter meuble pour l'entretenement dudict cappitaine ; le tout aux despens particulliers desdictz habitans.

6°

Lesquelz habitans oultre ce dessus ont esté constrainctz loger dans ladicte ville plusieurs et diverses companyes, tant à cheval que a pied, leur fournir vivres et logis que ne pourroit estre estimé ce à quoy telles despences leur peuvent monter.

7°

Et pendant le commandement dudict sieur de Combas, ont esté suscités ausdictz habitans de diverses querelles, que leur ont importé aultant ou plus de dommaiges et despense que tout le reste ; car premièrement il y eut le cappitaine Sicujac, qui estoit lieutenant en la companye des gens à cheval du sieur de Sainct Alban, lequel se banda en telle sorte contre lesdictz habitans, que tenant les champs, tant d'hommes qu'il trouvoit de ladicte ville, il les battoit et maltractoit, mesmes les vint combattre tout au plus près de ladicte ville et les tint ung temps en telle detresse, qu'ilz n'avoyent moyen sortir de ladicte ville. Aultant leur en fist le cappitaine

Gasques, que ledict sieur de Combas avoit introduict audict pays. Après ledict sieur de Combas, le sieur de Chamfremont et le sieur bailly entrarent entre eulx en picques et querelles, esquelles furent meslés plusieurs aultres bons notables et affectionnés habitans de ladicte ville, dont s'en rehussit telle fin que ayant esté donné à entendre a mondict seigneur le mareschal que lesdictz pauvres habitans avoyent commis rebellion et desobeyssance au lieutenent du Roy, ledict sieur mareschal en print le faict à cœur et envoya à ladicte ville de ses gens et par plusieurs foys, mesmes ung sieur d'Aspremont et aultre sieur du Puy, qui firent ausdictz habitans, de grandes despenses, oultre les dons particulliers ou en argent ou en mulles ou mulletz, que se montent plus de 900 à 1,000 livres tournois. Convint ausdictz habitans, pour se justiflier, déléguer personnaige vers ledict sieur mareschal, avec actes et memoyres du contrère, et fust la poursuyte contre lesdictz habitans si affectionné que ledict sieur maréchal commanda le prevost général de Languedoc, avec deux companyes de gens de guerre a pied, des cappitaines Mas et Boys, venir audict Mende ; ce qu'ilz firent avec une despence infinye ausdictz habitans. Lequel prévost entreprins cognoissance contre lesdictz habitans qui, pour se justifier, ont esté constrainctz poursuyvre arrest en parlement, et ladicte companie dudict Mas feust receue dans ladicte ville et y nourrye, entretenue et soldoyée aux despens particulliers desdictz habitans, et pour fere entendre ce désordre à vostre grandeur et avoir provisions necessaires pour fere desloger de ladicte ville lesdictes companye et prevost, lesdictz habitans vous envoyarent en poste leurs délégués, le tout à leurs propres despens et à grand fraiz et pour tout encores, ledict capitaine Mas ne vouloist desloger, sans premier luy avoyr faict ung présent de plus de 400 livres tournois, pour luy seul ; furent à l'occasion susdict lesdictz habitans battus et maltractés les aulcuns, et despuys en ça ont esté en ladicte ville nourries plusieurs particullières divisions et deffiances que n'ont servy que de perte et grand dommaige ausdictz habitans de ladicte ville, voyre à tous ceulx dudict diocèse.

8°

Et despuis ayant Mgr le mareschal esté adverti d'ou naissoyent lesdictes querelles, il auroit revocqué ledict sieur de Combas et de nouveau institué et ordonné pour commander audict diocèse le seigneur baron de la Gorsse, chevalier de l'ordre du Roy, lequel entrant en son gouvernement vint audict Mende, avec une grande companye de gentilz hommes et gens d'armes, qui sejournarent à la ville sept ou huict jours, aux fraiz et despens d'ycelle et falleust de nouveau dresser mayson et logis et meuble, aux despens desdictz habitans ; fust en ladicte ville de nouveau institué et ordonné par ledict sieur cappitaine Grimauld, pour commander audict Mende, avec companye. Auquel lesdictz habitans qui l'avoyent nommé et demandé comme le cognoissant estre en vostre mayson et affectionné pour la conservation desdictz habitants, accordarent oultre son estat de cappitaine, à la solde du Roy, 50 livres tournois le moys, pour les ustencilles, et si lui firent dresser ung logis avec meubles, aux despens desdictz habitans.

9°

Ledict cappitaine Grimaud, estant mys en quelque doubte, non de la part desdictz habitans, fust ousté de ladicte charge et faict prisonnyer. Ledict sieur de la Gorce leur ordonna aultre nouveau cappitaine, auquel a falleu continuer de donner mesmes 50 livres tournois, pour noys de ses ustencilles, et y a faict nouvelle companye ; le tout pourté et soustenu par lesdictz pauvres habitans.

10°

Si ont lesdictz habitans, pendant le gouvernement dudict sieur de la Gorsse, payé et satisfaict leur cotte part et pourtion d'une imposition de 50.000 livres tournois, faicte en mars dernier ; d'aultre imposition de 40,000 livres faicte en juin dernier, et d'aultre imposition faicte en aoust, de 67,000 livres tournois, ensemble ont esté contrainctz, oultre ce dessus, payer leur cottité de l'imposition de 500,000 livres tournois, faicte par ledict sieur marechal, pour l'entretenement de son armée, ensemble leur cottité de 1,800 cestiers blé, 200 charges avoyne, et 1,200 quintalz beuf, pour l'entretenement et nourriture de sadicte armée. Aussi luy fornyrent, aus despens desdictz habitans, quatre mulletz arneschés et deux mullatiers, soldoyés et nourrys pour deux moys, que se montarent plus de 600 livres tournois. Aussi luy firent nombre de pionnyer habillés et soldoyés, leurs cottités des talhes et aultres subcides ordinayres du Roy.

11°

Davantaige, par commandement desdictz sieurs lieutenens du Roy, durant ceste dicte guerre, ont esté constrainctz lesdictz habitans, à leurs propres despens, fortiffier et réparer ladicte ville, y ayant faict à neuf ladicte porte avec tours et forteresse belle, aussi faict rabilher une partie de la murailhe dycelle ; en quoi faisant ont employé et despendu envyron. (sic.) Si on faict fere dans ladicte ville ung beau molin à bras pour mouldre bledz en temps de necessité qui couste ausdictz habitans plus de 500 livres tournois.

12°

Sont lesdictz habitans chargés fère d'aultres réparations que sont très necessaires pour la seurté et deffence de ladicte ville, par ordonnance dudict seigneur gouverneur, scavoyr une murailhe le long du fossé de Chanterrone pour retenyr les eaux et excluses dudict fossé et le fère profonder, estant sans cella ce cousté de ville fort faible. Aussi fault parfayre la grand tour qui demore inutille, estant à la porte du Chastel, ensemble fère fayre de gabions lentour de ladicte ville ; à quoy lesdictz pauvres habitans ne peuvent parfornyr à raison de l'extrême pauvreté en laquelle, au moyen que dessus, sont a present réduictz, ne sestans rien layssé de leurs avoyr, pour soy nourrir avec leurs familles, subvenyr aux payemens desdictz subcides et impositions ausdictes réparations et nourriture et entretenement desdictz gens de guerre qui les ont mys à ce poinct qu'il y a en ladicte ville ung nombre de plus de douze à treize cens personnes pauvres qui mendyent le pain pour Dieu; la pluspart desquelz, auparavant ceste guerre, estoyent riches et vivoyent honnestement et maintenant sont misérables ; le commerce ayant cessé, comme elle a faictz durant ceste guerre, leur moyen du mesmes, joinct aussi qu'il n'y a nul desdictz habitans ayant bien et mecteries aux champs, que pendant le temps de guerre en ayent rien jouy, parce que les gens de guerre de parti et aultre ont pillé ou dissippé les trouppeaulz de bestial ; les folles, charges et subsides estans si très grans, que les revenus ne bastent aux payemens ; les mectadiers et laboreurs ayans esté contraintz quicter et abandonner le tout, le denier de la talhe dans ladicte ville se montant ceste année 10 livres, toute ladicte ville estant à 1,420 deniers.

15°

Surquoy, mondict seigneur de Mende sera très humblement supplié par lesdictz délégues de la part desdictz habitans ses affectionnés et fidelles subjectz qui ne pensent respirer de ce mal que par sa faveur, voulloyr tourner son œil de pitié vers lesdictz subjetz, leur pouvoir des remedes que sa grandeur advisera, s'il luy plaict, pour le mieulx, afin que, pour l'advenyr, ils ne soyent plus contrainctz souffrir telles choses.

14°

Et s'il luy plaict tenir homme en ceste sienne ville de Mende, representant sa personne, sesdictz habitans le supplient instamment que sa grandeur y mecte personnaige digne amateur de paix et du repos de sesdictz subjectz, et lequel aux affayres de la police preigne l'advys et oppinion des notables citoyens, que ledict sieur y a, afin que toutes choses soyent composées avec raison et modestie.

15°

Et daultant que sa grandeur, lorsquelle fust visiter sesdictz subjectz, ordonna estre prins 300 sestiers de ses grains pour estre distribués annuellement à sesdictz pauvres habitans, mendyans, sa seigneurie sera advestie que desdictz grains n'en ont ésté prins et donnés ausdictz pauvres, tous les ans, au plus de 80 ; et, pour ceste et présent année, n'en ont lesdictz pauvres rien heu. Parquoy, sera aussi supplié voulloyr en ce faict déclarer son intention et ordonner pour responce a cest article quelle quantité desdictz grains il veult et entend estre donné ausdictz pauvres, et en cela considérer, sil lui plaict, le nombre susdict desdictz pauvres, qu'est de plus de douze à treize cens, et que la distribution dudict blé sera faicte par ses officiers, présens et assistans les consulz et procureur de sadicte ville, qui ont cognoissance des vrayement pauvres et souffreteux.

16°

Sera semblablement mondict seigneur supplié voulloyr ayder et secourir sesdictz subjectz a fere fayre lesdictes réparations de sadicte ville et en sera daultant embellye et forte, et a ces fins ordonner sur son revenu estre prins telle somme de deniers que sa grandeur vouldra, et considérer que lesdictes réparations se monteront plus de sept mille livres ; lesdictz habitans, durant les trois troubles, se sont efforcés à porter sur leur doz toutes telles lespenses et aultres grandes réparations faictes à ladicte ville, sans en voulloyr rien demander à sa grandeur, pour avoyr receu d'elle beaucoup de biens et faveurs passans l'office de seigneur.

17°

Et pour aultant que sadicte ville sera mieulz policée touchant la vente des bledz, seelz et aultres denrées, aussi aux poix et aulnaiges qui se font à cachettes en des maisons particullieres, s'il plaict à sa grandeur donner lieu et permission a sesdictz habitans pour dresser une pièce et mesures publiques desdictz denrées, poix et aulnaiges, et Mgr de Chamfremont de ce faict et aultres choses susdictes en donnera audict seigneur particullier adviz, lequel avoyt promys ausdictz habitans leur fere bailler trois botiques qui sont dans la courtine et fondemens de la maison episcopalle, esquelles y a proprietayres, que sa grandeur recompenseroit, et sadicte courtine, oultre l'utillité publique en sera plus riche et mieulz conservée des immundices infaictes qui empechent sa seigneurie et ceulx de sa maison ny pouvoir passer.

18°

Sont lesdictz habitans bien désireux d'avoir un prédicateur qui leur annonce la parole de Dieu, afin leur donner la doctrine spirituelle de l'âme et parfaite cognoissance de leur salut.

19°

Sa grandeur s'il luy plaict aydera sesdictz habitans de sa faveur pour obtenir de sa majesté une exemption géneralle en forme de patentes, afin qu'ilz ne soyent contraintz y loger aultres compaignyes que celle que leur sera ordonnée pour leur garnison, comme ilz ont été cy devant à leur grand dommaige.

20°

Sesdictz habitans le supplient aussi humblement leur faire ce bien, d'aultant que son procureur juridictionnel a faict formelle instance contre lesdictz habitans, lorsque mondict seigneur le mareschal envoya ledict sieur prevost à la ville, calomniant misérablement sesdictz habitans, les aulcuns desquelz en ont esté poursuyvys en la cour de parlement, sondict procureur faisant partie, leur donner juges, si sa grandeur en propre n'en veult cognoistre, afin que la vérité et innocence de ses dictz habitans soit cogneue, et qu'ilz ont esté, sont et seront vrays et fidelles subjectz, 'affectionnés en son obeyssance et de sadicte majesté, car le seigneur de Saincte Enymie estant à Beaucayre, vers mondict sieur le maréchal, lorsque les délégues de ladicte ville y estoyent aussi pour se justifier, faisant partie ouverte contre lesdictz habitans, duquel mondict seigneur en pourra particullierement estre informé pour scavoyr d'ou et de qui procedoit telle poursuitte.

Les susdictz articles ont esté veuz, délibérés et arrestes en la maison consulaire de ladicte ville par l'advis et délibération de MM. les consulz et conseil. Moy, procureur de ladicte ville, présent.

Signé : CHEVALIER.

Moy escryvant audict Conseil.

Signé : PACÈS.

Les presens articles ont esté responduz par mondict seigneur de Mende le 21ᵉ jour de décembre mil cinq cens sixante quatorze, comme est pourté par les postilles opposées à chascun des articles.

Par commandement de mondict sieur,

Signé : Albaric.

c. 1794.

RÉPONSE DE L'ÉVÊQUE DE MENDE AUX ARTICLES PRÉCÉDENTS.

21 décembre 1574.

Au 1ᵉʳ Article.

Sera vérifié si la despence, cy couchée souby le nom Escurette et ses soldatz est entrée au département et assiette des deniers qui furent lors imposés sur le pays, pour en estre faict remboursement, ayant esté faict despartement et assiette, se pourvoieront pour leur payement contre les receveurs.

Au 2ᵉ Article.

Les habitans ont deu délivrer lesdictes armes soubz certification des soldatz qui les recurent et par estimation desdictz nommés et pourront recouvrer sur toutz soldatz lesdictes armes et mesmes contre aulcuns et bon nombre de soldatz estant habitans de ladicte ville ou se pourront addresser contre le procureur et consulz de ce temps.

Au 3ᵉ article.

Aucune réponse.

Au 4ᵉ article.

Après que le commis des nobles a soutenu que ladicte despence a esté remboursée ausdictz habitans en tout evenement imposée pour estre remboursés, sera verifié sur l'assiette et despartement desdictz deniers, s'il y a remboursement ou non.

Au 5ᵉ article.

Seront veuz les assietes, despartemens et comptes desdictes impositions en deniers ; et quant aux monitions sera dressé par le greffier ung estat au vray au despartement d'icelles et enjoinct aux commissaires de représenter et rendre leurs comptes, dans lesquelz ilz se chargeront en receptes desdictes munitions en espece ou bien en deniers s'ilz ont icelluy receu en deniers, et quant aux aultres fraiz contenus en ce present article, l'ont faict pour leur debvoir et conservation particuliere, et portant ny eschet remboursement.

Au 6ᵉ article.

Ces foules ont esté communes à tout le pays, et portant ny eschet remboursement, sinon qu'avec la généralité de tout le pays.

Au 7ᵉ article.

Sera pourveu à l'avenir au solaigement desdictz habitans et que telles querelles et dissensions cy après n'adviennent, et seront lesdictz habitans advertys de nous donner advis si semblables choses advenoint cy après, et de leur part y pourvenyr a opprymer les commencemens de semblables divisions.

Au 8ᵉ article.

Le présent article, en ce qui concerne Grimauld, a este faict pour leur particulière conservation. Et quant à la despense faicte à l'arrivée de Mgr de la Gorse, les hostes qui ont logé ont esté remboursés. Et quant aux particuliers n'en ont faict instance, sauf a eulx de se pourvoir pour ledict remboursement particulier aux Estatz.

Au 9ᵉ article.

Pour leur conservation particulière.

Au 10ᵉ article.

Seront veus les despartemens, assiettes desdictes impositions, et seront les comptes rendus sur icelles, sauf à vérifier s'il y a aultres impositions en deniers et monitions. Et quant aux aultres fraiz, faitz pour le Languedoc, ladicte despense est commune à tout le pays aussi bien que ausdictz habitans.

Au 11ᵉ article.

Pour leur conservation particulière.

Au 12ᵉ article.

Pour leur conservation et défense particulière.

Au 13ᵉ article.

Aucune reponse.

Aux 14ᵉ 15ᵉ 16ᵉ 17ᵉ et 18ᵉ articles.

Sera pourveu par mondict seigneur.

Au 19ᵉ article.

Les habitans se peuvent asseurer que M. de la Gorce, gouverneur, suyvant la promesse qu'il en a faicte a mondict seigneur, les soulager de tous logis et passaigues, si ce n'est en une extrême necessité et qu'il en fust grand besoing pour leur conservation mesmes et de tout le pays.

Au 20ᵉ article.

Mondict sieur n'entend point que le procureur juridictionnel se rende partye contre aulcun desdictz habitans, ne que soubz son nom il sy face aulcune poursuyte à l'advenir.

AVIS DE L'ARRIVÉE DES HUGUENOTS. — GARDE A FAIRE AUX CLOITRES ET AU CLOCHER D'AUROUX. — PASSAGE DU CAPITAINE MERLE A RIEUTORT OU DEUX CLOCHES SONT BRISÉES. — FORTIFICATION DE MENDE.

1575.

Le 25 janvier, ay envoyé ung garson au Chastel-Nouvel du mandement de M. de la Gorce, pour advertir le capitaine Claustre que les Huguenaulx estoient arrivés a Lanuéjols, auquel ay payé 2 solz.

Le segond jour d'avril, pour avoir envoyé ung messager au lieu de Auroux, porter une lettre à ung nommé Bouscharene, dicto Felze, signée par Pons Destreetz, touchant la garde des cloistres d'Auroux, de l'avis de M. le prévost et official, dont le messagier apporta responsce, ay payé 50 solz.

Le 17 avril, payé a ung porteur d'Auroux, estant envoyé en ceste ville par Boscharene au sieur Pons Destreetz, luy porter une missive touchant la garde du clocher d'Auroux, pour son voyage, estant envoyé exprès, 27 solz 3 deniers.

Le 14 mai, pour avoyr envoyé ung messagier au lieu de Rieutort pour entendre sy le métail de deux cloches que le cappitaine Merle avec sa troupe rompirent en passant, comme l'on disoit, en auroient apporté au Malzieu, ay payé, 6 solz.

(Extraits du registre G. 1337. Comptabilité du Chapitre cathedral).

Par acte du 17 avril 1575, le consul, les procureurs de l'évêque, du Chapitre et du clergé de Mende, donnent à prix fait, divers travaux de maçonnerie pour la fortification de la ville.

(Série E. Registre de Mᵉ Desestreyctz, notaire, folio 40).

LETTRE ADRESSÉE A MM. LES QUATRE COMMIS DU DIOCÈSE DE MENDE.

Plaintes des consuls de Marvejols.

17 avril 1575.

Messieurs, par celle que nous escripvistes nous mandiés, le neufviesme de ce moys que aviez intention et volunté de continuer l'entretenement de la trêve, et nous priez que fessions contenir les soldatz de courir sur le peuple ; ce que avons faict et désirons faire et nous y employer tant que nous sera possible. Mais, ce jourd'huy avons treuvé que de vostre costé l'interruption continue a aparoistre, car avons receu une comission ou descharge de M. de la Gorce pour l'entretenement de la compagnie de M. de Boysverdun des paroisses de St-Cimphorian, Thoras, les Plantatz et autres, lesquelles estoyent baillées par la conférance au recepveur de la present ville ; ladicte comission est du vingt-sixiesme mars, mais l'execution d'icelle, signée par M. de Boysverdun est du cinquiesme d'avril après vostre dicte lettre, et dailleurs les ecclésiastiques ont commencé d'arrenter les carnencz, bien que par la teneur de la trève préalablement il y deust avoir sur ce conferance. Nous ne scavons que resouldre de ce faict que au préalable n'ayons sur ce entendues voz voluntez, et pour cest effect, vous avons voulu escripre ce mot, et vous prions de fere cesser telles interruptions, pour la considération que devons avoir du pouvre peuple qui est du tout ruyné si le commerce cesse, lequel toujours nous avons voulu et voulons entretenir de tout nostre pouvoir, et, esperant que vous en ferés autant de vostre part, et que ne nous donnerés occasion de nous en plaindre plus ; remédiant à ce dessus pour le soulagement et repos du peuple, ne vous en ferons plus long discours, mais nous recomandant humblement à vos bonnes grâces, prions Dieu, Messieurs, vous donner longue vye.

A Marvejols, ce 17 d'avril 1575.

Voz bien affectionnez serviteurs,
Les Consulz de Maruejolz.

(Série C. 1794).

RAVAGES DES CHATEAUX DE LA PRADE ET DE PLANIOL, APPARTENANT A M. DE MONTESQUIEU.

15 mai 1575.

Le commencement des ruines que je heu, a esté du temps que M. de Cénaret était gouverneur de ce pays de Gevaudan, qu'il me fit avec son conseil, questoyt de la ville de Mende, bruler le Planiol avec tous les meuble qui étaient dedans.

Et en même temps par ceux de la garnison de Mende, me fut pillé tous meubles en blés et tout le betail que javais au chateau de La Prade, avec mes documents ; que jamais ne se vit maison plus ravagée, comme beaucoup en peuvent encore temoigner qui sont été présents.

En 1575 le 15 mai, le capitaine Fossat, sous couleur de bonne foi et à la persuasion de M. du Tournel, me surprit le chateau de La Prade, du temps que M. d'Apchier étoit gouverneur de ce pays, après qu'il eut fait prendre M. de Vareilles, prisonnier. Je fus souvent solicité dudit sieur du Tournel de recevoir garnison ; ce que je ne voulais jamais entendre, quelles promesses qu'il ne fit de m'en faire donner tout le soulagement et recompense qui en eu jamais désirer ; car, pour mon particulier, je ne voulais porter préjudice au païs. Durant cinq mois, je faillis perdre ma vie, que bien souvent javais de ces pervers insatiables, les arcabuses dressées pour me tuer et tout a l'occasion d'être trop voisin du sieur du Tournel que la sœur dite Ainée. Je perdis tout mon revenu de la Prade.

Extrait de la requête présentée a M. le connétable de France, gouverneur et lieutenant général pour le Roi en la province de Languedoc.

Document communiqué par M. le comte de Lescure.

PROMESSE FAITE PAR M. DE ST-ALBAN A MATHIEU DE MERLE, DE LUI VENDRE LA CHARGE DE BAILLI ET GOUVERNEUR DE LA VILLE DE MARVEJOLS.

3 juillet 1575.

M. Aymar de Calvisson, escuyer, sieur et baron de Saint-Aulban, bailli et gouverneur pour le Roy es villes de Marvéjols, Chirac, Grèzes, etc., promet à Mathieu de Merle, escuyer, présent et acceptant, de luy résigner son estat de baillif et gouverneur de Maruejols, sous le bon plaisir de sa majesté, comme en jouissaient les sieurs d'Auriac et de Monbazin, prédécesseurs du sieur de St-Aulban, pour la somme de 1.200 escus d'or sol.

L'acte est passé au chateau du Bois-du Mont, appartenant au sieur du Besset, et reçut par les notaires Jean Barrau, notaire de Maruejolz, et Gabriel Roffiac, notaire de St-Aulban.

(Archives départementales, série E. Fonds Marvejols, pièce en parchemin).

Ce document a été publié dans le Bulletin de la Société d'agriculture, sciences et arts de la Lozère. Année 1854, page 90.

LETTRE DU ROI HENRI III, QUI ORDONNE A M. DE LA GORCE DE FAIRE LE SIÈGE DE LA VILLE DU MALZIEU, OCCUPÉE PAR LES HUGUENOTS.

13 juillet 1575.

Monsieur de la Gorce,

Ayant bien et particullièrement entendu l'importance de laquelle la ville du Malzieu, au diocèse de Mende, qui est de présent occuppée par ceulz qui sont en armes contre mon service, est au pays et diocèse, et combien de mal ladicte occupation apporte, et au contraire combien de fruictz la réduction d'icelle y seroyt. Sur l'avis que Jay eu que le sieur de Montal, grand prieur d'Auvergne, et comte de Martinengue qui tiennent de présent le chateau de Miallet assiégé, peuvent aisément entreprendre ladicte réduction, pour le peu de force et defence qui est en ladicte ville. Je leur écriptz a chacun deulz une lettre en leur mandant, incontinant après qu'ilz auront réduict ledict chasteau, de sy acheminer et tenter, avec leurs dictes forces, toutz moyens de la remetre à mon obeissance. Et, comme Je say que estant en l'estendue dudict diocèse, où vous commendez de par moy, vous leur pouvez beaucoup ayder et prévalloir.

Je vous prie, à ceste cause, mectre ensemble le plus grand nombre de vos amys et d'aultres forces, que vous pourrez et avecque cella aller trouver lesdictz sieurs de Montal, grand prieur d'Auvergne, et comte de Martinangue, et, par ensemble faire tout ce que vous pourrez pour ravoyr ladicte ville, soyt par l'amyable, soyt par la force, de tant quelle retourne en sa première obéissance, et que le mal qui se fait, chacun jour, pour l'occupation d'icelle, cesse au pays comme je me prometz, qu'ilz faira, si, tous d'un bon accord, vous y acheminez avecque vos forces ; vous asseurant que le bon service que me ferez en cest endroit, je ne le mettray point en oubly. Et, affin que vostre armée, pendant le siège, nayt aucune disette de vivres et autres munitions que y sont nécessaires, j'escriptz aussi aux syndicz et commis des Estatz des diocèses de Mende, du Puy et Saint Flour, d'en envoyer en ladicte armée, autant qu'elle en aura besoing, de manière que, par faulte desdictz vivres et munitions, elle n'ayt occasion de désamparer ledict siège ; donnant ordre audict diocèse de Mende qu'il ny soyt faict faculté de sa part, comme il reçoyt plus d'incommodité et de déplaisir de ladicte occupation.

Priant Dieu, M. de la Gorce, vous avoir en sa sainte garde.

Ecrit à Paris, le treizième jour de juillet 1575.

Signé : HENRI.

Et plus bas :

DE NEUVILLE.

Arch. dép. Serie E. Fonds d'Apchier : Copie de lettres et G. 973 (original).

LETTRE DU ROI A M. D'APCHIER.

17 juin 1575.

Monsieur de la Gorce,

J'ay été bien aisé d'entendre, comme j'ay faict, bien particulièrement du capitaine Lambert, qu'avès dépéché devers moy, et lequel je vous renvoie le bon devoir que vous faites en ce qui s'offre de votre côté pour moy servir avec le soin et égard qu'avez journellement a ce que ne soit rien attenté et entrepris au préjudice d'iceluy et même la prise quaves faicte de celuy que le maréchal Dampville envoiet au vicomte de Turene, avec les lettres qu'il portoit, que ledict capitaine Lambert ma rendues, estant chose de grande importance. Ce n'est pas seulement de cette heure que je m'aperçois de votre bonne et grande affection au bien de mon service et ayant assés de témoignage d'ailleurs et même par ce que men a plusieurs fois dit et rapporté l'évêque de Mende et semblablement son grand vicaire, lorsqu'il feut délégué pour venir devers moy et me donner avis des affaires qui se passent de delà. Mais ayant, jusques icy, si bien fait que vous êtes au chemin qui nous peut conduire à l'honneur et reconnoissance que tout bon et fidelle serviteur attend de son maître, il faut poursuivre et tenir ce chemin déjà frayé. Comme M. de La Gorce, je vous prie de faire et de continuer toujours de bien en mieux, si faire se peut, a pourvoir et avoir l'œil à ce que verres estre necessaire pour mon service en votre charge ; continuant aussi à observer les contenances et departement de vos voisins pour les prevenir en ce que vous découvrires qu'ils voudroient entreprendre, ensorte que, faute de bonne prévoyance, il n'advienne aucun inconvenient des places où vous commandés. J'écris présentement aux sieurs de St-Héran, de Montal, de la Bargue et de St-Vidal, de vous secourir des forces qu'ils peuvent avoir, en ce que vous en aurez besoin, et se joindre à celles qu'avès commencé à mettre sus pour empecher, s'il est possible, que l'ennemi fasse la récolte et les cources qui se font vers le Malzieu. A quoy je m'assure qu'ilz satisferont au surplus, pourvu que je désire que le procès de celuy que aves arretté allant trouver ledict vicomte de Turenne, soit fait et parfait. Vous y donneres ordre incontenant, ainsi que jay donné charge audict capitaines Laubes ? (Lambert ?) a vous faire entendre plus amplement de ma part. Vous priant de le croire, non seulement pour ce regard, mais de plusieurs autres choses que je luy ay donné charge de vous dire, luy ajoutant foy comme à moy même, que pric Dieu, Monsieur de La Gorce, vous avoir en sa sainte garde.

Escriptz à Paris le 14e jour de juin 1575.

HENRI, SIGNÉ.

Et plus bas :
DE NEUTILLE.

Série E. Fonds d'Apchier.

ETAT ET FRAIS DE GARNISONS EN GÉVAUDAN, SOUS LA CHARGE ET CONDUITE DE M. D'APCHIER, SIEUR DE LA GORCE, GOUVERNEUR ET COMMANDANT POUR LE SERVICE DE SA MAJESTÉ AUDIT PAYS DE GÉVAUDAN.

Les garnisons pendant les mois de juillet et suivants sont établies :

A Mende, au Chastel-Nouvel, à la Vigne et à Balsièges.............. sous le capitaine de Thiville (1),

à Saint Chély d'Apcher et à la Garde......	d'Haute-Ville,
à Chanac et au Villard.	Costeregord,
à Ispagnac..........	le sieur de Rocheblave,
à la Canourgue.......	M. Castelfort,
à Saugues..........	le sieur de Beauregard,
à St-Alban.........	le capitaine Baldit,
à Ste Enimie........	Prades,
à Bedoués..........	François de Miral,
et à Langogne........	le capitaine Colombet,

La dépense pour l'entretien de ces hommes de guerre s'élève à 6,000 livres environ.

(C. 1333).

---

(1) Lambert de Gaiget, écuyer, Sgr de Thiville, gentilhomme servant de Mgr le duc d'Alençon, frere du Roi, était gouverneur et bailli de Mende. CC. 171.

Le 15ᵉ septembre 1575, ay bailhé au secrétaire de M. d'Apchier, pour deux appointementz de requête, l'une pour le faict de la garde des tours d'Auroux, et l'aultre pour avoyr contraincte contre les rantiers des dismes et aultres paysans des censives, present M. l'official, un escu sol et deux testons.... 4 livres 12 sols.

(Comptes du Chapitre, G 1337).

LETTRE DU ROI A M. D'APCHIER.

3 septembre 1575.

Monsieur de la Gorce,

J'avais fait état pour partie de l'entreténement de mon armée, qui est en Languedoc, sous la charge de mon cousin le duc d'Uzès, des deniers des tailles et impositions mises sur le sel et autres marchandises qui proviendroient des villes dudict païs restant à mon obéissance, toutefois j'ay été averti que vous, et les autres gouverneurs particuliers dicelles, les avés chacun en létendue de sa charge, retenus et employés au payement des soldatz y étant en garnison, empechant l'acquittement des assignations que j'avais fait expedier sur lesdictz deniers, pour le fait que dessus ; ce que j'ay trouvé fort étrange, encore que je scache que n'êtes sans peine et difficulté a entretenir lesdicts soldatz, attendu que vous pouviés bien juger le grand et irréparable préjudice que la faute de payement d'icelle armée, composée principalement d'étrangers, pouvaient porter a mes affaires, comme l'expériance la montré, par le refus qu'ils ont souvent fait, sous ceste couleur, de marcher aux plus urgentes occasions qui se sont présentées pour mon service, et que ceux desdictes garnisons pouvoient plus aisement être secourus esdictes villes. Et dautant que je ne puis donner autre plus prompt moyen a mondict cousin de subvenir à l'extrême necessité d'icelle armée, que sur lesdicts deniers, a l'occasion des autres grandes et excessives dépences que j'ay a supporter allieurs et qu'il est très important a mondict service de la retenir encore en compagnie, je vous prie, M. de la Gorce, sur tant que vous aymés le bien de mes affaires, vous abstenir d'y plus toucher, et tenir la main qu'ils soient paiés et délivrés au trésorier d'exercice ou à son commis, aux termes accoutumés, pour les emploier au fait de son assignation, avisant de disposer et faire condescendre les habitans desdictes villes, d'accomoder lesdictz soldatz, y étant en garnison, des vivres et quelque autre moyen de s'entretenir; a quoy je veus croire qu'ilz ne se rendront refractaires ny mal aisés, veu que c'est principalement pour leur conservation; sachant aussi que la seule nécessité de mes affaires m'a induit à leur laisser ce peu de charge sur leur bras pendant que je fais d'ailleurs tous effortz pour les delivrer entierement de l'oppression que leur font les ennemis communs de ma couronne et de leur repos. Priant Dieu, M. de la Gorce, vous avoir en sa garde.

Ecrit à Paris, le 5e jour de septembre 1575.

Signé : Henry.

Et plus bas : Tiser.

(Série E. Fonds d'Apchier).

LETTRE DU ROI A M. D'APCHIER.

26 septembre 1575.

Monsieur de la Gorce,

Je vous ay fait entendre comme mon frère, le duc d'Alençon, s'est parti et absenté d'auprès de moy, et de qu'elle façon cela est advenu, me laissant un regret d'autant plus grand que je scay ne luy avoir donné aucune occasion, et, pour ce que je suis averti que de jour à autre se rendent près de luy plusieurs troupes de gens, embrassant volontiers toutes nouveautés, j'ay résolu de dresser une armée, la plus forte et puissante que je pouray et y aller en personne, pour rompre le cours de leurs desseins. En quoy, ayant besoin d'être assisté de tous mes bons sujetz, même de la noblesse, qui ne scauroit en meilleure ny plus urgente occasion faire paroitre sa fidellité et devotion a mon service, j'ay avisé d'écrire à tous les ballis et sénéchaux de mon royaume qu'ils ayent à avertir ceux de ladicte noblesse, qui sont habilles à porter armes, n'étant de nos ordonnances et emploiés ailleurs pour nostre service, de se tenir pretz au meilleur équipage qu'ils pourront, pour me venir trouver en mon camp et armée, la part que je seray, et qu'aucun d'yceux n'ayent à suivre mondict frère, ny ceux de son parti, mais s'acheminent, par devers moy, aussitôt que de ma part leur sera mandé, voulant que lesdictz balifs et sénéchaux, après lesdictz avertissements faitz, envoient le plus promptement que faire se pourra, chacun au gouvernement de la province dont il dépend, le rolle desdictz gentilhommes qui seront pour marcher, et en disposition de me faire service, afin que je scache qu'elle force et secours j'en pouray tirer, ainsi que plus à plain est contenu en lettres que j'ay sur ce faites expédiées, dont je vous envoie celles que j'ai dressé aux balifs et sénéchaux qui sont en votre gouvernement, vous priant donner ordre quelles leur soient diligemment randues et par eux satisfait à mon intention, comme vous feres aussi de votre part à m'envoier lesdictz rolles, incontinant que les aures reçus; tenant au surplus la main par tous les melieurs moiens que vous pourés a contenir, tant ceux de ladicte noblesse, que tous autres, en mon obeissance, et que en aucunes villes l'on ne donne entrée à mon dit frère, ny à autre de son parti, ainsi que j'ecris aux habitans d'icelles ; les exortant à demeurer fermes en la fidelité qu'ils me doivent, dont je vous envoie les lettres, que vous fères pareillement tenir, et, de votre part vous aurez l'œil ouvert qu'il ny ait et advienne rien contre le bien de mondit service. Priant Dieu, Monsieur de La Gorce, vous tenir en sa garde.

Ecrit à Paris, le 26ᵉ septembre 1575.

Signé : HENRI.

Et plus bas : FISEU.

LETTRE DE M. ADAM DE HEURTELOU, VICAIRE GÉNÉRAL DE L'ÉVÊQUE DE MENDE, A M. CHEVALIER, RECEVEUR POUR LE ROI, A MENDE.

Monsieur le Receveur,

Voyant que M. le juge n'est venu par deçà par lequel me devies envoyer les mil cinquante livres que je vous presté dernierement en ceste ville et ne vous estre souvenu de les moy fere tenir par la voye du sieur Polalhon, à Lyon, (comme vous m'aviés promis), ensemble les quatre cens cinquante livres de ma prébende, dans le jour St-Michel, qui est passé, j'ay bien voulu vous prier de ne tenir plus grand longueur et de me fere tenir lesdictes sommes, soit par la voye dudict sieur Polalhon, ou par homme expres, sans de rechef attendre plus longtemps, pour ce que il me sera mal aisé aux grans affaires qui sont par deçà de pouvoir aller si tost à Mende, du moings jusques a ce qu'il se soit faict une bonne et asseurée pacification, pour laquelle monseigneur de Mende fait ce qu'il peult avec la Royne, mère du Roy, envers Monseigneur son filz, lequel partit de ceste Court le XVme du passé, et a tant gaigné mondict seigneur de Mende envers luy, que ladicte dame, sa mère, et luy se sont entretenuz et sont encores ensemble à Bloys, ou je les ay laissés pour en venir apporter nouvelles en ceste Court, avec esperance de pacifier toutes choses; et ja messieurs les marechaulx de Montmorancy et de Cossé sont sortiz de la Bastille du jourdhyer. Je n'eusse jamais pensé que mondict seigneur eust esté si bien voulu et suivy de la noblesse de ce royaulme ; laquelle luy arrive de toutes partz, a ce que nous avons peu veoir, allant mondict seigneur de Mende après ledict seigneur par le commandement du Roy et de ladicte dame, pour le veoir (avec toute charge de leur part de ladicte entreveue et abouchement de ladicte dame et mondict seigneur son filz) nogotier et traicter ladicte pacification : delaquelle je prie a Dieu, qu'il luy face la grâce d'en pouvoir venir à bout; du moings il ne tiendra à luy qu'il ne face ce qu'il pourra envers ledict seigneur, lequel a prins soubz son asseurance et conservation ung chacun de ce royaulme et ne doubte que ce qu'il en fera, ilz sera tenu par eulx bien volontiers. Car il ne désire que veoir cedict royaulme reiglé et policé. Il ne tiendra aussi au Roy et a la Royne, pour la grande dévotion en laquelle ilz en sont, aiant sa majesté, envoyé dudict jour dhyer, tout pouvoir a mondict seigneur son frere, de commander par tout son royaulme, tout ainsin qu'il faisoit auparavant qu'il fust roy. De rechef l'on a fort grand espérance en ladicte pacification et ja commencent quelques italiens (qu'ilz appellent estrangiers) a penser a eulx (ceulx qu'ilz dient avoir esté plustost occasion de la guerre que de la paix), encore que quand a moy j'estime ung chacun en sa fonction et charge estre fort digne et avoir tousjours esté affectionné au bien et repos de cedict royaulme, et croy que toutes choses se pourront accorder, comme il en est bien de besoing, car d'ung cousté les reistres sont ja entrés en ce royaulme, et crainct lon encores d'aultres plus proches, que seroit la ruine totalle de ce dict royaulme, si la pacification ne se faisoit comme de rechef, j'espère pour avoir despuis trois jours laissé toutes choses en assez bon commencement, à ce que mondict seigneur de Mende me commande de le venir fere entendre a leurs dictes majestés. Je ne fauldray vous advertir, aussitost, de la résolution qui se prendra, messieurs les consulz; cependant j'attendray au plustard dedans le XV⁰ de ce moys de vos nouvelles bien amples de ce qui se passe par delà avec la rescription dudict sieur Polalhon, pour me fere fournir lesdictes parties ou par homme exprès sans, s'il vous plaist, que je vous en importune d'avantaige, et, sur ceste asseurance je m'en voys recommander de bien bon cœur à voz bonnes graces de MM. Vachery, Gleize, le sieur Pons et toute ceste bonne compaignie, priant le Créateur vous donner, Monsieur le Receveur, heureuse et longue vie, en bonne santé.

A Paris, ce III⁰ octobre 1575.

Vostre meilleur ami, serviteur et bon voisin,

CHAMFREMONT, *abbé de Restauré*.

LETTRE DU ROI DE FRANCE ANNONÇANT A M. D'APCHER LA VICTOIRE DU DUC DE GUISE.

12 octobre 1575.

Monsieur de la Gorce,

Je ne veux plus longuement obmetre à vous donner avis de la bonne nouvelle que m'a fait scavoir presentement mon cousin le duc de Guise, qui est que ayant suivi depuis les frontières d'Allemagne les troupes de raîtres et françois venus en ce royaume à la faveur de ceux qui se sont élevés contre mon autorité, pour les combattre ; à la fin il les a pressés de cy-près qu'ils ont été contraintz de venir au combat près de Dormans, au passage de la rivière de Marne, et que les choses sont si heureusement succédées, qu'il a entièrement défait lesdits raitres et françois, dont la melieure part sont demures morts sur la place et les autres mis en tel désordre et route, qu'il est du tout hors de leur puissance de pouvoir plus nuire ny parvenir à leurs desseings ; ce que je vous prie faire scavoir partout, à ce que mes bons et loyaux sujetz louent Dieu d'une si heureuse victoire, qu'il luy a plu nous donner et l'en remercier, comme je prie vous avoir, Monsieur de La Gorce, en sa sainte et digne garde.

Ecrit à Coutance, le 12 jour d'octobre 1575.

Signé : HENRI.

Et plus bas :

NEUVILLE.

LETTRE DU DUC DE CRUSSOL, QUI ANNONCE A M. D'APCHIER, GOUVERNEUR DE GÉVAUDAN, LA VICTOIRE DU DUC DE GUISE.

20 octobre 1575.

A Monsieur, Monsieur d'Apchier, chevalier de l'ordre du Roy et commandant] en mon absence au païs de Gevaudan,

Monsieur, tout presantement je viens de recevoir des lettres par lesquelles sa majesté me faict entendre, ainsi que vous verrez par la coppie cy encloze, la victoire que Dieu luy a donnée sur ses ennemis et contre ceulx qui se sont eslevez contre son auctorité, ayant Monsieur de Guyse, prez de Dormans, au passaige de la rivière de Marne, avec l'armée qu'il conduisoit, deffaict les trouppes des reystres et françois qui marchoient à la faveur desdictz enemis en ce royaulme et mis en telle deroutte que, aprez en avoir faict demeurer la plus grande partie diceulx mortz sur la place et le comte Doostin collonnel desdictz reystres prins prisonier, et le peu qui restoit avec le sieur de Thore, qui estoit leur conducteur, sest sauvé à la fuitte et en tel désordre qu'on ne peult scavoir encores le lieu et de leur garantie et retraicte et pause ou seurement, quilz sont a presant en tel estat qu'ilz ne sont plus à dobter. Dequoy je vous ay bien volleu advertir et faire participant de ceste bonne nouvelle, laquelle si Dieu plaist apportera quelque bon fruict au bien et advancement du service de sadicte majesté et reprimera lorgueil de ceulx qui pansoient avoir si grand progrez à leur mauvais desseings. Vous priant bien affectueuzement de tenir advertis toutes les villes de vostre comandement affin que les bons subgets de sadicte majesté prennent cueur et soient esjouis d'ung si heureux succez, faisant faire par tout processions et feuz de joye pour randre graces à Dieu, lequel je prie, aprez mestre recomandé bien affectueuzement à vostre bonne grace.

Monsieur, vous avoir en sa saincte et digne garde. De Villeneufve-lez Avignon ce xx° jour d'octobre 1575.

Votre affectionné couzin à vous,

Jacques de Crussol.

ACTE DE SERMENT DE FIDÉLITÉ PRÉTÉ, PAR LA VILLE DE MENDE, CAPITALE DU GÉVAUDAN, AU ROI HENRI III.

26 octobre 1575.

Nous, cy après soussignés, tant de l'église que du Tiers Etat, manans et habitans de cette cité de Mende, faisant le corps mistique de la plus saine partie d'iceux; étant en présence du seigneur baron d'Apchier, chevalier de l'ordre du Roy, gouverneur et commandant pour le service de sa majesté au diocèse dudict Mende et païs de Gévaudan, dans la maison de son habitation, y convoqués, de son commandement, ce jourd'huy vingt-sixième jour de septembre, mil cinq cens soixante quinze. Après ce que sa grandeur nous auroit fait entendre la teneur de la lettre écrite par sa majesté au seigneur de la Barge, son gouverneur au païs de Haut et bas Vivarés, du 16ᵉ de ce mois, dont la teneur s'ensuit :

Monsieur de la Barge, encore que j'aye toujours aimé chèrement mon frère, le duc d'Alençon, sans luy avoir donné aucune occasion d'être mal content de moy; si est ce quil est avenu par mauvais conseil, selon qu'il est asses aisé à présumer, qui hier au soir, sur les cinq heures, il s'est departi d'avec moy, sans que jaye pu encore sçavoir en quelle part il a tiré; et, parceque cella ne peut que accroitre les maux desquels nous ne sommes que trop affligés, je vous prie, sur tous les services que vous eûtes jamais en volonté de nous faire, que vous faites soigneusement prendre garde, par tous les lieux et endroitz de votre gouvernement, et, s'il se sera point retiré, afin de l'arreter par tous les mellieurs moyens dont vous vous saures adviser, qu'est bien le plus grand et digne service que je saurais jamais recevoir de vous. Je désire aussi que vous admonesties tous ceux de ma noblesse de votre gouvernement de me demeurer toujours bons et loyaux sujetz, sans suivre autre parti que le mien, selon qu'ils y sont naturellement obligés, et qu'il leur est ordonné de Dieu. Vous envoyant des lettres en blanc pour en bailler à aucuns des principaux, afin de les y encourager davantage.

Et sur ce je prie Dieu, Monsieur de La Barge, vous avoir en sa sainte garde.

De Paris, ce 16ᵉ septembre 1575.

Et au dessous :

Et plus bas : HENRI.

FISER.

Au marge est écrit :

Monsieur de La Barge, j'ay depuis avisé envoyer lesdites lettres en blanc à mon cousin, le duc d'Uzès, pour les faire tenir particulièrement à ceux qu'il jugera plus affectionés à mon service, et qu'il auroit en notre présence fait déclaration qu'il n'a eu et n'aura jamais autre volonté que d'être et de venir très humble et affectioné serviteur à sa majesté, et que ses vies et biens sont dédiés pour son service et maintien de sa cause; reconoissant qu'à ce, il, et tout autre sont obligés par droit divin et humain et que ledit sieur, ores qu'il ne fasse aucun doute que nous n'avons une même volonté, comme il en a reconnu, tant davant que durant son gouvernement, les effetz, nous auroient semondés luy en faire notre déclaration, afin qu'il puisse mieux demeurer en repos en ladite cité qui est la principale et plus importante pour son service que toute autre dudict païs et des environs. Avons, d'un franc cœur et unanime volonté, dit et déclaré, disons et déclarons que nous avons toujours tenu et reconnu, comme faisons, pour notre vray et légitime Roy, donné de Dieu, et de toute nature, Henry troisième, par la grace de Dieu, roy de France et de Pologne, que nous voulons vivre et mourir sous son obéissance et pour son service, et à ce employer nos personnes et biens; que nous recevrons ses commandemens, et de Messieurs ses lieutenans et gouverneurs ; que nous emploierons nuit et jour pour la garde de ses dites cités, afin de la conserver à la dévotion de sadite majesté, sans y rien épargner ; obéirons aux commandements que, sur ce, ledict sieur gouverneur nous en donnera, et qu'il n'y aura nul de nous qui ne demeure allié !

et confédéré, à l'observation ci dessus, sans division ny partialité, comme nous avons entièrement, de tout temps observé, et que, s'il y a aucun d'entre nous dits habitans qui s'oppose ou fasse chose qui contrevienne à cette sainte volonté, le découvrirons audit sieur gouverneur, pour qu'il en fasse faire la justice et punition condigne au crime de lèse majesté. Et, pour la fermeté du tout, l'avons promis et juré es mains dudict sieur gouverneur et sur les saints évangiles ; comme de même ledit seigneur en a fait, qui a signé le premier cet acte et nous après luy.

Audit Mende, lesdits jours.

D'APCHIER, signé.

Etants nous dits habitans, tant de l'église que du Tiers Etat, de rechef assemblés en la maison consulaire de ladicte cité, devant le Henri de Tivile, capitaine établi pour le service de sa majesté en icelle, et baille et gouverneur en la justice ordinaire. Ce jourd'huy 20e jour d'octobre 1575, le sieur de Boisverdun, bailly du Gévaudan, délégué vers nous de la part du susdit sieur baron d'Apchier, chevalier de l'ordre du Roy, lieutenant et gouverneur pour sa majesté en ce dit diocèze de Mende, nous auroit baillé la lettre, qu'il auroit plu à sa dite majesté nous dresser, du 26e du passé, et, discouru le fait de sa délégation et requis de nos vouloirs et intentions luy en donner lettre, afin que ledit sieur gouverneur en puisse avertir sa dite majesté. Avons de rechef promis et juré, sur les saints évangiles, tous d'une bonne et unanime volonté, que nous n'avons jamais été ny serons autres que très bons et affectionnés sujetz et serviteurs à sa dite majesté ; voulons vivre et mourir en son obéissance et pour son service, sans faire épargne de nos personnes et biens, pour garder et conserver cette cité à sa dévotion. A cet effet avons toujours receu et recevrons ses commandemens et ceux que ledit seigneur baron d'Apchier, gouverneur, ou autre ayant charge de sadite majesté, nous en donneront, et, en tout userons du devoir de bons, loyaux et obéissans sujets. Et s'il y en a aucun d'entre nous que s'ébranle tant pu que soit à faire chose qui contrevienne à cette sainte volonté, les metrons es mains de la justice, pour en être chatiés comme crimineux de leze majesté, ayant supplié ledit seigneur gouverneur, capitaine et bailli délégué, qui sont gens de guerre, nous y ayder et secourir et nous donner loy et police sur la garde de ladite cité, comme ils ont fait cy devant ; ce qu'ils nous ont promis et juré, de mesme comme nous et tous ensemble avons signé cet acte ledit jour.

De Tiville, bailli, gouverneur en ladite ville et capitaine établi par le Roi en icelle ; Achard, consul ; Boisverdun, bailli ; Maurel, consul ; Chantuel ; Achard ; Vaisse ; Dumas ; Malzac, procureur de sa majesté en Gévaudan ; Delaboude ; Destretis ; Philip ; Clavel ; Desmazes ; Designes ; Bastit, notaire ; de Sabran, lieutenant ; Reversat, apoticaire ; Pons ; Bardon ; Sarrut ; Caprien ; Jean Cely ; Aymard ; Oge ; Moutet ; Gleise ; Vignolle ; Chevalier ; Boniol ; Bastit ; Chaptal ; Destritis, consul ; Pons ; Robert ; Torrent ; Desbaugeillin ; Chevalier ; Filhol ; Bastit Broulhet, Issartel ; Dumas ; Ponsonalhe ; Bernard ; Couderc ; Lenormant ; Martin ; Jacques Pons, et autres signés.

(Fonds d'Apchier. — Don de M. Théophile Roussel).

LETTRE DE JACQUES DE CRUSSOL, DUC D'UZÈS A M. D'APCHIER, LE PRIANT DE SE TENIR A MENDE POUR ROMPRE LES INTELLIGENCES DES HABITANTS DE CETTE VILLE AVEC LES ENNEMIS DU ROI.

22 novembre 1575.

Monsieur,

Il y a deja longtempz que je vous ay adverti comme les ennemys ont une [gr]ande intelligence dans la ville de Mende ; laquelle est manyée par le cappitaine [Ga]sques, quy est avec eulx; et parce quelle continue encores, je vous en ay bien voulu [vous en do]nner advis par ce mot expres, affin d'y remedier par vostre bonne prudence et empecher l'inconvenyent que y pourroit arriver au préjudice de sa majesté. Neantmoingz, ayant advertissement tous les jours que, sans les bledz quy sont apportez devers voz quartiers à Montpellier et autres lieux, lesdictz ennemys se trouveroyent à l'extremité de la faim; je vous prieray bien affectueusement et sur tant que vous aymez le bien et avancement du service de sadicte majesté, tenir l'oeilh et la main, quilz ne jouyssent de telles commoditez, ains feste telle pugnition de ceulx quy y donnent faveur ou que les portent, que les autres, a leur exemple, s'en trouvent chastiez. Vous ne le ferez seulement pour ce regard, mais aussi pour les pouldres et autres munitions de guerre, desquelles ilz en retirent plusieurs, et je prieray, sur ce, le Créateur, Monsieur, en santé vous donne vie longue, me recommande bien affectueusement à vos bonnes prières.

De Villeneufve-les-Avignon, le 22° de novembre 1575.

Je vous prie vous tenir pour quelque temps dans ledict Mende, pour rompre lesdictes intelligences.

Vostre plus affectionné compagnon et meilleur ami a vous obeir,

Signé : Jacques DE CRUSSOL.

(Archives départementales. — Fonds de M. Théophile Roussel).

Le 10 décembre 1575, pour avoyr faict fère coppier deux requestes avec les appointementz y contenus, donnés par M. d'Apchier, contre les habitans d'Auroux, pour iceulx bailher au syndic Fortunie et à M. Malzac, procureur du Roy, pour ce que nous sommarent et protestarent contre le Chapitre, de ce que n'avoient poinct de clefs aux fortz d'Auroux, à cause qu'il estoit prisonnier au Chambon, ainsi que l'acte appert par M° Bastit, notaire. . . . . 4 sols.

(Série G. 1337. — Comptes du Chapitre).

ETRENNES DONNÉES A M. D'APCHIER.

1ᵉʳ janvier 1576.

Pour six chapons grans et gras que ladicte ville donna à Mgr d'Apchier, gouverneur, pour ces estrênes le premier jour de l'an 1576, ayant cousté d'achept 4 livres 17 solz 6 deniers.

Plus 10 setiers vin claret donnés au même seigneur, Mgr d'Apchier, lieutenant pour le Roy en Gévaudan. Le cout est de 55 livres.

(Archives de la ville de Mende. CC. 172).

LE BAILLI PHILIPPE DE ROBERT DE BOISVERDUN, PRISONNIER AU CHATEAU DE GRISAC.

Acte pour Monsieur de Thiville, gouverneur et cappitaine commandant pour le service du Roy, à Mende.

27 janvier 1576.

L'an mil cinq cens soixante-seize, et le vingt septiesme janvier. En la cité de Mende et dans les maisons eppiscopalles, damoiselle Jacquette de Florit, femme à noble Philippe de Robert, sieur de Boisverdun, bailly de Gévauldan, à présent prisonnier entre les mains du sieur de Bédoesc, tennent le party de ceulx de la

religion, au chasteau de Grizac, assisté de noble Jehan
de Roquolles, sieur de Remyeyse, son beau frère, a
supplié M. de Thiville, gouverneur et cappitaine, commandant pour le service du Roy audict Mende, en
absence de Mgr d'Apchier, chevallier, de l'ordre dudict
sieur gouverneur et commandant pour ledict service
audict païs de Gevauldan. De tant que le sieur de
Vareilles, prisonnier de guerre en la présent ville, a
payé sa rançon a celluy que mondict sieur luy auroit
ordonné dernièrement sur son despart de ladicte ville,
et suyvant la charge et commandement que lors ledict
sieur D'Apchier donna verballement audict sieur de
Thiville, en la presence de MM. les juge, consulz, procureur et principaulx du conseil de ceste dicte ville,
voulloir mectre ledict sieur de Vareilles entre les mains
du sieur de Fontenilles et de Cogossac, pour le mectre
presentement hors la présent ville, et après en liberté
de sa personne, dès lors que ledict sieur bailly sera
aussy eslargy et mis en liberté par ledict sieur de
Bédoesc. Delaquelle ordonnance ledict sieur de Thiville, à plain certiffié et obeyssant au commandement
de mondict sieur d'Apchier, a luy, sur ce donné, en la
présence desdictz sieurs juge, consulz, procureur et
principaulx du conseil de ladicte ville, dont y en avoit
une bonne partie, illec accordant y avoir esté presens,
et a la requisition de ladicte de Florit, a délivré ledict
sieur de Vareilles audict sieur de Fontenilles, pour le
mectre présentement hors la présent ville et aussi
(après avoir recouvré ledict sieur bailly et Claude
Borrel, aussi prisonnier avecq luy et conduictz en
icelle) le mectre en pleyne liberté. Ce que ledict de
Fontanilles s'est chargé et a promis faire, ou bien re-

mectre ledict sieur de Vareilles au premier estat, ensemble les deniers que pour le faict dudict Borrel luy seront baillés dans cinq ou six jours, à peyne de quatre mil escuz, et, jusques a faict, ledict sieur de Vareilles a laissé en ceste ville, pour hostaege, damoyselle Isabeau d'Auriac, sa femme, illec présente. Dequoy, ladicte demoyselle de Florit s'est contentée et ledict sieur de Thiville a commandé à moy, notaire, retenir de ce dessus et de la presence et assistance des soubznommez (mesmes de Anthoine Gerbauld, sieur d'Orcière, beaufrère de Vital Borrel, frère, poursuyvans la delivrance dudict Borrel au moyen de l'eslargissement dudict Vareilles) acte pour luy servir à sa descharge, ainsin qu'il appartient.

Présens : MM. Claude Achard, licencié, juge ordinaire ; Jehan Vivian, second consul ; Anthoine Chevallier, procureur ; Loys Chevalier, cappitaine de ladicte ville; lesdictz d'Orcière et Borrel, Jehan Destreictz, dict Pelissier, second consul, l'année passée ; Anthoine Delaboude, notaire ; Jacques Levieulx ; Barthelemy Chevallier ; Estienne Pigiere, notaire ; Claude Vaisse ; Pierre Privat ; Jehan Vital, dict Paris ; Jehan Bodeti ; Benoist Bernard et plusieurs aultres habitantz dudict Mende. Et moy Jehan Desestreyctz, notaire royal, soubzsigné.

Roubert.

En tout ce dessus ques esté present.

Achard, juge.	Moy présent,
Borrel.	de Thiville.
Suis esté présent,	Moy présent aussi,
Chevalier.	Chevalier.

(Série E. — Registre de M. Desestreyctz, folio 23).

DÉPENSES POUR LA GARNISON DE BÉDOUÉS.

janvier et février 1576.

Aux habitans de la paroisse de Branoux pour les rembourser de la moytié de l'advance qu'ilz avoyent faicte pour le comandement dudict sieur d'Apchier, gouverneur, de la solde de huict soldatz, estans en garnison au fort de Bédoesc, durant les mois de janvyer et février 1576, à raison de 12 livres le mois pour chascun soldat, ordonné estre couchée en deux années consécutives ; revenant en tout à neuf vingtz douze livres, et pour ce yci pour la moytié. 96 livres.

(Extrait de l'assiette du 27 avril 1577. C. 877).

FÉLICITATIONS DU ROI HENRI III A M. DE LA GORCE.

5 février 1576.

Monsieur de la Gorce,

Je vous ay naguères écrit le contentement que j'avois du bon devoir que j'ay entendu, tant par la lettre que m'avés écrite par ce gentilhomme de Vivarais que par le temoignage qui m'a été rendu que continués de faire pour la conservation des places et forteresses du diocèse de Mende et païs de Gévaudan ; ce que je vous ay bien voulu encore, par le retour de ce porteur, assurer et prier sur tous les services que je scay qu'avés de longue main en vie de me faire, dy estre si soigneux et vigilant, qu'il n'en puisse advenir faute, en attendant que Dieu m'aye fait cette grace de pacifier mon royaume pour l'importance dudict païs au bien de mes affaires, ne pouvant que louer l'offre que vous me faites de venir trouver mon armée avec les forces que pouvez lever par delà, comme témoignage de vostre bonne volonté. Ce que j'auray très agréable, sans la crainte qu'il y auroit que vostre absence de vostre gouvernement apporteroit préjudice et domage audict païs pour les entreprises qui sy pouroint faire à l'occasion de grandes affaires qui y sont encores, comme j'ay entendu, et, continuant à m'y faire service, je m'en sauray bien souvenir en tout ce que me voudrés requérir ; et, sur ce je prie Dieu, qu'il vous ayt, Monsieur de la Gorce, en sa sainte et digne garde.

Ecrit à Paris, le 5ᵉ jour de février 1576.

Signé : HENRI.

Et plus bas : FISES.

(Fonds Théophile Roussel. — Dossier : Apchier).

DON D'UN MULET AU DUC D'UZÈS.

Le 26 mars 1576, il a été payé 80 écus pistolletz pour l'achat dung mullet pour presenter et envoyer à M. le duc d'Uzès.

(C. 1326).

REMERCIEMENTS A M. LE DUC D'UZÈS.

6 mai 1576.

Payé par mandement du 6ᵉ jour de mai 1576, à sire Privat Ynard, la somme de 60 livres tournois pour ses depens d'ung homme de pied et de deux mulletz qu'ont esté envoyés devers mondict sieur le duc (D'Uzès) pour le gratiffier et remercyer des biens et faveurs que le pays reçoit de sa grandeur. Ledict Ynard estant délégué pour luy fère entendre les dolléances dudict pays, appert dudict mandement et quittance ci.... LX livres.

(C. 1326).

RÉDUCTION DU FORT DU CHAMBON.

Mars 1576.

Le sieur d'Apchier, chevalier de l'ordre du Roy, en l'année 1576 et au moys de mars, estant gouverneur et commandant pour le service du Roy audict diocèse, voyant le fort du Chambon dans ycelluy occupé par les rebelles qui faysoyent infinyes courses, impositions de deniers et munitions, meurtres, pilleryes et ravaiges sur les fidelles subjectz du Roy, n'ayant moyen les en desnicher sans artillerye et plus grandes forces que celles qu'il avoyt, auroyt, pour éviter plus grandz fraiz et maulx, trouvé moyen par composition et soubz la promesse de 1,200 escus au soleil, qu'il fist à Nadal

Coffort et Robert Chastel, soldatz, y estans, dont paya seullement 500 escus au soleil de ses propres deniers, pour recouvrer ledict fort et le remectre en l'obeyssance du Roy; le remboursement desquelz 500 escus il auroyt faict demander audict pays plusieurs foys, et car pour le jourd'huy il y a une imposition faicte pour l'extraordinaire de la guerre, sur teut ledict diocèse, de quatre vingtz un mil et tant de livres, auroyt requis estre faict payement, des deniers d'ycelle, audict sieur, de 500 escus, par luy, comme dict est fournys pour la réduction dudict fort.

L'assemblée des commis des Etats dans sa séance du 18 juillet 1577, tenue à Mende, concluer que attendu qu'il appert par quictance dudict Coffort et par actestation faicte par les sieurs du Fort et D'Arfolhette, moyennant serment expédiés par Me Averon, notaire, du 16e présent moys, ledict sieur d'Apchier, estant en charge, avoir faicte la fourniture et advance desdictz cinq cens escus pour la réduction dudict fort en l'obeyssance du Roy, que soubz le bon plaisir de MM. les gens des Trois Estatz dudict pays, ledict sieur d'Apchier sera remboursé de 1,500 livres pour lesdictz 500 escus demandés, par M. Jean Vivyan, receveur particulier du présent diocèse, des deniers de ladicte imposition, pour luy donner occasion de continuer la bonne volonté qu'il a tousjours euc andict pays, et à ces fins luy en sera faicte descharge, saulf et à la charge de les rendre et remplacer au pays, en cas que lesdictz sieurs des Estatz ne le trouveroyent bon, ou qu'il se trouvast ladicte somme n'avoyr esté par luy fournye.

(C. 813, folio 163. — Séance du 18 juillet 1577).

ORDRE DE M. D'APCHIER DE PAYER LA SOLDE DE LA GARNISON ÉTABLIE AU CHATEAU DU CHAMBON.

8 mai 1576.

Monsieur le recepveur particulier du diocèse de Mende, M⁰ Jean Vivyan, payés, bailhés et deslivrés comptant aulx dix hommes de guerre françoys, arquebuziers à pied, tenant garnison pour le service du roy au fort et chasteau du Chambon, soubz la charge de Robbert Chastel, cappitaine, la somme 115 livres tournois, assavoyr : audit cappitaine 25 livres tournois, et à neuf souldatz arquebuziers, à raison de 10 livres tournois chascun, 80 livres tournois ; laquelle somme avons ordonné et ordonnons leur estre par vous payée des deniers de vostre recepte, et ce pour leurs gaiges, solde, estat et entretenement dung mois entier, acomensé le 1ᵉʳ jour du prochain moys de may et finissant le 1ᵉʳ jour du prochain moys de juing ensuyvant 1576; pour lequel leur avons ordonné ladicte monstre. Et rapportant par vous la présente avec l'acquict seullement dudict cappitaine, de ladicte somme de 115 livres tournois ; icelle vous sera allouée et rebatue en tant moingz de vostre dicte recepte à la reddition de voz comptes, tant par MM. les gens des comptes pour le Roy, à Paris, generaulx des aydes et finances au pays de Languedoc, gens des Estats particulliers dudict diocese, commis et depputés d'icelluy, et magistrat par sa majesté commis ou à comettre et tout aultre es qu'el

— 278 —

apartiendra; ausquelz prions ainsin le fere sans difficulté.

Faict à Saugues le huictiesme jour dudit moys de may l'an mil cinq cens soixante-seize.

Signé : D'APCHIER

(Fonds Apchier).

ARRIVÉE DES GENS DE GUERRE DANS LE DIOCÈSE POUR S'OPPOSER AUX ENTREPRISES DES ENNEMIS. — SUSPENSION D'ARMES.

mai 1576.

Le comptable a fourny par mandement et ordonnance des commis du diocèse, du 18 mai, la somme de 540 livres 14 solz tournois pour le rembourser de pareille somme qu'il avoit fournye et advancée suyvant la délibération sur ce prinse, aux sieurs baron de Visec, la Rochette, Vallarga et à leurs companyes, s'estans acheminés en ce pays pour coupper le desseing de plusieurs entreprinses qui se conspiroyent par les ennemys, estans advertis de la paix.

Plus à Raymond Mocquet, la somme de 20 solz tournois pour avoir apporté en la ville de Maruejolz une déclaration du Roy, touchant le pozement d'armes.

(Extrait du compte de M. Vivian, receveur du diocèse. G. 1326).

Par ordonnance du 25 mai 1576, le comptable a payé 559 livres 19 sous 2 deniers aux hostes de Mende, pour les rembourser des despens et fournitures de munitions de vivres aux sieurs de Ste Enymye et capitaine Poget, Valarga, La Rochette, baron de Visec, capitaine Françoys de Miral, capitaine Costeregort et à leurs compaignyes qui se seroyent acheminées en ces quartiers par dellibération et conclusion desdictz sieurs commis pour interrompre les desseingz et entreprinses qui se conspiroyent pour lors et soubz pretexte de la venue de la paix.

Le comptable a payé par ordonnance du 28 mai à MM. André Achard, sieur de Fangoses, et Privat Ynard, la somme de 40 livres tournois, pour leurs peynes et vaccations par eux exposés durant deux mois entiers, par mandement de mondict sieur d'Apchier, aux portes de la ville de Mende, pour visiter les lettres, pacquetz et meetre en escript les noms des forains qui entroyent en ladicte ville avec leurs armes, pour obvyer et coupper chemin aux intelligences et conspirations qui se passoyent contre ladicte ville de Mende.

Par mandement du 2 juin, le receveur a payé 600 livres à Jacques Platon, escuyer, sieur de Montalay, vallet de chambre ordinayre du Roy, pour ses journées, peynes et vaccations destre venu de la ville de Paris en la présente ville de Mende, y ayant apporté et faict publier le edict de la paix et en autres villes et lieux dudict diocèse.

(C. 1426).

FEU DE JOIE A MENDE A L'OCCASION DE LA PUBLICATION DE LA PAIX.

1575.

Forniteure faicte par moy Jehan Vivyan, consul de la ville de Mende, en l'année 1576, par commandement dr Mgr d'Apchier, lors commandant pour le servisse du Roy, en ce pays de Givauldan, pour le feu de joye que feust fect à la plasse de ladicte ville, après la publication de la paix.

Premierement, à payé pour lachept de 18 livres poudre fine, mize en fuziés et guarotz, mis dans le fantosme dudict feu de joye, a 14 solz la livre, et pour deux mains papyer grand de raisin, prins du sieur Anthoine Cayrel, à 8 solz tournois la main, et pour doubze lynvettes? a deux deniers pièces, le tout pour lesdictes fuzées et guarotz, montent le tout la somme de 13 livres 10 solz tournois.

Plus a payé pour l'achept de huict thoneaux boix, grans, tenant une charge piece, à 35 solz tournois piece. et pour 10 canes 4 pans toilhe grize a 15 solz tournois la cane, mise sus lesdictz thoncaux, et pour le boix et pailhe mis dans lesdictz thoneaux, pour ledict feu de joye 18 solz tournois, montant le tout la somme de 23 livres 9 solz.

Plus payé pour 14 pans bouqueran (1) rouge gris pour fère ledict fantosme au sieur Barthelemy Isertel, la somme de 55 sols, et a M° Valentin Lallenc, pour avoir fect ledict fantosme et pincture, toute ladicte toilhe la

---

(1) Vieux mot, qui signifie une sorte d'étoffe qu'on croit avoir été faite du poil de chèvre.

somme de 4 livres 7 solz 6 deniers ; et pour un grand arbre mis dans lesdictz thoneaux la somme de 15 solz tournois, et pour ce monte tout la somme de 6 livres 17 solz 6 deniers.

Plus a payé à Jehan dict Boschillion, fustier, pour six jazenes grandes et 8 posses et 200 clous, le tout pour leschafaut dudict feu de joye ou pour atacher ladicte toilhe avec pincture sur lesdictz thoneaux ou pour ces peines et vacquations d'avoir fect ledict échafanlt et aultres choses, la somme de 6 livres 5 solz.

Plus a payé à M° Claude Pelisse, la somme de 20 solz tournois, pour la rouhe brulante qu'il fist a part ledict feu de joye.

Plus a payé à mectres Reneset Bernard, menuzier et colanjon, du Puy, et Laurens Brajaon, pour leurs peines et vacquations de trois journées qu'ilz hont vacqué a fere lesdictes fuzées et guarotz ou aultres choses, la somme de 5 livres.

Plus a payé a Embroize Bardet, hoste, pour la despense faicte chez luy durand lesdictz troys jours par sire Jehan Chevalier, obryer de la ville et lesdictz mectres Buschillon, Buysson et lesdictz Benezet, Colanjon et Laurens, la somme de 7 livres.

Plus a payé ledict, par commandement de mondict seigneur d'Apchier et du sieur de Thiville, au saruryer de Sainct Estienne du Valdonnés pour lachept d'ung grand et fort cadenat fer, mis ez portes de ladicte ville, la somme de 7 livres tournois.

Je a ferme le tout contenir vérité et forny par moy.

Jehan Vivyan, consul.

Moy présent, procureur de la ville,

Signé : Chevalier.

(Archives de la ville de Mende. CC. 172).

MENTION DE L'ÉDIT DE PACIFICATION PUBLIÉ A MENDE LE 29 MAI. — LE CAPITAINE LEYNADIER, DÉCHARGÉ DE LA GARDE DU CHASTEL-NOUVEL QUI EST LAISSÉ AU CHAPITRE DE MENDE SON PROPRIÉTAIRE.

4 juin 1576.

L'an mil cinq cens soixante seize et le 4e jour du mois de jung. En la cité de Mende, et dans la maison de la précemptorie, messire Jehan d'Apchier, seigneur et baron dudict lieu, chevalier de l'ordre du Roy, gouverneur et commandant pour le service de sa majesté au païs de Gévauldan, a congédié Jehan Leynadier, capitaine, ayant commandé et commandant pour le jourdhui, pour ledict service, au fort de Chastel novel lez Mende, de son auctorité pour, avec ses soldatz, se retirer chascun en sa maison pour entendre à leurs affaires particulliers : et iceulx respectivement deschargés de la garde dudict fort, et icelluy fort, attendu l'édict de paciffication des troubles envoyé par sadicte majesté et publié en la présent ville le vingt neufviesme jour de may dernier, laissé entre les mains et au pouvoir du Chappitre de l'église cathédralle de Mende, seigneur haultz, moiens et bas dudict lieu et mandement dudict Chastel novel, auxquelz a laissé la charge de la garde dudict fort en l'obeissance du Roy, cy après tant que la nécessité le requerra, avec leurs subjectz et habitans, tant dudict lieu que de son mandement. Lesquelz, pour ceste occasion, lesdictz sieurs du Chappitre pourront contraindre par tour de rolle a y fere les guetz, gardes et santinelles, de nuict et de jour, comme ilz y sont tenus et la necessité le requera, et ce parlant à MM^rs MM^es Jehan Boniol, licencié ez droictz, prévost, et Guillaume Brés, chanoines en ladicte église, et bailles dudict Chappitre, representans icelluy, qui ont dict que ledict Chappitre, en corps, y fera son debvoir. Ce que ledict seigneur a commandé à moy, notaire royal, soubzsigné, escripre et en retenir acte, tant par la descharge sienne que dudict Leynadier.

Présens : Frère Sebastian de Ponthault, prieur et seigneur de Saincte-Enymie ; maistres Jacques Pons, docteur, de Mende ; Guillaume Ruat, notaire de Sainct Chély d'Apchier, et moy Jean Desestreyctz, notaire royal soubzsigné.

DAPCHILR.

(Serie E. Registre de Me Desestreyctz, folio 140).

DÉPENSES DIVERSES.

Par ordonnance du 10 juillet 1576, le comptable a payé à damoyselle Charlotte de Sainct Ferryol, vefve du sieur de Bressolles, la somme de 100 livres tournois, pour le degast du meuble par elle fourny, tant aux sieurs de Combas et d'Apchier et a leur train, lorsquilz estoyent gouverneurs en ce pays.

Par ordonnance du 3 aoust, il a payé au sieur de

Saint-Brez, commissaire député en ce diocèse pour faire entretenir la paix, et envoyé par mondict sieur le maréchal, la somme de 250 livres, sans en ce comprendre ses dépenses à lui ordonnée pour ses journées, peynes et vaccations par luy exposées audict diocèse, tant pour l'exéqution dudict édict que aultrement.

Au sieur de Thiville, ayant commandé pour le service du Roy en la ville de Mende et aultres lieux dudict pays, la somme de cent pistolletz, vallans 320 livres tournois, pour le rembourser et gratiffier en partie des despences par luy faictes durant le temps de sa charge, que faict plusieurs chevauchées pour les afferes du pays et service du Roy.

(C. 1326).

20 juillet 1576.

DÉLÉGATION POUR MAITRE ANTHOINE CHEVALIER EN COURT.

L'an mil cinq cens soixante seize, et le vingtiesme jour du moys de juillet. En la cité de Mende, et dans le concistoire de la court ordinaire. Assemblez vénérables personnes MM. maistre Jacques Macel, docteur ez droictz, vicaire général et official ; Lambert de Gaiget, escuyer, seigneur de Thiville, gentilhomme ordinaire de la maison de Mgr le duc d'Alenson, fraire du Roy, baille et gouverneur pour Mgr l'évesque de

Mende, comte de Gevauldan, en ceste ville ; Guillaume
Mombel, sieur d'Usselz, 1er consul ; Jehan Bonyol, prevost, baille du Chappitre ; Jehan Rossal, baille du
clergé de l'église cathédralle, assisté de Me Pierre
Monyer, membre dudict clergé ; André de Chaloillet,
lieutenant général ; Jehan Malzac, procureur du Roy
et dudict sieur comte, en la Court royalle et commune
du comté et bailliage de Gevaudan ; François Dumas,
licencié ez droictz ; Jehan Martin, Pons Bardon, Pol
Albaric, François Coignet, docteurs ; Loys Fontunye,
sindic dudict pays ; François Du Jardin, escuyer ; Jehan
Bastit, Anthoine Delaboude, notaires ; sire Loys Chevalier, boúrgeois ; Privat Inard, Anthoine Maurel et Jacques Chantuel, marchantz, dudict Mende. Pardevant
lesdictz sieur Macel et consul.

Maistre Anthoine Chevalier, procureur de ladicte
ville, a remonstré, entre aultre choses, qu'il avoit esté
adverty que Mgr le marechal de Dampville envoyoit
certaine trouppe de gens de guerre en garnison en la
present ville et que ledict sieur Bardon avoit parlé à
ung homme, nommé Me Juliany, de Salgues, qui venoit
de la ville de Montpellier où ledict sieur mareschal est
de present ; lequel avoit affirmé avoir veu la commission sur ce expédiée, comme ledict Bardon a rapporté
à la compaignie ; pour à quoy obvier, ny avoit meilleur moyen que de recourir à Mgr dudict Mende, luy
fere entendre la pouvreté et impuissance en laquelle
ladicte ville seroit de nourrir et entretenir telle compaignie et supporter telle despense pour la pouvreté
en laquelle les troubles passez l'ont réduicte, pour
s'estre tousjours mainstenue soubz l'obeyssance du Roy
et sienne, et que, audict effect estoit bon depputer

personnage de qualité requize pour l'acheminer devers mondict seigneur de Mende et procurer, au moyen de sa faveur, exemption de toute garnison de mondict seigneur le duc, lieutenant général pour sa majesté en ce royaulme, et lettres de sa majesté envers mondict Sgr le maréchal, pour fère et souffrir ladicte ville jouir de ladicte exemption et remercier a mondict seigneur de Mende les biens infinis et faveurs receuz de sa grandeur pendant les troubles passez.

Et sur ce ayant coureu les voix dessus nommez les ungz après les aultres, suyvant leurs rangz, a esté arresté unanimement suyvant la réquisition dudict Chevalier, procureur, et par le plus grand nombre de ladicte compaignie, ledict procureur auroit esté esleu et délégué pour aller devers mondict seigneur de Mende, à l'effect que dessus.

(Série E. Desestreyctz, notaire. — Registre de 1576, folio 293).

ENVOI DE TROUPES AU MALZIEU.

Aussi a fourny et payé ledict recepveur par ordonnance desdictz sieurs commis dudict jour, 15ᵉ septembre 1576, à Mᵉ Guillaume Cruvellyer, hoste de Badaroux, la somme de 12 livres tournois, pour la despense faicte en sa mayson par MM. le bailly, consul de Mende et aultres qui les accompaignoyent, en nombre de douze à cheval, dellegués pour aller trouver les capitaines La Lire et Bedos, avec leurs trouppes, envoyés par mondit sieur le maréchal en la ville du Malzieu, et les garder de folier et ravager le pays.

(C. 1326).

GARNISON A IMPOSER A LA VILLE DU MALZIEU.

octobre 1576.

Par ordonnance du 11 octobre 1576, le comptable a payé à Jehan Lallenc, hoste de Mende, la somme de 65 livres tournois, pour la despense faicte en sa mayson par M. Pandeau, lieutenant général de prévost de mareschaulx au pays de Languedoc, et à cinq archers, tant en allant que venant de la ville du Malzieu en la présent ville de Mende, pour sommer et requérir ledict Malzieu recepvoyr garnison de la part de mondict seigneur le maréchal (de Damville), actendu quelque rebellion par eux commise.

(C. 1326).

AVIS DONNÉ AUX HABITANTS DE MENDE DE PRENDRE DES MESURES DE SURVEILLANCE.

La contagion estant à la présente ville de Mende, le compable M. Etienne Pigière, estant au Crozet, dont Cheminades estoit prins par les volleurs ; le sieur Chevallier de La Vigne feust adverti qu'il y avoit assemblée de gens pour surprendre ladicte ville. Surquoy feust advisé envoyer advertissement dont feust envoyé deux hommes de nuict ; payé un escu.

(Extrait du compte de l'annee 1576 rendu par M. Etienne Pigière, CC. 172).

MENTION DE LA PRISE DU CHATEAU DE RECOULETTES
Du 28 novembre 1576.

Dudict jour de relevée, les consuls et sindic de Mende ont dit avoir été avertis que quelques uns, contrevenant à l'édit de pacification, se seroient puis naguières saisis et emparés du chateau de Recolete, appartenant au sieur évêque de Mende, a quoi seroit besoin pourvoir, et supplier Mgr le maréchal, de la part du païs, que son bon plaisir fut de les faire sortir et les punir comme infracteurs dudit édit de pacification ; ce que lesdits Estats ont accordé faire, tout aussitôt que mondit seigneur le marechal sera arrivé. .

(Registre C. 535 Folio 9, verso. — Extrait des deliberations de la province concernant le diocèse de Mende de 1502 à 1652).

Le 12 décembre 1576 feust envoyé à Chastel Novel Jean Nigri, que y feust un jour et demi pour ce que y avoit bruist que M. de Thore avoit esté tué et on crainoit de surprinse, et pour ce ay payé pour sa despence 15 solz.

(Comptes du Chapitre : G. 1337, folio 97).

INJURES A M. LE CHANOINE BONIOL.

17 décembre 1576.

L'an mil cinq cens soixante-seize, et le dix-septiesme jour du moys de décembre. En la cité et dans l'église cathedralle de Mende. Noble et vénérable personne M. Jean Boniol, licencié ez droictz, prévost et chanoyne en ladicte église et baille du Chapitre d'icelle, ayant illec apprehendé noble Philippe de Robert, sieur de Boisverdun, bailly de la Cour royale et commune du comté et bailliage de Gévauldan, luy a remoustré que ce jourd'huy, de matin, ledict sieur Boniol estant en la présent ville, audevant la maison dudict sieur bailly, parlementant avecque luy, et se pleignant de ce que peu auparavant le sieur de Villeneuve, soy disant substitué du vicaire de Mgr l'évesque de Mende, et Lambert de Gaiget, escuyer, sieur de Thiville et baille pour ledict sieur, audict Mende, estoient venus en la maison de la prevosté, accompaignés de plusieurs leurs serviteurs et aultres en armes, et enfoncé non seulement la porte de la chambre dudict sieur prevost, mais aussi de son cabinet, à force folle et faict à leur plaisir de tout ce qu'ilz y auroient treuvé dedans, combien il n'eust en rien mefaict, et que lesdictz de Villeneuve et de Thiville n'eussent auctorité ne juridiction quelconque sur ses personnes ne biens, estoient venus lesdictz de Villeneuve et de Thiville non contents de de l'excès précédent, avoyent prins avec viollance et impétuosité ledict sieur Boniol, et icelluy, avec coups de poing sur sa personne et outtrages dénigratifz de ses estat, bonne vie et renommé overe, menasses, avec blasphemes excecrables de le tuer et murtrir, conduict et mené, despuis près la fontaine du griffol, ignominieusement et scandaleusement jusques près de la porte des prisons de ladicte ville, esquelles l'heussent mis, sans avoir en rien offensé ne delinqué charges ne inquisitions ny occasion prédedentes, d'une propre malice et hayne qu'ilz ont conceue contre luy de ce qu'il veult remonstrer et deffendre les droictz du Chappitre de ladicte église et ampecher les surcharges quon veult metre sur iceluy. Parquoy avoyr revocqué lesdictz outtrages et de tant que en la présent ville ny a aulcun magistrat compétent pour luy en faire raison et justice, estant tous comme lesdictz de Villeneuve et de Thiville officiers du sieur evesque de Mende, comte de Gévauldan, avec lequel ledict Chapitre a grand procès en la Cour souverayne de parlement de Tholose, à raison de la juridiction des faulx bourgz de la présent ville, et, en haigne duquel procès princippalement lesdictz excès ont esté attentoirement exécutés par entreprinse et mespris de l'auctorité de ladicte Court, a protesté devant ledict sieur bailly, comme autenticque personne, desdictz attentatz et innovatz et procédure tortionnac desdictz de Villeneuve et Thiville, et d'en poursuyvre réparation en ladicte Court où a appelle par la voye dudict appel attentat ou aultre melieure, et de ce requis acte ; lequel ledict sieur bailly luy a concédé estre expédié par moy notaire, luy offrant justice, en luy administrant tesmoingz.

Faict ou que dessus ; présens : Mes Ambroise Massedor ; Nicolas Guérin ; Pierre Monnyer ; Vital Ferrat, prebtres, tous prépendiers en ladicte église.

(Desestreyctz, notaire, folio 475).

ACTE DE RÉQUISITION POUR LE SIEUR DE THIVILLE, POUR LA GARDE DU FORT DU CHASTEL-NOUVEL.

17 décembre 1576

L'an mil cinq cens soixante-seize, et le dix-septiesme jour du moys de décembre. Dans l'esglise cathedralle de Mende où l'on disoit vespres, noble Lambert de Gaget, escuyer, sieur de Thiville, baille pour le faict de la justice et gouverneur, pour Mgr l'évesque de Mende et comte de Gevauldan, audict Mende, ayant mandé sortir du cœur de ladicte esglise noble Jean Boniol, licencié ez droictz, prévost et chanoyne et baille du

Chappitre dicelle, la sommé et requis, comme baille dudict Chappitre de pourvoir, à toute diligence, à la garde et conservation du fort du Chastel Nouvel, apartenant à icelluy Chappitre, en l'obeyssance et service du Roy et dudict sieur évesque, aultrement ou y adviendroit faulte a protesté contre luy de tous despens, dommages et interestz que ledict service et le bien du publicq en pourront souffrir, et, ledict sieur prevost a respondu que ce n'estoit son faict particulier, ains dudict Chappitre en Corps auquel ledict sieur de Thiville se debvoit dresser, si bon luy sembloit, pour faire sur ladicte réquisition ce qu'il appartient. De quoy, ledict sieur de Thiville a requis cet acte à moy notaire. Presens. nobles Philippe de Robert, bailly de Gevauldan ; Anthoine de Caprières, sieur de la Tour, lieutenant du prévost des mareschaulx ; Mes Pierre Monnier ; Anthoine Pasturel ; Vital Mauras ; Barthelemy Arzalier, prebtres, benefficiez en ladicte esglise ; Raymond Marquezon, sarourier ; Vital de La Sanitat ; Simon Darlis et plusieurs aultres habitans dudict Mende.

(Registre de Me Desestrecytz, notaire. — Folio 471).

GARDE EXACTE A FAIRE PENDANT LE JOUR ET LA NUIT DANS LA VILLE DE MENDE.

19 décembre 1576.

L'an 1576 et le 19ᵉ jour de décembre. En la cité de Mende, et dans la maison capitulaire, appelée le Chapitre. Congrégez au son de la cloche, comme est de coustume, vénérables personnes MM. Jean Boniol, prévost ; Guillaume Certain ; Raymond Claustre ; Loys Ret; Urbain de Poge et Guillaume Brés, chanoïnes ; Pierre Martin, hebdomadier ; Pierre Fontunie, chapelain de la Croix ; Jean Dalverny ; François de Cayres ; Guillaume Basalgette, etc..... Ayant entendu par le raport dudict Rossaldi, baille du clergé de ladicte esglise, que au conseil ce jourd'hui assemblé des quatre Corps de la présent ville, dans les maisons épiscopalles, avoit esté arresté que, pour la conservation de la présente ville en l'obeyssance du Roy et résister aux dessaingz que certains de la religion prétendue réformée, discourantz en plusieurs endroictz du présent diocèse, en armes, pourroient prendre contre ladicte ville, estoit de besoing faire garde en icelle, de nuict et de jour ; et, à cest effaict que quatorze soldatz y seroint employez, tant que la nécessité le requeroit, aux despens desdictz quatre Corps, et, appelés les voix des sus nommez, faisantz ledict clergé et demande par ledict Rossalier, sur ce estre délibéré ce qu'il auroit affaire, a esté conclud par ledict sieur prevost, suyvant la plus grande oppinion, que ledict Rossaldi, baille, soldoyera pour ledict clergé, et aux despens dicelluy deux desdictz quatorze soldatz, tant que sera besoing fere ladicte garde. Dequoy ledict Rossaldi a requis acte à moy, notaire.

Presens : M° Raymond Torrent, secrétaire du Chappitre de ladicte esglise ; Claude Ynard, habitantz de Mende.

(Registre Desestreyctz, année 1576, folio 479).

AVIS DE L'ARRIVÉE AU BLEYMARD D'UNE TROUPE DE HUGUENOTS QUI VOULAIENT S'EMPARER DU CHASTEL-NOUVEL. — ÉLARGISSEMENT DES PRISONNIERS DE MENDE, DÉTENUS AU CHATEAU DU POUJOL.

25 décembre 1576.

La velhe de Noué furent envoyéz au Chastel Novel Jehan Nigri et Ferran, pour ce que M. de Thiville et les consulz avoient entendu dire que au Blaymar avoit sept cens hommes en armes pour s'acheminer audit fort, et je paié leurs despenses pour un jour et demy xxIII sols.

(G. 1337).

Par ordonnance du 28 décembre 1576, il a este payé 16 livres à Mathieu Jullien, archier de prevost de mareschaulx de Languedoc, envoyé par mondict sieur le maréchal pour l'eslargissement de MM. Macel, vicaire général ; Achard, juge ; Chevalier, le sieur de Vedrines et Fontunye, scindic du diocèse, prisonnyers au chateau du Poujol, appartenant au sieur de Banyères, et y conduictz par le capitaine La Roche, de Sainct-Jehan-de-Gardonenche.

(C. 1326).

TRAITÉ DE PAIX A CONCLURE ENTRE LES VILLES DE MENDE ET DE MARVEJOLS.

14 janvier 1577.

L'an mil cinq cens soixante dix sept et le quatorziesme jour du moys de janvier. En la ville de Mende et dans la grand salle des maisons épiscopalles. Assemblés : MM. Michel de Villeneufve, viccaire général ; Jacques Macel, viccaire et official de Mgr l'évesque de Mende, comte de Gevauldan ; Anthoine Barrau, substitut du commis des nobles ; Claude Corrier, premier consul de Mende ; Pierre de Saurin, docteur en médecine, Sgr de Pradelz, premier consul de Marvejolz, et avec eulx MM. Jehan de Boniol, prévost en l'église cathédralle de Mende ; Guillaume Brès, chanoyne de la dicte église et baille du Chappitre ; Jehan Rossal, baille du clergé, assisté de Mᵉ Pierre Monyer ; le Sgr de Thiville, baille et gouverneur de la ville de Mende ; Claude Achard, licencié, juge ordinaire en icelle ; Philippe de

Robert, bailly de Gevauldan ; Jehan de Malzac, procureur du Roy audict bailliaige ; Bertrand de Sainct Bauzille ; Jehan Bonel, second et dernier consulz de la dicte ville ; Françoys Dumas, licencié ; Guillaume de Capprieres, lieutenant de prevost de mareschaulx audict pays ; Guillaume de Montbel, baron de Moyssac ; Jehan Dorlhac, sieur Dauzac, de Bozène et d'Estables ; Pons Bardon, Pol Albaric, docteurs ; Loys Chevalier, bourgeoys ; Helye Fabri, Sgr de Saugières ; Jehan Grassin ; Jehan Vivian ; Vidal Borrel ; Guillaume Destreetz, Jehan Guérin, Antoine Geymar, marchans ; Jehan Bastit ; Bertrand Grimal, notaires royaulx, et Me Anthoine Chevalier, procureur en la maison consullaire dudict Mende, ensemble Me Anthoine Jausiondi, délégué de ladicte ville de Maruejols, comme a dict.

Ledict sieur Macel a proposé que, par l'advis des aultres commis dudict diocèse, il auroit escript aux consulz dudict Maruejolz, se treuver en ceste ville, affin de prendre une bonne résolution pour fere en sorte que ce pouvre pays de Gévauldan soyt hors des miseres et calamités dont il se veoft agité au moyen des invasions et voyes d'hostillité que y ont esté exploictées despuys peu de jours en sa, contre la voulonté de la majesté du Roy et de Mgr le mareschal de Dampville, son gouverneur et lieutenant general, en son pays de Languedoc et infraction de son édict de pacification.

Lesdictz de Saurin, premier consul dudict Maruejolz, avec ledict Jausiondi, auroyt remonstré qu'il a esté délégué par les habitans de ladicte ville pour se rendre en ceste assemblée affin remonstrer et fere entendre leurs voluntés qui ne tendent a aultre chose que a l'observation dudict édict de pacification ; auquel, pour le service et soubz l'hobeyssance de sa majesté ilz veullent entierement se conformer et, ce faysant, demeurer en bonne, cincère et fidelle amytié, tant avec les habitans de ceste ville de Mende que aultres catholicques du pays de Gevauldan, soy resoldre avec que eulx, que mesmes ou Dieu nous vouldroict batre si après de pareilhe guerre civille que si devant, d'estre et demeurer si bons voisins et inthimes amys que quelque chose qu'il y puysse survenir, chascun demeurant en sa Religion, les comerce, négoce et traffic seront audict pays du cousté de ladicte religion entierement permys et entretenus avec les conditions telles que sera advisé estre dressées par articles, pour iceulx signés et jurés respectivement en obtenir l'auctorisation du Roy ou de mondict sieur le mareschal, comme en tout sera advisé.

Surquoy discoreu les voys et par ung unanime advis et délibération, a esté conclud que, soubz le bon plaisir de sa majesté et de mondict sieur le mareschal, son lieutenant general en cedict pays, les habitans dicelluy doibvent demeurer, toutz ensemble, en bonne paix, amytié et voisinage, de sorte qu'il ne sera rien entreprins par lung sur l'aultre pour l'offancer ny molester, contre la teneur et au prejudice dudict édict de paciffication, et ce pour laffermeté, intelligence et resolution de leurs volontés, articles seront entre eulx dressés, signés et jurés respectivement de part et aultre, et que pour en avoir l'auctorisation seront depputés personnaiges dignes, ausdictes deux villes, par devers sadicte majesté et de mondict sieur le mareschal, si besoing est, et que lesdictes délibérations et articles seront communiqués aux seigneurs et communaultés des villes de ceste dict diocèse, pour entrer à ung mesmes vouloir, pour estre par eulx de mesmes jurés et promis en l'assemblée des Estatz particuliers dudict diocèse, qui sont convocqués au quatriesme du prochain. Et ont esté délégués et commis pour aller devers M. le baron du Tournel, qui est du parti de ceulx de ladicte religion prethendue refformée, affin qu'il entende à ce dessus, ledict sieur de Thiville, et premier consul dudict Mende ; et, pour aller à ladicte ville de Maruéjolz, pour corroborer lesdictz articles et les fere jurer et signer et aultrement comme sera requis, ont esté dellegués et commis ledict premier consul, MM. Anthoine Chevalier et Estienne Pigiere, greffier du pays, à la charge que s'ilz estoient faictz prisonniers ou detenus, ledict pays, en corps, les en sortira et rellevera.

(C. 813, folio 118).

TRAITÉ D'UNION ENTRE LA VILLE DE MENDE ET CELLE DE MARVEJOLS.

17 janvier 1577.

Les habitans de la cité de Mende, tant pour eulx que pour les aultres habitanz catholiques du diocèse dudict Mende, qui voldront adhérer ; et les habitantz de la ville de Maruejolz, tant pour eulx que pour les aultres habitantz dudict diocèse qui sont de la Religion préthendue refformée, qui voldront adhérer. Recognoissans avec trop certaine expédiance que leur a porté de mal et prejudice pour navoir esté entre eulx observée l'amitié, telle que doibt estre entre proches voysins, de mesme patrie, voyre la plus part parentz, alliez et consanguins, ont entre eulx accordé ce que sensuict pour leur bien et sollaigement publiq, le tout soulz le bon plaisir et authorité de la majesté du Roy, de Mgr de Dampville, maréchal de France, gouverneur et lieutenent general pour sa dicte majesté au pays de Lenguedoc.

Premierement : Que toutz les habitants dudict dioceze de Mende, de quel estat, condition qu'ilz soient, jouiront doresnavant du fruict et bénéfice de l'édict de pacifficalion dernier publié ; a ses fins l'observation dicelluy est des meinctenent juré pour la tenir inviollable.

Toutes voyes d'hostilité cesseront entre nous, le comerce et traffique sera libre entre my toutz les habitantz sans contradiction.

Que l'amytié sera si fraternelle entre toutz lesdictz habitantz des deux partis, quilz ne seront que ung mesme corps; et, comme tel, au cas que nouveau troubles surviendroict cy appres, que le parti catholique n'entrera nullement à l'infraction de ceste dicte amytié ny le parti de ladicte religion prethendue refformée, que premierement lung n'en advise l'aultre et, toutz ensemble sadicte magesté et mondict sieur le marechal, affin que lhors soit prins entre nous, dune bonne et saincte délibération, pour nous conserver en ceste dicte amytié, soubz l'obeissance et authorité de sadicte magesté et de mondict seigneur le marechal.

Quil plaira a sa magesté et a mondict sieur le marechal, lieutenant général, faire inhibitions et deffances, sur peyne de la vie, à toutz, de quelque qualité, parti et condition qu'ilz soient de ne semparer des villes, fortz et chasteaux, ny entreprendre les ungs sur les aultres, ains ce qua esté faict despuis la publication de lédict de pacifflcation soit remys au premier estat, mesmes des villes, chasteaux et fortz que par les depputés vers sadicte magesté et mondict seigneur le maréchal seront nommés et dont en sera appareu par inquisition ou apprinses. Et ou se treuvera reffuzent d'obeir sera promys aux habitantz dudict diocèse, tant dung parti que d'aultre courir sus comme perturbateurs du repos public.

Que survenent nouvelle contrevention audict édict et ce dessus, les contrevenans seront poursuys par tout le corps dudict diocese par les moyens et voyes que seront comunement advisées.

Et de tant qu'il y a plusieurs plainctes de la levée faicte, par les recepveurs et aultres, des restes des impositions contrevenentz a lédict de paciffication, mondict seigneur le marechal sera supplié ordonner en estre enquis, pour les contreventz estre porsuivis aux despans de tout le pays, et cependant inhibé de fere levée.

Que toutz respectivement auront entrée libre ez villes dudict diocèse pour leur négoces, traffiques et affaires, sans empechement et sans armes, pour n'estre mys en d'oubte et supçon.

Et pour estre plus enclins et dévotieux a l'entretenement et deue observation dudict édict, paciffication et présente société et confédération, au cas que cy apprès aulcung habitant dudict diocèse, du parti catholique, de quelque estat et condition qu'il soit, estant du corps de cestedicte amytié seroit faict prisonnier par ceulx de ladicte religion préthendue reformée, dans ledict diocèse, ceulx de ladicte religion seront tenuz les sortir et fere mectre en pleyne liberté, sans que le prisonnier soit constrainct de rien payer ; comme de mesmes si aulcung de ladicte religion, qui sont ou seront du corps de ceste dicte amytié, seroient faictz prisonniers dans ledict diocèse par aulcung du parti catholique, ledict parti catholique sera tenu aussi le fère mectre hors en pleyne liberté, sans que le prisonnier soit tenu rien payer, sans en ce dessus comprandre les prisoniers de justice et par crysmes de délict, et seront les poursuictes, que seront necessaires fère, pour recouvrer les prisonniers et les fere déclarer mal prins, et hors de rançon, faictes aux despans du corps du pays.

Que ausdictes villes de Mende et Mariéjolz ny aultres qui seront au corps de cestedicte amytié, ne seront receues compagnies de gens de guerre, veneus d'aultre province et diocèse que premièrement l'un n'en advertisse l'aultre, affin que personne n'entre en aulcune deffiance et mescontentement.

Sil estoit cy après besoing et necessaire entretenir des hommes dans lesdictes villes de Mende et Mariejolz et aultres qui seront du corps de ceste dicte amytié pour leur conservation et deffence, ce sera aux despans de tout le corps dudict pays et diocèse de Mende, et tout ainsi que plairra a mondict sieur le marechal ordonner, et qu'il sera plus amplement advisé et conclud en l'assemblée des Estatz prochains et particuliers dudict diocèse, qui se doibvent tenir à Mariejolz, le quatriesme de febrier qui vient.

Et ou sa majesté commanderoit de recepvoir dans ledict diocese aulcung gouverneur, cappitaines et compagnies de gens de guerre, les habitantz desdictes villes et de deux partis en seront advertis, pour, toutz ensemble, prendre une bonne et saincte délibération et se gouverner avec la discrétion et modestie qui doibt estre entre bons et affectionés obéissans et subjectz de sa dicte magesté, de mondict sieur le marechal, son lieutenant général, et personaiges qui ayment le bien de son service et sollaigement de ses subjectz.

Que sadicte magesté et mondict seigneur le marechal seront humblement suppliés nous volloir confirmer et aucthoriser ce dessus, pour le bien et sollaigement de sesdictz subjectz, repos et tranquillité diceulx, pour estre conservés leur obeissance, ayant esgard aux innumerables maulx qu'ils ont souflert pour la rigueur des guerres civilles dont ledict diocèse a esté par longues années agité.

Cependent seront délégués deux personaiges de qualité, l'ung dudict Mende et l'anltre dudict Mariejolz, vers mondict seigneur le marechal, pour porsuivre ce dessus et fere entendre leurs volloirs, le tout au despans comuns et sur tout le corps dudict diocèse ; et, venant le cas que l'édict de pacifification dernier publié feust interompu, les articles sus par nous accordés tiendront et auront leur valleur entre nous respectivement, soubz le bon plaisir de sa magesté, de mondict seigneur le maréchal.

Aussi seront depputés personaiges dignes, pour fère entendre ce dessus aux seigneurs dudict pays et aultres villes dicelluy, affin qu'en ladicte assamblée des Estatz particuliers en soit resolcu.

Et s'il advenoit que lesdictz délégués et commis poursuivans leur charge ou aulcung d'iceulx feussent faictz prisonniers ou dedans ou dehors ledict diocese, ilz seront sortis et mys en liberté au despans de tout le corps dudict diocèse.

Faict et arresté ce xviii° jour du moys de janvier mil cinq cens septante-sept.

(C. 1794).

NOMINATION DES DÉLÉGUÉS VERS LE MARÉCHAL DE DAMVILLE POUR FAIRE AUTORISER LES ARTICLES DU TRAITÉ DE PAIX.

Délibération du 18 janvier 1577.

Le sieur Corrier, premier consul et l'ung des commis du diocèse de Mende, avec M° Anthoine Chevalier, procureur de la ville de Mende, ont remonstré que, suyvant leur délégation, seroient revenus hyer de la ville de Maruejolz de leur communiquer les articles que auroient esté dressés pour demeurer en paix et tranquillité, soubz le bon plaisir du Roy et de Mgr le mareschal de Dampville, son gouverneur au pays de Languedoc; lesquelz articles debvoient estre signés respectivement par les habitans des deux villes de Mende et Maruejolz, actendu que ny ont rien adjousté, et cependant delléguer personnaiges devers la majesté du Roy et de mondict sieur le mareschal, pour fere auctoriser lesdictz articles et luy remonstrer la pouvreté dudict pays et aultres afaires d'icelluy ; ce que M° Loys Fontunye, scindic, substitut dudict diocèse, illec présent, a requis y pouvoir le plus promptement que sera possible et au moindre frais que fere ce pourra, veu la pouvreté dudict pays.

Mesdictz sieurs de Villeneufve, Corrier, commis dudict diocése, avec les susdictz assistans, toutz d'une unanime voix, ont dellegué M. le juge Achard, pour aller et s'acheminer, avec le dellegué de la part dudict Maruejolz, devers mondict sieur le mareschal, pour fere auctoriser lesdictz articles, s'il est possible, et pour luy fere entendre la pouvreté dudict pays et aultres afaires dicelluy, soubz le bon plaisir de la majesté du Roy et de mondict sieur le mareschal, et cependant fere signer les articles aux principaulx de la present ville, pour après aller audict Maruejolz, les faire aussi signer aux principaulx de ladicte ville ; et, pour y aller, ont depputé ledict Corrier, premier consul, avec M° Estienne Pigière, notaire royal, illec present et escripvant, comme fermier de la Court de bailliage de Gevauldan ; et le tout sera faict aux despens communs dudict pays, qui les rellevera respectivement, s'ilz estoient et feussent detenus prisonniers.

(C. 813, folio 120 verso).

LE SEIGNEUR DE CAPLUC, BLESSÉ AU LIEU DE CASTELBOUC.

Vendredi, 18 janvier 1577.

L'an 1577 et le jeudi, 24 janvier, noble François de Capluc, escuyer, seigneur dudict lieu et du Bruel, Chaumelz et aultres places, saichant estre constitué en maladie, à cause d'une arquebuzade que luy feust donnée par certains soldatz, conduictz par ung soy disant cappitaine La Bressière, de St-Ypolite, vendredi dernier 18° du présent mois, au lieu de Castelbouc, accompaigné de plusieurs soldatz ; de laquelle blesseure il est en dangier de mort....

Légue et donne à damoyselle Balthesare de Thubière, sa femme, oultre le contenu audict testament la somme de 200 livres tournois. Faict son héritier universel, noble Loys de Capluc, son fils légitime et naturel.

Faict au lieu de Prades-de-Tarn.

Présents : M° Sebastien de Pontaut, seigneur de Ste-Enimie ; M. Antoine Fage, prieur de Vebron, etc.

DUBRUEL, notaire.

(Série E. Famille de Capluc).

FRAIS DE VOYAGE DES DÉLÉGUÉS.

23 janvier 1577.

Par ordonnance du 25 janvier 1577, M. Vivian, receveur du diocèse, a payé à M. Loys Fontunye, scindic, la somme de 201 livres tournois et ce pour l'employer au voaige de MM. les délégués vers monseigneur le maréchal, pour le faict de l'auctorisation des articles passez entre les catholicques et ceulx de la Religion, que pour la despence des aultres délégués qui sont allez et revenus de Maruejolz à Mende.

C. 1326.

LES MEMBRES DES ÉTATS DU GÉVAUDAN CONVOQUÉS A MARVEJOLS NE SY RENDENT POINT. — LES DÉLÉGUÉS DU DIOCÈSE FAITS PRISONNIERS PAR LE PRIEUR DE SAINTE-ÉNIMIE.

Du sabmedy neufviesme février 1577.

Assemblés ledict sieur Macel, le seigneur de Villeneufve, aussi grand viccaire de mondict seigneur de Mende ; André de Chalolhet, lieutenant général en la court du bailliage de Gevaulldan ; Claude Corrier, 1ᵉʳ consul dudict Mende, commissaire ordinaire à l'assiette dudict diocèse, et Mᵉ Anthoine Barrau, substitut dudict sieur de la Vigne, commis des nobles.

Ledict Fontunye, substitut dudict scindic a requis mesdictz sieurs conclure et pourvoir sur le contenu en sa précédente réquisition ; et, lesdictz sieurs de Lauroux, Sabran, Ducros et Vignolle, illec presens, ont dict quilz s'estoient achemynés en la présent Ville pour se trouver à Maruejols, à l'assemblée des Estatz du présent diocèse. Mais estant icy ont entendu que du cousté dudict Maruejols passoient certaines compaignies de gens de guerre en armes, soy disans de la Religion préthenduc refformée, teneus si avant subjectz les chemins, que nul catholicque n'ozeroit entreprendre y aller, joinct que quant l'on y seroit on ne pourroyt librement oppiner et résouldre des afaires du pays ; offrans si lon veult procéder à la tenue desdictz Estatz en la present ville, ou aultre de libre accès, y assister suyvant les pouvoirs à eulx donnés ; et ou l'on les vouldroit aller les tenir audict Maruejolz, veu lesdictz dangiers, ont requis leur présentation, séjour et offre estre escriptz pour la descharge de ceulx que les ont envoyés estre congédiés et deffrayés.

Conclud par mesdictz sieurs que de tant que le commissaire principal de l'assiette (1) est debtenu prisonnier par le sieur de Ste-Enymye, en son chasteau de Prades, ensemble Mes Claude Achard, juge ordinaire de la présent ville, et Pierre Rodes, docteur de Maruejolz, dellégués par le pays devers Monseigneur le mareschal de Dampville, avec toutz les papiers concernans leur delleguation, et que lesdictes troupes des gens de guerre de ladicte religion qui passent et repassent audict Ma-

---

(1) Pierre de Guilheminet.

ruejolz et envyrons, tiennent les chemins grandement subjectz et les passans et repassans, en craincte et dangier, mesmes les catholicques, comme le consul dudict Maruejolz auroyt escript, s'excusant venir en la present ville à occasion desdictz dangiers, et que les aultres desdictz Estatz qu'estoient ja arrivés audict Maruejolz s'estoient retirés ; qu'il sera surceu à l'assemblée et teneue desdictz Estatz, jusques à la deslivrance desdictz commissaires et dellegués et que aultrement sera advisé et congédié les présens jusques à la première voccation et que leur presentation sera escripte du jour de leur arrivée et le jour de leur despars, ensemble leur despens, verifîiés par le scindic et greffier, pour a ladicte assemblée desdictz Estatz leur estre faict raison sur leur desfrayement comme leur bon plaisir sera.

Le scindic a remonstré qu'il seroit besoing et nécessaire envoyer promptement au Roy nostre sire et a Mgr le mareschal pour leur faire entendre l'emprisonnement des dellegués et aultres afaires du pays et au moindre frais pour fere ce pourra.

(C. 813, folio 122).

FRAIS DE VOYAGE DU BAILLI DE BOISVERDUN
VERS M. DE SAINT-VIDAL.

Par mandement du 16 février 1577, le receveur a payé au sieur de Boysverdun, bailly de Gévaudan, la somme de 36 livres 6 solz tournois, pour le rembourser de pareille somme par luy fournye pour la despence de seize hommes à cheval, luy comprins, durant troys jours pour fere ung voiaige qu'il auroyt faict devers M. de Sainct-Vidal, chevalier de l'ordre du Roy, gouverneur pour sa majesté au pays de Gévaudan, pour recepvoir ses commandemens, suyvant le voulloyr et intention du Roy et résolution prinse aux Estatz généraulx tenus à Bloys, ensemble une lettre que sadicte majesté avoyt escript à la noblesse.

c. 1326.

PROJET DE M. DE ST-VIDAL DE RÉDUIRE LES FORTS DE NAUSSAC, MONTAGNAC ET MONTBEL.

6 mars 1577.

Le sieur de Boisverdun, bailly, a remonstré ausdictz sieurs commis au présent diocèse y avoyt plusieurs fortz occuppez par les dernièrement esleuz, turbateurs du repoz public, mesmes les fortz de Naussac, de Montaignac et Mombel, et que le sieur de St-Vidal, gouverneur au païs de Velay, s'est acheminé prez dudict Naussac, avecque notables forces de gens à cheval et à pied et artillerie pour forcer lesdictz lieux et les remectre à l'hobeissance du Roy, ainsi que ledict sieur de St-Vidal a escript audict sieur bailly, et faict escripre par le sieur de Bessettes à MM. les commis pour entendre s'ilz veullent entrer à la despence que conviendra fere pour la reprinse desdictz fortz et fournir d'aulcunes forces, requerant mesdictz sieurs luy voulloir, sur ce, donner responce.

Surquoy, entendue la lecture desdictes lettres, a esté conclud que MM. de Thiville, gouverneur en la présent ville, et ledict de Boysverdun, bailly de Gévaudan, sont suppliez s'acheminer devers ledict sieur de Sainct-Vidal, pour entendre ses desseingz, et Anthoine Barrau, substitut dudict sieur de la Vigne, commis des nobles, et ung substitut du scindic du present diocèse, s'y achemineront quant et eulx avec substitution et charge expresse que leur sera expédiée par ledict scindic, pour présenter audict sieurs de St-Vidal, en cas qu'il vouldroit fere quelque entreprinse pour le service du Roy, au proffit et dans ce diocèse, de fournir, pour tout le corps d'y celluy, aux fraiz qu'il y conviendra fere ; usant de mesnaige et parcimonie, actendu la pouvreté notoyre du pays ; et audict effect passer les obligations et asseurances nécessaires. Promectans mesdictz sieurs les commis audict scindic et sondict substitut de fere agréer le tout audict pays en corps, et les fere relever, ensemble ceulx qu'ilz employeront, de toute indempnité, despens, dommaiges et interestz, et pour ce ont faictes les submissions des biens dudict pays necessaires. Et si tant est que lesdictz sieurs de Thiville, de Boysverdun, Barrau et substitut dudict scindic, en chemin, entendent que M. d'Apchier soyt de retour de la Court, en sa mayson, passeront devers luy, pour prendre sur ce dessus son advis et resolution.

(C 813. folio 127 verso).

PRISE DU CHASTEAU DE MONTJEZIEU.

11 mars 1577.

Nostre chasteau de Montjuzieu fust surprins proditoirement et soubz ombre de bonne foy un lundy xie de mars 1577, par ung nommé Anthoine Trotenant, dit Pistolet, sergeant royal et habitant de la ville de Maruejolz, accompaigné de quarante ou cinquante souldarts arcabusiers, la pluspart dudict Maruejolz ou de St-Latgier, menés et conduictz par les capitaines Nogarede et Laubin. Par lesquelz mondict grand oncle (1), mon pere et mon oncle, de Salmont, furent faictz prisonniers et mis à la rançon de 2,250 livres, à ce comprins les despants que firent à Maruejolz durant troys moys et demy que demurarent audit Maruejolz chez M. de la Rivière, où M. de Peyre les avoit amenés et conduictz de ce lieu, après avoir accordé et respondu de ladite rançon au dessus nommés ; ausquelz, il fust baillée avant questre eslargis.

(Série E. Livre de raison de M. de Jurquet).

---

(1) M. le prothonotaire de Montjusieu.

GARDE A FAIRE POUR LA CONSERVATION DE LA VILLE DE LANGOGNE. — ACTE DE RÉQUISITION ET PROTESTATION CONTRE LES COMMIS ET SYNDIC DU DIOCÈSE DE MENDE.

17 mars 1577.

Ce jourdhuy dix-septiesme jour de mars, mil cinq cens septante-sept. En la ville de Mende, dans la maison épiscopalle, c'est présenté noble Jacques de Chauchadis. Lequel, au nom et comme envoyé expressement de noble Claude de Beaune, chevalier de l'ordre du Roy, lieutenant de la companye de gendarmes du sieur de La Bauge et commandant pour sa magesté en la ville de Lengoigne, dressant ses parolles aux sindic et depputés du diocèse de Mende, parlant aux personnes de MM. Mes Jacques Macel et Michel de Chevrier, vicaires génératulx du sieur évesque de Mende, Claude Corrier, premier consul dudict Mende, comiz; André de Chalolhet, sindic principal du diocèse de Mende, et Loys Fontunye, substitud dudict de Chalolhet, sindic. Après leur avoir exibé la commission du Roy, donée audict sieur de Beaune, pour la garde et conservation de ladicte ville de Lengoigne en son obeyssance, avec le nombre de cinquante soldatz, oultre son lieutenant, et tout aultrement comme est porté par ladicte commission, leur ayant d'icelle bailhé coppie par eulx requise, donnée à Bloys le 26e fevrier dernier, signée Henry; par le Roy: Fizes. Sellée du grand seau à cire jaulne; les a, ledict de Chauchaudis, audict nom, sommés et requis voloir hobéyr à icelle, tout ainsin que leur est comiz et mandé par sa dicte magesté, et, en reffuz ou delayement de ce, a protesté en leurs noms propres et privés, de toutz despens, domaiges et interestz, retardement du service du Roy et de la surprinse ou invasion que pourroyt advenir de ladicte ville, pour leur négligence a faulte dy pourvoir promptement et d'en avoir recours ou il apartiendra, leur requerant responce. Lesquelz sieurs viccaires, Corrier, consul et sindic, ont respondu que mectant par le requérant les lettres originalles de ladicte commission devers ledict sindic, lesdictz sieurs commis ordonnent audict sindic de appeller et fère assembler les aultres messieurs commis et depputez dudict diocèse, absentz, à la plus grande diligence que fere se pourra, pour, tous ensemble, exécuter (ainsin qu'ilz offrent de leur part) la voulonté du Roy, portée par sesdictes lettres. Et daultant que à la levé des deniers mandez imposer par icelles, pouroit avoyr quelque longueur; afin que le service du Roy ne demeure en arrière, ilz sont d'adviz et promectent (en tant que a culx est) aux officiers et consulz dudict Lengonhe, de prendre ou fere prendre, par homme resséant, solvable et à la charge de sen rendre comptable, par manière d'advance sur les habitans plus aysez de la ville et talhable de Lengonhe, et des paroisses de Rocles, St-Jehan-la-Folhose, Auroux, Fontanes et le Chastanier, le plus modestement et justement que fere se pourra, la somme de 650 livres tournois, et icelle employer au payement, entretenement et solde de ladicte garnison ordonnée, par sa majesté, audict Lengonhe, pour un moys, suyvant l'estat general cy-devant faict par sa dicte majesté, pour l'entretenement des gens de guerre, estant en garnison pour son service au pais de Languedoc, à la charge de, en rapportant les rolles de la monstre deucment faictz pardevant lesditz officiers et consulz, en absence des commissaire et controlleur extraordinaires des guerres, leur tenir en compte ladicte somme comme les concerne, sur et tant moingz de ce que montera ladicte imposition. Et ou de ce ledict sieur de Beaune que se contenteroyt et ledict original de ladicte commission ne leur seroyt laissé, estant la coppie dicelle ja baillée audict sindic pour fere imposition de deniers, impoz de deniers insuffizente sans l'original, ores quil soyt collationnée par moy, Gervais Chantuel, notaire royal soubzsigné, ont protesté qu'il ne tient à eulx; et parlant à sondict envoyé, icelluy semond de bien et fidellement pourvoir à la garde de la dicte ville de Lengonhe soubz ladicte obéissance, aultrement ont protesté de la perte dicelle, du recullement dudict service, de tous despens doumaiges et interest que ledict païs en general et particulier en pouroit souffrir ; et requis acte a nous notaires royaulx soubzsignés.

Ledict de Chauchadiz audict nom, a dict ne se pouvoir dessaisir de sa commission, parce que le présent moys de mars escheu il a besoin la representer pour la fere effectuer, mesmes en l'assemblée prochaine des Estatz, bien offre luy en laisser, comme il a faict ce jourdhuy, la coppie par lung de nous notaires collationnée ; et si ne se contente de ladicte collation, exhibera encores réallement ledict original, à telz aultres notaires qu'ilz adviseront, pour en fere plus ample collation. Au surplus, les a requis, attendu qu'ilz accordent le payement de ce moys, luy vouloyr bailler l'estat et despartement du payement de ladicte somme, comme leur est mandé par ladicte commission, pour icelle somme distribuer suyvant ledict estat, aultrement a reffuz de ce et de leur négligence a protesté comme dessus et requiz acte a nous dictz notaires royaulx soubzsignés.

Faict en que dessus, presens : M⁹ Anthoine Julian, de Lengonhe ; M⁹ Anthoine Dangles, prebandier en léglise cathedralle de Mende ; Jehan des Mazes, dudict Mende ; Pierre Rodier, du Villar, et nous Jehan Desestreyctz et Gervais Chantuel, notaires royaulx soubzsignés.

Signés : DESESTREYCTZ. — CHANTUEL, notaire.

(Registre de M. Desestreyctz, notaire, année 1577, folio 80).

M. DE SAINT-VIDAL NOMMÉ GOUVERNEUR DU GÉVAUDAN. — RAPPORT DES DÉLÉGUÉS AUPRÈS DU ROI. — ORDRE DE M. DE PONTAULT D'ÉLARGIR LES PRISONNIERS.

du 27 mars 1577.

Le sieur de Voliac envoyé ausdictz sieurs commis et officiers par le seigneur de Sainct-Vidal, chevalier de l'ordre du Roy, capitaine de cinquante hommes d'armes de ses ordonnances, gouverneur et commandant pour le service de sa majesté au pays de Vellay, a presenté ausdictz sieurs commis et officiers une lettre close, que ledict sieur de Sainct-Vidal leur envoyoit avec une coppie de certaines lettres patentes du Roy, dressées audict sieur de Sainct-Vidal, pour commander generallement pour son service en ce diocèse, en l'absence de Mgr de Joyeuse, lieutenant général de sa dicte majesté au pays de Languedoc, données à Bloys le treitziesme jour du présent moys ; faict entendre sa créance, a demandé responce, et s'est après retiré.

M. Jacques Pons, docteur ez droictz et Jehan Grangier estant de retour de la Court où avoyent esté délégués par mesdictz sieurs les commis pour fere entendre et recepvoyr le commandement du Roy, sur l'obsevance ou rupture des articles accordés par mesdictz sieurs les commis et aultres notables personnaiges de la present ville avec les habitans de la ville de Maruejolz, et pour la poursuytte de certaines aultres expéditions importans le service du Roy, repos et soullaigement de ses subjectz catholicques de ce diocèse, ont rapporté comme sa majesté, entendu le faict de leur délégation, mesmes la fidélité des habitans de la présent ville de Mende à son service, par le moyen et faveur de Mgr de Mende, avoyt faict despecher ses lettres patentes de déclaration que nonobstant le rapport que luy avoyt esté faict par le sieur de Pontault, il tenoit et réputoit les scindicz et députés du diocese de Mende et tous aultres qui avoyent assisté ou adhéré à la dellegation faicte vers mondict sieur le marechal de Dampville pour ses bons, loyaulx et fidelles subjectz, et ne voulloyt qu'en fussent reserchés ; ensemble aultres lettres par lesquelles est commandement que le siège du bailliaige et la tenue des Estatz soyent audict Mende, tant qu'il luy plaira ; et aultres pour prendre les deniers de ses tailles pour les employer pour le faict de la guerre audict diocèse, par les mandemens et ordonnances du sieur de Sainct-Vidal, auquel, par ses lettres closes, commande obeyr pour son service en ce diocèse; dont a esté faicte lecture, ensemble des lettres que ledict sieur de Mende escript ausdictz sieurs commis et sur le tout eue conferance :

A esté conclud qu'il sera escript audict sieur de Sainct-Vidal et ycelluy congratulé de sadicte commission, mercyé de la bonne volunté qu'il a escript et mandé avoyr au repoz, protection et soullaigement du présent diocèse et supplié le voulloyr effectuer et présenter à la prochaine assemblée des Estatz de ce diocèse sadicte commission pour, par luy en icelle estre pourveu comme sera trouvé bon, pour le service du Roy et conservation de ce que reste en ce diocèse en son obeyssance et reduction de ce qui y est occupé par les ennemys. Aussi qu'il sera escript au sieur d'Apchier une bonne lettre, envoyer coppie de ladicte commission dudict sieur de Sainct-Vidal et la lettre que le Roy luy escript, et supplié voulloyr donner ausdictz sieurs commis son bon advis et se trouver à la prochaine assemblée des Estatz, pour prendre une bonne résolution sur ce qu'on aura à fère ; et en oultre mondict sieur de Mende sera très humblement remercyé du bien et faveur qu'il luy a pleu fere à ses subjectz et diocesains, faisant fere la poursuitte desdictes despeches, et en oultre que la lettre que le Roy escript audict sieur de Pontault deslargir les délégués devers ledict sieur Marechal qu'il détient prisonnyers, sans prendre deulx raison ny aultre chose, luy sera envoyée par messaigiers exprès, affin qu'il effectue le commandement de sa majesté.

(C. 813, folio 127 verso).

LES ÉTATS DU DIOCÈSE, ATTENDU LES TROUBLES, DOIVENT ÊTRE TENUS A MENDE ET NON A MARVEJOLS.

30 mars 1577.

L'an mil cinq cens soixante dix sept, et le trentiesme jour du moys de mars. En la cité de Mende, et dans les maisons épiscopalles. M⁰ Pierre de Guilheminet, greffier des Estatz généraulx en Languedoc, et commissaire de l'assiette de ce diocèse de Mende, l'année présente, ayant illec aprehendé messires Jacques Macel et Michel de Chevrier, vicaires généraulx de Mgr l'évesque de Mende, Claude Corrier, premier consul dudict Mende et Loys Fontunye, commis et sindic dudict diocèse, leur a remonstré que, présentement, il vient de recevoyr une requeste appoinctée par Mgr le maréchal de Dampville, sur la tenue des Estatz de cedict diocèse, en la ville de Maruejolz, du 9ᵉ jour du present moys. Et daultant que déjà, suyvant aultre commission précedente dudict seigneur, lesdictz Estatz ont esté mandés en la present ville, les a requis les voulloyr contremander audict Maruejolz, aultrement, à reffuz de ce, a protesté qu'il ne tient à luy que l'intention de mondict seigneur le marechal ne soyt en cest endroit effectuée, de tous despens, dommaiges et interestz et de tous ce qu'il peult protester contre eulx. Lesquelz sieurs commis et sindic ont respondu quil a pleu au Roy, par ses lettres patentes, données à Bloys, le ixᵉ du present moys et scellées de son grand seel a double queue, quilz avayent en main, et pour les causes y contenues ordonner que lesdictz Estatz dudict diocese seroyent doresnavant, tant que les troubles suscitez en ce diocèse, pour le faict de la religion dureront, assemblez et tenuz en la present ville de Mende, toutesfois et quantes quil y aura lieu les convocquer ; suyvant lesquelles lettres et aultres ordonnance de mondict sieur le maréchal, du 14e dudict moys, ilz avoyent mande lesdictz Estatz en ceste ville au 10e jour du prochain moys d'avril. Au moyen de quoy, ne pouvoyent, ne devoyent contrevenir à la volonté de sa majesté, contremander ny aller tenyr lesditz Estatz audict Maruejolz ny en aultre lieu que audict Mende. Et, ou ledict sieur commissaire et aultres le vouldroient entreprendre, ny consentent aulcunement ; protestant de nullité de leurs procédures. entreprinse sur l'auctorité de sa majesté, de tous despens, dommaiges et iuterestz et d'en avoyr recours là ou il apartient. Offrans, audict sieur commissaire, copie desdites lettres par luy acceptée pour sa descharge et requerans respectivement acte à moy, notaire royal soubzsigné.

Presens : Messires Mes Jehan Dumas, juge en la Court commune du bailliage de Gevauldan ; Claude Achard, juge ordinaire de Mende.

(Registre de Me Torrent, notaire, 1577, folio 93).

REPRISE PAR COMPOSITION DU FORT DE MONTAGNAC.

M⁰ Loys Fontunye, sindic, substitut, a remonstré que aulcuns de la Religion prétendue réformée, s'estant saisis et emparez du fort de Montaignac, appartenant au sieur abbé des Chambons, faisans de là en hors diverses courses, prinses et volleries sur les subjectz du Roy, MM. les commis et depputez du pays, par le moyen et conduicte du sieur de Boisverdun, bailly, et d'Anthoine Julien, de la Villedieu, auroient moyennant cent escuz au soleil, et quelques habitz que l'on feist donner et deslivrer à ceulx qui occupoient ladicte place, icelle recouvrer et mectre à l'obeyssance du Roy et sous la charge et garde dudict Julien. De laquelle somme sire Jean Clémens, sieur des Salsses, auroict faict prest et advance, et qu'il estoit besoing et raisonnable de l'en rembourser promptement.

Conclud par M. le Président, suyvant la plus grand voix et oppinion de l'assemblée, que la somme de 100 escus sera payée audict Clément, promptement, par le recepveur, et à ces fins luy sera baillée descharge, ensemble, pour ce que les habitz deslivrés ausdictz soldatz ont cousté.

(Extrait des délibérations de l'assemblée des Etats du diocese du 24 avril 1577. — C. 1806 et C. 813, folio 131, verso.

FRAIS DE VOYAGE DE M. DE PALHERS POUR LE FAIT DE L'ÉLARGISSEMENT DE DIVERS PRISONNIERS DÉTENUS PAR LE PRIEUR DE SAINTE-ÉNIMIE.

Du 26 avril 1577.

Sur le remboursement requis par le sieur de Paliers, des fraiz par luy faictz au voiaige qu'il a faict, à trois chevaulx, par commandement de Mgr le maréchal de Dampville, dudict Montpellier en Avignon, pour recouvrer, de Mgr le cardinal d'Armaignac, lettres adressées au sieur de Ste-Enymye (1), pour leslargissement de MM. de Guillemynet, commissaire de l'assiette du présent diocèse ; Achard, juge, délégué par MM. les commis aux Estatz généraulx de Languedoc, que ledict sieur de Ste Enymye detenoyt prisonnier à Prades ; et, dudict Avignon, estre retourné audict Montpellier où auroyt esté arresté et retenu prisonnier durant troys septmeynes, et après estre venu en ce pays avec lesdictes lettres et aultres de mondict sieur le mareschal à mesmes effect.

Conclud que ledict sieur de Palyers est mercyé du bon debvoyr et dilligence qu'il a faict pour tirer de captivité lesdictz de Guilleminet et Achard, et pour le relever des frais et despens par luy et ses serviteurs faictz, ce faysant, luy sont accordés 50 escus au soleil que luy seront couchés en ung article de l'assiette.

(C. 813, folio 132 verso).

---

(1) M. Sebastien de Pontaut.

SYNDICAT ET PROCURATION POUR LES MANANS DU MANDEMENT DE MONTANHAC QUI VEULENT GARDER, A LEURS DÉPENS, LA TOUR DE MONTAGNAC.

2 mai 1577.

L'an de grace mil cinq cens septante-sept et le second jour du moys de may. Au lieu de la Panouze, rue publique, devant les tesmoingz et nous notaire royal, soubscriptz. Constitués en personne Pierre Barandon, de Montanhac; Anthoine Roche, Jehan Amoroux, Pierre André, Vidal Boude, de la Panouse; Laurens Rausset, Anthoine Bataille, Jehan de Chasalmartin, du Villar; Jehan Vincens, de Boniaud, Pierre Biel, de la Panouze; Jacques Solier, rentier du sire Gleize; Pierre Veyret et Pierre Bataille, du Villar, faisant la plus grand partie des subjectz et habitans au mandement de Montanhac, qui ont dit et fait aparoir par permition des officiers ordinaires dudict mandement, s'estre assemblés, avoir eu conférance, conseil et resolution leur estre tresque utile et au païs, se charger, garder à leurs despens la tour de Montanhac, tenue par Anthoine Jullien, de la Villedieu, aux despens du païs, et s'en charger pour y avoir retraite à leurs personnes et biens, fouyr a plusieurs larracins, foraigemens, ranconemens, bruslemens, murtres et aultres batemens telz ou aultres que desja ont soffert, au moyen de la surprinse de ladicte tour, quon ne se y pouroint retirer, au moyen de ladicte surprinse, advenue lorsque ne y avoit bruit de guerre et au moyen daucungz tenus ou prethendus fideles serviteurs du Roy et du païs, et jusques lors par eulx ladicte tour auroit esté bien gardée comme leur apartenant. Toutesfoys, l'ayant faict entendre audict Jullien, la leur remectre, s'en descharger et rendre compte de leurs biens auroit delayé et reffuzé.

A ceste cause, sans monopolle, assemblée illicite ne fraude, mais juxte la permission, conseil et resolution susdictz ont faict et institué sindic et procureur Vidal Lyantail, rentier dudict Montanhac, présent et acceptant, a obtenir du seigneur de Saint-Vidal, chevalier de l'ordre du Roy, capitaine de cinquante hommes d'armes de ses ordonnances, et pour sa Majesté lieutenant aux païs de Velay et Gévaudan, ou bien de noz seigneurs des Estatz dudict païs, obtenir provision, condamnation et enjonction contre ledict Me Anthoine Jullien et aultres, se despartir de la garde de la tour dudict Montanhac, la remetre avec les biens en lestat qu'estoit à l'entrée dudict Jullien, et ce entre les mains des constituans, qui s'en chargeront et obligeront, layant remise ainsi que de present comme deslors sen obligent, la bien garder à leurs despens, et tenir à l'obeyssance du Roy, de mondict Sgr Sainct-Vidal, et la rendre quant seront requis. Aux fins susdictes faire aultres remonstrations, demandes, requetes devant nosdictz seigneurs que aultres, substituer, eslire domicile, et comme ilz fairoient, passer les obligations pour eulx comme ilz s'en obligent a ladicte garde et condition susdictes, persones et biens, ung pour l'autre, seul et pour le tout, sans division ni discussion, mais y ont renoncé aux forces des Cours de ce royaulme, avec aussi promesse que lorsque la tour leur sera remise, baileront caution ou les fairont bailer à lung deulx principal, qui de mesmes sen chargera. Ainsi l'ont promis et juré sur les escriptures. Requis le sindicat estre expedié audict Lyantal. Faict ou que dessus.

Presens : Symon Gaiffier, M° Symond Mathieu, Jehan Vincens, de Boniaud, et moy, notaire royal soubzsigné.

ARMAND.

Folio 42 verso.

FRAIS D'ENTRETIEN D'UNE GARNISON A MENDE.

1577

Une somme de deux mille trois cent trente-deux livres tournois est avancée par M. Jean Vivian, l'un des receveurs particuliers du diocèse, pour le payement, solde et entretenement de la compagnie de cent hommes de guerre, arquebuziers à pied, français, tenant garnison, pour le service du Roy, en la ville de Mende, « soubz la charge du sieur de Thiville, pour les mois d'avril dernier et présent de may.

Registre de M° Desestreyctz, folio 109, année 1577.

SECOURS ACCORDÉS AUX SOLDATS BLESSÉS AU SIÈGE DE MONTBEL.

A Claude Coignet, soldat, pour se faire panser d'une arcquebusade reçue faysant le service du Roy et du pays devant le fort de Mombel, 10 livres.

A Claude Rossonne, pouvre femme vefve de Jehan Pontier dict de Cubiere, mo... rdry faisant le service du Roy et du pays devant le le dict fort de Mombel, pour charité et aulmosne, 10 livres.

Au cappitaine Bouchery, pour luy ayder à se fere médicamenter et panser de l... rcquebusade par lui receue devant ledict fort de Momb... pour le service du Roy, dont est en dangier de mort, 20 livres.

(Extrait de l'assiette du 27 avril 1577.)
C. 877.

A Jehan de Bouchery, ... yer, la somme de 40 livres tournois à luy ordonné... r ordonnance dudict sieur de St Vidal, du 1ᵉʳ jou... juillet dernier 1577, tant pour aulcunement le r... nser et luy donner moyen de vivre que pour les m... ns, chirurgiens et appothi-caires qui l'auroient p... pencent et médicamenté dung coup de d'arqueb... quil auroit receue, pour le service du Roy, des e... ys et rebelles à Sa Majesté, au travers d'une de se... s, combattant contre culx au devant de Montbel... u et occuppé lors par les-dictz ennemys.

c. 1333.

A Lambert du Gaiget, sieur de Thiville, capitaine, commandant en la ville de Mende, la somme de 360 livres tournois à luy ordonnée par ordonnance dudict sieur de St Vidal pour aulcunement le recompencer, tant de la perte qu'il auroit faicte d'ung cheval que luy auroict esté tué entre les jambes en combatant contre les ennemys et rebelles au Roy au devant le lieu et fort de Montbel, détenu et occuppé lors par lesdictz ennemys, que pour luy donner moien de vivre et paier les médecins, chirurgiens et appothicaires que luy auroient pencé et médicamenté ung coup darquebuzade qu'il auroit receue pour lors desdictz ennemys au travers du corps, et aultrement comme plus a plein apert par la dicte ordonnance et quittance dudict sieur de Tiville ; le tout en date du 5ᵉ et 6ᵉ jours dudict de juillet an susdict 1577.

A Claude Monzieu, sieur d'Artites, la somme de 21 livres 12 solz tournois, à luy ordonnée par ordonnance dudict sieur de St Vidal, pour un voyage qu'il auroit faict en Vivairés, de son commandement, pour conduire et fere marcher les compaignies de gens de guerre, envoyées par ledict païs de Vivairés audict sieur, pour luy aider à assiéger et réduire à l'obeyssance du Roy plusieurs lieux et fortz détenus et occuppés par les ennemys et rebelles à Sa Majesté, et aultrement comme plus à plain est porté par ladicte ordonnance et quictance dudit sieur d'Artites, dattées du xᵐᵉ jour du mois de mois de juillet an susdict.

C. 1333.

FRAIS POUR L'EXÉCUTION A MORT DE PIERRE DE BORN
ET DE PIERRE CRÉCY.

A M. Guillaume de Caprières, lieutenant de prévost des mareschaulx au présent diocèse, la somme de 200 livres tournois à luy deue aussi pour l'enthyer et dernière sollition de la somme de 800 livres que luy fust accordée par les gens desdictz Estats, tenus en l'année 1574, en la present ville, pour les despens qu'il avoyt obtenus de la Court de Parlement de Tholoze, pour les fraiz de la conduite et admenaige de Pierre de Born et Pierre Crécy, exécutés. (1)

GARDE EXACTE A FAIRE AU CHASTEL-NOUVEL.

13 mai 1577.

Le 13 mai 1577 furent envoyés au Chastel Nouvel quatre soldatz de la companhie de M. de Thiville, car il y avoit advertissement pour le bien fere garder suyvant ce que Costeregord en mandoit.

G. 1337. Fol. 106.

---

(1) Extrait de l'assiette et impositions pour le payement des dettes, charges et autre frais (877) et G. 1334.

NOMINATION DE PROCUREURS CHARGÉS DE FOURNIR LES VIVRES ET MUNITIONS NÉCESSAIRES AUX TROUPES, POUR RÉSISTER AUX ENNEMIS DE SA MAJESTÉ.

Le 18° jour du moys de may 1577, MM. Michel de Chevrier, escuyer, sieur de Villeneufve ; Jacques Macel, docteur es droyctz, vicaires générauls de Mgr l'évesque de Mende ; Baptiste de Chapelu, escuyer, sieur de La Vigne, commis des nobles ; Claude Corrier, premier consul de la ville de Mende, commis ; André de Chaloillet. licencié es droyctz, sindic ; Loys Fontunye, substitut du sindic dudict diocèse, ont constué procureurs MM. Philippe de Robert, escuyer, sieur de Boisverdun, bailly de Gévauldan ; Anthoine Barrau, substitut dudict sieur commis des nobles ; Bertrand de St Bauzille, second consul et Raymond Torrent, bourgeois, habitantz dudict Mende, pour et au nom dudict païs fère emprunt de deniers, denrées, munitions, artillerie, affustz, rouages, bestes pour la conduicte et charroy dicelles, les deniers empruntez employer en achept des bales, bouletz et toutes aultres choses qui seront nécessaires pour le bien et service du Roy et conservation dudict païs en son obéissance, et comme par Mgr de Sainct Vidal, gouverneur et commandant pour ledict service audict diocèse leur sera ordonné.

(C. 1791 et registre Desestreyctz, folio 123).

Le 8 juin 1577, divers marchands de la ville de Mende
« certifficz et a plain informés de la nécessité en laquelle le présent diocèse est constitué à faulte des deniers nécessaires pour la nourriture et entretenement de l'armée que Mgr le duc d'Anjou et d'Allençon, frère du Roy, achemine, et aultres forces que ledict sieur de St Vidal rassemble pour la réduction des villes et fortz occupez par les ennemys de sa majesté, et afin d'inviter ceulx qui en vouldront fere prest et pourvoyr à l'asseurance de ce qu'ilz presteront ; à la prière et instante requeste qui leur a esté faicte disoyent par MM. les commis, dépputés et sindic dudict diosese, de leur bon grés nomment des procureurs, pour emprunter ez villes de Lyon, le Puy et aultres lieux où pourront trouver crédit de la somme de vingt-cinq à trente mille livres. »

(Desestreyctz, folio 134).

Emprunt d'un canon à la ville du Puy et achat de 112 boulets a canon et 163 à coulevrine, au prix de 5 livres chaque boulet à canon et 5 livres 10 soubz pour chaque boulet de coulevrine.

(Desestreyctz, folio 148).

Le sieur Etienne Benoist, dict La Bire, de la ville du Puy, commissaire principal, depputé par Mgr de Sainct Vidal, pour la distribution des vivres que cy après conviendra faire des pain, vin et chair aux gens de guerre tant à pied que à cheval, que sont ou seront du régiment dudict Sgr gouverneur, de s'entretenir en ladicte charge, les commis et députés du diocèse ont promis payer audict Benoist, chascun moys, pour ses peynes, vaccations, la somme 50 escuz d'or, au soleil, tant qu'il vacquera à ladicte charge, et de moys en moys, que commencera du jour de demain, 20 juin 1577, à la charge de bien et fidellement faire ladicte distribution, et de rendre bon et loyal compte de son administration.

(Registre de M. Desestreyctz, année 1577, folio 136).

MENTION DE LA RÉDUCTION DES FORTS DE NAUSSAC, MONTBEL ET LE MAZEL PAR M. DE SAINT VIDAL.

du 24 mai au 5 juin 1577.

Je Jacques Boudettes, soubzsigné, commys par Mgr de Saint-Vidal, chevalier de l'ordre du Roy, cappitayne de cinquante hommes d'armes et gouverneur pour sa majesté au Pays de Vellay et Javauldan, pour la reception du bled vandu, par sire Mathieu Farnier, merchant du Puy, à nobles Philippes de Robert, sieur de Bois-Verdun, et bailly de Mende, Anthoyne Barral, Anthoine de Beauregard, Bertrand de Sainct-Bauzille, segond consul dudict Mende; sire Raymond Tourrenc et aultres nommés en l'obligation à luy passée, en datte du 24ᵉ may 1577, receue par Mᵉ Chantuelly, notaire, confesse avoir receu dudict sieur Mathieu Farnier la quantité de 1,500 quartes blé seigle, mezure pralèze et 500 quartes avoyne; pour icelle quantité employer en pains, pour la munition des compaignyes dudict sieur gouverneur, achemynées en la présent ville de Langonhe, pour la redduction des fortz occupés par les ennemys du Roy, au pays de Gevoldan, mesmes de Naussac, Montbel et le Mazel, despuys par ledict seigneur reduictz en sa dicte obeyssance. Et ladicte avoyne distribuée à la cavalerie dudict sieur gouverneur, suyvant son ordonnance. Desquelles quantités en quicte et promets fere estre quicte ledict Farnier. Promectant d'en randre compte à MM. les commis des Estatz dudict diocèse de Gevoldan, à leur première requisition. En foy de ce me suys soubzsigné, audict Langonhe, ce cinquiesme de juin 1577.

Signé : BODETES.

(C. 1791).

M. DE SAINT-VIDAL SE REND A BRIOUDE POUR LES AFFAIRES INTÉRESSANT LE DIOCÈSE DE MENDE.

A MM. de Villeneufve, vicaire général de Monsieur l'évesque de Mende ; Philippe de Robert, sieur de Boysverdun, baillif de Gevauldan, et Claude Achard, juge ordinaire de ladicte ville de Mende, la somme de 500 livres tournois à eux ordonnée, tant par advis et délibération des gens des trois Estatz dudict païs que ordonnance du susdict sieur de Sainct-Vidal, dudict jour 18ᵉ de juin au susdict, pour satisfere aux fraiz et despenses, journées et vaccations quilz firent au voyage et délégation que leur a esté donnée charge fère, tant pour accompaigner ledict sieur de Sainct Vidal, devers Mgr, filz et frère du Roy en la ville de Brioude, que pour luy remonstrer les affaires dudict païs concernant grandement le service de sa majesté, et recevoir de luy commandement pour donner ordre aux moiens que y sont nécessaires pour reduire et remectre les lieux occuppés par les ennemys à l'obeyssance de sa majesté et aultrement comme plus à plain est porté par ladicte ordonnance et quittance dudict Mᵉ Claude Achard, dattée dudict jour 18 juin.

C. 1333.

MISSION DONNÉE AU BAILLI ET AU SECRÉTAIRE DE M. DE SAINT-VIDAL.

A Philippes de Robert, sieur de Boysverdun, la somme de 36 livres tournois, à luy ordonnée, par ordonnance dudict sieur de St-Vidal, pour un voyage qu'il est allé faire, de son commandement, ez villes d'Ispaignac, Rocheblave et Ste-Enemye, tant pour descouvrir et informer au vray de certains dessaingz que les ennemys voulloient effectuer audict païs contre le service et l'obeyssance de sa Majesté, comme pour moyenner et négocier de réduire a l'obeyssance de sadicte majesté les lieux et forts de Florac, Quézac et la Roche ; et aultrement, comme plus à plain est contenu par ladicte ordonnance et quictance dudict mois de juillet an susdict (1577).

A M⁶ Mathieu Souverain, secrétaire dudict sieur de St-Vidal, la somme de 15 livres tournois, à luy ordonnée par ordonnance dudict sieur, pour s'en aller ez païs de Vellay et Vivairés du commandement dudict sieur, pour promptement faire marcher les compaignies de gens de guerre à luy envoyées par iceulx, et aultrement comme plus à plain apert par ladicte ordonnance et quictance dudict Souverain, dattées du 15ᵉ jour dudict mois de juillet.

c. 1333.

DÉMARCHES FAITES POUR FAIRE ASSIÉGER LA VILLE DE MARVEJOLS ET AUTRES LOCALITÉS OCCUPÉES PAR LES PROTESTANTS, DANS LE DIOCÈSE DE MENDE.

17 juin 1577.

Du lundy dix-septiesme jour du moys de juing mil cinq cens soixante-dix-sept. En l'assemblée desdictz Estatz, de relevée.

S'est présenté M. de Sainct-Vidal, chevalier de l'ordre du Roy, cappitaine de cinquante hommes d'armes de ses ordonnances, gouverneur et lieutenant pour le service de sa majesté ez pays de Vellay et Gévaudan, qui a remonstré avoyr receu commandement de Mgr le duc d'Anjou et Alenson, frère du Roy, le venir trouver en son armée qu'il avoyt devant Yssoyre, et, despuys la prinse d'ycelluy Yssoyre acheminé plus avant du cousté de Sainct-Flour, en Auvergne, pour l'advertir des moyens que pourroyent sourtir dudict pays nécessaires pour la réduction de la ville de Maruejolz, et aultres lieux et fortz de ce diocèse occupés, en l'obeyssance de sa majesté. Surquoy a commandé estre leues les lettres closes tant du Roy, données à Chenonceau, le 22ᵉ may, et aultres de mondict sieur son frère, escriptes au camp devant ledict Yssoyre le.... jour du présent mois de juing, dressées à MM. les commis et depputés audict diocèse, pour mesme occasion et cas, puysque le bon plaisir dudict sieur est employer sa dicte armée et artillerye qu'il ou pourroyt assembler, il ne se peult promectre de fere joindre à ladicte obeyssance les rebelles qui occupent ladicte ville Maruejolz, doù deppend l'entière ruyne de ce diocèse, pour estre la retraicte de tous lesdictz rebelles non seullement de ce diocèse mays des provinces d'Auvergne, Rouergue, Vellay, Viveroys, voyre du Languedoc, combien il ne veuille espargner sa vie ny aulcun de ses moyens et de ses voysins et amys : et afin de ne perdre temps ny la commodité que se présente, qu'il a faict mander ceste assemblée, et pour icelle fère une bonne resollution sur les moyens à prendre, et que le pays pourra souffrir pour ladicte réduction, l'exortant à sesvertuer pour si bon et sainct œuvre, d'où deppendra l'entière liberté et repoz de tout ledict diocese, et luy bailler certains personnaiges du pays pour s'en aller avecque luy devers mondict sieur frère du Roy et le sieur evesque dudict Mende, comte de Gevaudan, qui est près sa personne, pour leur faire entendre le tout et employer, par le moyen dudict sieur evesque et comte, la faveur de mondict sieur. Les advertissant qu'il a heu advis que son armée est si grande et forte, que l'entretenement d'ycelle d'ung moys, peult revenyr de cent à six vingtz mil livres, et que s'il luy plaict la faire acheminer devant ladicte ville de Maruejolz, dès lors qu'elle entrera dans ce diocèse, fauldra que l'on fournisse estappes et vivres nécessaires pour la nourriture d'icelle, ayant espoyr, avec l'ayde de Dieu, que pour le plus long, dans ung moys ledict pays sera hors de telle despence ; et ce dict, sest retiré.

Surquoy, ayant coreu les voix des gens desdictz Estatz présens, a esté conclud unanimement avoyr remercié très humblement ledict seigneur de St-Vidal, du bon debvoyr qu'il a faict pour la réduction, à l'obeyssance du Roy, des fortz de Naussac, Monbel, Le Mazel, Chauchalhe et Chaldecombe, que les ennemys du Roy et repos du public occuppoyent, et supplie voulloir continuer pour la reduction des villes de Maruejolz, Florac, les Cevenes, fortz de Peyre et Marchastel, encores occupés audict diocèse ; et à cest effect offert. et pour le service de sa majesté, tous les moyens dudict pays et de employer en particulier et général personnes et biens ; que de tant que Mgr frère du Roy approche du cousté de Chaldesaigues, avec son armée, que MM. Michel de Chenevrier, dict de Villeneufve, vicaire général dudict seigneur evesque et comte, le sieur de Boysverdun, bailly de Gévaudan, pour la noblesse et Claude Achard, licencié ez droictz, juge ordinaire de Mende pour le Tiers Estat, sont délégués et priés d'accompagner ledict sieur de St Vidal, fère entendre à l'altesse de mondict sieur frère du Roy et aussi audict sieur evesque et comte, l'estat et affères dudict pays, l'importance et necessité de la réduction desdictes villes, fortz et lieux occupés, au debvoyr de ladicte obeyssance, implorer, par la faveur de mondict sieur de Mende, layde de mondict seigneur, pour ladicte réduction ; offrir tous les moyens des fidelles subjectz de sa majesté dudict pays, avec leurs personnes et biens ; mays de tant que ledict pays, de soy, ne pourroyt fournir à la despence que y conviendra fere, estant plus d'un tiers d'ycelluy, puys seize ans, tenu comme est encores par lesdictz rebelles, et qu'ilz ont ravaigé et gaspillé tout ce qu'est à ladicte obeyssance, supplier sadicte altesse voulloyr commander et ordonner que les diocèses de Rodès, le Vellay, Viveroys et Auvergne, ayderont de certaines quantités de vivres et munitions au present diocèse pour la nourriture et entretenement de son armée, pour le temps qu'il sera son bon plaisir, s'employer à ladicte reduction et aussi les ecclésiastiques du présent diocese, autres que ledict sieur evesque et comte, supporteront pour un quatrisme de ladicte despence, ou telle aultre pourtion que son bon plaisir sera, actendu quilz se ressentiront respectivement de la liberté qu'en recepvra, par moyen de ladicte réduction. Et, pour fournir à la susdicte despence où à l'entretenement des forces dudict sieur de St Vidal, rembourser les villes, lieux, paroisses et mandemens, qui ont ja advancé et fourny en particullyer les vivres et munitions de bouche, qu'il a convenu employer pour la nourriture desdictes companies dudict sieur de St-Vidal, pendant le temps qu'il les a employées en ce diocèse, pour la réduction desdictz forts de Naussac, Montbel, le Mazel, Chauchaille et Chaldecombe, jusques à présent, la somme de 80,000 livres sera couchée sur le présent diocèse en deniers, et levée par M° Jehan Vivyan, receveur dudict diocèse, et jusques a aultres 80,000 livres en bledz, vins, chairs et avoynes, à raison de 6 livres le cestier froment ; 4 livres le seigle ; 5 livres l'avoyne, 2 livres le cestier vin, 20 livres le bœuf de quatre quintaulx et deux livres le moton poysant 25 livres, à la mesure et poix de Mende, dont ne pourra revenyr ny desdictz deniers que deux tiers, estant l'autre tiers occupé par lesdictz rebelles, sur lequel ne pourra estre aulcune chose levée ; et la recepte desdictz grains, vins et chairs sera faicte promptement par les consuls des villes de ladicte obeyssance, tant de la pourtion d'ycelle que des paroisses et mandemens plus proches, suyvant le despartement que leur en sera envoyé et alloué ce que leur apparoistra par mandemens dudict sieur et quictances legittimes avoyr esté jà fourny pour ladicte nourriture de sesdictes trouppes en ce pays et réduction desdictz fortz ; lesdictz froment et seigle mys en farynes et après en pain du poix de troys livres chascun, et le tout pourté et rendu au lieu ou lieux ez mains et comme par ledict sieur de St Vidal leur sera commandé ou par aultres ayans de luy pouvoyr ; et lesdictz bœufz et mottons en vie ; nommant audict sieur pour le manyement, préparation et distribution géneralle desdictz vivres et munitions maistres Bertrand de St-Bauzille, second consul ; Raymond Torrent, bourgeoys et Pierre Monnyer, de la présent ville, et Guérin Fontunye, merchand de Salgues, et ce pendant sera verifié si ceulx qui ont heu le manyement des deniers empruntés et grains achaptés ont aulcun fondz pour l'employer de jour en jour, selon les occurences ; et pour ce que l'entière levée desdictz deniers et vivres ne pouvoyent estre entièrement et si soubdainement faicte, qu'on en aura besoing et que pour ce deffauld ladicte commodité se pourroit perdre, la somme de vingt-cinq à trente mil livres sera prinse et empruntée sur les plus aysés dudict diocèse, ou bien allieurs a port et change. Et après, des deniers que proviendront de ladicte imposition en deniers, remboursée à ceulx qui lauront presté. Et à cest effect, et pour leur asseurance, deux des principaulx de chascune ville que seront esleuz et choisis, pour ce, par le corps dicelle, leur en passeront les obligations, telles que besoing sera, à la charge que lesdictz sieurs de la présente assemblée, représentant le corps mistique dudict pays, leur permectant présentement, pour et au nom dudict pays et en leurs propres et privés noms, et aussi à MM. les commis et scindicz dudict pays, leurs procureurs et aultres, s'estantz cy devant obligés pour deniers, bledz ou artillerye, empruntés ou que se obligeront cy après pour les affères que se présenteront pour ledict service, bien et repos dudict pays, les relever de toute indempnité, tant du principal, port et change, despens dommaiges et interestz qu'ilz ou lung deulx en pourroyent respectivement souffrir ; le tout soubz le bon plaisir du Roy, de mondict sieur son frère et dudict sieur de Sainct-Vidal.

MM. des Etats, « de leurs bons grés se représentant

le nécessité en laquelle le présent diocèse se pourroit trouver si on laissait plus avant maitriser et dominer ceulx de la Religion préthendue réfformée, rebelles au Roy et turbateurs du repos du public, occupans plusieurs fortz, villes et chasteaulx, et faisans innumerables meurtres, massacres, bruslemens, pilheries, concussions, tyrannies et aultres excès, et la commodité que se présente à présent, tant par la faveur et proximité de l'armée de Mgr frère du Roy, estant devant la ville d'Yssoyre, en Alvergne, que des aultres forces que le sieur de St Vidal, gouverneur et commandant pour le service de sa majesté au présent dyocèse, a assemblées et employées pour la reduction dung bon nombre desdictz fortz occupés, et desireux a si bonne occasion n'estre rien espargné, sans revocation des procureurs dudict pays, cy devant constitués, de nouveau ont constitué, créé et ordonné divers procureurs speciaulx et generaulx, etc. »

(C. 813. — Extrait de la delibération des Etats du diocese).

du 11 juin 1577.

Les sieurs vicaires généraux du diocèse, ont moustré certaines lettres que Mgr de Mende, estant arryvé en Alvergne, leur a escriptes contenans le désir qu'il a à s'employer et fere employer les forces de Mgr frère du Roy pour la réduction des lieux occupés de ce diocese.

Conclud que Mgr de Mende sera remercié très humblement de sa bonne volonté, adverti de l'estat des afferes du pays, pauvreté et misère d'ycelluy et du désir que ung chescun a sesvertuer et employer verd et sec pour poursuyvre la réduction de la ville de Maruejolz, et aultres lieux occupés de ce diocèse, en l'obeyssance du Roy ; mays de tant que la pauvreté du pays est si grande qu'on ne sçauroyt fournyr à ce que y sera necessayre, et que la comodité de la presence et forces de Mgr frère du Roy se présentant si près y pourroyt estre très favorable, supplier sa grandeur estre son bon plaisir de procurer, envers mondict seigneur frère du Roy, de nous impartir de ses forces et artillerye necessayres, et, veu la pauvreté de ce pays et que sans estre secoureu des provinces et diocèses voysins, on ne scauroit fournir à la despence, et que lesdictes provinces voysines, mesmes l'Auvergne, Vellay et Rouergue, s'en ressentiront de la réduction, impetrer de sa majesté que lesdictes provinces secouriront à ladicte despence.

(C. 813, folio 138).

REPRISE DU FORT DE MONTAGNAC.

Assiette du 17 juin 1577.

Par nous Philippe de Robert, sieur de Boysverdun, bailly de Gévaudan.

A Anthoine Jullien, cappitaine, commandant de l'auctorité de mondict sieur de Sainct Vidal au fort de Montaignac, pour le rembourser de la fourniture et advances par luy faicte de la nourriture, solde et entretenement de cinq soldatz qu'il a entretenus et entretient encores audict fort, despuis quil l'a reduict en l'obeyssance du Roy, que sont 4 moys entiers, à raison de 10 livres tournois pour chascun soldat par moys et de 50 livres à luy comme chef, la somme de 320 livres.

(C. 817).

COMMISSION DU DUC D'ANJOU A M. DE SAINT-VIDAL POUR LEVER DES PIONNIERS DESTINÉS AU SIÈGE DE MARVEJOLS.

22 juin 1577.

François, fils de France, frère unique du Roy, duc d'Anjou, d'Alençon, Toureyne, Berry et Chasteau-Thierry, au sieur de St Vidal, gouverneur au païs de Vellay et de Gevoldan, aux gens des Trois Etats de ces païs, salut et dilection. Comme nous nous sommes achaminés en ces quartiers pour réduire en l'obeyssance du Roy, nostre très-honoré seigneur et frère, les villes et chateaux qui sont detenus et occupés contre son autorité par ses subjects rebelles, mesmement la ville de Maruejols, pour les maulx guérir et calamités qui en surviennent aux bons et loyaux subjectz des pays circonvoisins ; et pour exécuter cette entreprinse en laquelle nous nous acheminons, seroit besoing d'avoir ung bon nombre de pyonnier ; scavoir vous faisons que, pour l'assurance que nous avons de vostres soins au bien du service du roy notre seigneur et frere au bien et utilité dudict pays, vous avons, en vertu de nostre pouvoir, commis, ordonné, député, commettons, ordonnons et depputons par ces presentes, pour faire promptement et en la plus grande diligence qu'il vous sera possible une levée de 1,200 pyonniers audict païs de Vellay et semblable nombre de 1,200 en icelluy de Gevoldan. Lesquels vous ferez assembler le plustot que faire se pourra, pour servir au siège dudict

Maruejols, de sorte qu'il ny ait rien que cela retarde ; voulant qu'à ces fins soient par vous contraincts tous ceulx qu'il appartiendra de le faire ; vous avons donné et donnons plaine puissance, auctorité, commission et mandement spécial ; commandons aux esleus dudict païs, maires, consuls et autres officiers, qu'ils ayent à vous assister à l'execution de ce que dessus, sans y faire aucune faulte. Qu'ils craignent d'encourir l'indignation du Roy nostre seigneur et frère et la nostre.

Donné à Brioude, le 22ᵉ jour de juin l'an mil cinq cent soixante-dix-sept.

FRANÇOIS, ainsi signé.

Et plus bas :
Par Monseigneur : BRULART.

(Histoire des guerres de religion dans le Velay, par M. de Viniols).

DÉLIBÉRATION DU 24 JUIN 1577.

Le sieur de Villeneuve, vicaire général, ensemble le sieur de Boysverdun, bailly, et Claude Achard, juge de Mende, délégués par les gens des Estatz dernierement tenus en la present ville, pour accompagner M. de St Vidal devers Mgr frère du Roy à Yssoire ; estans de retour, ont rapporté avoyr esté devers son altesse et, par la faveur de Mgr de Mende, obtenu que l'armée doibt partir ce jourd'huy et s'acheminer pour se treuver à Maruejolz vendredy prochain, soubz la promesse que Mgr de Saint Vidal a fait à son altesse, que vivres ny mancqueroyent point ny aultres munitions de guerre; et pour lexécution de ladicte entreprinse, mondict sieur a baillé commission pour lever douze cens pionnyers sur le diocèse du Puy et aultres douze cens sur le présent diocèse, et que, en passant, eulx avoyent baillé aux consulz du Malzieu, Salgues, Serverette, St-Chély et St Alban, mandement de fere assembler et trouver au lieu, jour et l'équipage, portés par aultre commission dudict sieur de Sainct-Vidal, leur portion et des autres paroisses et mandemens voysins, des pionnyers, c'est ausdictz consulz de Salgue pour leur ville et parroisse dudict Salgues et parroisses de Grezes, le Villaret, Chanaleilhes, Thoras, St Prejet, Monistrol, Crozances, Vereyrolles, St Symphorien, Saint Christoffle, St Paul-le-froid, Ventuejolz, Meyronne, la Bessière et Anthretz, Cubelles, la Panouse, St Bonnet-de-Montauroux, 200 pionniers ; aux consulz du Malzieu, pour leur ville et paroisse et aussi pour les parroysses de St Latgier, Prunyères, St Privat, Paulhac, Chaulhac, Julhanges, Blavignac, Albaret, Arcomye et St Pierre le Vieulx, 140 pionnyers ; ausdictz consulz de Serverette, pour leur ville et parroisse, et aussi pour les parroisses de Fontans, Javolz, Remeyze, St Amans, Estables, Almont, la Chase, Ste Colombe, St Sauveur-de-Ginestoux, Prinsuejolz, Nasbinilz, Rieutort-d'Albrac et Ribenne ...(sic) pionnyers; ausdictz consulz de St-Chély, pour les paroisses dudict St-Chély, Termes, Chauchailles, Fornelz, les Bessons, les Armalz, le Buysson, Antrenas, la Fage-Montivernoux, la Fage St-Jullien, St Laurent de-Beyres, Roquolles d'Albrac, le Fau,

Malbouzon, St Gal et les Laubyes, 160 pionniers ; et aux consulz de St Alban, de St Denys, la Ville Dieu et Ste Eullalye.. (sic).. pionniers ; et qu'il estoyt nécessaire pourvoyr au demeurant et faire tenir en diligence à Mgr l'évesque de Rodes et au Sgr de Caylus, sénéchal de Rouergue, les lettres que son altesse et ledict sieur de St Vidal leur escripvent, et pourvoyr aux vivres et munitions necessaires pour la nourriture de ladicte armée.

(C. 813, folio 148).

SIÈGE DU MAZEL, DE CHAUCHAILLES DE MARCHASTEL, DE LA CLAUSE. — COMBAT ENTRE LES CATHOLIQUES ET LES PROTESTANTS A PRUNIÈRES. — DIVERS RELIGIONNAIRES FUSILLÉS AU MALZIEU. — ATTAQUE DE CETTE VILLE ET DE CELLE DE SAINT-CHÉLY-D'APCHER PAR LE CAPITAINE MERLE.

(Extrait du manuscrit de Mᵉ Guillaume Florit, d'après l'abbé Prouzet).

La noblesse catholique du Gévaudan, du Cantal et du Velay ne pouvant rester plus longtemps paisible spectatrice des triomphes de Merle, vint sous la conduite de M. de Saint-Vidal investir le château du Mazel, occupé par les religionnaires, qui soutinrent le siège pendant un mois ; de là ils se rendirent devant le Malzieu et s'en emparèrent; Saint-Vidal, ayant laissé une garnison dans cette place, s'avança vers Chauchailles, occupé par les Huguenots, qui, après trois jours de résistance décampèrent. Le village de Chauchailles fut rasé et brûlé. L'armée de Saint-Vidal s'achemina ensuite vers Marchastel, et après avoir foudroyé les murs de cette place, pendant quatre jours, elle y pénétra et rasa, quelques temps après, la tour.

Le château de la Clause, près Saugues, tomba aussi en leur pouvoir.

D'une autre part, un détachement des catholiques, conduit par M. de Montpeyroux, s'empara du village de Prunières, et y fit quelque séjour.

Les religionnaires, instruits de cette entreprise, partent aussitôt de Marvejols, au nombre de deux ou trois cens hommes et viennent attaquer les catholiques dans le village même de Prunières ; l'affaire fut chaude : un grand nombre de personnes, de part et d'autre, y perdirent la vie ; mais la victoire resta aux catholiques. Montpeyroux alla ensuite au Malzieu où il fit fusiller quelques protestants qui étaient prisonniers dans cette ville.

Merle, furieux de ce que les catholiques venaient de lui enlever quelques places, et de la manière dont on traitait les religionnaires, tenta de s'emparer de nouveau de la ville du Malzieu (1), mit le pétard et le feu aux portes, rompit le cadenas au pont levis et pénétra avec fureur dans la ville ; mais cette fois les soldats de

---

(1) D'après cette note manuscrite, cette attaque aurait eu lieu le 2 juillet 1577.

Saint-Vidal y étaient en garnison, et il éprouva une résistance à laquelle il était loin de s'attendre. Après avoir laissé sur la place quelques uns de ses soldats, il fit une retraite honteuse et précipitée, se dirigeant vers la ville de Saint-Chély, qu'il attaque ; mais aussi malheureux devant cette place qu'au Malzieu, il y perdit un grand nombre d'hommes et de chevaux. En revanche, il incendia une partie des faubourgs et toutes les maisons qui étaient aux environs de l'église qu'on appelle *Paroissiale*. Plusieurs compagnies des religionnaires firent ensuite de nombreuses courses dans le Gévaudan, pillant et massacrant tout ce qu'ils rencontraient.

SIÈGE DU CHATEAU DE SERVERETTE, PAR M. D'APCHIER.

On doit rapporter vers cette époque le siège du château de Serverette, par M. d'Apcher. On lit, en effet, dans l'état des biens vaccants de la ville de Serverette : « que le chasteau de Mgr de Mende audict Serverette fust prins par ceulx de la religion, et que feu M. d'Apcher les y assiegea pour les en sortir, sappa la muralhe dudict fort du costé de la mayson de Jehan Saint-Léger, laquelle murailhe tomba sur ladicte maison et sur beaucoup d'autres et la tomba et ruyna. Il y a environ seize ans, que despuys na esté relevée »

Ce document dressé en 1595, donne en effet la date de 1577.

(Série E. Fonds de Serverette).

Les catholiques, après plusieurs tentatives infructueuses levèrent le siège d'Ambert, le 25 avril 1577. Le capitaine La Roche retourna à Chaudesaigues puis à Marvejols et Chavagnac dans son gouvernement d'Issoire. Merle partit pour le Gévaudan dans le but de faire des levées et de revenir ensuite pour soutenir Issoire, menacée par l'armée du duc d'Alençon. Cette malheureuse fut prise d'assaut par l'armée royale, le 15 juin 1577.

De son côté le maréchal de Damville avait embrassé la cause contre la cour et s'était unis à la tête des politiques du Languedoc. Dès que les hostilités commencèrent, l'ex-gouverneur s'empressa d'expédier des troupes sur tous les points de la province afin de s'emparer des positions importantes. Le capitaine Lery fut désigné pour commander dans le Haut-Gévaudan ; il se rendit maître du château du Mazel, près le Malzieu, et y mit une garnison ; il fit ensuite des courses à Saint-Alban où il fit périr plusieurs catholiques ou ligueurs, entr'autres le capitaine Jean de Lastic. Peu de temps après, il s'empara du château de la Clause et fit de nombreuses courses aux environs de Saugues, du Malzieu et de Saint Chély.

Damville choisit encore un certain Barghac, jadis chanoine à Notre-Dame du Puy, pour venir occuper une partie des montagnes du Gévaudan. Barghac, à la tête de 2,000 hommes environ, s'empara d'abord du Cros et de la ville de Langogne en Gévaudan, de Saint-

Agrève, de Foy et de Saint-Paul-de-Tartas, en Vivarais. A l'approche des troupes de Saint-Vidal, Barglac battit en retraite et passa par le village de Roziers, ou il fut atteint par le gouverneur qui lui tua une vingtaine de soldats.

Après cette expédition, Saint-Vidal alla mettre le siège devant Saint-Paul de Tartas, le Cros et Langogne. A son approche, les religionnaires évacuèrent la place et les garnisons du Cros et de Langogne suivirent leur exemple.

(Extrait du manuscrit de M. l'abbé Prouzet).

DÉLIBÉRATION DU 4 JUILLET 1577.

Est venu noble Jehan Dorlhac, sieur d'Auzac, qui a remoustré a la companye que Mgr de Sainct-Vidal, nostre gouverneur, pour le désir quil a à l'advancement du service du Roy et réduction entière à l'obeyssance de sa majesté, des villes et lieux occuppés de ce diocèse, il desireroyt bien fort qu'on tentast encores envers Mgr frère du Roy et MM. les princes, de fère acheminer l'armée à Maruejolz ; et, plustost pour y fere condescendre mesdictz sieurs les princes, respondant, en luy faysant promesse de l'en relever.

Ont coreu les voix.

Conclud unanimement qu'il sera bon envoyer devers Mgr frère du Roy, pour procurer envers sa majesté et messeigneurs les princes, de fere acheminer l'armée devant Maruejolz ; et si tant est que, pour les y fere condescendre, soyt de besoing leur fere quelque présent, offrir jusques a 4,000 escus, et enfin poulsser jusques a 20,000 livres ; et que ledict sieur de Sainct-Vidal sera supplié voulloir fere la despeche et acheminer ce faict comme il jugera pour le meilleur.

Est venu noble et puissant seigneur M. Anthoine de la Tour, sieur et baron de Sainct-Vidal ... qui auroyt remoustré ausdictz sieurs commis que luy ayant Dieu faict la grâce de réduyre, à l'obeyssance du Roy, les fortz de Naussac, Monbel, Clamose, le Mazel, Chaldecombe et Chauchalhe, que les ennemis occuppoyent, il desireroyt fort vacquer promptement et n'espargner sa vie, biens, ny moyens ny de ses amys pour fere tout ce qu'il pourra pour forcer les villes de Maruejolz, Florac, Chasteaulx de Peyre, Marchastel, le Boy, le Tournel, Montjusieu, Pradassou, Quésac, la Roche, Rocheblave, Charamau et aultres fortz restans encores audict pays ez mains desdictz ennemys, tenans le parti de la religion prétendue réformée, pour leur fere rendre l'obeyssance quilz doibvent a sadicte majesté. Et de tant que cella ne se peult fere sans grand fraiz et despens, tant pour l'entretenement des gens de guerre à cheval et à pied, que conduitte de l'artillerye, leur a demandé l'ayde et secours des moyens du pays, tant en deniers que munitions de vivres et de guerre, promptement, pour ne perdre la commodité que se presente, ayant les compaignies à pied et à cheval qui l'ont suyvy jusques yci prestes au pays ou envyrons et ne laysser couller le temps, ains empecher lesdictz ennemys à la recolte des fruictz, à present pendans, et se fortifier, joinct que si l'on differe plus avant, estant ce pays monteux et subject, advenant l'automne et hyver, a pluyes, neiges, froidz et de tout incommode à camper, il se trouveroyt en impuissance d'aller assieger lesdictes villes et fortz occuppés, et qu'on luy donnast, sur ce, prompt advys pour, avec eulx, se resouldre de ce qu'on avoyt à fayre.

... MM. les commis du diocese... ont advisé et conclud, deffaillant tous aultres moyens que l'on s'aidera des deniers dus au Roy.

Etat de la quantité de foin, paille, à fournir par les communautés du diocèse au magasin de Mende.

Le total est de 5,264 quintaux de foin et de 786 quintaux de paille.

(C. 813).

Du 17 juillet 1577.

Etat des pionniers que Mgr de Sainct-Vidal a ordonné faire acheminer en la présent ville de Mende, pour le service de sa majesté, le 22 juillet.

Le total des pionniers est de 504. Un tiers doit être équippé de palles, les autres deux tiers d'ayssades, sauf 4 pour vingtaine qui porteront hache.

Le nombre des bœufs à fournir est 517 paires.

Délibéré en outre d'envoyer quérir au Puy 50 quintaulx pouldre à canon, estant ez mains de Mathieu Metge et la porter en ceste ville pour s'en servir pour l'exécution des desseingz dudict sieur de Saint-Vidal, concernant le service du Roy.

Etat major de la compagnie de M. de Saint-Vidal.

Claude Rochette, despancier de la maison dudict Sainct-Vidal.

François de Polignac, sieur d'Adiac, lieutenant de la compagnie.

Aymar de Chaste, commandeur de Limoges, enseigne,

François de Chaste, sieur dudict lieu, porte guidon.

Georges de Sollelhac, sieur dudict lieu, maréchal de logis.

Deux trompettes.

Françoys La Verdière, capitaine.

C. 1333.

LE PAYS SOLLICITE M. DE SAINT-VIDAL D'ENTREPRENDRE LE SIÈGE DE MARVEJOLS.

Délibération du 9 août 1577.

Il a été conclud que de tant que M. de Saint-Vidal est du cousté de Marchastel et Montjuzieu, avec ses forces et artillerye, près de la ville de Maruejolz rebelle, et que les habitans d'ycelle sont en effroy, qu'il sera supplié voulloyr donner jusques à ladicte ville, la fere recognoistre, assiéger et emprunter les forces, artillerie, pouldres, vivres et munitions des gouverneurs et diocèses voysins, suyvant les commissions qu'il en a du Roy ou de Mgr frère de sa Majesté, et, audict effect luy seront offertz, comme cy-devant le pays en la dernière assemblée des Estatz luy offrist, personnes, biens et tous les moyens dudict pays, et luy remonstrer le peu de forces que sont dans ladicte ville, peu de moyen d'en recouvrer, le malheur que ce sera au pays de perdre ceste commodité, ayant artillerye et forces si près et a propros, et la difficulté en laquelle on se trouvera de fere recouvrer cy après de rechef et despence de ramener l'artillerye du Puy en ce pays ; le couraige que les rebelles prendront, voyant retirer lesdictes artillerye et forces, sans aller veoyr ladicte ville, et les maulx qu'ilz continueront de fère, et aultres incommodités que ledict pays en recepvra. Et où il jugera avec son conseil n'avoyr Jequoy pour forcer ladicte ville promptement à se renger à l'obeyssance de sa Majesté, du moingz qu'il luy plaise la blocquer, pour les garder de courre et tenyr subjectz. Et pour luy fere ceste remonstrance et supplication, sont délégués lesdictz sieurs de Villeneuve, de La Vigne, Corryer et Fontunye, ensemble M° Pierre Monnyer, le sieur de Fangouses et Destrictis, secretaire du pays.

Conclud qu'il sera mandé, audict sieur, voulloyr envoyer quarante chevaulx au devant desdictz sieurs délégués pour leur fère escorte, et, où iceulx délégués seront faictz prisonniers par les rebelles, le pays payera leurs ransons, et si tant est que ledict sieur vueille entendre a ladicte supplication, procuration sera passée a ceulx qu'on trouvera de bonne volonté pour aller à Lyon, au Puy et aultres lieux pour emprunter deniers, à port et change avec toutes les asseurances que besoing sera.

(C. 813, folio 166 verso).

NOMINATION DE PROCUREURS POUR ACHAT DE MUNITIONS DE GUERRE. — M. DE SAINT-VIDAL AU CAMP DEVANT MARCHASTEL.

9 août 1577.

L'an mil cinq cens soixante-dix-sept et le neufviesme jour du moys d'aoust. Régnant très chrestien prince Henry, par la grace de Dieu, roy de France et de Poloigne. En présence de moy notaire et tesmoingz soubz nommez. En personne constituez : vénérables hommes MM. Mrs Michel de Chevrier, dict de Villeneuve ; Jacques Macel, docteur ez droictz, vicaires généraulx et official du Sgr évesque de Mende, comte de Gévauldan ; Baptiste de Chappelu, Sgr de la Vigne, commis des nobles ; Claude Corrier, premier consul de Mende, commis ; André de Chaloillet, licencié, sindic, et Loys Fontunye, substitut du sindic du présent diocèse. Lesquelz, désireux du bien, repos et sollagement du présent diocèse, réduction des villes et fortz y occupés en l'obeyssance du Roy, et audict effaict satisffere au commandement qu'ilz ont de ce receu de Monsieur de Sainct Vidal, chevalier de l'ordre dudict seigneur, cappitaine de cinquante hommes d'armes de ses ordonnances, gouverneur et lieutenant de sa majesté ez pays de Gévauldan et Velay, par ses lettres du septiesme du présent moys, données au camp de Marchastel ; de leurs bons grés, sans révocation de leurs procureurs et dudict pays, cy devant constituez, de nouveau ont faict, créé et ordonné leurs procureurs speciaulx et généraulx, l'especialité ne dérogeant à la généralité ny au contraire, scavoir est MM. Philippe de Robert, sieur de Boisverdun, bailly de Gévauldan ; MM⁰ˢ Loys Chevalier, recepveur, crée par le roy en tiltre d'office formé audict diocese ; Raymond Torrent, Anthoine Gleyse et Jehan Vivyan, marchans, habitants dudict Mende, absens, comme presans, pour et au nom dudict païs seacheminer ez villes de Rodes, le Puy, Sainct-Flour, Lyon ou aultres villes, emprunter artillerie, pouldre, bouletz et aultres munitions de guerre pour le service du Roy et dudict pays, fere achept de balles, bouletz, pouldres, cordes et aultres munitions quelzconques nécessaires à l'art militaire et réduction desdictz lieux occupés dudict pays en l'obeyssance de sa majesté, en telles quantités et pour telles sommes que ledit seigneur de Sainct Vidal advisera ou eulx ou deux d'iceulx jugeront estre necessaires et accorder du prix, promectre le payement de ce qu'ilz achepteront, de remplasser ce que sera empruncté au lieu, temps et terme quen sera advisé ; en obliger tous et chascun les biens dudict pays et desdictz sieurs constituans en particulier, à toutes courtz, et tout aultrement fere comme lesdictz sieurs constituans pourroient fere, s'ilz y estoient en personne, encores que le cas requist mandement plus spécial. Promectans, soubz leurs bonne foy, de satisffere de tout poinct au contenu des obligations qu'ilz passeront, tant pour le faict que dessus, que pour la conduicte de ladicte artillerie, pouldres, balles, bouletz et munitions soict il en deniers ou aultrement comment que ce soit, au temps, lieu, personnes, soubz les charges, conditions qu'ilz auront contracté ou advisé, a peyne de tous despens, doumages et interestz quilz ou que aulcungz deux en pourront souffrir à faulte de ce; desquelz ensemble du principal ont promis procurer envers ledict pays de les faire par le pays et fere les diligences necessaires, les relever respectivement de toute indempnité ; et lesdictz de Chaloillet et Fontunye, sindic et substitut, promis comme sindicz dudict pays et au nom dicelluy, les en relever aussi respectivement de tout, soubz l'obligation de tous et chescuns les biens dudict pays et des leurs, aux forces et rigueurs des courtz ordinaires de Mende, commune de Gevauldan, séneschaucées, bailliage et Conventions de Beaucaire, Velay, Auvergne, Rouergue, Lyonois, Petit seel de Montpellier et aultres royalles et subalternes de ce royaulme, qu'ont voullu estre teneus icy pour exprimées et chascunes d'icelles ; et ainsin l'ont promis et juré aux sainctz évangiles de Dieu touchez, avec deue renonciation de faict et droict. Et de ce ont requis cest instrument à moy notaire, quà esté faict et récité à Mende, dans la maison canonicalle dudict sieur Macel.

Présens : MM. Mes François Dumas ; Jehan Malzac, licencié, de Mende ; Michel de Bessolles, demeurant avec ledict sieur de Villeneufve, et moy.

Ont signé :

LAVIGNE. — DE VILLENEUVE, vic. — Ja. MACEL, vic.

(Registre de Me Deséstreyetz, folio 184, année 1577).

DÉPENSES POUR LE SIÉGE DE MARGHASTEL.

Aultre paiement faict par ledict de Chaulnes, trésorier ou son commis, durant le mois d'août 1577.

A Jacques Dubruelh, sieur de Costeregord, capitaine, 550 livres, pour luy donner moyen de dresser une compaignie de cent hommes de guerre arquebuziers a pied.

A Jehan Sallenson, sergent d'une compaignie de 100 homes de guerre arquebuziers à pied, estant en garnison en la ville de Mende, sous la charge du sieur de Tiville, la somme de 13 livres 10 solz tournois, pour estre allé, avec cinq soldatz de ladicte compaignie, ez lieux et paroisses de Lanuéjoul, Brenoux. St Bauzille et aultres lieux et paroisses circonsvoisines pour faire admener et conduire, par les habitans desdictz lieux et paroisses en ladicte ville de Mende, plusieurs bœufs, charretes, boyviers et mulletz, tant pour charrier et tirer l'artillerie que porter les munitions au camp dressé par ledict sieur de St Vidal audevant le fort de Marchastel, et aultrement comme plus a plain est porté par l'ordonnance dudict sieur de St Vidal, quictance dudict Sallenson : le tout en datte du 4e jour dudict mois d'aoust.

C. 1333.

A Noé de Bonneville, sieur dudict lieu, la somme de 50 livres tournois, à luy ordonnée par ordonnance dudict sieur de St Vidal, pour aulcunement le récompencer des fraiz et despens qu'il auroit faictz, du commandement dudict sieur, en ung voyaege qu'il auroit faict au pays de Beaujolois pour aller quérir et faire marcher, en toute diligence, deux compaignies d'infenterie audict pays, dressées par les capitaines La Rochete et Neufville, et icelles conduict jusques au camp et siège dressé par ledict sieur audevant Marchastel, comme plus a plain est porté par ladicte ordonnance, en datte du 8ᵉ jour dudict mois d'aoust, et quictance dudict sieur de Bonneville, du 14ᵉ jour dicelluy an susdict.

C. 1333.

M. Bertrand de Saint Bauzile, collecteur de la ville de Mende, a payé a six pioniers *sive* tiralier, pour avoir servi au camp de M. de Saint-Vidal, à Marchastel, comme apert par descharge et mandement, signé Corier, consul. . . . . 18 livres.

CC. 173.

A Jehan Tezard, soldat, la somme de 25 livres tournois à luy ordonnée par ordonnance dudict sieur de St-Vidal, dattée du 6ᵉ jour dudict mois de septembre (1577), tant pour aulcunement la récompancer, que luy donner moien de vivre et paier les medecins, chirurgiens et appothicaires qui luy auroient pencé et medicamenté, pencent et medicamentent ung coup d'arquebuzade qu'il auroit prinse, au travers d'ung bras, des ennemys et rebelles à sa majesté, au siège devant Marchastel, et aultrement comme plus aplain est porté par ladicte ordonnance et quictance dudict Tezard, dattée dudict jour 6ᵉ septembre.

A M. Bessolles, la somme de 50 livres pour le rembouser de pareille somme deboursée a trois soldats que ledict sieur de St-Vidal auroit establis en garnison au lieu et fort de Grandrieu, pour leur gaiges, solde et estat du mois d'octobre.

A Philippes de Robert, sieur de Boisverdun, la somme de 540 livres tournois à luy ordonnée par ledict sieur de St Vidal, pour aussi aulcunement le recompancer des frais et despence par luy faictz, peynes et vaccations pour avoir aydé à la conduicte d'artillerie et distributions desdictz vivres, suyvant toutjours ledict camp, comme est plus aplain par l'ordonnance dudict sieur de St Vidal et quictance dudict sieur de Boysverdun, datées dudict jour.

MENTION DU SIÈGE DES FORTS DU MAZEL, CHAUCHAILLES ET CHALDECOMBE.

A M° Jehan Vivian, la somme de 97 livres 4 solz tournois, à luy ordonnée par ordonnance dudict sieur de St Vidal, pour le relever de icelle somme qu'il auroict fornye de ses propres deniers, et du commandement dudict sieur, pour l'achept des balles, pouldre d'arquebuse pesant 172 livres, qu'est a raison de 12 solz la livre ; laquelle pouldre ledict Vivian auroict distribué de nostre commandement aux compaignies de gens de guerre a pied estant au camp et sièges par ledict sieur dressés audevant les fortz du Mazel, Chauchalie et Chaudecombe.

DON GRACIEUX A M. DE SAINT-VIDAL ET ESTIMATION DES DOMMAGES CAUSÉS A DIVERS PROPRIÉTAIRES PAR LE PASSAGE DE L'ARTILLERIE QUE L'ON CONDUISAIT A PEYRE.

25 et 30 juillet 1577.

Le 25 juillet 1577, par délibération du Chapitre feust donné à M. de St-Vidal, ung toneau de vin cleret, tenant 6 cestier émine, à 4 livres pour cestier...... 26 livres.
    Plus pour 6 chapons donnés comme dessus. 6 livres.
    Le dernier juillet et le trois août « nous retournasmes M. Coignet et moy (1) avec Molherati à Chastelnovel, Villeneufve et à Chausse de Crozetz pour l'extime du domaige qui avoit esté faict par le passaige des pièces d'artilherie alant à Peyre et que M. de St-Vidal faisoit conduyre.

G. 1337.

30 août 1577.

Est venu le sieur de Saint-Alban, qui avoyt remonstré avoyr entretenu garnison à sa ville de St-Alban, durant les moys d'avril, may, jung et présent de juillet, pour la conservation d'ycelle à l'obeyssance du Roy, et aussi entretenu plusieurs trouppes et compaignyes pour la reprinse ou tenyr en subjection ceulx de la religion pretendue réformée, qui avoyent occuppé et occuppent le fort du Mazel, proche dudict lieu, à ses propres despens, excepté quelque petite quantité de munitions qu'il

---

(1) Mᵉ Guillaume Brés, chanoine.

avoyt receues pendant le siège dudict fort du Mazel, des lieux et parroysses voysins et monstré l'estat de sesdictes fournitures et despenses, revenant à son compte a dix sept mil et tant de livres, demandant en estre remboursé.

Conclud, ayant eue conférance avec Mgr de St Vidal et de son bon plaisir, que pour le remboursement par luy demandé, tant de l'entretenement de ladicte garnison que trouppes dudict siége dudict fort du Mazel, que pour la folle par luy et ses subjectz pretendue pour le passaige des compaignies dudict sieur de St Vidal, allant au siège dudict fort du Mazel ou d'illec au fort de Chauchalhes...... (La phrase est incomplète).

(C. 813, folio 168).

du 5 septembre 1577.

M. Achard, licencié ez droictz juge dudict Mende, et conterolleur général, a remoustré : Anthoine de Grimaud, cappitaine, commandant à Bédoesc, avoyr présenté requeste à Mgr de St Vidal, pour estre remboursé des despens par luy faictz, avec douze soldatz à cheval, allant quérir et conduisant de Prades, en la présent ville, prisonnyer, le cappitaine Maurinet, volleur ; et que mondict sieur prioyt la companye luy donner contentement, ayant faict ce dessus par son commandement, et de même qu'on fasse payer de 40 livres Pierre de Rivyère, sieur de Laubere, pour le boys prins de son boys de Corssac pour faire la fonte de l'artillerye, suyvant la vériffication qu'en a esté faicte par ledict sieur Achard.

du 7 septembre 1577.

Dans cette séance, on a conclut que MM. Bertrand de Saint-Bauzille, second consul, Pierre Durant, notaire de Mende, et sire Guérin Fontunye, de Salgues, sont délégués et priés voulloyr aller a la suytte de M. de St Vidal, tant à Naussac, pour recouvrer les pouldres que y sont, appartenant au pays, et les fere conduire en ceste ville, dans l'arcenal, que en la ville du Puy, pour fère descharger le présent diocèse, et délégués d'ycelluy, envers les MM. du Puy, tant des deux canons et deux colouvrynes, affustz, attellaige que boulletz et aultres choses qn'ilz avoyent prestés, et que le sieur de St Vidal leur faysoyt conduyre et ramener, que pour prendre asseurance de trois pièces que ledict sieur de Sainct-Vidal en admenoyt, appartenant audict diocèse de Mende, recouvrer et effectuer, au surplus, ce que le scindic leur baillera par instruction, ce qu'ont promis faire.

c. 813.

PROMESSE DE GARDER LA MAISON DE LA PRADE A L'OBÉISSANCE DU ROY.

11 septembre 1577.

L'an mil cinq cens soixante-dix-sept et le unziesme jour du moys de septembre, M⁶ Estienne Bodet, habitant du lieu de la Prade, paroisse d'Allenc, diocèse de Mende, a promis à monsieur de Junchières, lieutenant général et représentant la personne de Mgr de Sainct-Vidal, chevalier de l'ordre du Roy, cappitaine de cinquante hommes d'armes de ses ordonnances, gouverneur et commandant pour le service de sa majesté au présent païs de Gévauldan, et juré de bien loyaulment et fidellement garder, à ses propres despens, sa maison assize audict La Prade, soubz l'obeissance de sadicte majesté et dudict seigneur seigneur de Saint-Vidal et sienne, jusques à la prochaine venue, en la présent ville, dudict sieur de Saint-Vidal, et que aultrement par luy y sera pourveu et ordonné, et de ce a faictes les submissions nécessaires. Et en foy de ce s'est soubzsigné. Et ledict sieur de Junchieres a commandé à moy, notaire royal, en retenyr cest acte.

Faict à Mende, au lougis de Marchastel.

Presens : MM. Michel de Chevrier, dict de Villeneufve, vicaire général de Mgr de Mende ; Philippe de Robert, sieur de Boisverdun, bailly de Gevauldan ; Claude Achard, juge ordinaire ; Claude Corrier, premier consul de Mende ; Jehan Leynadier, dudict Mende ; Pierre Faveyrolles, serviteur dudict sieur de Junchières ; Jehan

Richard, dict Coronat, beaupère dudict Bodet, et moy dit notaire soubzsigné.

Ont signé : JONCHIÈRES ; BODET ; DE VILLENEUVE ; BOYSVERDUN, bailli ; CARRIER, consul ; Achard CORONAT ; LEYADIER.

(Registre de M. Desestreyctz, folio 274).

PROMESSE DE GARDER LE FORT DE QUÉZAC.

17 septembre 1577.

L'an mil cinq cens soixante-dix-sept et le dix-septiesme jour du moys de septembre. Noble Guyon de Belvezet, seigneur de Junchieres, lieutenant général et commandant au païs de Gévauldan, en absence de Mgr de Sainct-Vidal, chevalier de l'ordre du Roy, cappitaine de cinquante hommes d'armes de ses ordonnances, gouverneur et commandant pour le service de sa majesté audict Gévauldan et Velay, après la reduction faicte du fort de Quezac à l'obeissance de sa majesté, a baillé en garde ledict fort à noble François de Miral, cappitaine, présent, qui s'est chargé et a promis icelluy fere garder et conserver soubz ladicte obéissance, envers et contre tous, et ne le quicter, laisser ou rendre à aultre personne que a sadicte majesté, ses lieutenants généraulx, audict sieur de Sainct-Vidal ou audict sieur de Junchieres ; et de ce a faictes les submissions acoustumées, et de y recevoyr leurs commandementz et fere tout ce que par eulx ou l'ung deulx luy sera ordonné pour ledict service. Ce que ledict sieur de Junchieres a commandé estre escript par moy notaire.

Faict à Mende, dans la maison et lougis de Marchastel.

Présens : Anthoine de Grimaud, cappitaine, commandant de Bedouese pour ledict service ; Jehan Vyvian, de Mende, et moy, notaire soubzsigné.

JONCHIERES. — DE MIRAL. — GRIMAUD.

Suis esté présent · VIVYAN.

(Registre de M. Desestreyctz, folio 275).

26 septembre 1577.

ACTE DE PROTESTATION PAR LE SINDIC DU PRÉSENT DIOCÈSE.

L'an mil cinq cens soixante-dix sept et le vingt-sixiesme jour du moys de septembre, noble Philippe de Robert, sieur de Boisverdun, bailly de Gévauldan, et commissaire en ceste partie, depputé par Mgr de Saint-Vidal, chevalier de l'ordre du Roy, gouverneur et commandant pour le service de sa majesté ez pays de Gévauldan et Velay, a deffendu à M° Loys Chevalier, receveur particulier et ce par le Roy à tiltre d'office formé au present diocèse, de payer aulcune chose de ce quest deu au sieur de Ressouches ny aultres personnes residens en la ville de Maruejolz et aultres villes et lieu estant hors l'obéissance de sa majesté, afin que, à ce moyen, les ennemys de sa majesté ne soyent fortiffiez au préjudice de son service; qui a requiz coppie du présent acte, pour fere response.

Faict à Mende, aux maisons épiscopalles.

Présens : MM. M° Claude Achard, juge de Mende ; Raymond Rostaing, docteur, de la Canorgue ; Léon de La Vigne, bastard.

(Registre de M. Desestreyctz, folio 275 verso).

7 octobre 1577.

Lecture est donnée d'une lettre adressée, par M. de Saint-Vidal, au sieur bailli de Boisverdun, demandant le remboursement de 800 livres, pour intérêt de la somme de 8,000 livres qu'il prêta dernièrement au pays.

(C. 813, folio 173).

COURSES DU CAPITAINE MERLE AUX ENVIRONS DE MENDE.

14 octobre 1577.

Le collecteur de la ville de Mende, M. Bertrand de Saint-Bauzile, dit que le 14ᵉ jour du mois de octobre 1577, il, comme consul et ayant charge de fere réparer le pont-rot, et ce faysant et y estant avec les ouvriers, ce fust le cappitaine Merle et d'aultres ses complisses que l'en admenèrent prisonier à Maruejolz, et oultre le mal traitement de sa personne, luy ostarent sa borse, luy firent payer rayson et despens que y fit durant quinze jours ou environ; que tout monte plus de 400 livres, qui plaira aussi a voz bénigues grâces, mesdictz seigneurs, y avoir tel esgard que de rayson, veu l'affaire quil falloict fere pour ladicte ville, comme consul susdict.

(Extrait du compte rendu par Bertrand de Saint-Bauzile, collecteur de la ville de Mende. CC. 173.)

GARDE AU FORT D'ALTIER.

Du 17 octobre 1577.

Conclud que pour éviter la perte du fort d'Altier, que les six soldatz que M. du Champ y a mis, seront payés pour quinze jours, a raison de 5 livres chascun, et baillé descharge sur le receveur des munitions d'Altier, soubz le bon plaisir de M. de St-Vidal, et jusques à ce que aultrement par luy y sera pourveu et ordonné.

(C. 813).

Du 19 octobre 1577.

En la ville de Mende, et a la salle haulte des maysons épiscopalles, assemblés vénérables personnes : MM. Michel de Chevrier, dict de Villeneufve, vicaire de Mgr l'évesque de Mende, comte de Gevaudan ; Anthoine Barrau, subdélégué du sieur de La Vigne, commis des nobles ; Claude Corrier, 1er consul dudict Mende, commis et depputés des gens des Troys Estatz du présent diocèse, assistés de noble Philippes de Robert, sieur de Boisverdun, bailly de Gévaudan, commissaire depputé pour la levée des restes des munitions imposées sur le présent diocèse, et Claude Achard, licencié ez droictz, conterolleur général, aussi députe par ledict sieur de Saint-Vidal.

M. Loys Fontunye, scindic, a requis estre advisé si l'on doibt continuer la levée desdictes munitions, et qu'est ce que l'on doibt fere de certain bestial gros et menu saysi, pour icelles, aux habitans de St-Salveur-de Ginestoux et aultres, ayant esté conduict en ceste ville, que lesdictz habitans sont icy à la poursuytte pour le recouvrer, ayant faictes contre luy diverses protestation, veu le édict de paciffication, publié dez yer en la présent ville.

Conclud qu'il sera surcis à la levée des restes desdictes munitions sur le peuple, veu la prohibition dudict édict, et, jusques à ce que par sa majesté y soyt aultrement pourveu et ordonné, et que ledict bestial sera rendu a ceulx a qui appartient, en payant par eulx seullement les despens de bouche et garde dycelluy bestial, actendu qu'il se trouve saisi avant la publication dudict édict, faicte en ceste ville. Néantmoingz, pourront ceulx qui ont heu l'administration desdictes munitions estre contrainctz a rendre compte d'ycelles au pays, et a payer le reliqua par ledict scindic, et aussi par ledict sieur bailly, commissaire, à la charge aussi d'en estre comptables.

(C. 813).

PUBLICATION DE LA PAIX. — SOLDE DES GENS DE GUERRE. — LES RELIGIONNAIRES NE DÉPOSENT POINT LES ARMES. — PLAINTES CONTRE LA GARNISON DE MONTBRUN. — GARDE A FAIRE AU CHATEAU DE QUÉZAC.

1ᵉʳ novembre 1577.

Du vendredy, premier novembre 1577, ... assemblés, lesdicts sieurs de St-Vidal, commis, scindic, et Philippes de Robert, sieur de Boysverdun, bailly de Gévaudan ; Claude Achard, licencié ez droictz, juge ordinaire de Mende et conterolleur général, ordonné par ledict sieur de St-Vidal au présent diocèse.

Ledict Fontunye, scindic, a remoustré avoir pleu à Dieu et au Roy nous envoyer la paix, qu'à esté publiée en la Cour du Parlement, séant à Tholoze, et, par commandement d'ycelle en la présent ville ; et requis pour l'effectuement d'ycelluy édict les garnisons estre licenciées et payées du service qu'ilz ont faict, jusques yci, actendu que le pays n'a moyen plus avant supporter la despence de leur entretenement, et en oultre, la charge de la garde des villes estre baillée aux officiers, consulz et habitans d'ycelles, soubz l'obeyssance du Roy, et qu'on escripve à Mgr le marechal de Dampville pour entendre l'intention de sa Majesté, pour l'effectuement dudict édict, et de ce qu'on aura a fayre cy après.

Conclud que effectuant ledict édict, et pour relever ledict pays de fraiz cy après, la garde desdictes villes sera, par mondict sieur, baillée aux officiers, consulz et habitans d'ycelles, avec l'ordre qu'ilz auront à tenir et suyvre, et les companies, y estans en garnison, licenciées, et payées du passé, sur les restes des munitions, suyvant et sur les assignations que cy devant et dès le commencement du dernier moys d'octobre, sur icelles, leur ont esté baillées par ledict sieur bailly, comme il a affirmé, pour ledict moys d'octobre, et que les chefs et soldatz procureront, si bon leur semble, s'en fere payer, s'ilz ne sont jà payés. Néantmoingz, pour ce qu'il y a plusieurs marchans et aultres qui se sont chargés payer, de longtemps et avant la publication dudict édict, les dictes munitions, pour plusieurs paroisses, seront iceulx merchans et aultres, de quelque qualité qu'ilz soyent, constrainctz à payer audict sieur bailly, de l'auctorité de mondict sieur et de l'advis et dellibération desdictz sieurs commis, ce qu'ilz doibvent et n'ont point payé desdictes munitions, ensemble tous commissaires des magasins d'ycelles, à payer ce qu'ilz se sont trouvés ou se trouveront par la closture de leurs comptes avoyr de fondz, dans troys jours prochains, pour estre employés, les deniers en provenans, au payement de la compaignie du sieur de Thiville, pour ledict moys d'octobre, et aux aultres afferes importans le service du Roy et dudict pays, et ledict sieur bailly sera relevé de tous les despens, dommaiges et interestz que, a raison de ce, il pourroyt souffrir, et en oultre que l'on escripra a monseigneur le marechal de Dampville des afferes qui se passent au présent pays, et sera supplié nous commander, ordonner et advertir de ce qu'on aura affaire cy après ; pour le service du Roy et conservation du présent diocèse en son obeyssance.

..... Ledict sieur de St Vidal a demandé, à mesdictz

sieurs les commis, advis de ce qu'il doibt fere des gentilz hommes volontayres et aultres soldatz de sa garde qui l'ont suyvy et sont encores à sa suytte, en la présent ville, veu le édict de pacifflcation.

Conclud que, par mesdictz sieurs les commis de l'advis desdictz sieurs bailly et juge, ouy le scindic dudict diocèse, et requérant l'observation de le édict de pacifflcation, que les gens de guerre, suyvant ycelluy, seront licenciés, tant gentilz hommes, volontayres que aultres, pour se retirer, chascun chez soy, ceulx que sont volontayres deffrayés et les hostes qui les ont lotgés, despuis la dernière venue dudict sieur en la présent ville, payés de la nourriture qu'ilz leur ont administrée ; que lesdictz consul et scindic arresteront, avec iceulx ; et, pour le regard des aultres, seront gratifflés et soldoyés par l'ordonnance dudict sieur pour le service du Roy, qu'ilz ont faict, au présent pays, durant le moys d'octobre dernier, jusques à présent, scavoyr : le cappitaine Chenal, de 35 livres ; Thomas Chaldeaureilhe, de 16 livres ; Francoys Chaldeaureille, d'aultres 16 livres ; de Bor, d'aultres 16 livres ; Jehan Duboys, id. ; Balthezar Brun, d'aultre 16 livres ; le tout montant 131 livres tournois, que sera prinse, des mains dudict sieur bailly, sur les restes des munitions, dont il est chargé fere recepte. Au surplus, de tant que ceulx de la religion préthendue réformée n'ont obéy audict édict de leur cousté, ny mis les armes bas au present diocèse, en aulcuns lieux, est trouvé bon que ledict sieur gouverneur retienne, près de sa personne, quatre soldatz arquebusiers à cheval, des plus confidens et asseurés audict service de sa garde et deux Suysses à pied, à sa suytte, actendant plus amplement la volonté du Roy, et l'effectuement dudict édict ; et ce pendant, tant ledict sieur que iceulx seront payés de leurs estat, solde et entretenement, sur tout le corps du présent pays, mesmes le présent moys de novembre, que ledict sieur est supplié voulloir pourvoyr à ce que les comptables rendent leurs comptes et reliqua, et que le susdict édict de pacifification soit effectué par tout le présent diocèse.

Ledict scindic a remoustré a Messieurs que, despuys que nous sommes à la paix et que le consul de Maruejolz est l'ung de MM. les commis, a demandé s'il le fera appeller en toutes assemblées ; et luy a esté respondu que ladicte ville de Maruejolz obéyssant et effectuant de sa part ledict édict, que ledict consul sera appellé en toutes assemblées.

Pierre Fornier, consul d'Ispaignac et Jehan Mejan, dudict lieu, ont denoncé que la garnison qui est à Montbrun faict infinies coursses sur les subzectz du Roy, mesmes en ont admené le bestail de ung nommé Gachon, de Ure.

Conclud, par MM. les commis, que le lieutenant du prevost en enquerra et procedera contre les coulpables et contrevenans à le édict de pacification.

du 3 novembre 1577.

Est venu M⁰ Anthoine de Vergèses, bachellier ez droictz, de la ville de Salgues, qui a remoustré que ledict sieur de St Vidal, s'estant acheminé a l'entour du chasteau de la Clause, près la ville de Salgues, avecque ses compagnions, pour forcer ceulx de la religion prétendue refformée, qui occupent ledict chasteau, hors l'obeyssance du Roy, actendu le édict de paciffication, pour relever le pays des despences que lesdictes companies y faisoyent, les avoyt licenciées, et daultant que ayant faict le service du Roy, envyron six sepmaines audict pays sans en avoyr heu aulcune solde pour les sourtir du présent diocèse et garder que se retirans ne fissent aulcung ravaige sur le peuple, auroyt advisé leur fere distribuer la somme de 1,100 livres. — Délibère que cette somme lui sera remboursée.

MM. Messires Blaise Pojol, Françoys de Sallanson et Claude Rome, doyen et chanoynes de Quezac, procureurs des aultres chanoynes, comme appert de ladicte procuration, receue par M° Bonhomme, notaire, ont requis leur mayson collegiale leur estre rendue, et eulx remys en leur bien suyvant l'édict de paciffication.

M° Loys Fontunye, sindic, actendu que les chanoynes dudict colliège se sont cy devant, par deux ou troys foys, laissés surprendre, par les ennemys, en leur dicte mayson, a requis par mondict sieur (de St Vidal) estre pourveu à l'asseurance d'ycelle mayson pour l'advenyr en l'obeyssance du Roy, aux despens du revenu.

Mondict sieur de St Vidal a ordonné qu'ilz esliront ung chef suffizent et de qualité requise pour avecque eulx et leurs serviteurs, qu'ilz seront tenus avoyr chascun d'eulx ung et leurs subzectz fere la garde et conserver ladicte mayson en l'obeyssance du Roy, et faysant les submissions de ce fere leur dicte mayson leur sera rendue, affin que cy après elle ne soyt surprinse comme a esté cy devant, actendu que les ennemys tiennent encores le fort de Montbrun, qui est à deux jectz d'arbalestre et aussi la ville de Florac.

(C. 813).

du 6 novembre 1577.

... Sont venus MM. François de Sallanson et Claude Roume, chanoynes, tant en leurs noms que comme procureurs et ayant charge des doyen, sacrestain et aultres chanoynes de l'église collégialle Notre-Dame de Quézac, qui ont présenté, à mondict sieur de St Vidal, certaine requeste pour estre remys en leur mayson collégialle, pour en jouyr suyvant l'édict de pacification et la garder soubz l'obeyssance de sa majesté, avec leurs serviteurs, sans aultre chief ny forme de guerre, laquelle leur et eulx ouys ensemble, M⁵ Loys Fontunye, substitut du sindic dudict diocèse, qui avoyt remoustré ladicte mayson collégialle estre forte et la conservation d'ycelle, en l'obeyssance du Roy, d'extrême conséquence ; car si elle estoyt perdue comme a esté par deux ou troys foys par la négligence ou coulpe desdictz chanoynes, et qui couste, pour la reprendre au pays, oultre le meurtre des soldatz, qua esté faict à la poursuyte, plus de cent mil livres, elle seroyt malaysée a recouvrer, tant pour sa forteresse que pour estre assize en lieu ou l'on n'a moyen fere mener l'artillerye; et, estant tenue par ceulx qui vouldroyent renouveller les troubles, pourroyt estre cause de la perte de la ville d'Yspaignac, que luy est voysine, joinct que la ville de Florac, quartier des Cevenes et fort de Montbrun, qui ont, tous les derniers troubles, tenu le parti contrayre, son fort prochains, mesme ledict Montbrun de trois jectz d'arbaleste, ne sont désarmés ny ont obey à l'édict de pacification, ny moingz plusieurs aultres villes et fortz de ce diocèse, ains continuent ravager le peuple. Et par ainsin de fier entierement la garde dudict fort ausdictz chanoynes, dont les aulcuns ont demuré pendant ceste derniere révolte avec le sieur de Bedoesc qui tenoit le parti de la Religion et qui se empara et saysit dudict fort par leur intelligence ou négligence, ce seroit aultant que le remectre au hazard d'estre de rechief perdu. A quoy a requis estre obvié et pouveu aux despens desdictz chanoynes et aussi a l'asseurance du fort de Rocheblave, pour mesme rayson, et aux despens du revenu d'ycelluy, jusques à ce que lesdictz de la Religion ayent obéy audict édict ou que l'on ayt entendu sur ce la volonté du Roy, sans toutesfoys empecher cependant que lesdictz chanoynes ne soyant remys en possession et jouyssance de leur dictz maison et biens, suyvant ledict édict ; à quoy lesdictz sieurs commis ont adhéré.

Et, par mondict sieur de St Vidal, a esté conclud et ordonné, suyvant le dire, réquisition et oppinion desdictz sieurs commis et sindic que faisant droict ausdictz chanoynes sur leur requeste, ilz seront remys en leur mayson et biens dudict Quesac, pour en jouyr suyvant la volonté du Roy, prescripte par son édict de paciffication ; et de tant qu'ilz n'ont volleu fere aulcune ellection de chief, en ayant esté semondz, pour avecque eulx et leurs serviteurs se charger de la garde dudict fort dudict Quésac, soubz l'obeyssance du Roy et pour éviter aux inconvenientz que y pourroyent survenir, au préjudice du service de sa majesté et du public ; par les raysons desduictes par ledict scindic. que le cappitaine Myral, que y est encores en garnison, soubz son auctorité, pour ledict service, y demeurera avecque quatre soldatz et avec aultres cinq audict fort de Rocheblave, aux despens des revenus desdictes places respectivement, jusques à ce que lesdicts de la Religion qui occuppent les villes et fortz dudict diocèse seront désarmés et auront obéy audict édict ou que plus amplement l'on aura entendu l'intention de sa majesté sur l'effectuement dycelluy édict, ou bien que par messeigneurs ses lieutenans généraulx ou luy, y soyt pourveu et ordonné. Enjoignant audict de Myrail et sesdictz soldatz ce pendant bien et fidellement pourvoyr à la garde et conservation desdictz fortz en ladicte obeyssance et permectre ausdictz chanoynes la libre habitation et jouyssance de leur dicte mayson, se comporter doulcement avec eulx, ne leur y donner aulcune moleste ny empêchement, et ausdictz chanoynes de pourvoyr sur la nourriture et entretenement dudict chief et de quatre de sesdictz soldatz et a ceulx a qui ledict fort de Rocheblave apartient, aux cinq soldatz y ordonnés.

C. 813.

DÉPENSE POUR LA GARDE FAITE A MENDE.

9 et 10 novembre 1577.

Le comptable de la ville de Mende a payé par le commandement de M. le recepveur Chevalier, capitaine de ladicte ville, a certains soldatz que coucharent à la muralhe de ladicte ville, le 9 et 10° jour de novembre 1577, pour ce que personne ne volloit faire ladicte garde, disant que la paix y estoit (1), comme apert par mandement signé Dubruelh, consul, et Chivalier, capitaine, et a payé 6 soulz pour homme, que monte 4 livres 4 ous.

CC. 173.

PAYEMENT FAIT A M. DE SAINT-VIDAL.

10 novembre 1577.

L'an mil cinq cens soixante-dix-sept et le 10° jour du mois de novembre, les commis des nobles et Philippes de Robert sieur de Boisverdun, bailif, ont confessé debvoir et estre actenus envers Mre Anthoine de la Tour,

---

(1) Il est fait mention dans ce document « de la paix faicte et criée en ladicte ville, au mois d'octobre 1577 ».

seigneur et baron de St-Vidal, gouverneur et commandant pour le service de sa majesté audict pays de Gévauldan et Velay, en la somme de 2,550 livres tournois, pour ses gages et frais divers.

Le 18 novembre suivant, M. de Saint-Vidal reçoit à compte, sur cette somme, 725 livres.

Registre de Me Desestreyctz, folio 291, année 1577.

INVENTAIRE SUR LA GARDE ET DESCHARGE DU CHASTEAU DE NAUSSAC.

19 novembre 1577.

L'an mil cinq cens septante sept et le dix neufviesme novembre, le cappitaine Jaffuer estant chargé de la garde du chasteau de Naussac, par commandement de M. de Sainct-Vidal, chevalier de l'ordre du Roy, pour sa majesté, lieutenant a ce pays de Givaudan, s'en voulant icelluy Jaffuer descharger au moyen du bénéfice de la paix, que commandement dudict sieur, et le remectre à Me Gervais Chantuel, notaire de Langonhe pour sa descharge et charge dudict Chantuel, de ce questoit dans le chasteau ; à la requisition d'iceulx Jaffuer et Chantuel, par nous Mathieu Armand, lieutenant de la Court ordinaire dudict Naussac, a esté faicte description et inventaire comme s'ensuyt :

A l'entrée au revelin portes et ferremens ; la seconde

porte et portal garni de ferremens ; à l'estable, seulement les planchiers, et porte de l'estable avec ferremens ; au dessus le portal : deux portes entrant à la grange ; au colombier ne y ayant meuble ne portes ; à la porte de l'entrée du chasteau une porte doblée de fer, une barre avec deux chenes de fer à une sarrure, ung grand chadenat ; à la chapelle : la porte, ung verrout sans sarrures ; et au dedans : cent deux bolletz de colovrine et deux balles ; deux cauquilles a faire les bolletz. A la basse court, ung molin à bras, de pierre. Au fourn, rien que la porte. A la cave du chasteau vieulx : que les portes avec ung verroul. A la cave du chasteau neuf, les portes avec une sarrure et clef dans ladite cave.... (sic).

A la visete du chasteau neuf : la porte avec une sarrure sans clef. A la premiere estaige du chasteau neuf voultée, qu'on dit cuisine, une table avec ung archibanc, les portes de l'entrée, armoires et fenestres sans sarrures. A la cuisine au dessus le fourn rien dedans lors que les portes avec les verrou'z sans sarrure. Les plangiers des galleries dressés. A la chambre au dessus la chapelle : les portes avec sarrure, ung lict seulement de bois. Aux premieres estaiges sur les voltes du chasteau vieux : toutes les portes sans sarrures, le bois de deux lictz, une table, aultre bois de lict, ung dressoir. A la grand salle du chasteau neuf : le bois de deux lictz, ung petit buffect, une table, ung archibanc, les portes sans sarrures. Au cabinet : le bois d'ung lict, une table ronde, les portes et ferremens. Au cabinet : la porte avec sarrure à clef et au dedans une petite table. A la gallerie, joignant la barbecane : cinq moyens de granier ? sans corelles. A l'estaige du chasteau vieux, chambre du juge, le charnier avec toutes les portes, une saladoire. A l'estaige au dessus ladicte chambre : quatre graniers sans correlles. Au premier granier du chasteau, à l'entrée : la porte sans sarrures, avec le verroul sans sarrure. Au second grenier : la porte sans sarrures, avec le verroul, la porte de laquelle et tendant dillec au chasteau vieux, sans sarrure. Au dernier estaige du chasteau vieulx : une porte avec ung verroul sans ferrure, six graviers avec plusieurs moyens sans corelles ne ferrures et rien dedans. Au dernier estaige du chasteauneuf : la porte sans aultre chose, fors les couvertz, bien dressés. Au bout de la visete, une cloche.

Ledict cappitaine Jaffuer a dict et faict apparoir estre chargé par les mains du capitaine Bunbolayre, premier commandant à ce chasteau daucung meuble : cest neuf covertes, une lodiere toille entre deux laine, dix neuf linseulz, deux couetres, ung coussin pleume, deux coetres pleume, quatre napes et quatre servietes ; le tout fripé et gasté, de peu de valeur, en estimation de vingt-cinq livres tournois. Lequel meuble il auroit entendu apartenir a aucug de Lengonhe, qu'il entend retenir au payement des utencilles à luy ordonnées par ledict sieur Sainct Vidal, a payer par ceulx de Lengonhe, du moys de septembre dernier. Ledict cappitaine Jaffuer s'est deschargé et laissé le chasteau en la forme et susd. à icelluy M⁵ Chantuel ; lequel a promis le tenir et garder juxte le commandement de mondict sieur St Vidal, et le garder tant que son pouvoir se pourra estandre à la garde et soubz la main du Roy et du seigneur, aux fins susdictes ; a obligé personne et biens aux cours de ce royaulme. Ainsi la promis, juré, renoncé au droict à ce contraire.

Faict ou que dessus.

Presens : Claude Pascal, procureur du susdict ; Laurens Rovyère, de la Rovyere ; Jean R...... de Faveyrolles ; Estienne Brunel ; M° Claude de Rocqua, curé ; Pierre Giles, dudict Naussac ; lesdictz cappitaines Jaffuer et Chantuel avec moy dict lieutenant soubzsigné.

CHANTUEL, notaire. — JAFFUER. — ARMAND, notaire.

(Folio 92 verso).

Du 23 novembre 1577.

Sur le remboursement requis par Bertrand Liborel, hostellyer dudict Mende, de la despence faicte en sa mayson par les sieurs d'Entreaigues, de St Alban, du Saignet, du Clusel, de Bars, Vacheresses, de Clamose, Muret, Rodossas et de Mars, gentils hommes de la suytte dudict sieur de Sainct-Vidal, avec leurs serviteurs, et chevaulx, despuys le 14° jour du moys de juing dernier jusques a present.

..... Conclud que la somme due sera imposée à la prochaine assiette.

c. 813.

2 décembre 1577.

RÉQUISITION POUR LES CHANOYNES DE L'ÉGLISE COLLÉGIALLE DE QUÉSAC.

L'an mil cinq cens soixante-dix-sept et le second jour du moys de décembre. Dans lesglise cathedralle de Mende. M° Guillaume Vignolle, docteur ez droictz, ayant charge des sacristains et chanoynes de l'église collégiale Nostre-Dame de Quésac, comme apparessoyt par messive qu'il avoyt en main, signée par M° Françoys de Sallanson, lung desdictz chanoynes, a remonstré a M° Blaise Pojol, doyen dudict Quésac, que ayant, Dieu faict la grace audict sacristain et chanoynes de rentrer en leur mayson collégialle, ilz estoyent dellibérés et résolleus pourvoyr doresnavant à la garde et conservation de leur dicte mayson et esglise. Et pour ce que la présence dudict sieur doyen y estoyt principallement requise, la sommé et requis, dans troys jours prochains, se voulloyr acheminer audict Quésac, ausdictes fins; et, parlant à sa personne, M° Anthoine Fage, chanoine en ladicte église; aultrement sera procédé en leur absence, suyvant les estatutz de leur dicte église et maison. Aquoy, ledict sieur doyen a respondu pour son chef que, sans l'indisposition de sa personne, il y a longtemps qu'il seroyt allé audict Quésac et que, des lors qu'il pourra monter à cheval, ne faillyra y aller, et si sa sancté ne luy permectoit que ce ne fust dans lesdictz troys jours, il a faicte procuration à MM. Jehan Testellat et audict Sallanson, cy devant, ensemble ledict Fage, qui, en son absence pourvoyront au necessaire;

toutesfoys feront bien en advertir ledict Fage pour sy trouver. Et de ce ledict Vignolle a requis cest acte à moy, notaire, qua esté faict au lieu que dessus.

Presens : MM. M⁰ˢ Francois Dumas, Pons Bardon, docteurs ez droictz, habitans dudict Mende.

(Registre de M⁰ Desestreyctz, folio 302 verso).

LE SECRÉTAIRE DE M. DE SAINT-VIDAL EST CHARGÉ DE SE RENDRE A BÉZIERS AUPRÈS DU MARÉCHAL M. DE DAMVILLE.

Du 8 janvier 1578.

Conclud que, suyvant l'oppinion du sieur de Sainct-Vidal, le sieur Mathieu Souverain, son secrétaire, est prié aller trouver de la part dudict Sgr de Sainct-Vidal et du pays, à Beziers, Mgr le maréchal de Dampville, pour entendre sa voulonté et intention, et ce que lon avoit à faire en ce diocèse pour l'observation et effectuement de l'édict de pacification et conservation d'icelluy à l'obeissance du Roy, et de fère la fourniture et advance des fraiz dudict voyage ; à la charge d'en estre remboursée et paye de ses vaccations et faicte rayson sur ce qu'il prétend luy estre deu davantage, et aussi à M⁰ Jean Vergille, notaire, que luy a esté baillé pour l'accompagner, à la prochaine assiette.

C. 813.

MESURES A PRENDRE A L'OCCASION DES BRUITS DE GUERRE POUR CONSERVER LES PLACES ET FORTS DÉPENDANTS DE L'ÉVÊCHÉ DE MENDE. — SIÈGE DU CHATEAU DE RECOULETTES PAR LE VICOMTE DE LARBOUX.

Du 14ᵉ jour de janvier 1578.

Dans la Chambre haulte des maisons épiscopalles de Mende, assemblez MM. de Villeneuve et Macel, vicaires généraulx ; de Thiville, baille et gouverneur ; Achard, juge et Brugeiron, secrétaire de Mgr de Mende.

Proposé le bruict de remuement de ceulx de la nouvelle oppinion pour faire bonne garde en la ville de Mende et aultres places de mondict seigneur de Mende.

1

Pour le regard de la ville de Mende, à l'assemblée de la maison de ville, y a esté pourveu au moings mal qu'il a esté possible ainsi que lesdicts de Thiville et Achard ont dit.

Observation de l'évêque. — Mgr loue bien fort la prévoiance de ses habitants et subjectz de Mende, comme il désire le semblable de ses officiers.

2

Pour le regard des villes et chasteaulx de Chanac et Villar, le capitaine Costeregord est adverty fère son debvoir suivant la charge qu'il en a et a fait response par lettre du 5ᵉ janvier 1578.

Observations de l'évêque. — Mgr trouve bon de rementenoir souvent ceulx qui ont la garde de ses aultres places, d'en avoir soing, et que l'ordre faict et estably par sesdictz officiers pour la garde soyt observé suivant la dernière depesche, sur ce faicte par mondict seigneur à sesdictz officiers.

3

Quant à Grandrieu, Gaude sera adverty dy prendre garde.

4

Quant à Requoletes, suivant l'advis de mondict seigneur contenu en ses lettres esciiptes aux sieurs de Thiville, de Villeneuve, Macel et Brugeiron, en datte du 10ᵉ octobre; 7 et 18 décembre 1577, que aultres generalles, envoiées à tous ses officiers, la charge a esté commise et baillée au cappitaine Claustre, qui s'en charge par acte du 7 janvier, receu par M. Deboda, notaire, attendu que le capitaine Costeregord na voulu prendre la charge dudict chasteau de Requoletes, sans le descharger du chasteau de Chanac, comme appert par la lettre dudict Costeregord, du 2 janvier 1578.

Observations. — Demeure aussi satisfaict, mondict seigneur, de sesdictz officiers, d'avoir commis la garde de Requoletes au cappitaine Claustre, au deffault du cappitaine Costeregord, et trouvé bon l'entretenement de quatre soldatz avec ledict Claustre, jusques à ce que les desseings et entreprinses soient cessées par le vicomte de Larboux.

Et dautant que le sieur de Larboux seroit venu assiéger le chateau dudict Requoletes avec trouppe de gens de guerre en armes et temps de paix, estant logez tant à la grange et pichonnier dudict Requoletes et chasteau de La Vigne, que parroisse de Barjac, environ trois semaines, on a esté contrainct, à ceste occasion, dy fere excessive despence pour preserver ledict chasteau, oultre les réparations qui avoient esté faictes auparavant et par l'advis de M. de Saint Vidal, comme appert par l'estat, sur ce faict, dudict assiegement, port d'armes et contravention à l'édict, ont esté inquisitions, desquelles sera envoyé coppie à mondict seigneur, et des lettres de M. de St Vidal, audict sieur de Larboux, et response dudict sieur de Larboux audict sieur de Saint Vidal et aultres pièces concernant ce fait.

Observations. — Mondict seigneur a receu les informations, lesquelles il fera veoir au Conseil privé du Roy, pour les. . . . . . cependant les officiers de la Cour commune doibvent différer la continuation des procès extraordinaires contre ledict vicomte de Larboux et ses adherans, par contumas, suivant les lettres patentes que leur ont esté cy devant envoiées et aussi que la cougnoissance de tel cas apartient au bailliaige ; et ou ledict sieur vicomte de Larboux obtiendroit quelques lettres du Roy, pour surprinse, fault sy opposer formellement, en sera donné advis a mondict seigneur pour faire aussitost recvoquer lesdictes lettres, et cependant faudra sy opposer formellement et continuer de tenir neanmoings le chateau en bonne et seure garde ; et si ledict vicomte de Larboux y retournoit, pour essaier de forcer ledict chateau, soubz coulleur desdictes lettres ou aultrement, les officiers de mondict seigneur ny esporgneront rien, soit pour revuctuailler et munitionner ledict chasteau que pour en renforcer la garde.

5

Et pour le regard de la garde du chateau de Balsièges, en estant party le cappitaine Claustre, pour aller audict Requoletes, a esté advisé, entre tous les officiers de mondict seigneur, de y introduire le capitaine Grangier avec deux soldats et le prebtre qui garde la porte, jusques à ce que mondict seigneur y aye pourveu. Lequel chasteau et aultres places de mondict seigneur où est besoing soient autant soigneusement gardées pour l'advertissement qu'avons eu que ledict sieur de Larboux, estant et demeurant au chasteau de Prades, apartenant au sieur de Ste Enimie, pour represailles se veult emparer d'ung chasteau de mondict seigneur, premier qu'il ponrra surprendre.

Observations. — Trouve aussi bon mondict seigneur l'ordre qu'a esté donné pour Balsièges, et désire que ses officiers aient soigneusement l'œil sur la garde d'icelluy, comme estant l'une des principales places de son évêché.

(C. 1790).

BRUITS DE GUERRE. — GARDE EXACTE AU FORT DU CHASTEL-NOUVEL.

Le 8 mars 1578. — Plus feust mis encores ung soldat audict fort de Chastel novel, pour certain bruit qui se faisoit que le Caylar et Veyron conduisoient une companie, et, pour le present moys ay payé 6 livres.

Le 18 mars, furent envoyés à Chastel nouvel le célerier avec son serviteur, par commandement du Chapitre, pour ce que y avoit quelques troupes de gens de guerre questoient entrés au Vialas, et, ayant craincte du fort de Chastel novel y demeurarent ledict Astier avec son serviteur vingt jours, donc je paye pour leurs despens 12 livres 15 solz.

(G. 1337. — Comptabilité du Chapitre cathédral de Mende).

ESTAT DE LA DESPENSE FAICTE POUR LA RÉDUCTION DU FORT DU VILLAR.

Estat des partyes prestées au présent diocèse de Mende, fournies et desbourcées par Pons Destrex, sieur de Garrejac, habitant dudict Mende, pour les fraiz et despens de la redduction du chasteau et fort du Villar à l'obeyssance du Roy, suyvant les mandementz, ordonnance et charge à luy donnés par MM. les commis, depputés et scindic dudict diocèse, et dont ledict Destrex demande la vérification et remboursement, du moingz asseurance, pour en estre satisfaict dans la prochaine feste de Toussainctz, ensemble des apportz qu'il a souffertz et souffrira cy-après et luy conviendra paier a ceulx desquelz il a empromptés lesdictes sommes.

Premièrement :

Aiant esté ledict fort surprins par le cappitaine Pistollet et aultres de la préthendue relligion, infracteurs, et au mespris et contempnement de le édict de pacification des troubles le 17° mars 1578, noble Philippes de Robert, seigneur de Boisverdun, bailly de Gevaudan, commissaire par le Roy, depputé en ceste partye, se seroit, le mesme jour, achemyné devant ledict fort avec certaines trouppes de gens à cheval et à pied pour sa main forte, aulx fins deffectuer ledict edict et procéder contre ledict Pistolet et complices, suyvant icelluy à la réquisition de MM. les commis et depputés du présent diocèse, ou auroient vacqué les 17, 18, 19, 20 et 21 dudict mois sur le lieu, et, pour leur despence de bouche et de leurs chevaulx, despendu, scavoir : à la maison et lotgis de Raymond Vammalle, 3 escus sol et un tiers et 8 ras d'avoyne, montant deux tiers d'escus, à prix que se vend au marché. Au lotgis d'Anthoine Hours, 5 escus 2 tiers. A la maison de Anthoine Rastays, 9 escus 10 solz. Au lotgis de Pons Arnal, 7 escus 2 tiers. A la maison de Jehan Raulet, 5 escus. A celle d'Anthoine Bruel, 3 escus 2 tiers 5 solz. A la maison de Guillaume Claret, comprins quatre cestier avoine, à la mesure et pris que dessus, 8 escus 2 tiers, comme a esté vérifié par ledict sieur bailly, à l'assistance d'aulcuns officiers et consulz dudict Chanac. Lesquelles sommes ledict Destrex leur auroict payées de ses propres deniers, par l'ordonnance de MM. les commis, comme appert de l'acte de ladicte vérification, ordonnance et quictance des susnommés, revenans ensemble à la somme de 43 escus, deux tiers quinze solz tournois.

Plus la somme de 126 écus 9 solz « pour la nouriture administrée à Mgr de Sainct Vidal et aulx gens de guerre à pied et à cheval qu'il avoict conduictz et tenuz devant et à l'entour dudict fort du Villa, au mois de juillet dernier pour empecher lesdictz occupateurs en leurs desseingz et favoriser les subjectz du Roy, à la recolte de leurs fruictz ».

Aussy baillé au cappitaine La Rue, par ordonnance desdictz sieurs commis 7 escus deux tiers 16 solz tournois, pour les distribuer à ses soldatz, employés par luy, à la suitte dudict sieur de St-Vidal, devant ledict fort du Villar, contre lesdictz rebelles et infracteurs dudict édict.

Lesdictz sieurs les commis ayant faict estat d'emprompter sur les villes, lieux, paroisses et mandementz de l'entour dudict fort dudict Villar aulcunes sommes de deniers pour fournir aulx fraiz de la redduction de la dicte place, auroyent envoyé, par certains porteurs, leurs mandementz dudict emprumpt esdictz lieux et faict par ung tambour, par deux fois, sommer lesdictz occupateurs. Ausquelz mesaiger et tambour ledict Destrex auroict délivré et baillé, de l'ordonnance desdictz sieurs commis, 3 escus un tiers ; appert dicelle du 25e juillet 1578.

A baillé et deslivré au sieur de Jacinet, gentilhomme de la maison de Mgr le prince de Condé, pour ses journées, peynes et vaccations exposées par commandement de mondict seigneur le prince, en deux voiaiges qu'il a faict, de St-Jehan d'Angely en la ville de Maruéjolz et fort dudict Villar, avec lettres dudict sieur, dressant aulx officiers et consulz dudict Maruejolz et aulx cappitaines Merle et Pistolet, pour faire vuider, audict Pistolet, la pocession dudict Villar, ou séjourna en la present ville, pour attendre leurs responces, 50 escus sol, en présence de mesdictz sieurs les commis et leur ordonnance du 17 aoust 1576.

Par aultre ordonnance des sieurs commis, et de mesme jour, a payé a Jean Lalem, hoste de Mende, pour la despence de bouche faicte par ledict gentilhomme, à cheval, en son lotgis, pendant vingt journées, esdictz deux voiaiges, à raison de 55 solz pour jour et pour les extraordinaires, dont le compte a esté arresté par M. Lois Fontunye, scindic, substitué du diocèse, 15 escus sol, et oultre ce 3 escus ung tiers pour despence fournye par deux jours, en juillet dernier, aulx sieurs de Lambrandés et de Vopilhoux, et six soldatz à cheval, quilz avoyent, quant et eulx revenans du Villar, avec M. de St-Vidal ; montans lesdictes deux partyes à 18 escus ung tiers.

Pareilhement demande estre remboursé de la somme de 1,200 escus à laquelle lesdictz sieurs commis, après avoir essayé tous moiens et mesmes l'authorité tant du Roy de Navarre, dudict sieur prince que de tous les aultres chefz de la relligion et de la justice, auroyent esté contrainctz donner moien aulx subjectz du Roy, des environs. faire leur récolte libre et les descharger des impositions et levée de deniers et munitions quilz prenoient sur eulx, accorder audict Pistolet, et faire délivrer, par ledict Destrex pour luy faire quicter ledict fort, et aussi de 200 escus qu'il a baillés audict sieur de Poicairés pour ses peynes et vaccations expresses, tant venant audict Chanac, Chirac et à la ville de Maruejolz, y séjournant, pour l'exécution de la commission à luy dressée et envoyée par le Roy de Navarre, comme tractant ledict accord d'avec les aultres, dont sera cy après parlé, ou s'en retournant à sa maison. Plus 60 escus sol aulx cappitaines Pagesi, la Condamyne, le sergent Alexandre et Plauchon, estans de la suitte dudict sieur de Porcairés, pour leurs journées et vaccations, exposées suyvans ledict sieur de Porcairés, et s'employans à fère ledict accord, et pour avoir, pendant ledict traicté, par quelques jours, comme tiers et médiateurs, gardé ledict fort du Villar, et après icelluy rendu aulx officiers de Mgr de Mende, auquel apartient. Plus de 75 escus aussi baillés au cappitaine Marsalet, pour le gratifier de ce qu'il avoit tousjours tenu la main a fere condescendre ledict Pistolet à ladicte composition, le tout suivant l'ordonance et mandement que mesdicts sieurs les commis luy avoyent delivrée, en date du 18 août, audict an ; revenans, lesdictes partz ensemble, à la somme de 1,555 escus.

A noble Anthoine de Pellamorgue, sieur de Malavilhe, par aultre ordonnance desdictz sieurs commys du 27 dudict mois d'aoust, 50 escus sol, à luy ordonnée, pour le rembourcer des fraiz et despens faictz en sa maison de Malavilhe, par divers jours, tant audict sieur de Porcairès que aultres de sa suitte et poursuyvant la redduction dudict fort du Villar, ou pour le recognoistre, en partie, des peynes et vaccations par luy exposées, allées et venues par luy faictes, tant en la présent ville, audict Villar, à Maruejolz et aultres lieux, et à la suitte dudict sieur de Porcairès, appert de ladicte ordonnance du 27e aoust, audict an, et de la quittance.

A M. Pol Albaric, a payé suyvant l'ordonnance desdictz sieurs commis la somme de 47 escus deux tiers 19 solz pour 40 journées qu'il avoit vacqué à cheval, allant de la présent ville à Montalban, devers le Roy de Navarre, pour fere entendre, à sa majesté, l'occupation dudict fort, et poursuyvre le recouvrement de ladicte commission, y séjournant, revenant ou suivant ledict sieur de Porcairés, commissaire, poursuyvant l'effectuement de ladicte commission pour le rembourser de ce qu'il avoit fourny pour ladicte despêche aulx secretaires dudict seigneur ; appert de ladicte ordonnance du jour 27 aoust et de quictance.

Ledict Destrex a remboursé Hélie Serre, sieur du Villaret de la somme de 200 escus par luy fournie et desboursée de ses propres deniers, tant pour la solde et entretenement, d'ung mois entier, de 50 soldatz, que, pour l'occupation de ladicte place du Villar, mesdictz sieurs les commis avoyent faict entretenir audict Chanac, soulz la charge du cappitaine Costeregord, que pour gratifier certains soldats quy suyvoient M. de St-Vidal, nostre gouverneur, en juillet dernier, devant ledict fort du Villar, appert de l'ordonnance desdictz sieurs commis, du 15 aoust 1578 et quictance.

Demande aussy estre rembourcé de la somme de 69 escus 2 tiers 12 solz tournois, par luy fournie, suyvant aultre mandement de mesdictz sieurs les commis, du 24⁰ juillet 1578, pour la despence faicte par ledict sieur de Porcairés, gentilhomme et aultres de son trein et suitte, du temps qu'il a vacqué au faict de ladicte commission, à luy dressée par ledict sieur Roy de Navarre, tant en la ville de Chanac, Chirac, Maruejolz que aultres lieux.

Le comptable demande encore 105 écus pour l'intéret des sommes par lui empruntées.

Somme universelle, fourniture et despense du present estat : 2,452 escus un tiers onze solz tournois.

1578, 4 septembre. — C. 1331.

INVITATION AUX HABITANTS DE MARVEJOLS D'OBSERVER L'ÉDIT LE PACIFICATION. — DÉCLARATION PAR LAQUELLE ILS PROTESTENT DE LEUR FIDÉLITÉ.

Du 18 mars 1578.

Conclud que l'on advertira Mgr le maréchal de Dampville, ensemble le sieur de Sainct Vidal, de ce que se passe et fera response audict de Sainct Vidal, à ses lettres, et qu'on escripra à MM. les officiers et consulz de Maruejolz les invitant à l'observation de l'édict de pacifflication, et ledict Barrau est prié fere le voyaige.

c. 813

Du 20 mars 1578.

Me Anthoine Jausiond a porté une lettre de MM. les consulz dudict Maruejolz, contenant créance, laquelle il a déclaré estre pour faire entendre, ausdictz sieurs commis, que toute la ville de Maruejolz désire vivre en paix, suyvant l'édict de pacifflication et se bander contre les contrevenans, unanimement avec les autres habitans dudict Mende et du pays, estans fidelles subjectz du Roy, et, en ce que concerne la prinse du Villar, a déclaré que ladicte ville de Maruejolz ny a esté aulcunement consentant et ne la veult advouer, ains est preste de poursuyvre par la voye de justice, avec le reste du pays, contre ceulx qui l'ont entreprinse, comme infracteurs de l'édict.

c. 813.

1578.

Dans le rôle des dépenses dressé, au mois de juin 1578, par les commissaires de l'assiette du Gévaudan, figure celle de 66 écus deux tiers :

A Jehan Boyer, dit Nytard, aultre lieutenant de prévost, nommé par lesdictz des Estatz à M. le prévost général, pour exercer ladicte charge, tant qu'il plaira audict pays à la requisition de ceulx de la Religion préthenduc refformée, pour repoulser, punyr et chastier les contrevenans à l'édict de pacification, volleurs et vagabondz, conjoinctement ou divisement avec ledict de Caprières, suyvant la conclusion sur ce prinse par lesdictz des Estatz et pour six moys à compter du jour qu'il commencera à exercer ladicte charge, 66 escus deux tiers pour ses estat, gaiges, nourriture et entretenement, payables par quartiers et comme il fera ledict service.

C. 876.

Lettre du roi Henri, du 4 juin 1578, datée d'Agen, adressée à l'évêque de Mende, relativement à la prise du château du Villard.

(Cette lettre a été publiée dans le Bulletin de la Société d'agriculture, sciences et arts de la Lozère, 1860, page 547).

BAIL A FERME DE LA SEIGNEURIE DE RECOULETTES, ET OBLIGATION AU FERMIER DE VEILLER A LA CONSERVATION DU CHATEAU.

Par acte du 25 juin 1578, les vicaires généraux de Mgr Regnauld de Beaune, évêque de Mende, assistés de Philippe de Robert, escuyer, sieur de Boisverdun, bailli de Gévaudan, du juge Achard, etc. donnent à ferme, à noble François de Miral, le château, place, seigneurie, cens, rentes, revenus et émolument de Recoulettes. Le fermier a pris « la présente afferme et garde dudict chasteau à tous périlz et fortunes de guerre, tempeste et aultres cas fortuitz et promis de bien et fidellement garder, envers et contre tous, icelluy chasteau fort contre les entreprinses de ceulx de la religion nouvelle, du sieur de Larboux, que tous aultres, et, pour ce faire, y tenir le nombre de quatre soldatz ou tel autre nombre qu'il jugera estre necessaire et suffizance de gens de bien et féables et desquelz il respondra. Lesquelz il sera tenu payer et entretenir à ses despens, pour ladicte garde dudict chasteau et icelluy tenir munitioné, tant de vivres que de pouldres, balles que aultres choses nécessaires pour ladicte conservation de ladicte maison, le tout sans aulcune diminution de ladicte afferme, en sorte qu'il n'en advienne aulcun inconvenient par tel deffault ny aultre provenant de la part dudict de Miral.

En oultre ce a promis et s'est obligé ne rendre ny bailler icelluy chasteau à aulcune aultre personne que ce soit, sinon audict seigneur de Mende ou a sesdictz officiers ou aultres ayant charge expresse de luy. »

(Registre de M. Desestreyctz, notaire, année 1578, folio 218).

LE CAPITAINE MATHIEU DE MERLE ENTRE EN CAMPAGNE

juin 1578.

Le vendredi 19 juing sur le soir me faulsit envoyer un soldat au Chastel novel pour fortifier la garde comme le bruit estoit que Merle estoit en campanhe avec force soldatz et cordaige.

(G. 1337).

Le lundi 30 juing furent envoyés au Chastel novel deux nepveux de M. Coignet pour se prendre garde de Merle qu'estoit sorti avec quelques soldatz et y ont demeuré jusques au vendredi ensuyvant pour secourir aux souldatz qu'estoient dedans.

(G. 1337).

Au sieur de Treslemont, secretaire de mondict Sgr (de St-Vidal) pour ung voiaige faict vers Mgr le maréchal de Dampville, messeigneurs de Thore et de Turene pour la réduction de la place du Villar, comme appert par la descharge et acquict en juin 1578 la somme de 100 livres.

A ung pourteur envoyé, par MM. les commis de la ville de Mende, au Puy avec lettres demandant argent pour fournir à l'accord faict du chasteau du Villar, n'ayant argent pour sen retourner, luy a esté bailhé trois teston par ce . . . . 43 solz 6 deniers.

A M. le docteur Albaric, pour avoir esté envoyé à Montauban, parler du roy de Navarre pour la réduction du Villar. . . . . 24 escus.

1578.

Vols de juillet.

ASSIETTE PRÉSIDÉE PAR PHILIPPE DE ROBERT, S^{gr} DE BOYSVERDUN, BAILLI DE GÉVAUDAN, ET AUTRES COMMIS. ENTRETENEMENT DES GENS DE GUERRE COMMANDÉS PAR M. DE SAINT VIDAL, POUR LA RÉDUCTION DU FORT DU VILLAR ET AUTRES IMPOSITIONS.

Pour l'entretenement des forces de gens de guerre à cheval et à pied qui ont esté ordonnés lever par le Roy et Mgr le marechal de Dampville, gouverneur et commandant generallement pour ledict service au pays de Languedoc, par son ordonnance du 5e jour du present moys et conduitte de l'artillerye si besoing est et pour faire subvenir aux autres fraiz qu'il conviendra fère pour la rédction à l'obeyssance du Roy du fort du Villar occupé contre et despuis le édict de pacifiication par le capitaine Trotanant dict Pistollet et ses complices, empêcher les pernicieux desseingz et entreprinses qu'ilz font sur les villes et places de cedict pays, favoriser les subjectz du Roy à fère leur récolte et les fere jouir dudict édict.

La somme imposée est de 4,215 écus 2 tiers 8 solz obole.

(Archives departementales, C. 877).

GRATIFICATIONS.

Au sieur Dupyn, envoyé par Mgr de Sainct-Dydier, en Languedoc, pour trouver le seigneur de Chastilhon, pour adviser et scavoir celluy qui estoit nommé et dellégué de la part de ceulx de la religion pour l'establissement de la paix et observation de la conference ; pour son dict voiatge et l'aller et venir luy a esté bailhé par ledict Farnier, 50 escutz.

A noble Sébastien de Pontault, Sgr de Sainct-Didier, la somme de 100 escus, a luy accordée au Bureau des Estatz de l'an 1578, pour les frais et despens par luy faitz et fournis à occasion de la prinse et garde du capitaine Maurinet, exécuté à mort de l'auctorité du prévost.

A noble de Pelamorgue, sieur de Malavielhe, la somme de 20 escuz sol a luy ordonnée par lesdictz sieurs des Estatz pour le relever des frais et despens par luy soufferts pour la réduction du chateau du Villard.

A noble Sébastien Gayfier, sieur de Bessettes, a esté aussi accordé par l'assemblée desdictz Estatz la somme de 66 escus 2 tiers, pour la gratifier de plusieurs peynes, journées et vacations exposées par luy à la suite dudict seigneur de Saint Vidal, pendant le temps qu'il a vacqué pour la reduction des forts de Cheminades et Baldassé et le rembourser en partie de la despense faicte en sa maison, où il avoyt faict assembler plusieurs gentilshommes et soldatz et iceulx conduict à l'armée dudict sieur de Sainct-Vidal audict effect.

A noble Francois de Calvet, sieur de Fontanilhes, la somme de 51 escus 2 tiers à luy ordonnée par conclusion des Estats, pour cinq charges vin et aultres vivres par luy fournys pour la nourriture des gens de guerre, que ledict sieur de Sainct Vidal à conduict devant Baldassé pour la reduction, à l'obeyssance du Roy, dudict Baldassé, dont ledict sieur de Sainct Vidal a gratifié ladicte compagnie par ses lettres.

A Jehan de Rieysse, de Millau, pour luy recognoistre certains advertissements important le service du Roy et la conservation de la ville de la Canorgue qu'il est venu donner ; ayant a ceste occasion fayt voyage exprés de Millau à la Canourgue, à ses despens, pour quoy luy a esté accordé, par MM. les desputés desdictz Estats au bureau, dix escus.

(Extraits du compte de M. Farnier. C. 1334).

MENTION DE LA REDUCTION DES FORTS DE PRADES ET DE CHARAMAN.

Le diocèse a payé à Paul Comitis et à François Privat, cappitaines, pour avoir repris et rendu a l'hobeyssance du Roy les forts de Prades et Charaman, occuppez par les volleurs, les recognoistre des peynes, vaccations, journées et pertes a ce exposées et souffertes et pour leur donner occasion de continuer en leur bonne volonté et affection au service du Roy et du pays, 20 escus.

C. 1334.

LETTRE D'HENRI DE BOURBON A L'ÉVÊQUE DE MENDE AU SUJET DE LA PRISE DU FORT DU VILLARD.

Lettre du 4 juin 1578.

Dans cette missive, le prince exprime à l'évêque le regret de la prise de ce chateau qui appartient à l'évêché de Mende.

<small>Cette lettre a été publiée par M. de Burdin, tome 2, page 20, et par M. l'abbé Baldit dans le Bulletin de Société d'agriculture, année 1860, page 547.</small>

COPPIE DE COMMISSIONS DU ROY DE NAVARRE AU SIEUR DE PORCAIRÉS POUR LA RÉDUCTION DU VILLAR.

2 août 1578 [1].

Henry, par la grace de Dieu, roy de Navarre, seigneur souverain de Bearn, païs de France, a nostre cher et bien aimé le seigneur de Porcarais, gentilhomme de nostre chambre et cappitaine de Merueix, salut. Comme nous avons faict paroistre tant à la conclusion

---

[1] Ce document a été publié par M. de Burdin, tome 2, page 1.

de la paix que despuis par la sincérité de vos actions la bonne et droicte intention que nous avons à l'establissement de la paix et a fère rendre par tout l'entière obéissance que nous debvons a l'auctorité souveraine du Roy, monseigneur, non soullement pour avoir faict remectre en leur premier estat les villes de nostre gouvernement qui tiennent le party de la Religion, mais aussi pour avoir faict rendre celles qui ont esté despuis occupées, encores que ce ne feust en nostre gouvernement, en somme pour n'avoir rien obmis de ce qui est en nostre debvoir et en nostre pouvoir pour parvenir a un bon et assuré repos ; il est et néaulmoins advenu que plusieurs acoustumés a deshobeissance et a vivre de rapine ou passionnez, esmeuz des injures et offances passées, se sont saisis de quelques places, fortz et chasteaulx et entre aultres du chasteau du Villar, appartenant a l'évesque de Mende, chancellier de Monseigneur nostre tres honoré frere, et tous les jours pillent et ransonnent et font actes d'hostillité, viollans la paix, foy et seureté publicque, ce que doibt estre réprouvé de tous les gens de bien et amateurs du bien et repos de cest estat, auquel pour *le notable intérest et obligation naturelle que nous y avons par dessus les aultres* comme *la troisième personne de la France,* nous debvons aussy en pourchasser et désirer davantage le bien et conservation, et pourvoir à tous maulx et inconvénientz de remède propre et convenable, selon le moyen que Dieu noz a mis en main ; et suyvant la voulonté du roy, mondict seigneur, qui attend et demande en tous lieux cela de nous et de nostre fidellité ; POUR CES CAUSES et aultres bonnes considérations à ce nous mouvans, et affin de prévenir les maulx et périlleuses conséquenses que telles surprinses et attemptatz peuvent attirer avec soy, en danger d'allumer un feu qui se pourroit espendre généralement et malaisement s'abstaindre, nous, suyvant la voulonté du roy mondict seigneur et le pouvoir que nous avons de luy, vous avons commis et depputé, commectons et depputons par ces présantes pour vous transporter incontinent et sans délay au chasteau du Vialla (sic) et fère entendre au cappitaine Pistollet et aultres, qui injustement l'occupent et detiennent contre l'édict de pacification et la foy et seureté publicque, combien nostre intention est droicte et sincère à l'establissement de la paix, les sommer, et remectre ladicté place entre les mains dudict seigneur évesque appropriée en son premier et deu estat, faire deslivier les prisonniers et restituer les biens et merchandises dettenus par lesdictz occupateurs du Villar; leur deffendre, de par le roy monseigneur et nous, de pilher, rançonner, ravaiger, ne faire aulcungz actes d'hostilité, ne contravenir directement ny indirectement à l'icelluy édict de paciffication, duquel la conservation de cest estat deppend, et au cas qu'ilz soient reffuzans, contravenans et désobéyssans, procéder ou fère procéder contre eulx par désadveuz et toutes voyes de rigueur et de force si besoing est; nous advertir du debvoir que aurès faict, pour y pourvoir d'aultres remèdes selon l'exigence des cas, et généralement y fère ce que nous mesmes pourrions si presans y estions. — De ce fère, vous avons donné et donnons plain pouvoir, puissance, commission, auctorité, mandement spécial par sesdictes présentes. — Mandons à tous officiers, justiciers et subjectz du roy, mondict seigneur, qu'à l'exécution de la presante commission qui ne tend rien que au bien de son service, repos de cest estat, ils ayent à entendre à vous et vous obéyr.

Donné à Montauban, le second d'aoust, l'an mil cinq cens soixante-dix huict.

HENRY.

Et plus bas :
Par le roy de Navarre, pair de France.
LAILLIER

Ainsin signé, avec le scel dudict sieur en cire rouge.

DÉPENSES POUR LA RÉDUCTION DES FORTS DE CHEMINADES ET BALDASSÉ, OCCUPÉS PAR CERTAINS VOLLEURS PERTURBATEURS DU REPPOZ PUBLIC

1578.

Premierement. Auroict esté ledict Farnier, mandé par ledict sieur gouverneur (St-Vidal) pour le venir treuver en la ville de Salgues pour adviser sur les munitions des vivres et de guerre necessaires pour l'exécution de son entreprinse, ou auroict demeuré cinq jours avec ung homme à cheval et despendu 14 escus 30 solz.

Et estant ledict Farnier commandé par ledict sieur de Saint-Vidal revenyr en Vellay pour fere acheminer les companyes questoient desja levées à ces fins, ledict sieur gouverneur envoya, deux ou trois jours après, Jehan Fontunye avec lettres pour fere retarder lesdictes compaignies jusques au chasteau Dadiac ou ledict Farnier demeuroict, causant la contagion, jusques au 15 de febvrier, ou fust despandu pour l'aller et venir dudict Fontunye 1 escu 40 solz.

A noble Anthoine de Talhade, pour 50 mothons à luy prins par certains cappitaines estant de la suytte de M. de Sainct-Vidal, allans devant les forts de Cheminades et Baldassé, 55 escuz un tiers, à luy accordez par MM. les depputez des Estatz au bureau.

(G. 1334. — Compte arrêté à la Canourgue le 23 juing 1579).

SIÈGE DU FORT DU CHASTEL-NOUVEL PAR MERLE.

Le vendredy 29 aoust 1578 furent mis encores deux soldatz au fort du Chastel novel, pource que Merle y vint donner l'escalade et feurent payés aux deux soldats, pour un moys, 20 livres.

(G. 1337).

DÉCLARATION DU ROY SUR LES LEVÉES ET IMPOSITIONS DE DENIERS FAICTES SUR LE PAIS DE GÉVAUDAN, PORTANT PERMISSION D'IMPOSER PLUSIEURS SOMMES POUR LE REMBOURSEMENT DES DETTES DUDICT PAIS.

21 septembre 1578.

Henry, par la grâce de Dieu, roy de France et de Pologne, au bailli de Gévaudan ou son lieutenant, salut. Le scindicq dudict pais nous a présenté les remonstrances cy attachées, contenant que à l'occasion des longs troubles qui ont eu cours audict pais, plus que en aultre province de nostre royaume, les habitans dudict pais, encores qu'il soit infertille et de peu de rapport, ont supporté, oultre les foulles, ruynes et pertes de leurs biens advenuz pour la grande occuppation d'icelluy par ceulx de la nouvelle religion, de grandz et inestimables fraiz, tant pour la conservation dudict pais en nostre obeissance, que pour y remectre les villes et chasteaux, jusques au nombre de vingt, par le sieur de Sainct Vidal, nostre lieutenant général au gouvernement dudict pais, auparavant surprins et detenuz par ceulx de ladicte religion prétendue réformée et catholicques uniz, aiant esté contrainctz, pour cest effect, imposer sur eux plusieurs grandes sommes de deniers, tant es années 1572, 1573 et 1574, partie desquelles auroient esté levées et n'en reste à lever que la somme de 6,708 escus 8 deniers dicelles, qui sont deubz à Anthoine Gleyse et Pons Destreets, leurs receveurs esdictes années ; et, pour le regard de ce qui a esté imposé en l'année 1577, se trouve estre deub. de reste, la somme de 14,917 escus 2 tiers, et dont les advances qui ont esté faictes par plusieurs particuliers à interestz, par prest, qui court sur eux, selon les vérifications que en ont esté faictes par vous, présent nostre procureur et les depputez desdictz Estatz ; d'aultant que en l'année derniere, pour la reduction faicte par ledict sieur de Sainct Vidal desdictes places en nostre obeissance, il auroit esté faict de grandes despenses, tant pour le paiement des garnisons que compaignies de gens de cheval et de pied, employez audict effect, fraiz de la guerre, conduicte de l'artillerie que aultres choses necessaires, partie de laquelle despense auroit esté advancée par M. Vivian, receveur dudict païs et aultres particuliers, comme est contenu en l'estat dicelle, affin que nostre service ne feust retardé, pour le zelle et affection que chascun a eu de nous aider de ses moiens, attendant leur remboursement, ledict Vivian auroit a cest effect obtenu nos lettres patentes, a vous addressantes, pour imposer les sommes qui se trouveroient luy estre deues et a certains aultres particuliers ; lesquelz par la vérification qui en a esté par vous faicte, après avoir veu l'estat desdictes debtes, en presence de nostre dict procureur et des depputez dudict païs, se seroient trouvez monter jusques a la somme de 27,129 escus 1 tiers 1 sol 9 deniers, distribués par les ordonnances dudict sieur de Sainct Vidal, selon l'estat qui nous a représenté avec aultre estat d'aultre leurs debtes par vous et ainsi que dessus verifié, se montant a la somme de 14,468 escus 2 tiers, oultre ladicte somme de 6,708 escus 8 solz 10 deniers deus ausdictz Glaise et Destreetz, verifiées comme dict est, icelle somme de 27,129 escus 1 tiers 7 solz 9 deniers auroit esté imposée et baillée à leurs receveurs la presente année ; nous supplions et requérons, attendu que lesdictz deniers ont esté emploiez pour le bien de nostre service, vallider et auctoriser ladicte levée et employ desdictz 27,129 escus 1 tiers 7 sols 9 deniers par les ordonnances dudict sieur de Sainct Vidal, et par mesme moien leur permectre fere lever ce qui est deub des restes des impositions faictes esdictes années 1572, 1573, 1574 et 1577, etc.

Le roi valide, et autorise la levée, dépense et emploi desdites sommes.

Donné a Fontainebleau, le 21ᵉ jour de septembre, l'an de grace 1578, et de nostre règne le cinquiesme.

(C. 2).

PROMESSE DE GARDER LE FORT DU CHASTEL-NOUVEL.

13 octobre 1578.

L'an mil cinq cens soixante-dix-huict et le treiziesme jour du moys d'octobre. Regnant tres chrestien prince, Henry, par la grace de Dieu, roy de France et de Poloigne. En presence de moy, notaire royal et tesmoingz soubz nommez ; dans le fort du Chastel Nouvel, et Vital Mauras, cappitaine, commandant audict fort, a présenté à MM. Jehan Boniol, prévost, et Guillaume Brès, chanoynes et baille du Chapitre de l'esglise cathedralle de Mende, seigneur dudict fort; Mathieu Astier; Pierre Bigose ; Jehan Aldebert, de Mende ; Jacques Plan, d'Alteyrac. et Pierre Salaville, dudict Chastel Nouvel, soldatz arquebusiers à pied, en bataille ordonnez pour la garde et conservation dudict fort, soubz l'obeyssance du Roy et dudict Chappitre. Lesquelz ont promis et juré, ausdictz sieurs Boniol et Brès, la main levée à Dieu, de bien, loyallement et fidellement garder et conserver ledict fort du Chastelnouvel, soubz ladicte obeyssance du Roy et dudict Chappitre envers et contre tous, y fere le guet, garde et sentinelle, de nuict et de jour, tant à la muraille que à la porte et aultres lieux requis, ny permectre l'entrée a aulcuns suspectz au repos du publicq ny aultres infectz, de la contagion, ains en sortir et mectre hors tous ceulx quilz y pourront trouver dedans, de telle qualité et de rendre ledict fort à sa majesté ou audict Chappitre, en ladicte obeyssance, toutesfois qu'ilz en seront requis, et audict effect lesdictz soldatz obeyr audict Mauras, leur chief, et l'advertir de toutes entreprinses et desseing contraires, dont ilz pourront avoir advis, et ledict Mauras, ledict Chappitre, et tous ensemble y obvier et obéyr à icelluy, a peyne de la vye. Et pour ce fere et pour leur solde, nourriture et entretenement d'ung moys prochain venant, ledict sieur Brés leur a payé, baillé et deslivré réallement la somme de vingt escus deux tiers en escuz sol, testons et monoye nombrée par ledict Mauras, retirée et a iceulx distribuée, qui s'en sont tous tenus pour bien contentz, payez et satisfaictz, ensemble ledict Mauras de son estat dudict moys, et en ont quicté ledict Chappitre et tous aultres et faictes les submissions acoustumées pour les afferes et service du Roy, dont ledict sieur Brés a requis cet acte a moy notaire.

Présens : Jehan Salenson, de Bramonas ; Gaspard Coignet ; Christifle Fornier ; Jehan Vidal, masson ; Jehan Pigière, cordonnier de Mende.

Là mesmes, ledict Mauras a confessé avoir receu dudict sieur Brés, présent, huict livres pouldre et six livres plomb pour les garder et conserver pour la munition dudict fort, et promis le luy rendre comme il sortira de ladicte charge, ou bien le pris que ledict sieur Brés en a payé, qu'est 7 livres 10 solz, a raison de 15 solz la livre pouldre, et 5 solz la livre plomb, soubz les mesmes submissions.

Faict et recité ou et presens que dessus.

(Registre de M. Desestreyrlz, année 1578, folio 372).

Le comptable des Etats a payé a M. Du Puy pour estre venu, au mois de décembre 1578, de Languedoc en la ville de Marvejols exprès mandés pour advertir lesdictes villes, de la part de Mgr le mareschal, de certaines entreprinses importans. Le service du Roy, profis, utilité et conservation du present diocèse en son obeyssance, pour deux fois a ses propres despens, la somme de 80 escus.

(C. 1334).

NOMINATION D'UN DÉPUTÉ POUR ASSISTER AUX ÉTATS GÉNÉRAUX DE LANGUEDOC.

21 janvier 1579.

L'an mil cinq cens soixante-dix-neuf et le vingtung unième jour du moys de janvier. Regnant très chrestien prince, Henry par la grâce de Dieu, roy de France et de Polonhe. En presence de moy notaire royal et tesmoingz soubzsignés, en personne constitués MM. Claude Achard, licencié en droictz, maistre de requestes de Mgr, frère du Roy, juge ordinaire et premier consul de la cité de Mende ; Anthoine Geymard, marchand, second ; Jacques Michel, tiers consulz, Jehan Martin, licencié ez droictz ; Eustace Feret, aussi licencié en la faculté de médecine ; Claude Corrier, Bertrand Renard, Robert Bourguyneau, appoticaire ; Jehan de Roquoles, sieur de Remeyse ; Guillaume Lerys ; Jehan Vyvian, Jehan Lalen et Jehan Grassin, Anthoine Gerbaud, sieur d'Orciere ; Jehan Bodet, habitants et conseilliers de la maison consulaire dudict Mende, assemblés à la maison consulaire de ladicte ville ; lesquelz, de leurs grés, pour et au nom de ladicte ville, de tant que lesdictz sieurs consulz, pour les urgentz afferes et conservation de ladicte ville, ne la peuvent délaisser pour ceste heure, ont esleu et créé leur procureur spécial et général M° Robert de Chaloillet, licencié ez droictz, natif dudict Mende, et à présent habitant et retiré au lieu de Chastel-Novel, absent, pour et au nom de ladicte ville et dudict sieur premier consul et l'ung des commis et depputez comme tel du présent diocèse soy présenter à l'Assemblée des Estatz généraulx du pais de Languedoc, mandée par le Roy à la ville de Beziers, au 25ᵉ jour du présent moys de janvyer, en icelle, remonstrer et représenter la pouvreté et misère en laquelle tant ladicte ville que le présent diocèse est réduict au moyen des coursses, rançonnementz, impositions et levées de deniers qu'ilz font sur les subjets du Roy et aultres excès que aulcuns infracteurs de l'édict de paciffication des derniers troubles y exercent, et requérir que tout le pays de Languedoc en corps et aux despens dicelluy embrasse et poursuyve l'effectuement dudict édict de paix et la punytion des contrevenens, par toutes les voyes et moyens requis, et aultrement octroyer, accorder, discorder, remonstrer, adviser et fere tout ainsin que ledict sieur premier consul dudict Mende pourroit faire s'il y estoit en propre personne, encores que le cas requist mandement plus spécial, promectant, soubz leur bonne foy, le tout agréer et de relever ledict sieur de Chaloilhet de tout ce qu'il fera, dira, procurera ou exercera en cest endroict, soubz l'obligation des biens de ladicte ville, qu'ont soubzmis aux forces et rigueurs des courtz ordinaires dudict Mende, commune de Gévaudan, présidial et conventions de Nismes et chascune d'icelles. Et ainsin l'ont promis et juré sur les Sainctz évangiles de Dieu, avec toute renonciation nécessaire, et de ce ont requis c'est acte, à moy, notaire, qu'à esté faict et récité au lieu que dessus. Présens : Mᵉˢ Guillaume Roquette, baille du clergé de l'esglise cathédrale ; Pierre Michel, hebdomadier de ladicte esglise ; Imbert Malaval, Jehan Conort, valletz desdictz consulz dudict Mende.

Et moy Jehan Desestreyctz, notaire royal soubsigné.

(Registre de l'année 1579, folio 2).

23 janvier 1579.

Le 25 janvier je envoyé sur la nuict, au Chastel-Novel, Raymond Martin, pour advertir Mauras (capitaine) que ce print garde de ceulx qu'estoient après à surprendre Chastel Novel, dont payer pour son sopper 8 sous.

A M° Mauras, commandant au Chastel Novel, pour avoyr faict garde avec treys soldatz avec luy, despuys le 5° décembre 1578 jusques au 5° du présent moys de janvier 1579; à 15 livres pour luy et 10 livres pour soldat, ay payé 45 livres.

G. 1337. Extrait de la comptabilité du Chapitre de Mende, tenu par le chanoine Brés.

LETTRE DES CONSULS DE MARVEJOLS AU CAPITAINE MERLE.

20 février 1579.

Monsieur de Merle,

Encores qu'en public et en particulier nous ayons faict tout notre possible à vous requérir d'employer tous les moyens qu'avez pour faire desloger ceulx de Baldassé. Si est ce que nous avons bien voulu faire ceste recharge pour raison des lettres qu'avons receu des sieurs de St-Vidal, Chanfremont et du syndic du pays; lesquels sieurs trestous déclarent qu'il ne tient qu'à nous que desjà ils nayent deslogé, comme estans là de vostre mandement et deppendans entièrement de vous; de sorte que quant à présent ilz quicteroyent ledit lieu et cesseroyent de leurs extranges despartemens, vous pouves estre certain et asseuré que tant lesdits sieurs que tout le reste de tous les sieurs barons et gentilhommes de ce pays diront et croyront que vous estes aucteur dung tel bien et tout le pouvre peuple ne cessera vous bénir, priser et aymer, voire vous tenir pour son libérateur, comme au contraire vous estes asses prudent et saige pour vous représenter les orribles imprécations et maudissons de tous ceux qui vous tiennent pour capitayne et faulteur de telz perturbateurs: et tout ainsin que nous sommes jaloux de vostre honneur et réputation et entièrement soigneux de vostre bien et advancement, aussi nous ne pouvons moins faire que continuer aux prières et requestes que jusques icy vous sçavez avoir esté réitérées, afin que les esclandres et malheurs que s'approchent vous incitent à présent faire tous voz efforts à une œuvre si louable et de laquelle lisseue ne peut estre que heureuse et pour vous et les vostres et singulièrement pour le repos de tout le pays et advancement de la gloire de Nostre Dieu, lequel prions que luy plaise,

Monsieur de Merle, vous donner longue et heureuse vye. de nos affectionnées recommandations.

A Maruéjols ce XX février 1579

Vos bons voisins et amys,
Les Consulz de Maruéjols.

Et au-dessus : A Monsieur, Monsieur de Merle, à Peyre.

Archives départementales, C. 1714.

LETTRE DES CONSULS DE MARVEJOLS A MADAME DE PEYRE.

20 février 1579.

Madame,

Ce jourd'huy nous avons receu lettres de M. de St-Vidal et commis du pays, par lesquelles nous escripvent aux fins qu'il vous plaise employer tout votre crédit, faveur et bon moyen à faire desloger ceux de Baldassé et que par la voye de doulceur on puisse empescher les préparatifs qu'ilz font journellement pour les assiéger et les mettre entre les mains de la justice pour estre pugnis sellon leurs démérites. Il n'est pas besoing, Madame, vous representer les fraiz, charges et oppressions intollérables que ledit siege peult apporter à tout le pays et nommément à vos subjectz, lesquels trestous auroynt besoing mes huy de respirer et avoir quelque soulaigement de tant de misères et vexations desquelles ilz sont comme accablez ; de sorte que si par votre moyen ladicte place estoit quictée non seullement vos dits subjects mais une infinité d'autres souffreux tiendroynt comme leur vye de vous et auriez à bon droict le tiltre et réputation d'estre la mère et délibératrice de tout le pays, et ce seroit le seul moyen pour clorre la bouche à tous ceulx qui nous calompnient journellement d'estre les faulteurs de tous les ceditieux et perturbateurs du repos public, comme aussi ce seroit le plus grand advancement que nous pourrions souhaiter en ces cartiers de la gloire de notre Dieu lequel nous supplions que luy plaise,

Madame, vous donner en très parfaicte santé longue et heureuse vye.

A Maruéjols, ce XX° févriei 1579.

Et au-dessus : A Madame, Madame de Broquiers, à la Canorgue.

C. 1789

MÉMOIRE DE CE QU'IL FAUT COMMUNIQUER A M. DE CHAMFREMONT DE LA PART DE Mgr DE SAINCT-VIDAL, CHEVALIER DE L'ORDRE DU ROY, CAPPITAINE DE CINQUANTE HOMMES D'ARMES DE SES ORDONNANCES, GOUVERNEUR ET LIEUTENANT POUR SA MAJESTÉ EZ PAIS DE VELAY ET GÉVAULDAN, ET AUX COMMIS ET SINDIC DUDICT PAIS DE GÉVAULDAN.

23 février 1579.

I

Qu'il n'y a aulcun subject pour maltraicter ceulx de St-Latger en leurs personnes ne biens, voyant le bon debvoir qu'ilz ont faict d'empescher que ceulx qui ont fuy de Baldassé n'ayent faict leur retraicte audict lieu, ains à coup darquebuz les ont chassez, déclairans aussi estre en voulonté ne prester ayde ny faveur à telz infracteurs de lédict et vivre selon la voulonté et intention du Roy et de son édict ; joinct aussi que ce seroit contrevenir à la voulonté de sadicte majesté, qui nous commande journellement d'entretenir son dict édict de paix et de ne courre que sur les infracteurs d'icelluy et de faire vivre ceulx d'une et d'aultre religion en bonne paix et amytié ensemble ; aussi que ledict sieur de Sainct-Vidal attend de jour en jour mandement exprez du Roy, comme il se debvra gouverner à l'endroict des recellateurs desdictz infracteurs, tant de leurs personnes, maysons que aultres biens et aussi que ce seroit ung prétexte qu'ilz pourroyent prendre de contrevention audict édict que pourroyent aussi fere ceulx de Maruejoulx, et de fere pis que auparavant, en recherchant de fere le semblable sur les catholicques que l'on leur feroyt, qui seroit pour n'avoir jamais faict, mais tousjours a recommencer. Toutesfois, ledict sieur de Sainct-Vidal gardera pour cela, au partir d'ycy, d'aller visiter avec ses trouppes, ou partie d'icelles, ceulx dudict Sainct Latgier, pour leur remoustrer en présence de quelques ungs des plus apparentz de Maruejoulz, si fere se peult, que son intention estoit les aller punir et chastier comme recellateurs des volleurs et perturbateurs du repos publicq, suyvant les advertissementz qu'il avoit heu, qu'ilz les retireroyent et favoriseroyent, mais qu'il s'en est gardé pour la déclaration qu'ilz luy ont faicte et moustré leur intention n'estre aultre que de s'entretenir soubz la voulonté du Roy et de son édict a l'advenir ; et leur remoustrera aussi que s'ilz font le contraire, que les punira et chastiera de telle façon qu'ilz serviront d'exemple à toux aultres qui auroyent voulonté de favoriser lesdictz volleurs.

Response faicte audict article par M. de Chanfremont (1)
et commis du pays.

Nous louons grandement la prudence et bon advis de M. de Sainct Vidal de tenir la voye contenue en l'article, et le supplions, suyvant son intention, prendre cette peyne sacheminer sur les lieux pour fere les bonnes remoustrances portées par icelluy article.

II

Et par mesme moyen remoustrera ledict sieur de Saint-Vidal à ceulx de Mariageoulx quil est très requis et necessaire de laysser en garnison le nombre de 60 chevaulx et 100 hommes de pied au lieu qu'il sera advisé, afin que se venans lesdictz volleurs percher dans quelque fort de ce dict païs, ceulx de ladicte garnison avec ceulx d'une et d'aultre religion dicelluy, puissent venir investir ledict fort, attendant que ledict sieur de Sainct-Vidal vint avec le reste des forces qu'il adviseroit pour prendre lesdictz volleurs et les mectre entre les mains de la justice.

Response :

Nous desirons infiniment la remoustrance et persuasion estre faicte ausdictz de Marvejolz et la garnison necessaire pour remédier aux surprinses des places et volleries ordinaires afin d'en avoir sur ce leur advis et consentement pour les raysons cy après desduictes.

---

(1) M. de Chanfremont est M. Adam de Heurtelou, vicaire-général de l'évêque de Mende.

III

Faudra remoustrer aussi audict sieur de Chamfremont et aultres du païs que ledict de Sainct-Vidal est resollu, pour estre plus que très nécessaire, de fere entretenir la susdicte garnison de 60 chevaulx et 100 hommes à pied pour les occasions mentionnées en l'article cy dessus, et aussi que l'entretenement d'icelle garnison ne scauroit apporter tant de despence ny foulle au peuple en six moys et que le désordre que lesdictz volleurs feroyent sur icelluy par le moyen de la moindre place quilz pourroyent prendre, feroit dans huict jours, oultre la despence que conviendroit fere après pour lever gens et les entretenir pour rendre icelle place, joinct aussi que les païs circonvoysins, tant d'Auvergne, Velay que Viveroys ne veullent aulcunement plus souffrir la despence et folle qu'ilz souffrent à l'occasion de cedict païs de Gevauldan par le moyen de la levée et passaige des compaignies.

Réponse :

Nous voyons et trouvons bien que cest le vray moyen d'empescher les dictes suprinses et volleries que d'avoir en ce païs la garnison mentionnée en l'article ; mais estant le païs sans aulcun moyen, pour ceste heure, de la pouvoir entretenir, tant pour ny avoir aulcun fondz par devers les recepveurs que de n'avoir, pour ceste armée, de recepveurs establis et créez, joinct que de fere vivre la garnison par forme de munition seroit une chose insupportable à ce dict païs, qui se trouve assez chargé des impositions de deniers ja faictes, tant ordi-

naires que extraordinaires ; d'ailleurs que est à craindre
que prenant ladicte garnison sans avoir l'advis du commis des nobles, consul de Mariageoulx et aultres principaulx habitans du païs, que ledict païs feist difficulté
plus grande d'entrer en ceste despence, veu mesmes
que nous sommes à la veille des Estatz particuliers de
ce diocèse, où ce faict meritte bien d'estre traicté et
aussi pour fere fondz à l'entretenement de ladicte garnison, si lesdictz Estatz la trouvent necessaire et que les
afferes et estat diceulx le vueillent et requierent, et lesquels habitants de Mariageoulx ou aulcuns d'iceulz peult
estre ne demanderoyent pas meilleur subject et occasion
de prendre leur part, semblable de garnison pour la fere
entretenir sur le païs attendu mesmes quilz se offrent
maintenant d'entrer a la contribution du recouvrement
de Baldassé ; pour ces raisons nous supplions mondict
sieur de Sainct-vidal de mectre en considération nostre
responce sur le contenu en cest article.

IV

Et ce jusques à ce quon scaura la voulonté du Roy
sur les despeches que luy en ont esté faictes par ledict
sieur de Sainct-Vidal, aussi la resolution de la conférence de la Reyne mère avecque le Roy de Navarre,
pour l'observation de lédict de paciffication, et que
ceulx d'une et d'aultre religion se seront resolluz par
le moyen de la craincte, en quoy ladicte garnison les
tiendra de s'entretenir, ensemble et de courre, par ung
bon accord, sur ceulx qui empescheront leur repos ; ce
a quoy ils se resouldront beaucoup plustost à l'occasion
de la craincte qu'en auront de ladicte garnison que

aultre ; estant aussi à considérer, par le moyen de la dicte garnison le comerce et trafficque sera libre a ung chascun en cedict païs.

Réponse :

Nous supplions bien humblement ledict sieur de Sainct Vidal, ayant receu le mandement du Roy sur la despeche qu'il a faicte à sa majesté, de nous en vouloir advertir ; comme aussi nous ferons de nostre part, afin de prendre à ceste assemblée d'Estats une bonne resolution avecque luy, comme nous aurons à nous gouverner en cedict païs, duquel effaict pourra prendre ce qu'à esté arresté à la conference arrestée à Nerac.

V

Qu'il vault beaucoup mieulx adviser de recompenser les cappitaines de gens de piés de quelque honeste gratiffication aux despens de tout le païs, tant sur ceulx d'une que d'aultre religion, pour importer tant le service qu'ilz ont faict aux ungz que aux aultres que non de leur fere pilher ny saccaiger aulcune chose sur aulcuns malvyvans, qui seroit plustost les désespérer du tout que de leur donner moyen de se retirer et contenir suyvant la voulonté et intention du Roy et de son édict de paix, ayant chascun deulx despendu pour fere la levée qu'ilz ont faicte ; aussi qu'il les fault entretenir pour sen servir une aultre foys que l'on en aura affaire ; aussi que ledict sieur de Sainct Vidal ne les scauroit fere retirer sans quelque recompense et qu'ilz feroyent une infinité de mal à leur retraicte qui excederoit beaucoup ladicte despence.

Réponse :

Nous trouvons estre bien raysonnable de recognoistre les cappitaines qui ont faict la levée des companies de gens de pied pour les affectionner et induire une aultre foys, l'occasion se presentant, à pareil ayde et secours, et encores que sa majesté ne baille aux cappitaines que cent escuz pour ladicte levée par advance, et que les soldatz n'ayent faict aulcun secours en ce païs ou bien peu ; si est ce que nous remectons à M. de Sainct-Vidal d'ordonner ce qu'il luy plaira leur estre baillé, et, si ce nest assez de cinquante escuz, sestendre jusques à quatre cens, pour distribuer à telz aultres qu'il advisera pour le mieulx, et oultre vingt escus pour les soldatz blessez et chirurgiens qui les pensent ; et, à c'est effect en feront une ordonnance sur le recepveur des deniers extraordinaires de l'année passée. Suppl ons mondict sieur de Sainct Vidal mander ausdictz cappitaines de fere vivre leurs soldatz modestement à leur retraicte et avec le moindre séjour que fere se pourra.

VI

Advisei le lieu ou la garnison sera le mieulx et le plus commode.

Réponse :

Pour le présent ne se peult fere aultre response pour les raysons que dessus.

VII

Faire ouyr avant que ledict sieur se retire, et devant luy, les comptes des despenses faictes, tant à Salgues que ailleurs, aultrement il sy trouvera les comptes rendus en son absence, la moytié plus qu'il ny aura, que reviendra a ung très maulvais mesnaige au païs et despense indeue et inutille.

Réponse :

Nous louons et remercions infiniment mondict sieur de St-Vidal de l'affection qu'il porte en cest endroict au bien du païs et le supplions bien instamment vouloir prendre ceste peyne que de ouyr et arrester les comptes de la despence des munitions faictes tant à Salgues, Serverette, Chanac que de plusieurs aultres villaiges qui ont heu mandement exprès de fournir les dictes munitions, et ce auparavant que de se retirer et le plustost que fere se pourra, avec mandement que nous supplions ledict seigneur de fere cesser la levée desdictes munitions qui peult estre seroit continuée après son despart. Et daultant que nous ny pouvons aller pour les excuses que nous avons supplié ledict sieur de Sainct Vidal vouloir recepvoir en bonne part, nous avons délégué le second consul de Mende et le sieur de Chaloilhet, sindic de ce diocèse, pour y assister et debatre lesdictz comptes.

VIII

Adviser sur la recompense de M. de Chatte de cent escuz et quarante pour lë commandeur pour acomplir les cent.

Réponse :

Nous ne fauldrons de representer ceste honneste gratification du païs à la prochaine assemblée des Estatz et feront en sorte quilz auront contentement.

IX

Adviser aussi à l'estat dudict sieur de Sainct-Vidal pour trois moys.

Réponse :

Il est raysonable et ferons en sorte à l'assemblée desdictz Estatz que non seulement la continuation dudict estat sera de trois moys, mais d'ung plus longtemps et selon ce que sera plus amplement advisé et arresté à ladicte assemblée, laquelle ne luy peut que scavoir ung très bon gré d'avoir reduictes ces deux places ; en quoy il a moustré par la bonne affection qu'il continue aussi bien en temps de paix que en temps de guerre a la delfence et conservatiqn de ce païs ; et aussi ladicte assemblée ne peult qu'avoir bien grande obligation aux sieurs gentilz hommes qui l'ont assisté, pour recognoistre ceulx qui se pourront estre mis en quelque fraiz et despens a cest effect.

X

Les cappitaines qu'il fauldra recompenser sont :
M. de Claustrevielhe,
Le cappitaine Chauchadis,
Le cappitaine Lorme,
Le cappitaine Cadet,
Le cappitaine Garrigues,
Le cappitaine Tremolet.

Réponse :

Y a esté satisfaict cy dessus.

XI

Advis touchant le faict de la levée des deniers extraordinaires validés par le Roy et le moyen de procéder contre les reffuzantz, tant pour l'acquictement des debtes deuhz par le païs que pour subvenir aux despenses ja faictes et à fere, narrées aux articles precedentz et s'il sera besoing despécher en Court avant avoir nouvelles du sieur de Traslemont, envoyé aux Estatz généraulx de Languedoc pour les afféres de ce dict païs.

Réponse :

Nous semble que le meilleur est d'attendre le retour du sieur de Translemont et voir aussi l'ordre et reiglement que pourra estre prins en ceste assemblée pour fere cesser les empeschementz des pretendues oppositions, et cependant les recepveurs, en vertu des provisions du Roy, passer oultre à la levée desdictes impositions et restes pour le paiement des debtes pressés.

XII

Faire confirmer toutes les déclarations et conclusions prinses despuis les derniers Estatz tenuz a Mende, approuvant toutes ses ordonnances et descharges que sont esté faictes, tant pour ledict sieur de Sainct-Vidal que par les particuliers commis en l'absence du sieur de Saint-Alban, commis des nobles, n'ayant esté despuis longtemps audict païs.

Réponse :

Cela se fera à la prochaine assemblée desdictz Estatz. Faict à Serverette, le 28ᵉ fébrier 1579.

SAINCT-VIDAL.

(Archives départementales, Série C. 1794).

MESURES DE RIGUEUR A USER A L'ÉGARD DES RECEVEURS DU DIOCÈSE POUR LES FORCER A PAYER LES SOLDATS EN GARNISON A MENDE ET AU VILLARD. — CONTAGION. — NÉCESSITÉ DE SURVEILLER LES CAPITAINES ET VILLESANE.

5 mars 1579.

L'an mil cinq cens soixante dix neuf et le cinquiesme jour du moys de mars. Regnant très chrestien prince Henry, par la grace de Dieu, roy de France et de Pologne. Dans le chasteau de Balsièges, à cause de la contagion quy est en la ville de Mende, Mᵉ Robert de Chalholhet, syndic du diocèse dudict Mende, ayant illec apprehendé en personne Mᵉ Lois Chevalier, receveur pour le Roy au present diocese de Mende, luy a remonstré qu'il avoict pleu au Roy accorder et donner sur les deniers de ses ayde, octroy et creue de l'année de l'année dernier eschus et présante, la somme de 1,500 livres tournois par moys pour l'entretenement de la garnison establye, tant à la ville de Mende que au fort du Villar, lequel avoit naguyeres esté prins par ceulx de la Religion. Nous pour les conserver à son obeyssance a compter du jour que ledict fort de Villar feust reduict à ladicte obeyssance et pour rembourcer ledict diocèse des fraiz et despens faictz et supportés pour ladicte redduction, comme luy a faict apparoir par les lettres patentes de Sa Majesté, du 18ᵉ décembre dernier, pourtans injonction aulx trésoriers generaulx de France, establis au bureau à Montpellier et trésorier de son espargne, présens et advenir, fere, souffrir et laysser jouyr ledict syndic, manans et habitans dudict diocèse, de ce playnement et paisiblement, et fere cesser tous troubles et empechemens au contrère, et que rapportant lesdictes lettres ou le vidimus d'icelles, deuement collationné, quictance et recognoissance desdictz scindic, manans et habitans, sur ce suffizante, Sa Majesté veult ledict Chevalier, receveur et tous aultres, en estre d'aultant tenus quicte et deschargés à la reddition de leurs comptes, par les gens de ses comptes. Lesquelles lettres il avoict en main, ensemble les lettres de vérification d'icelles faictes par MM. de Garault et Mollay, trésoriers de l'espargne, des 30ᵉ décembre et 13ᵉ janvier derniers ; et pareillement l'ordonnance donnée, parties ouyes par la Chambre des Comptes establye à Paris, sur l'interinement desdictes lettres du 19 dudict moys de janvier, an présent, en parchemin et deue fourme avec l'inthimation au dos de chascune d'icelles faicte à M. le Compte, receveur général pour Sa Majesté, en Languedoc. Lesquelles ledict de Chalholbet auroict cy devant faict inthimer audict Chevalier, et du tout bailler coppie, comme et présentement, en tant que besoing seroyt, les luy a inthimées et signiffiées et icelluy sommé et requis, suyvant la voullonté du Roy et intention de sadicte Majesté, bailler et deslivrer audict scindict, comme depputé dicelluy ou aulx consulz et cappitaines commandant en ladicte ville de Mende et chasteau du Villard, des deniers de sadicte recepte desdictz ayde, octroy et creue de l'année dernière, la somme de 7,500 livres tournois, à laquelle se monte ladicte despence jà faicte pour l'entretènement desdictes garnisons de Mende et du Villar, depuis le jour de la redduction d'icelluy, qu'estoit le premier jour du moys d'aoust dernier jusques à semblable jour du mois de février passé, à la raison de 1,500 livres tournois, pour la solde desdictes garnisons d'ung mois, commencé ledict premier jour de février et finissant semblable jour du présent mois de mars, et après de mois en moys semblable somme, comme par lesdictes provisions luy est mandé ; aultrement, à faulte de ce faire, a protesté contre luy, en son propre et privé nom, de la contravention à la voulonté du Roy, du retardement de son service et de la perte que pourroict advenir desdictes ville et fort, attendu la grande contagion que y est despuis ledict temps en ladicte ville de Mende, et est encores, puisqu'il plaict à Dieu, et le grand nombre de volleurs quy sont aulx environs, pour essayer de s'en saisir ; veu aussy que les soldatz destinez pour la garde d'icelle ville et fort, n'estant payés, sont constrainctz soy desbander et délaisser ladicte garde, ensemble de tous les despens, domaiges et interestz que le corps dudict pais en pourroyt souffrir ; lequel Chevalier, receveur a accordé qu'il a cy-devant receu coppie desdictes provisions et a respondu que, pourveu que MM. les trésoriers de France et généraulx des finances, establis en Languedoc, luy baillent mandement, suyvent la voulonté du Roy, il offre faire son debvoir; et ledict de Chalolhet, scindic, a offert bailler et fournir audict Chevalier mandement desdicts trésoriers généraulx sitost que le païs des Cevennes, par où c'est qu'il fault passer pour aller audict Montpellier, ou ilz tiennent bureau, sera en sur accez, pour avoir esté ledict scindict prisonnier ausdictes Cevennes, ez mains des volleurs et bandoliers que y sont et tiennent le passaige, et n'en feust jamays sourty de leurs mains sans payer la somme de 1,200 escus pour sa rançon, joinct qu'il n'y a personne quy sause sourtir de ladicte ville de Mende pour aller ny passer en lieu que ce soyt sans qu'il y allast de sa vie, a cause de la grande garde quy se faict par les villaiges et bourgades des environs; que luy consulz et si peu d'habitans de ladicte ville que y restent, a cause de l'infection de ladicte maladye; offrant de rechef audict Chevalier sitost que ces deux inconvenienmantz seront cessez, se transpourter devers lesdictz trésoriers généraulx, pour fere registrer, en leurs bureaulx, lesdictes provisions. Mais d'aultant que icelles provisions sont verifiées et registrées en ladicte Chambre de Comptes, en laquelle le receveur général, ledict Chevalier et aultres receveurs sont tenus rendre compte, ladicte Chambre leur allouera bien voulontiers, sans aultre attache desdictz trésoriers, lesdictz deniers cy dessus mentionnés; de sorte que pour ces raisons ledict Chevalier et moingz ses commis en peuvent et doyvent faire dificulté; et ou ladicte Chambre y feroyt difficulté, promet, au nom dudict païs et de ladicte ville de Mende, faire passer et allouer en la reddition de leurs comptes lesdicts deniers, suyvant l'intention du Roy et arrest de vérification tant des trésoriers de l'espargne que de ladicte Chambre des Comptes ; et ou avec ce il vouldroict plus avant différer de deslivrer lesdictz deniers, d'aultant que par lesdictes provisions apert de la volonté du Roy et par icelles est souffisemment pourveu à la seureté dudict Chevalier, qu'il luy offroit fournir d'acquitz vallables pour son indempnité ; a persisté en sesdictes requisitions et protestations veu que les volleurs, infracteurs de paix et turbateurs du repos public ordinairement discourent le présent diocèse et sesforcent surprendre ladicte ville de Mende et fort du Villar, pour les mettre hors l'obéissance de Sa Majesté ; voiant ladicte ville desnuée d'habitans et sans moyen de pouvoir plus garder ladicte ville à cause de ladicte contagion, affin que lesdictz ville et fort ne soient perdus et mis hors ladicte obéissance, dont deppendroict l'entière ruine de tout le corps dudict païs, a requis M. M⁰ Claude Achard, licencié ez droictz, juge ordinaire dudict Mende, commander l'arrest audict Chevalier, jusques avoir obey, et ses cofres estant dans sa maison en la ville de Mende et de ses commis a sa recepte, estre ouvertz pour, des deniers que y seront trouvez, la volunté du Roy estre effectuée. Et voiant ledict sieur juge qu'il alloyt de la perte desdictz ville de Mende et fort du Viallar pour les raisons que dessus, quy sont plus que notoires a ung chescun, a derechef commandé audict Chevalier obéir ; qui a percisté en sadicte responce. Veu son reffus et importance de ce faict luy a commandé l'arrest a le tenir dans ledict château de Balsièges, à cause de ladicte contagion qui est en ladicte ville de Mende, jusques avoir satisfait à la volunté du Roy et a offert procéder à l'ouverture de ses cofres estant en sa maison audict Mende, à la presence dudict Chevalier, s'il y veult aller présentement ; qu'il a reffuzé à cause de la contagion, ou bien à l'assistance du viccaire général de Mgr de Mende, consulz et principaulx habitans dudict Mende, suyvant la requisition dudict scindict pour les raysons y contenues ; à quoy ledict Chevalier n'a consenty, et de ce ledict scindic en a requis cest acte, à moy notaire, qua esté faict au lieu que dessus.

Présens : Noble Guillaume DE CAPNIÈRES, seigneur de la Tour ; Jacques DUBRUEL, sieur de Costeregord, habitans de Mende.

Et moy, notaire soubzsigné.

(Registre de M° Desestreyetz, année 1579, folio 31)

Et le lendemain, en la cité dudict Mende, et dans la basse court de la maison de M° Anthoine Vacheri, commis à ladicte recepte dudict Chevalier, assisté par ledict Chaloilhet, scindic dudict diocese, assisté des consulz et principaulx habitans dudict Mende, faicte pareilhe remonstrance, réquisition et protestation que audict Chevalier audict Vacheri, quy a respondu qu'il avoict ja payé tous et chascuns les deniers qu'il avoit receu des parties a luy baillées à lever par ledict Chevalier, cemme feroyt apparoyr tant que l'estat de sa recepte qu'il avoict en main que par acquitz vallables ;

et, ou la vérification faicte se treuveroit quil en eust quelque chose de restes, baillant mandement et acquit dudict Chevalier, duquel il deppend, est prest le délivrer ; ce que ledict scindic a prins pour reffus et soustenu audict Vacheri qu'il n'a faict aulcun payement des deniers des aydes, octroy et creue de l'année dernière, comme a peu estre recuilly de la responce dudict Chevalier ; aussy ne sauroyt il monstrer d'aulcun acquit ; et daultant qu'il y va de la perte de ladicte ville de Mende et du fort du Villar quy, a faulte de payement, les soldatz y estant en garnison pourroient quicter iceulx ville et fort, et les volleurs, turbateurs du repoz du public, quy discourent ordinairement ledict diocèse, soubz la charge des cappitaines Merle et Villesane, s'en emparer et les mettre hors l'obeyssance du Roy, mesmes ladicte ville, ny aiant ny pouvant avoyr aultre garde que desdictz soldatz, veu l'absence des habitans dicelle, pour la grande contagion de peste que y est. A requis ledict sieur Achard, juge, affin que cella n'advienne, contraindre ledict Vacheri a bailler et deslivrer promptement lesdictz deniers, pour le payement desdictz soldatz, suyvant la volunté du Roy ; et, jusques a ce faict, l'arrest luy estre comandé, et ses cofres estre ouverts et les deniers provenans de ladicte recepte estre prins jusques à la concurance de ce qu'a pleu au Roy accorder audict pais par lesdictes provisions ; et ledict sieur Achard, juge, ce entendu ayant regard à la requisition dudict scindic, et pour esviter à la perte desdictes ville et fort, quy sont mevytables sy lesdictz soldatz ne sont payés, mesmes de ladicte ville de Mende, estant délaissée des citoyens a occasion de ladicte contagion, apprès avoir faict commandement audict Vacheri de deslivrer lesdictz deniers, en son reffus luy a commandé l'arrest jusques avoir obey à la voulonté du Roy ; ce que luy a enjoinct fere partout le jour, aultrement par luy sera procédé à l'ouverture de ses cofres et à la saisie des deniers du Roy de sa recepte, jusques a concurrance de ce qu'à esté accordé, par le Roy, audict pays par lesdictes provisions. De quoy ledict scindic a requis cest acte à moy notaire.

Presens : Anthoine GEYMAR, second consul ; Pierre LINHOL et Vidal GÉRAL, habitans dudict Mende.

(Registre de M° De Jean Desestreyctz, notaire, folio 36 verso (année 1579).

GARANTIE DONNÉE AU RECEVEUR DU DIOCÈSE POUR L'ASSURANCE DES SOMMES A PAYER AUX SOLDATS DES GARNISONS DE MENDE ET DU VILLARD.

14 mars 1579.

L'an mil cinq cens soixante dix neuf et le quatorziesme jour du moys de mars. Régnant très crestien prince Henry, par la grace de Dieu, roy de France et de Poloigne. En presence de moy, notaire royal et tesmoings soubz nommés. Assemblés à la grande salle des maisons episcopalles vénérables personnes Messieurs maitres Adam de Heurtelou, licencié ez droictz, abbé du Restauré et vicaire général de Mgr l'évesque dudict

Mende, comte de Gévaudan ; Guillaume Brés, chanoine et baille du Chappitre, et Guillaume Roquette, aussi baille du clergé de l'église cathedralle dudict Mende ; Claude Achard, licencié ez droictz, juge ordinaire et premier consul ; Bernard Reynoard, lieutenant de baille de ladicte Court ; Anthoine Geymar et Jacques Michel, second et tiers consulz ; Jehan Martin, Eustache Feret, licencié ; Anthoine Vacherii, bourgeoys ; Anthoine Gerbaud, sieur d'Orsière ; Jehan de Roquolles, sieur de Remyeise ; Robert Bourguibeau, appothicaire ; Guillaume Leris, Claude Corrier, Jehan Vivian, merchans ; Jehan Lalene et Jehan Bodet, hostelier dudict Mende, et traitans des affaires, commis et particuliers de ladicte ville. Lesquelz aplain informés le Roy avoir par ses lettres patentes du 18e décembre, vérifiées par MM. les trésoriers de son espargne de Garraud et de Molan, et aussy par nos seigneurs de la Chambre de ses comptes, à Paris, avoyr sur la requeste, a luy présentée par le scindic du présent diocèse, donné et octroyé audict païs la somme de 1500 livres tournois, par moys, pour l'entretenement de la garnison qu'à convenu entretenir en la présent ville et fort du Viallar, despuis le jour de la redduction d'icelluy à l'obeyssance du Roy, durant une année, si tant dure la guerre, que faict au présant païs le cappitaine Merle et aultres, en ce comprins le rembourcement des fraiz et despences faictz pour la reprinse dudict fort, à prendre sur les deniers qu'il prend en ce diocèse pour ses ayde, octroi et creue, tant de l'année passée que présente, et du reffus que M° Loys Chevalier, receveur, créé par sa magesté en tiltre d'office, fourmé audict diocèse, faict de deslivrer audict pays, non seulement les deniers de la despense faicte pour ladicte garde, despuis la redduction dudict Viallar, mais aussi ce à quoy se monte la monstre des gens de guerre establis en garnison audict Mende et chasteau du Villar, pour le mois courant, craignant par MM. les recepveurs generaulx, establis à Montpellier, lesdictes sommes ne luy estre allouées ny desduictes de sa recepte, combien par lesdictes provisions leur soict expressement enjoinct; de quoy sen pourroit ensuyvre le desbandement des dictes garnisons, voire la perte des dictes ville et fort; veu mesmes que ladicte ville est desnuee des habitans à cause de l'affection pestilencelle que y est très grande et que lesdictz Merle et aultres ses adherentz et complices ne cessent journellement à rechercher tous moyens pour y parvenyr et les mettre hors l'obeyssance du Roy, dequoy dépendroit entièrement la ruyne de tout ledict diocèse, estant ladicte ville principalle capitalle et balouard de tout le reste dudict pais, et ledict fort du Vallar bien fort important, du cousté duquel lesdictz Merle et aultres turbateurs du repos public, s'ilz en estoient les maistres, auroient moien introduire en cedict diocèse toutes les forces que sont de leur party aulx pais bas de Languedoc, les Sevènes et Rouergue; et, désireux de tout leur cœur, pour le bien du service de sa majesté, conservation desdictes ville et fort et reste dudict pais à son obeyssance, et pour le repoz du public y obvier et donner occasion audict Chevalier, recepveur de ne demeurer en son reffus pour le regard principallement de ce qu'il a esté chargé par sadicte majesté de fournyr pour la monstre et entretenement desdictes garnisons; de leurs bon gré, tous ensemble et chascun au nom que procède, en seul et pour le tout, sans aulcune discussion ne division de debte ne action, ont promys audict Chevalier, absent moy notaire, pour luy et les siens stipulant et acceptant de en cas que la somme à laquelle ladicte monstre desdictes garnisons estans audict Mende et au Viallar, revenant à 500 escus, estant par luy fournye des deniers de sadicte recepte, suyvant les dictes lettres patentes du Roy ne luy seront allouée et desduicte de sadicte recepte par MM. lesdictz trésoriers généraux, ou a iceulx par nous dictz sieurs les gens de la Chambre des comptes à Parys, luy remplacer ladicte somme et l'en rellever indempne, tant du principal que de tous despens, domaines et interestz. Et lesdictz sieurs viccaire général, bailles desdictz Chappitre et clergé et consulz, representant le corps misticque de ladicte ville, ont de mesmes promis aulx aultres susnommés présens et stipulans de les relever indempnes de ladicte promesse et aussi de tous les despens, domaiges et interestz que a occasion d'icelle ilz pourroient respectivement souffrir. Et pour ce fere ont obligé, yppothecqué et soubzmis tous et chascuns les biens de ladicte ville en corps et les leurs respectivement en particulier aulx forces et rigueurs des courtz ordinaires de Mende, commune de Gevaudan, présidialle et conventions de Nismes, petit scel de Montpellier et aultres de ce royaulme et chescune d'icelles, l'une pour l'aultre non cessant, et ainsin l'ont promis et juré, la main levée sur les évangilles de Dieu, avec toute renonciation de faict et droict à ce necessaire et de ce ont requis instrument à moi dict notaire, qua esté faict et recité au lieu que dessus.

Presens : MM. Noé Levieulx, praticien, greffier ; Anthoine Cairel, ouvrier ; Jehan Convert, Imbert, Robert, valletz desdictz consulz habitans de Mende. Et moy Jehan Desestreyctz, notaire royal soubzsigné.

Ont signé :
Ad. de eurtelou, vic. ; Guillaume Brés ; Achard, consul.

(Série E. Registre de Desestreyctz, folio 52).

LETTRE DE LA REINE CATHERINE DE MÉDICIS.

« *A MM. les commis, depputés et scindicqz des diocèses Gévaudan et de Mande.* »

30 avril 1579.

Messieurs,

Les lettres que m'avez escriptes du dernier jour du mois passé m'ont esté rendues par vostre député qui m'a bien amplement faict entendre, oultre le contenu de vosdictes lettres, les plaintes et doléances qu'il avoit à me fere de vostre part, et le grand besoing que vous avez que l'exécution de l'édit de pacification et résolution de la conférance se face incontinent en vos diocèses, affin de plustost vous ressentir du bien de la paix. Surquoy je vous diray que mon filz, le roy de Navarre et moy avons commis, chacun de nostre part, ung gentilhomme pour aller, suivant l'ample pouvoir et instruction que leur avons baillé, fère cesser tous actes d'hostillité, restituer tous prisonniers de guerre sans paier ransçon, et aussi fermement establir le dernier édit de paciffication, qui seront bientost en vosdictz diocèses; lesquels vous pourvoiront selon qu'ils verront que besoing sera a toutes vosdictes plaintes et doléances. Vous asseurant que je n'ay aultre plus grand désir (comme aussy est l'intention du Roy, monsieur mon filz) que de veoir tous ses subjects joyr plainement du bien de la paix et mestre fin a tant de misaires que la guerre et division apporte, à l'exécution de laquelle je vous prie assister de toute affection lesdictz depputez, et tenez au demeurant la main que chacun sy cohforme et a ce que a esté résolu en ladicte conférance. Cependant jay esté bien ayze de veoir par vosdictes lettres l'exécution et justice exemplaire qui s'est faicte de lung de ses volleurs, affin que cella retienne les aultres de continuer au mal qu'ilz font. Priant Dieu, Messieurs, vous avoir en sa saincte et digne garde.

Escript à Castelnaudary, le dernier jour d'avril 1579.

Signé : Catherine.

Et plus bas :
Pinart.

(P. S.) — Messieurs je vous envoye une ordonnance que vous ferez publier et estrictement observer.

(G. 1704).

DÉLÉGATION DE MM. DE SERRE ET CHEVALIER POUR SE RENDRE AUPRÈS DE LA REINE CATHERINE DE MÉDICIS.

4 mai 1579.

L'an mil cinq cens soixante dix neuf et le quatriesme jour du moys de may, au chasteau de Balsièges, près Mende. Assemblez venerables personnes Messire Adam de Hurtelou, abbé de Restauré, conseiller et aulmosnier de Monseigneur frère du Roy, et vicaire général de Monseigneur de Mende, comte de Givauldan, et Claude Achard, licencié ez droictz, premier Consul de la cité dudict Mende, comis et depputez du diocèse dudict Mende, traictans des affaires dicelluy :

Ont délégué noble Hélye de Serre, sieur de Villaret, et M⁰ Anthoine Chevalier, notaire royal, habitans dudict Mende, pour aller en Languedoc devers la Royne, mère du Roy et Messieurs generaulx des finances du Roy dudict pays, pour poursuyvre et obtenir deulx lettres d'attache pour jouir du fruict des lettres patentes de Sa Majesté, contenans don et assignation de la somme de 1,500 livres par moys pour l'entretenement de la garnison establye audict Mende et fort du Villar, pour la conservation d'iceulx à son obeyssance, en datte du XVIII° décembre dernier, et leur ont donné pouvoir de fere toutes poursuyttes et actes à ce nécessaires et comme eulx ou leur sindic estans présens pourroient fere ; et promis le tout agréer. Et ou ilz seroient dettenuz ou arrestez faisans ladicte negotiation pour les debtes dudict pays ou aultrement les relever du tout, tant en principal que despens, domaiges et interestz, soubz l'obligation des biens dudict pays, avec jurement et renonciations nécessaires.

Presens : M⁰ Gibert Bayssenc, notaire ; Pierre Noir, clerc dudict Mende.

(Série C. 1750).

mars 1579.

Payé 25 solz à Pelisse pour avoyr repassé la poudre qu'est à Chastel Novel questoit à terrée, luy ayant fourny souffre et eau ardent.

(G 1337).

(Comptabilité du Chapitre cathédral).

LE ROI HENRI III DÉCHARGE DES TAILLES LES HABITANTS DU GÉVAUDAN.

29 août 1579.

Henry, par la grâce de Dieu roy de France et de Poloigne. A noz amez et feaulx les gens de nos Comptes à Montpellier et tresoriers généraux de France en la quallité dudict lieu, estant de présent à Béziers, salut. Ayant faict voir en nostre Conseil les remoustrances cy attachées, à nous presentées de la part du scindic du diocèse de Mende et pays de Givauldan, et en considération des pertes et calamitez souffertes par les habitans d'iceluy à occasion des troubles et des charges extraordinaire qu'ilz ont esté contrainctz supporter a ceste occasion ; voullant aultant qu'il nous est possible les soulager et leur donner moyen de ce rellever desdictes pertes, avons lesdictz habitans dudict diocèse de Mande et pays de Givauldan, quictez et deschargez, quictons et deschargeons de ce qu'ilz donne, cause de nos tailles, imposées sur eulx pour le quartier d'octobre, novembre et décembre prochain venant, ensemble de ce qu'ilz debvront et seront imposez pour ledict quartier d'octobre de l'année prochaine, que long comptera 1580 ; et desdictes tailles pour lesdictz deulx quartiers, a quelque somme quelle ce puissent monter, leur avons faict et faisons dons et remises par ces presentes. Sur lesquelz deniers, a eulx presentement remis, ils pourront et leur permecttons de prendre, sy bon leur semble, ce qu'il fauldra pour entretenement de la garnison qu'il a esté ordonné par ladicte ville de Mande pour la conservation d'icelle en nostre obéissance, durant le temps de la guerre et de la peste. Et vous mandons, ordonnons et enjoignons par ces présentes, que faisant joyr lesdictz supplians habitans dudict diocèse de Mande et pays de Givauldan, de nostre presente grâce, vous les faictes, par les recepveurs de nos tailles dudict diocèse, tenir quicte et paisibles et déchargez des sommes à quoy se trouveront monter nos dictz deulx quartier de nos dictes tailles dudict diocèse, tenir quicte, paisible et deschargé des sommes à quoy se trouveront monter lesdictz deulx quartier de nosdictes tailles à eulx remis, sans que par faultes du payement d'icelle, lesdictz supplians ne les colecteurs ou aultres puisse estre coustrainctz en leurs personnes ne biens. En quoy faisans, lesdictz receveurs en demeureront pareillement deschargez, et lesdictes sommes serront passées, allouées et rabattues en leurs comptes, par vous gens de nos comptes, en y rapportant au presentes et certiffication desdictz supplians ou leur dict scindic de la jouissance de nostre présente grâce seulement, vous mandant ainsy le faire sans difficulté ne entendre aultre commandement de nous, nonobstant que lesdictes sommes remises ne soient cy expeciffiés, et quelconques ordonnances et defences à ce contraires, auxquelles nous avons, pour ce regard seulement dérogé et dérogeons. Car tel est nostre plaisir.

Donné à Paris, le 29ᵉ jour d'aoust l'an de grace mil cinq cens soixante dix-neufz, et de nostre regne le sixiesme.

Signé : Par le Roy en son Conseil : Forget, et scellé sur simple queue de cyre jaulne.

(Archives départementales, C. 2.)

GARDE AU FORT DU CHASTEL-NOUVEL.

septembre 1579.

Le 28ᵉ septembre feust envoyé Mʳ. de Bressoles au Chastel-Novel et troys soldatz avec luy, ou demeurarent ung jour et demy y estant alé per commandement du Chapitre, que l'on faisoit bruit que Phijac estoit prins, et leur ay payé pour leur despens six livres dix sept soulz, plus à Mᵉ Vital Mauras et deux soldatz pour la garde du Chastel Nouvel, 55 livres.

(G. 1337.)

Octobre.

Le cinquiesme octobre ay payé à Monbrun, capitayne, commandant au Chastel-Nouvel, par délibération du Chapitre, parce que Mᵉ Vital Mauras layssa la garde du fort et ledict Monbrun y feust mis en son lieu : 15 livres, et aux deux soldatz que sont avec luy, 20 livres.

(G. 1337).

Novembre 1579.

Le 24ᵉ dudict moys, sur le soir, me feust envoyé ung homme de la part de Messieurs de la ville (de Mende) pour envoyer promptement au Chastel-Novel dont y envois deux hommes, présent M. Claustre, parce disoient est e arrivés quelques gens à Ribène, en nombre de cinquante, pour surprendre Chastel Novel, dont leur ay payé pour leur souper et boyre à leur retour ou pour leurs peynes 50 solz.

(G. 1337).

(Compte de M. Bres, chanoine.)

GARDE ENVOYÉE AU FORT DU CHASTEL-NOUVEL

5 décembre 1579.

Le cinquiesme décembre 1579 furent envoyés quatre hommes au Chastel Novel, présens : M. l'Official, MM. Brugeyron, M. de Bressoles, pour y demeurer avec Monbrun et les aultres que sont en garde audict fort, attendant que on scache que c'est que de la prinse du Crozet de Pompeyrenc.

(G. 1337).

11 décembre 1579

Monsieur de Merle,

Il y a desja quelque temps que ces six cappitaine et soldatz me sont venus trouver mestans bien fort recommandez de la part de Monsieur le prince, pour l'amour duquel je désire fere tout ce qui me sera possible pour eulx ; et daultant que j'esperoyt que Dieu delivreroit bien tost la ville de Montpellier du mal dont elle est attainte, je les ay faict longtemps attendre en ceste ville pensant les y envoyer et mettre a l'une de mes compaignies que jy ay en garnison ; mais puisque Dieu ne me la encor permis, attendant que je le puisse faire, je vous prie adviser de les fere mettre en quelque lieu de par delà, pour l'amour de moy, qui vous prie bien fort les avoir en recommandation pour ce que ce sont braves soldatz qui méritent que l'on face quelque chose pour eulx ; et sy vous ne pouvez mieulx, je vous prie les addresser au cappitaine La Peyre, auquel vous en escriprez et les recommanderez pour quelque temps. Je m'asseure tant de vostre amitié que je me prometz que vous ferez quelque chose pour eulx, que vous obligerez a vous par ce moyen ; et sur ce je prieroy Dieu vous donner, Monsieur de Merle, en bonne santé, heureuse et longue vie.

De Millau, le XI° de décembre 1579.

  Vostre plus affectionné meilleur amy,

       CHASTILLON.

(C. 1795)

AVIS DE LA MARCHE DES ENNEMIS SUR LE FORT DU CHASTEL-NOUVEL.

22 décembre 1579.

Le mardi 22e décembre 1579, heure de nuyt, m'envoyarent sercher sur l'heure de dix heures MM. de Bressoles, premier consul, M. de Saint Loup, M. Leynadier, chanoynes, pour ce qu'estoit arrivés deux porteurs expres, de la part de M. Malevielhe et de Costeregort, avec lettre d'avertissement que ceulx du Crozet s'en aloient au Chastel-Novel, dont me faulsit envoyer quatre soldatz, auxquelz ay payé pour leurs despens, alant la nuyt ou le jour de lendemain ou pour leurs peynes à Me Arnal Fontibus, le marguilier, Jehan Nigri et le Penart . . . . 4 livres 12 solz

Plus payé à M. de Bressoles pour le despens faict par lesdictz messaigés que apportarent lesdictes lettres ou pour leur voyatge . . . . 12 solz

(G 1337. Compte de M. Brès, chanoine.)

DOCUMENTS RELATIFS A LA PRISE DE MENDE ET AUTRES PLACES PAR LES PROTESTANTS EN 1579 ET ANNÉES SUIVANTES.

1579 fut l'année terrible pour Mende comme 1586 le sera pour Marvejols. Le capitaine Mathieu de Merle joue le premier rôle dans la prise de la ville épiscopale, dernier boulevard des catholiques dans le Gévaudan.

Mathieu de Merle, y était à cette époque, presque le seul maître ; l'évêque se tenait depuis plusieurs années loin du diocèse.

Noble Mathieu de Merle, escuyer était aussi le rentier principal de la baronnie de Peyre et de ses dépendances, comme nous l'apprennent divers actes reçus par le notaire Brugeyron (31 mars, 7 et 12 avril 1579)

Trois siècles se sont écoulés depuis, et M. de Merle a été jusqu'à ces dernières années jugé très partialement.

M. le comte de Pontbriant est venu étudier la vie de ce capitaine, et on peut dire que son travail a mérité les plus flatteurs éloges. La revue historique (septembre et octobre 1886) apprécie en ces termes l'œuvre de M. de Pontbriant : « M. de Pontbriant a réduit à sa juste valeur la réputation de férocité faite au capitaine Merle ; il a été certainement moins féroce que la plupart des capitaines de son temps ; que le duc de Guise, le duc d'Anjou, Joyeuse ou Monluc. Il a mérité la confiance et l'estime qu'Henri de Navarre lui a toujours témoignées. »

M. de Pontbriant, en écrivant la vie du capitaine Mathieu de Merle, a cherché la vérité à l'aide des documents originaux, seule source officielle et véridique (1).

---

(1) Un volume in-8°, chez Alph. Picard, éditeur, à Paris.

RELATION DE LA PRISE DE MENDE.

1579.

En l'an mil cinq cens septante-neuf, pendant la messe de minuict, ceste ville fut prise par le capitaine Merle, qui fut poussé à cette haute entreprise par un nommé Bonicel, originaire de cette ville qui en avoit esté chassé, à cause de la Religion préthendue réformée, dont il faisoit profession. Les eschèles des ennemis furent posées entre la porte du Chastel et la Tour neufve, et, pendant qu'ils montoint ils furent tellement espouvantés par le son de ceste grande cloche qui faisoit une des merveilles de France, qu'ils eussent abandonné leur dessein si ledict Bonicel ne les eut asseurés que ce n'estoit pas l'alarme qu'on sonoit, mais la messe de minuit. On s'estone que Nostradamus, longtemps auparavant avoit dit en une de ses centuries :

*Ol toc de la campano,
Mendé malo sepmano.*

Les ecclésiastiques et le peuple sortirent en foule de l'église, et lapluspart gaignèrent les murailles et descendirent à la faveur de quelques cordaiges, des autres se saisirent des tours d'Angiran, d'Auriac et d'Ayguespasses, d'où ils sortirent le lendemain par composition. Les ennemis massacrèrent deux cens habitans, sans aucune perte considérable de leurs costé, n'ayant point trouvé d'autre résistance que celle que noble Philipe de Robert, sieur de Boiverdun, bailli de Gévaudan, assisté de ceux qu'il avoit peu ramasser à son voisinaige, leur opposa, ayant combatu plus de deux heures le long d'une rue, avec admiration des hérétiques qui, après l'avoir tué, louèrent sa valeur. Pillèrent en ceste nuit les reliques, joyaux, argenterie et ornemens de l'esglise. L'image de Nostre-Dame, qui est très ancienne fut sauvée par la femme de Me Jean Bastit, secretère du Chapitre, qui la trouva par terre, comme une pièce de laquelle les soldats ne faisoint point d'estat, après en avoir tiré les ornements ; et, la merveille de la conservation de ceste sainte imaige est d'autant plus grande, que le lendemain lesdictz hérétiques brulèrent les reliques et imaiges de l'église et une grande partie des tiltres et documens du seigneur Evesque, Chapitre, Clergé et chapelains, et, il y a des actes céans, expediés en parchemin qui furent retirés à demi brûlés de ceste incendie ; à suitte de laquelle les cloches furent rompues et le métail porté à Milhaud, Meyrucis et autres villes hérétiques pour en fere de canons. On eut peu garantir ce grand vaisseau de l'église cathédrale, qui estoit un ouvraige commencé par le pape Urbain cinquième, et achevé par le Chapitre, moyennant deux mille escus, que ledict capitaine Merle fit demander, et, à faute de luy fere ce présent, il fit démolir ceste belle église qui a cousté plus de vingt mille escus à remetre.

Les tiltres des ecclésiastiques, desquels les officiers des compaignies dudict capitaine Merle creurent de pouvoir retirer de l'argent, furent portés en divers endroits des Sevènes, et le Chapitre a retiré ceux qui sont céans, avec beaucoup de soin et de frais. Cette ville fut remise en l'obéissance du Roi en l'an 1581 par les soins de messire Regnaud de Beaune, lors évesque, et depuis archevêque de Bourge et de Sens et de Monsieur de

St-Vidal, gouverneur de Gévaudan et Velai, et plus encore de M. le comte d'Apcher qui, par un zèle dont la memoyre doit estre éternellement chère à ceste ville, traita avec ledict capitaine Merle, pour la reddition, et luy bailla les baronies de la Gorce et Salavas ; recompense assez considérable après tant de butins. Le corps de ceste ville s'obligea, audict sieur comte d'Apcher, du prix de la vente desdictes terres, et nous payons encore, en ceste année 1650, 800 livres de rentes pour ce subjet à ceux qui ont droit et cause dudit sieur d'Apcher. Le Chapitre contribua aussi de notables sommes (comme vous pouvés voir par les comptes de ces années et immédiatement suivantes) pour fere vuider lesditz hérétiques de ceste ville en exécution du traité de paix ; à quoy ils résistoint d'autant plus, qu'ils vouloint garder cette ville, comme une place d'ostage, qui leur estoit considérable, à cause du voysinage des Sévenes.

M. Lenoir, bachelier ez droit, et depuis scindic du Chapitre, fut député du païs vers le roy Henri quatrième, qui n'estoit alors que Roy de Navarre, et faisoit profession de ladicte religion préthendue réformée, a Montauban, où il avoit sa Cour, et, par l'entremise de M. l'abbé de Gadaigne qui avoit inthérest à l'exécution dudict traité de paix, il obtint les ordres de Sa Majesté pour la reddition de cette ville. Et depuis, ledict sieur Lenoir fut envoyé en Cour et obtint les lettres patantes du Roy Henri troisième, du 24 novembre 1584, par lesquelles le seigneur Evesque, le Chapitre, clergé et autres ecclésiastiques sont relevés de la perte de leurs tiltres. Lesquelles lettres ont esté exécutées tant par divers arrests de la Cour du Parlement de Tholose que par diverses ordonnances de M. de Vesian, conseiller en icelle, qui se transporta exprès en ce païs, à la réquisition dudict sieur Lenoir, scindic, comme vous pouvés voir par lesdictes lettres patantes du Roi Henri troisième, et arrets rendus en exécution d'icelles et par quinze ordonances dudict sieur de Vesian, conseiller et commissaire exécuteur, qui sont au livre intitulé : Ordonances de M. de Vesian. — Archif III.

(Extrait de l'inventaire des Archives du Chapitre de Mende.)

G. 1447.

DÉPOSITION DE JEAN DE FONTUNIE, BOURGEOIS DE LA VILLE DE SAUGUES.

15 juin 1582.

. . . Dict estre notoire que en l'année 1579, et la nuict de la veilhe de Noel, le cappitaine Merle et ses troupes surprindrent ladicte ville de Mende, en laquelle ils firent et exerçarent une infinité de cruautés et tuarent, comme deslors et despuis ledict depposent a ouy dire, environ deux cens hommes ou femmes, sans respecter la vielhesse et caducité desdictz hommes, et entre aultres ilz tuarent ung nommé Cavalery, eaigé d'environ quatre vingtz ans ; et dict que le bailly Beauverdun feust aussy tué et massacré, dès le commancement qu'ilz entrarent, sestans mis en deffense ; et puis pilharent entierement et indifferemment tous les habitans de ladicte ville, sans leur laisser or, argent, meubles, marchandise. utancille de maison, bledz, vins, chers sallés, jusques aux habilhemens qu'ilz avoyent sur leur corpz ; pilharent semblablement les deux églises estans en ladicte ville, esquelles et principallement en la grand eglise y avoit de grandz reliquaires, croix, calices d'or et d'argent, chapes, chasubles, tapisserie et aultres ornements fort précieux, la valleur desquelz ledict depposant a dict ne sçavoir estimer ny arbitrer. Dict outre que nonobstant lesdictz habitans tant ecclesiastiques que laicz feurent destitués de tous moyens et reduictz a une extême misere par le moien dudict pillaige et saccagement. Neaulmoingz ledict capitaine Merle et sesdictes troupes les mirent prisonniers pour avoir paiement des rançons esquelles ilz avoient esté taxés et cottisés, et entre aultres M⁰ Jacques Macel, prebtre, vicaire général du seigneur evesque de Mende, lequel feust taxé à la somme de 2,000 escus, partie de laquelle il paya, comme il a ouy dire, en chevaulx. Et est bien certain que le seigneur de la La Roche Saint-Polien accommoda ledict official, pour le fere sourtir de peyne et de prison, de trois chevaulx de service, tenant lieu de certaine somme de deniers en diminution de ladicte ranson. Et quant à M. Jean Bonniol, prevost en la grand eglise, le seigneur de Monjeusieu, Certain ; Estienne Boyer, appothicaire ; Jean Rossel, prebtre ; Guillaume Bazalgete ; M⁰ Anthoine Monty ; M⁰ Jean Malsat, procureur du Roy ; Jehan Clemens, hoste et sa femme ; Catherine Pigiere, sage-femme ; Jean Desestreictz, notaire ; Guilhaum Destreyctz, marchant ; Claude Corrier ; Pons Destrectz ; Antoine Gerbaud, seigneur Doziere ; la vefve dudict feu bailly Beauverdin, Jean Filhol, marchant ;

Me Jean Bastit, vieulx ; Me Jean Bastit, jeune ; Me Jean Martin, notaire ; Me Jean de Roquette ; M. Paul Albaric, advocat ; François du Jardin ; Hélie Chevalier ; Antoine Gleyse ; Antoine Geyma ; Jean Yssartel ; Jacques Chantuel ; la veuve de Torrent ; Jean Dorlhac, ser Dauzac ; Antoine Sasy ; François Brolhet ; Jean Constans ; Ambroise Bardet ; Blaise Bragier ; Jean Pigiere. A dict ne scavoir sy les dessus nommés ont esté prisonniers, ne payé ranson ; toutesfois il a opinion qu'ilz ayent aussy bien payé que les aultres, et que ledict Merle et ses troupes, par commung bruict, n'ont accoustumé duzer d'aulcune gratiffication à l'endroict des ungz plus que des aultres ; et quant à Anthoine de Caprières, lieutenant de prevost ; Anthoine Vachery, recepveur des deniers du païs ; le juge Dumas ; Loys Fontunie, prebtre et aultre Loys Fontunie ; Vidal Borrel, marchant ; Me Hélie Fabre ; le juge Achard, a dict estre bien certain que les dessus nommés feurent constitués prisonniers et payé leur ranson. Et est bien recordz que le père dudict depposant fict prester audict Vachery et s'obligea pour luy en la somme de huict cens escus qui est encore deue, pour raison de laquelle il paie interestz ; adjoutant estre chose notoire que, après ce que ledict juge Achard eust paié sa ranson quon disoit estre de mil escus, restant seullement vingt escus, on l'admena par commandement de Merle au semetière et auprès du tombeau de ses ancestres où ilz le tuarent et massacrarent. Et quant ez ruines, deppoze quelles sont sy grandes et sy notoires, qu'il ne le sçauroit estimer, car en premier lieu, la ruyne de la grand eiglise questoit fort belle, bien bastie et ediffiée et de grande estendue, elle a esté depuis ladicte prinse, de telle sorte ruynée et desmolie, qu'il ne reste quasi apparence d'eiglise, sy nest de quelques murailhes a demy ruynées quy restent debout, et les voultes de quelques chapelles et les deux clochiers ; et quant au surplus, soit pour le couvert, pilliers quy soutenaient partie de l'église, vitres, ferremens, portes, autelz, chaises de cœur, le tout a esté razé et abismé, ne restant aultre chose que la pierre marrain et portraict estant encore sur le lieu. Et pour parvenir à ladicte desmolition, laquelle on ne pouvoit aisément exécuter, combien que journellement il y feict travailher partie des habitans et des paroisses circonvoisines, on s'adviza d'uzer d'ung artiffice, questoit de soubz planter partie desdictes pilles et de les appuyer d'attainctz de boys, et, ayant faictz l'entier supplantement et appuyement desdictz pilliers, on feict mettre grand quantité de bois, auquel ilz mirent le feu ; et sy tost que lesdictz attainctz feurent bruslés la plus grand partie de ladicte église en mesme instant tomba par terre, comme encore on la void. Et dict que à son jugement les quartiers de pierre de tailhe quy sont restés de la ruyne, ne pourront de guières servir pour remettre ladicte église en son premier estat, pour ce que ilz sont rompus et brisés en plusieurs endroictz, tellement qu'il fauldra avoir aultre pierre de tailhe pour remettre ladicte esglise en son premier estat. Et à son advis la dicte pierre ne se pourra recouvrer en pierreries quy sont seulement distantes de ladicte ville environ demy lieue ; toutesfois la voiture et conduite sera ung peu difficile à cause que le païs est fort montueux et mal aisé. Dict davantage que oultre les ruynes susdictes, ledict Merle et sesdictes troupes ne laissarent aulcune cloche ez églises de la ladicte ville, lesquelles par commung jugement de ceulx quy les avoyent veues et entendeues, estoient estimées, ou aulcunes d'icelles, des plus belles de la France, et mesme la plus gresse, laquelle à coupz de marteau et de marres, ilz ne peurent rompre. Et après s'advisarent de mettre quantité de bois autour d'elle avec le feu et l'eschaufarent de telle sorte que enfin aisément ilz la mirent en pièces ; desquelles et des aultres cloches ou partie d'icelles, ledit Merle fict fère deux canons, et le surplus du métail feict transporter à Melhau et aultres lieux ou bon luy sembla ; se rendant bien certain que lorsque ledict Merle et sesdictes troupes sortirent de ladicte ville de Mende, et qu'ilz la remirent soubz l'obéissance de sa majesté, et que le seigneur d'Apchier y entra, il ne se treuva dans ladicte ville aulcune cloche ne métail ; ce qu'il dict bien sçavoir pour avoir esté à la suite dudict seigneur d'Apchier lors de la réduction d'icelle. Dict outre que non seullement lesdictes églises furent ruynées, mais semblablement les maisons de plusieurs particuliers habitans, aboutissant à la murailhe, et de plusieurs des ecclésiastiques, encores quelles ne feussent près des murailhes. Toutesfois ne les a sceues particulièrement nommer ny désigner ne pour quel pris ou les pourroit remettre ; adjoustant que ledict Merle et sesdictes troupes, encores qu'ilz feussent paiées des ransons d'aulcungz particuliers habitans, néanmoingz ilz avoient introduit ung nouveau moien pour attirer argent des propriétaires desdictes maisons, leur proposant que a deffault de paier ce a quoy ilz avoient esté taccés et cottisés pour lesdictes maisons, elles seroient promptement desmolies. Dict outre, que après la paciffication de Neyrac publiée, ledict Merle combien qu'il feust pressé par les commissaires députés pour l'exécution d'icelle de sourtir de ladicte ville, déclara qu'il n'en sourtiroit que au préalable il ne feust accommodé d'une place en laquelle il se peult seurement retirer ; ce qu'il feict entendre au seigneur d'Apchier, gouverneur ; lequel, pour le zelle qu'il avoit au service de sa majesté et soulaigement de ses subjectz, envoya, par devers ledict Merle, le docteur Fontunie pour résoudre de sa voulonté et intention, le tout à la prière des Estatz du païs. Lequel Fontunie, ayant communiqué avec ledict Merle, raporta qu'il désiroit avoir une place forte proche des Cevennes, et que sy ledict seigneur d'Apchier luy vouloit bailler la baronnie de la Gorce et chastelanie de Salavas, qu'il entendroit à l'acquisition, autrement qu'il ne sourtiroit de ladicte ville de Mende, et qu'il y crèveroit plus tost. Ce que donna occasion audict seigneur d'Apchier et aux syndictz et desputés dudict païs de traiter, et moyenner plus particulièrement ledict accord avec ledict Merle, par lequel finablement feust résoleu et accordé que ledict seigneur d'Apchier vendroit ladicte place pour le pris et somme de cinquante ou cinquante-deux mil livres, revenant en escus à la somme de dix sept mil trois cens trente trois escus ung tiers. En déduction de laquelle somme lesdictz habitans accordarent avec ledict Merle, pour esviter la démolition de leurs maisons et murailhes et obvier les menaces que ledict Merle faisoit ordinairement, se chargarent de paier audit sieur d'Apchier, en déduction du pris de ladicte vente et en l'acquit dudict Merle, la somme de six mil cinq cens escus. Mais n'a sceu ledict déposant que lesdictz consulz soient entrés en aultre obligation au proffict dudict seigneur d'Apchier, sy n'est pour ladicte somme. Dict en outre que après que le contract de ladicte vente feust accordé, estant ledict Merle résoleu de remettre entre les mains dudict seigneur d'Apchier ladicte ville, pour ne rien délaisser de tout son butin et pillaige, demanda qu'on l'accommodast d'environ deux cens mulets et asseurance qu'il ne se perdict aulcune chose par les chemins, aultrement qu'il ne sourtiroit de ladicte ville. Pour à quoy satisfaire lesdictz habitans firent venir quelque nombre de muletz pour apporter ledict butin et pillaige, partie à Quézac, Maruéjolz, Villefort, Florac et aultres lieus tenus par ceulx de ladicte prétendeue religion refformée. Et estant tout ce dessus exécuté, lorsque ledict Merle vouleust, ou feict semblant de vouloir remetre ladicte ville ez mains dudict seigneur d'Apchier, et fere sourtir toutes ses troupes, aulcungz des principaulx cappitaines et chefz d'icelle se mutinarent, ou pour le moings feirent semblant de ne vouloir obéyr audict Merle, déclairant qu'il ne sourtiroit de ladicte ville ; ce que donna occasion ausdictz habitans, pour se rédimer d'une sy grande captivité et servitude, de paciffier lesdictz cappitaines ; mais ne saist quelle somme ny a quy. Et estant ledict Merle et sesdictes troupes sourtis hors ladicte ville, ledict seigneur d'Apchier y entra avec les siens, à la suite duquel estoit ledict depposant et plusieurs aultres, environ deux ou trois cens chevaulx et cent arquebusiers à pied ; et veid que ledit seigneur d'Apchier et ceulx de ladicte suite, lors recogneurent et veriffiarent ledict Merle et ses troupes avoir entièrement destitué et desnué les habitans de tous meubles et moyens, tellement que ledict sieur d'Apchier ne trouva que ung petit lict dans l'évesché, lequel feust délaissé par ledict Merle, comme il a ouy dire, à la prière dudict seigneur d'Apchier, et, en toute ladicte evesché ne se trouva aultre lit ne chalit, table, tréteau, chèze ny escabelle, nappe ne serviette, tellement que ledict seigneur d'Apchier, quy n'avoit faict apporter aulcungz meubles à sa suitte, feust contrainct, ledict jour, de boire dans une escuelle de terre. Et deslors ledict depposant, ouyt tenir pour notoire, que dans toute ladicte ville ny avoit aulcungz meubles, desquelz on se peult aisément servir, réservé que environ dix lietz que aulcungz particuliers avoyent acheptés, lorsqu'on les vouloit transporter hors ladicte ville.

Et quant au contenu au xix⁰ desdictz faictz, a dict n'en sçavoir aulcune chose, sy nest qu'il a ouy dire que le seigneur de La Garde, l'un des commissaires députés pour la reddition de ladicte ville, print ung mandement ou ordonnance dudict seigneur d'Apchier sur le recepveur dudict païs, pour le recouvrement de la somme de trois cens escus ; mais ne scaist sy ladicte somme a esté payée par lesdictz habitans ou par le païs, ne sy ledict seigneur de la Garde ou aultres commissaires dénommés audict article en avoit receu autre chose ; bien dict que les troupes quy entrarent dans dans ladicte ville, lorsque ledict seigneur d'Apchier y entra, vesquirent aux despens desdictz habitants, et est bien certain que la plus grand partie des gens de cheval deslogearent le lendemain, après qu'ilz y feurent entrés, et que ledict sieur d'Apchier feist sejour de dix ou doutze jours, ayant avec luy soixante chevaulx ; et lorsqu'il en sourtist il delaissa en garnison, pour la seureté de ladicte ville, environ trois cens arquebusiers, qu'il avoit fait venir ez lieux circonvoisins. Mais a dic ne pouvoir arbitrer a quelle somme pourroit revenir lesdictz fraiz. Toutefois deppose qu'il ne pouvoyent estre grandz parce qu'il ne se treuve rien en ladicte ville ou bien peu, et que par faulte de vin les soldatz estoient coustrainctz de boire de l'eau jusques à ce que l'on eust donné ordre d'avoir du vin des lieux circonvoisins. Dict oultre estre chose notoire que auparavant la reddition de ladicte ville, lesdictz habitans estans advertis de la conférence que feust faicte à Fleix, par le roi de Navarre et aultres princes et seigneurs y estans, députarent plusieurs habitans de ladicte ville, lesquelz y firent plusieurs voiages, pour fere entendre à ladicte assemblée l'estat des afferes du païs et poursuivre l'expedition des commissions necessaires, non seulement pour la reddition de ladicte ville, mais semblablement des aultres lieux occupés par ceulx de ladicte religion ; et est bien recordz que M⁰ Anthoine Chevalier, Jean Vivian, et quelques aultres qu'il na sceu nommer, qu'estoyent lors ez villes de Chanac et Ste-Enimye, se transportarent audict Fleix ; mais na sceu aultrement déclairer combien de voiages ilz firent, ne a quoy se pouvoyent monter les fraiz et despens desdictz voiages. Dict outre, que pendent le temps que ledict Merle et sesdictes troupes sont demeuré dans ladicte ville de Mende, ilz ont jouy, nonobstant lesdictes guerres et ravaiges, les fruictz des fons circonvoisins de ladicte ville ou partie d'iceulx tant sur les ecclesiastiques que laiz, tellement que ledict Merle pour à ce parvenir faisoit laborer et semer plusieurs terres proches de ladicte ville et en percepvoit les fruictz, comme il a dict estre chose très que notoire. Dict outre que après la reddition de ladicte ville, lesdictz povres habitans nont peu jouir librement du fruict de la pacification et rediction au moien de ce que ceulx de ladicte pretendue religion tenoient et occupoient encore plusieurs fortz et faisoient ordinairement, ez environs des portes de ladicte ville, plusieurs courses et volleries, emprosonnoint et ransonnoient lesdictz habitans et entre aultres emprisonnarent le greffier des Estatz, appelé Destrictis, et ung nommé Privat Ferrand, esquelz ils feirent paier ranson ; mais ne sçache quelle somme. Et a ouy dire et tenir pour notoire que lesdictz voleurs se sont mis en debvoir de prendre aulcungz habitants sur le fossé de ladicte ville, et que s'ilz ne se feussent jettés dans ladicte fosse, ilz n'avaient moien de se sauver et garentir, et estoit ladicte troupe de voleurs conduicte le plus souvent par le cappitaine Rouan, frère dudict Merle. A dict aussy estre très notoire et très apparent que ledict Merle et sesdictes troupes, pendant le temps qu'estoit en ladicte ville, ne se contentoient des ruynes qu'ilz faisoient en icelle, mais pour adjouter mal sur mal, ilz ruynarent les maisons, colombiers, jardins, vergers, estans hors ladicte ville, couppant tous les arbres fruictiers ; ce que raporte un grand prejudice esdictz propriétaires aulcungz desquelz annuellement en tiroit ung fort beau revenu, et entre aultres M' Loys Chevalier, lequel avoit ung fort beau verger, planté de bons arbres ; lequel comme ledict deposant a ouy dire, s'assensoit soixante escus. Et aultre chose a dict ne scavoir des faictz sur lesquelz il a esté produict et par nous examiné, et a signé sa depposition et escript.

Ainsi ay depposé et signé :

F. de Fontunie.

(Archives départementales, C. 1794).

DÉPOSITION DE Mᵉ JEAN DES ESTREICHZ, NOTAIRE HABITANT DE MENDE.

18 juin 1582.

Evénements divers de 1562 *à* 1581 (1).

Mᵉ Jean des Estreictz, habitant de Mende, aagé de cinquante ans ou environ, tesmoing a nous presenté et produict par les scindic et consulz et ce sur tous les fraictz mys en nos mains; après serment par luy faict, depose estre chose notoire que la ville de Mende est la principale et capitalle du pais de Gevaudan et que des et despuis les premiers troubles et guerres civilles que commancerent en l'année 1562, elle a soeffertes plusieurs pertes, foulles et oppressions, estant environnée et proche des villes de Maruejols, Florac, chateau de Peyre, pays des Sevenes et tenus et occuppez par ceulx de la prethendue Religion réformée; et davantaige estre bien recordz et mémoratif que au commancement des dictz troubles ladicte ville de Mende fust assiegée par les seigneurs de Sainct Julien de Gabriac, lesquelz soubz lauctorité du baron de Peyre avoyent audict siege environ deux mil hommes, tant de pied que de cheval et vindrent ladicte ville assieger environ trois jours, pendant lequel temps ils desmolirent et bruslarent les maisons, colombiers et autres édiffices estant proches de ladicte ville, apartenant à plusieurs desdictz habitans

---

(1) M. l'abbé Baldit a publié dans le Bulletin de la Société, année 1852, la déposition du notaire Anthoine Julhien, faite le 14 juin 1582.

et en admenarent tout le bestail qu'ils pouvoient trouver esdictz domaines et aultres lieux circonsvoisins de la dicte ville, bruslarent aussi le couvent des Carmes et la maison du prieur et curé de la paroisse St Gervais ; et par ce que lesdictz habitans n'avoyent dans ladicte ville forces bastantes pour empescher la prinse dicelle, furent contrainctz et necessiteux d'entrer en composition avec ledict chef de ladicte armée ; par laquelle composition lesdictz habitans leur baillarent la somme de mil escus et permyrent aux principaux de ladicte armée d'entrer avec quelques trouppes dans ladicte ville, à la charge qu'ils ne la pilheroient ny les eglises. Nonobstant laquelle promesse, bientost après quils furent entrez, ils pilharent et emportarent quelques joyaux et reliquaires d'argent et une croix et calice d'or enrichie de plusieurs belles perreries, et oultre ce pilharent quelques ornementz fort precieux que estoient dans ladicte eglise. Mais aultrement a dict ne scavoir de quelle valleur pourroit estre lesdictz ornementz, reliques, calices et croix. Et dit que pendant le traicté dudict accord, lesdictz habitans fournirent ez trouppes, questoient hors ladicte ville, les vivres necessaires pour leur entretenement. Lesqu'elles trouppes bientost après que lesdictz principaux furent entrez levarent le siège et se retirarent, tellement que dans ladicte ville demeura seullement lesdictz Sainct-Julien et environ troys cens hommes, où ils feyrent sejour quelques dix jours, et n'avoyent intention de bouger de ladicte ville. Mais le seigneur de Trelans que estoyt catholicque et avoyt intelligence avec aucuns desdictz habitans, treuva moyen de surprendre une des portes de ladicte ville, ayant seullement avec luy trente ou trente-cinq hommes à cheval, avec lesdictz habitans de ladicte ville, et en sortist honteusement ledict Sainct Julien et ses dictes trouppes, fors ung ministre, et aultres quatre ou cinq qu'il retint prisonnier; et sejourna ledict sieur de Trelans avec sadicte trouppe, environ neuf ou dix jours et jusques à ce que le feu seigneur d'Apchier, lors gouverneur dudict païs, entra en ladicte ville, accompaigné de trois ou quatre cens hommes, tant de pied que de cheval, ou il séjourna douze jours, le tout aux despens desdictz habitans. Et parce que ledict baron de Peyre, qui tenoit le party de ceulx de ladicte religion et qui commandoit esdictz de Sainct-Julien et Gabriac, fust grandement faché et irrité de ladicte prinse et emprisonnement dudict Ministre et aultres, dressa des trouppes jusques au nombre de six à sept cens hommes; lesquels commançarent d'investir ladicte ville, attendant de jour à aultre d'aultres forces; et séjourna ledict baron de Peyre es environ de ladicte ville trois jours, pendant lesquels ledict feu seigneur d'Apchier et luy s'accordarent, et fust moyennant ce que ledict seigneur d'Apchier remectroit ez mains dudict sieur de Peyre ledict ministre et aultres prisonniers. Ce que ledict seigneur d'Apchier feist; et ledict sieur de Peyre se retireroit avec ses troupes : ce que fust exécuté. Et pendant le temps dudict siège ou tourna encore brusler et desmolir les maisons, granges et colombiers estant hors ladicte ville. Et dict que deux ou trois jours après que ledict sieur de Peyre se fust retiré avec sesdictes trouppes, ledict seigneur d'Apchier sortist hors de la dicte ville, délaissant garnison en ladicte ville le cappitaine de La Fare avec trois cens hommes; lequel sejourna et tint garnison en ladicte ville despuis le moys de juillet 1562 jusques au mois d'avril 1563 que la paix fust publiée. Pendant lequel temps lesdictes troupes furent nouries aux despens desdictz habitans et leur solde payée aux despens du pays. Dict oultre, qu'en l'année mil cinq cens soixante-sept, le seigneur de Seneret, combien qu'il ne fust gouverneur, mais comme baron du païs de Gévaudan, et désirant le soulaigement des subjectz de sa majesté, ayant advertissement que les vicomtes de Bourniguet, Bourdon, Poulin et Momelard, tenant le party des rebelles, conduisans une armée de sept à huict mil hommes, tant de pied que de cheval, et qu'ils prenoyent leur chemin par le païs de Gévaudan, vint en ladicte ville de Mende, accompaigné d'environ deux cens cinquante hommes, tant de pied que de cheval, et bientost après lesdictz vicomtes et leurs trouppes s'approcharent de ladicte ville de Mende, faisant contenance de la voulloir investir et l'assieger, sommant lesdictz habitans de la rendre soubz leur hobeissance ; ce qu'on refusa, et ne voulust ledict seigneur de Seneret parlementer ne traicter aucun accord avec lesdictz vicomtes ; mais au contraire feist quelques saillies hors ladicte ville sur les ennemis, ou il en fust thué quelque nombre, qu'il na sceu déclarer, pour ce que lesdictz ennemys sitost que que'qu'ung deulx estoit mort ou blessé, on le faisoit emporter, tellement que lesdictz vicomtes furent contrainctz se retirer avec leurs dictes troupes, et bientost après ledict seigneur de Ceneret fust gouverneur pour sa majesté audict païs, et sejourna en ladicte ville de Mende la plus grande partie du temps avec la garnison y establye de son commandement despuis l'année 1567 jusques en l'année 1570, faisant plusieurs assemblées en ladicte ville et y laissant tousjours garnison, jusques au nombre de deux cens soldatz; disant que despuis quelques moys despuis ladicte année 1567 jusques a 1570 ledict sieur de Céneret, pour la conservation des aultres lieux du païs de Gévaudan, prenoit des soldats estans en garnison dans ladicte ville de Mende, en laquelle y restoit seullement une trentaine de soldatz, et les gens de la suitte dudict seigneur de Cenaret, et que tous ceulx qui demeuroient en ladicte ville estoient nourris aux despens desdictz habitans. Et dict estre memoratif que le seigneur de Cenaret, duquel le depposant estoit lors secretaire, feist plusieurs assemblées de gens de guerre en ladicte ville pour meetre en l'obeissance du Roy la ville de Maruejols, Florac, Yspaignac, Chanac et plusieurs aultres lieux ; et dict qu'à cest effect, par commandement dudict seigneur de Cenaret, ledict depposant alla sommer les villes de Marvejols et Chanac de ce fere ; ce quelles refusarent; tellement que ledict seigneur de Cenaret fust contrainct de s'approcher desdictes villes avec ses forces, et enfin y entra et y estably garnison, suivant le edict de la pacification, qu'estoit desja publiée. Dict aussi que le seigneur d'Apchier estant, après le decez de son père, gouverneur dudict païs, a faict plusieurs assemblées de gens de guerre en ladicte ville, pour la reduction des villes et lieux cy-dessus nommez et aultres détenus et ocupez par lesdictz rebelles, comme il feist semblablement le seigneur de Combas, ayant charge de ce fere de Mgr le marechal de Montmorancy, gouverneur du pays de Languedoc. Et dict que ledict seigneur d'Apchier, accompaigné d'envyron cinq ou six cens hommes reprint Serverette et Alenc, et ledict sieur de Combas, accompaigné de quatre cens hommes feist fortifier Chirac pour tenir subjectz ceulx dudict Marvejols, tenant le party de ceulx de ladicte préthendue Religion ; ausquels siéges et fortiffications lesdicts habitans de ladicte ville de Mende fournirent les vivres et munitions necessaires pour l'entretenement desdictes troupes, lesquels ils avoyent semblablement fournys le temps qu'ils demeurarent en ladicte ville ; le temps duquel séjour ledict depposant na sceu declarer. Dict aussy que le seigneur de Sainct-Vidal, gouverneur dudict pais, au mois d'avril ou may 1577, passa par ladicte ville de Mende avec trois ou quatre cens hommes de pied et trois cens de cheval, ou il séjourna environ deux ou trois jours, et après s'achemina avec les gens de guerre qu'il avoyt assemblez, faisant conduire deux canons et deux coulovrines devers Marchastel, lequel il assiegea et feist battre le fort, enfin le reprint, comme si feist les fors de Chauchailles et Montjesieu et Pradesou ; oultre laquelle assemblée, faicte en ladicte ville de Mende, ledict seigneur y est venu plusieurs fois, quelquefois plus ou moingz acompaigné ; pendant lequel temps et séjour faict en ladicte ville, lesdictz habitans comme est dict cy dessus ont noury tous lesdictes gens de guerre. Dict davantaige que en l'année 1578, ladicte ville fust grandement persécutée de la maladie de peste, de laquelle mourust, durant dix moys, seize ou dix-sept cens personnes ; ce qu'il dict bien scavoir pour ce qu'il ne bougea jamais de ladicte ville ; pendant laquelle peste, non obstant que la paix fust public, les rebelles qui tenoient et occupoient encores les forts de Lacham, Cheminades, Quintingnac, Peyre, Florac, Maruejols et plusieurs aultres, faisoient ordinairement des courses et ravaiges es environs de ladicte ville ·et prenoient des personnes, esquelles ilz faisoient payer ranson, et entre aultres est souvenant que M⁰ Jean et Guillaume Destrech, furent prisonniers par ung Veyron, et furent admenez au fort de Lacham, et payarent pour leur ranson quelque somme qu'il n'a sceu déclarer. Fut aussy, au mesme temps, constitué prisonnier M⁰ Jacques Le Vieulx, praticien de ladicte ville et admené prisonnier audict fort de la Cham et paya sa ranson; mais ne scayt quelle somme. Et par Villesenez et aultres que ocupoient le fort de Cheminades, fust prins François Gay, bouchier, et aussy ung homme du seigneur de Mende ; mais ne scayt quelle somme ils payarent pour leur ranson. Et dict qu'il a ouy dire esdictz prisonniers qu'ilz avoyent payé leurs ransons; et a veu, ledict dipposant, en ceste ville quelques ungz de leurs parens et amys; lesquels empruntoient deners pour ledict payement. Et davantaige que lesdictz habitans, pendant ledict temps de peste, furent contrainctz pour evister lors les ravaiges, pilheries et ransonnementz que faisoient lesdictz voleurs, de mectre en ladicte ville une garnison de cent soldatz, commandez par le juge Achard. Et dict qu'on donnoit pour moys à chascun desdictz soldatz la somme de quatre escus, et audict Achard la somme de trente trois escus ung tiers, et au sergent, six escus deux tiers, et a chascun de trois corporaulx cinq escus ung tiers; le tout aux despens de ladicte ville. Oultre laquelle despense les habitans heurent des medecins, appothicaires, chirurgiens, parfumeurs et nectoyeurs, et est bien recordz quon envoya querir a Coignat, païs de Rouergue, ung nommé M⁰ Jean Colomb, quon à extime fort souverain pour parfumer et desinfecter les maisons ; et dit que ledict Colomb gaignoit cent escus chaque moys, et oultre ce estoit noury et entretenu aux despens de ladicte ville, comme si estoit semblablement ses serviteurs, lesquels, estant en nombre de sept, gaignoient chasque moys les ungz la somme de quatre escus, les aultres cinq escus, les aultres six escus deux tiers, tellement que lesdictz habitans a cause de ladicte peste et contagion furent contrainctz entrer en grande despense, lesquelles n'a sceu déclarer. Est bien souvenant que pour subvenir esdictz fraiz ou partie d'iceulx on feist ung emprunct sur les aisez habitans de ladicte ville, la somme de quatre mil escus.

Et après tant de misères et calamité ladicte ville en l'année 1579, la nuict de la veille de Noel, fust surprinse par le cappitaine Merle et ses trouppes ; laquelle prinse leur a apporté une entière ruyne et suvertion tant pour la perte de tous leurs biens, estant en ladicte ville, argent emprunté pour paier leurs ransons, nourriture des soldatz et aussy à cause des démolitions d'une partie de leurs maisons, pilhaiges et demolition des églises et aussi perte des habitans de ladicte ville qui furent thuez et massacrez jusques au nombre de unze vingt et cinq, comme ledict depposant dict avoir veriffié et entre aultres Robert Verdelhany, lors second consul, lequel ledict depposant veist thuer, estant jà le depposant prisonnier, regardant par une fenestre sur la rue où ledict deffunct fust thué. Dict aussy que M° Pierre et Jean Chaptals, prebtres ; François Ynard ; Quinson ; Gourdon, aagé de plus de soixante ans ; Anthoine Vidal, batailhon ; Jean et Pierre Guérins, père et fils ; ledict Jean aagé de plus de soixante ans ; Raymond Torrent ; Jean Pages ; Philippe de Robert ; M⁰ Pierre André, prebtre, aage de quatre vingtz ; Mᵉ Pierre Fontunye, prieur de La Croix, aagé de plus de soixante ans ; Mᵉ Arnal Fontibus, prebtre ; Michel Fontibus, aagé de soixante cinq ans, avec ung sien serviteur ; Anthoine Cairel, aagé de soixante ans, et Jean Conord, sergent ; Mᵉ Jean Dalverny, prebtre, aagé de soixante ans ; Jacques Plo, Bonisselle ; Jacques Champeys, aagé de soixante dix ans ; Guillaume David ; ledict Mᵉ Claude Achard, juge ordinaire dudict Mende et qu'avoit esté premier consul pendant ladicte peste ; lequel Achard fust longuement tenu prisonnier pour le paiement de sa ranson, la somme de laquelle il na sceu declairer ; mais dict que restant seullement deux cens escus, par commandement dudict Merle, il fust conduict au cimetière de ladicte eglise et près le tombeau de ses encestres où ils le thuarent dung coup de pistolle et de plusieurs coups de poignard à lestomac ; et aussi a ouy dire que ledict Merle ayant faict conduire ledict Achard audict cimetière, il demanda s'il avoit payé sa ranson ; lequel luy feist déclaration qu'il restoit seullement quelque somme d'icelle et que lors ledict Merle luy declara qu'il l'en tenoit quicte et a mesme instant fust thué et massacré.

Et oultre les dessuz nommez furent thuez Mᵉ Jacques Chevalier, prebtre, aagé de soixante cinq ans ; Jean Chevalier, aagé quatre vingtz ans ; Mᵉ Estienne Dangles, aagé de soixante cinq ans ; Mᵉ Gaspard Malet, prebtre ; Mᵉ Pierre Bresson, notaire ; Ymbert ; Achard ; Guillaume Noal, chausatier ; Mᵉ Jacques Michel, couratier ; Jean Destrech, marchant, aagé de soixante cinq ans ; Claude Vaisse ; la femme de François Gay ; Jean

Pontier ; M⁰ Jean Martin, licencié, aagé de soixante ans ; Piere et Jacque Linhols, frères ; M⁰ Vidal Solignac, prebtre ; M¹ˢ Michel et Jacques Bastitz, père et filz ; Anthoine Paulie, dict Beaune ; Mathieu Astier ; Estienne Albaric ; Pierre Gravilhon, fournier, lequel huict jours après ladicte prinse, combien que par le commandement desdictz rebelles il se remeist dedans son four avec toute asseurance, comme il avoyt accoustumé fere avant ladicte prinse, ce neaumoingz on le vint prendre en sa maison et le meyrent en la rue où ils le thuarent. Furent aussi thuez M⁰ Jean Millet ; Pierre Bodut, aagé de plus de soixante dix ans ; M⁰ Richard Cierge, aagé de soixante dix ans ; Benoist Bernard ; M⁰ Robert Enjalvin, prebtre ; Guillaume et Anthoine Couderez ; M⁰ Nicolas Lalenc, peintre, et Anthoine Ferrand estant saisi d'une des tours de ladicte ville, lors de ladicte prinse, avec ledict Verdelhani, consul, et ung aultre nommé Baret et quelques aultres jusques au nombre de douze, feyrent resistence esdictz ennemys, et enfin par composition sortirent de ladicte tour soubz promesse qu'on leur sauveroit la vye et qu'ilz sortiroient librement de ladicte ville ou demeurer librement en icelle ; toutesfois ledict Ferrand et Baret estans demeurez en ladicte ville, nonobstant ladicte promesse, furent thez et occiz, et lesquels ledict deposant a veuz mortz et leur corps estendu par la rue. Et davantage avoyt ouy dire et tenir pour notoire que la chambrière du chanoine Brés pour luy fere descouvrir les escus de son maistre fust pendue et attachée a une cheminée qu'il avoyt en ladicte maison, mectant du feu soubz elle, la tourmentant fort inhumainement, et après elle mourut.

Dict aussy que Pierre Torrière, menuisier, dix ou

douze jours après ladicte prinse, fust prins par quelques soldats en sa maison, sur les dix heures de nuict, luy disant qu'ils le voulloient mener prisonnier ez prisons de ladicte ville, et sitost qu'il fust sorty de ladicte maison et l'ayant conduict près ladicte prison, lesdictz soldatz le thuarent ; et ouyst ledict depposant qu'estoit lors en ladicte prison, le cry dudict Torrière, et que quelque temps auparavant, Jacques Torrière, filz dudict Pierre avoit esté thué. Dict davantaige que M⁰ Mathieu Brolhet, Helvard, Alenc, Anthoine Galert ou filz de Parado, Pierre de Ciston, Michel Balmagier, dict le Barbault, aagé de soixante-dix ans ; frère Michel Coste, religieux des Carmes, aagé de soixante dix ans ; M⁰ Jean Petit, prebtre, aagé de soixante-cinq ans ; un jeune garçon, aagé scullement de douze ans, serviteur du lieutenant de prévost ; Mʳᵉ Pierre Fontanel, prebtre, homme tout bossu et contrefaict et n'ayant moyen de résister, et M⁰ Jean Rossal, aussy bossu et contrefaict, et n'ayant aucun moyen de porter armes ; ung serviteur du chanoine Mayniac ; ung marechal de Servière, qui estoit retiré en ladicte ville, le nom duquel il na sceu, furent thuez et occis avec plusieurs aultres, du nom desquels ne luy recorde. Et dict que M⁰ Guillaume Certain, chanoine, par faulte de payer la ranson en laquelle il avoit esté taxé et cottizé et pour luy fere descouvrir son trésor et escus, fut tourmenté cruellement, luy ayant bruslé la plus grande partie des piedz et jambes avec une pesle chaude ; desquelz tourmentz, apres avoyr longuement demeuré dans ung cachot, mourust, comme ledict depposant a dict estre chose notoire en ladicte ville. Il est bien mémoratif que ledict Certany languist longuement après lesditz tourmentz et bruslemens. Et a veu que la vefve de Sabram, habitant en ladicte ville de Mende, envoya audict Certany, dans ladicte prison, des onguentz pour le penser et médicamenter ; et est mémoratif que par commandement dudict Merle, ledict depposant fust sorty de prisons ou il a esté dettenu pour convocquer et appeller, comme secrétaire du Chappitre, tous les chanoines de la grande église, estant en ladicte ville, et ce en la maison du cabiscolat aultrement de la precenterie, esquelz chanoines ledict Merle feist entendre que ledict cabiscolat ou precenterie estoit vacquant et les pria de conferer ladicte precempterie à M° Robert Leynadier, chanoine de ladicte église, que ledict Merle tenoit prisonnier et des mains duquel ledict Merle sasseuroit d'avoir ledict bénéfice, d'aultant qu'il eschappa et de tant que ledict Certain estoit vivant et estant en la maison de Torrent ou estoit logé ledict cappitaine Villesene, qui l'avoyt en garde ; ledict depposans alla quérir ledit Certany et luy ayda d'ung costé à ce soubstenir, et que quelque soldat luy ayda de l'aultre pour le conduire en ladicte maison de la précemptorie, à laquelle ledict Certany ne se pouvoit aultrement acheminer. Et des lors ledict Certany déclara non seullement audict depposant, mais semblablement à tous les chanoines y estant, la forme et manière de laquelle il avoyt esté tourmenté conformément à ce qu'il en a dessus depposé. Dict oultre que au pardessus lesdictes cruautés ledict Merle ou sesdictz soldatz en exersarent encore en ladicte ville d'aussy barbares, et entre aultres en la personne de Catherine Pigière, saige femme, et qui a accoustumé de prendre les enfans en naissance, laquelle, par faulte de payer la ranson quelle avoit esté cottizée, fust mise bientost après les festes de Noël, dans une cuve plaine d'eau froide ; mais ne scayt si enfin elle paya ne a quelle somme elle a esté cottisée, ne combien de temps elle demeura dans ladicte cuve ; adjoustant esdictes cruautés que en mesme temps et saison, la femme de Jean Clémens, aagée d'environ soixante ans, par faulte de payer sa ranson, fust despouilhée toute nue, fuittée et attachée à ung pillier de la cave de sa maison, ayant les mains lyées derrière le doz, où elle demeura ung jour et une nuict sans luy donner à boyre ne à manger. Dict aussy que M° Guillaume Rinard, prebtre, par faulte de paier sa dicte ranson, demeura dans une cave l'espace de dix ou douze jours, la pluspart du temps tout nud et ayant bien peu de pain et d'eau pour s'alimenter.

A dict estre chose notoire en ladicte ville que ledict M° Guillaume des Estrech, après avoir esté pilhé et saccaigé de toute sa marchandise estant en sa boutique et maison de son père ; par faulte de paier sa ranson, fust enterré tout vifz jusques à la gorge ; ce qu'il a ouy certiffier, asseurer et attester audict des Estrech et à plusieurs aultres. Et dict que au mesme temps on tenoit pour notoire que lesdictz soldatz estans logez chez le docteur Bardon, habitant de ladicte ville, pour geyner ledict Bardon et sa femme et pour attirer deulx tout ce qu'ils pourroient, myrent dans ung buffet ung enfant dudict Bardon aagé de huict ou neuf mois, ne voullant permectre qu'on l'alesta, nonobstant le grand cry qu'il faisoit ; toutesfois na sceu dire si ledit Bardon et sa femme payarent aucune ranson pour raison de ce ne si ledict enfant porta peyne pour cela. Dict davantaige que Pierre Colanhon et Vidal, dict Castanhon, cordonniers, habitans en ladite ville, furent emprisonnés dans nu buffect fermant à clef ou ils estoient si mal acomodez qu'ils estoient contrainctz ordinairement de tenir la teste auprès des genoux et la plus grande partie du temps avoyent sy grande necessité de vivre qu'ils mouroient quasi de faim. Et quant à plusieurs aultres, deppose qu'on leur mectoyt les fers aux piedz, ce qu'ils voulurent pratiquer en la personne dudict depposant. Mais par faulte de treuver lesdicts fers, il demeura pour ce regard libre. Dict davantaige que génerallement tous lesdictz habitans, après avoyr esté desnués de tous biens furent cottizés pour leur ransons qu'il fallust payer de la bource de leurs amys, et iceulx aller chercher hors ladicte ville, et entre aultres M⁰ Jacques Macel paya la somme de deux mil escus ; M⁰ Jean Bouniol, prevost de ladicte églse, paya deux mil escus, oultre ce fust contrainct de résigner son prieuré de Barjac, qu'estoit de la valleur de deux cens soixante six escus deux tiers de revenu, et ce en faveur d'un des principaux voleurs, nommé Guesdam, estont à la suitte dudict Merle. Et outre les susnommés, noble Robert Dumont, chanoine, paya cinq cens escus ; M⁰ Guillaume Certany, chanoine, fust taxé a huict cens escus ; lequel, comme dict a cy dessus, n'ayant moien de paier ladicte ranson, on luy brusla d'une pesle ardente la plus grande partie des piedz et jambes, dont pour raison de ce mourust en prison. Et quant à M⁰ Estienne Boyer, appothicaire, fust taxé à deux cens escus, et n'ayant moyen de payer, après avoir assez assez longuement demeuré en prison, et voyant qu'il estoit en extrémité de maladie, pour les tourmens qu'ils luy avoyent donnez, estant retiré en sa maison, vingt-quatre heures après mourust. Le semblable advint à la personne de M⁰ Jean Rossal, prebtre, lequel estant cottisé à cent escus, et n'ayant moien icelle paier, mourust en prison dans un cachot. Et quant à M⁰ Guillaume Bazalgette, deppose que au moien de Monsieur de Vareilles, il sortist de prison et hors ladicte ville, après avoir payé quelque ranson qu'il na sceu déclarer ; et dict que ledict Bazalgette fust suyvy par aucuns des soldatz dudict Merle, qui le prindrent, et estant près d'un pont appellé le pont rout, ils le précipitarent du hault en bas dans la rivière d'Olt ; néanmoingz il esvita le péril de sa vie, estant aagé de soixante-dix ans, et se retira au villaige de Molines, en la maison d'un sien parent, où après il mourust.

Ne scachant aulcune chose du faict de M⁰ Anthoine Monti. Quant à M⁰ Anthoine Vachery, a ouy dire et tenir pour notoire qu'il a payé une bonne somme pour sa ranson, de laquelle il nest mémoratif. Bien dict que le juge Dumas, tant pour lui que pour son pere en paya pour leur ranson la somme de quinze cens escus, et n'ayant ledict Dumas moyen de recouvrer la somme de sadicte ranson, de laquelle il estoit grande presse, par le cappitaine Moustoulla, ledict depposant fust envoyé quérir par ledict Dumas pour recepvoir une procuration au nom dudict père, pour vendre de son bien, et au nom dudict filz, pour résigner son estat de Juge royal ; et parceque ledict depposant n'osoyt recepvoir lesdictes procurations ne entrer en la maison du bailly en laquelle lesdictz Dumas estoient prisonniers, et ledict Moustoulla logé, luy demanda permission de parler esdictz Dumas, ne scachant encores a quelle fin il l'avoyt mandé ; ce que ledict Moustoulla luy permist, disant et le chargeant de déclarer de sa part ausdictz Dumas qu'ils disposasent hardiment et promptement

de ce qu'ilz avoyent à disposer et qu'ils n'auroient plus
le temps. Suivant lesquelles permissions ledict déposant passa lesdictes procurations, et bientost après et le
mesme jour, ledict Moustoulla sortist lesdictz prisonniers de ladicte maison et ville et les conduict jusques
environ une lieue, et sçachant que ceulx de Balsièges,
tenant le party du Roy, estoient en campagne il se retira en ladicte ville de Mende avec ses prisonniers.
Neaumoings fust si vivement poursuivy qu'il fust blessé.
Et oultre les dessus nommez furent cottizes et contrainctz de payer leur ranson, assavoyr M° Jean Malzat,
procureur du Roy, quatre cens escus; et quant à M°
Guillaume de Caprières, lieutenant du prevost de mareschaux, a ouy dire qu'il fust taxé et cottizé à la somme
de quatre cens escus; toutesfois il n'en paya aucune
chose, parce que la mère du seigneur de Chastilhon
escript en sa faveur Dict aussy que M° Robert Bourguynol paya mil escus, et ledict M° Claude Achard,
juge de ladicte ville, la somme de mil escus, duquel il
a cy dessus parlé et depposé. M° Guillaume Roquette,
prebtre, la somme de deux cens escus; et ladicte
femme dudict Jean Clement, après avoir esté foittée et
attachée en la cave, comme il a dict, quatre cens escus, et son mary six cens, non obstant qu'il feist plusieurs remoustrance pour fere tenir en compte le payement de quatre cens sur celle de six cens. Et ladicte
Catherine Pigière, dont que dessus a depposé, a certaine somme quil na sceu déclarer. Loys Fontunye,
marchand, six cens escus. Ledict Guillaume Destrech,
quatre cens escus; Claude Corier, quatre cens escus,
Pons Destrech, douze cens escus et ung petit cofre
plain de pierrerie de la valeur de mil escus; Vidal Bor-

rel, cinq cens escus; Anthoine Girbault, sieur d'Ossière, trois cens escus, la vefve du bailly de Gévaudan, pour racheter ses papiers, fust taxée à quatre cens escus, et si fust contrainete de bailler ses cheynes et brasseletz dor; Loys Chevalier, cinq cens escus; Me Jean Bastit, trois cens escus; Me Jean Bastit, jeune, son frère, trois cens escus; Me Jean Martin, notaire, trois cens escus; Me Jean de Recoles, sieur de Rimeize, deux cens cinquante escus; lequel demeura longuement prisonnier et receust ung si mauvais traictement que bientost après avoir payé ladicte ranson, mourust en sa maison; Me Pol Albaric, paya trois cens escus; Me Hélye Fabre, paya trois cens trente trois escus ung tiers; François Dujardin, soixante escus; Pierre Yssartel, quatre cens escus; Anthoine Gleize, quatre cens escus; Anthoine Geymar, deux cens escus; Jean Yssartel, cinquante escus; Jacques Chantuel, deux cens escus; la veuve de Torrent, deux cens escus, pour le recouvrement de ses papiers; Jean Dorlhac, sieur Dauzac, deux cens escus; Anthoine Sasy, quatre cens escus; Jean Constans, hoste, cent escus; Michel Vidal et Jacques Bragier, son beau filz, troys cens escus, Jean Pigiére, cordonnier, huict vingtz escus; et ledict depposant, sitost que ladicte ville fust prinse, et auparavant que d'estre mys à aucune ranson, pour le recouvrement de ses papiers, paia quatre vingt escus, et après fust taxé à la somme de cinq cens escus et emprisonné dans des caves, dans lesquelles il ne voyoit aucune clarté, et a payé toute sadicte ranson excepté quarante huict escus, pour lesquels il s'obligea envers le cappitaine Escallier, lequel luy a faict demander ladicte somme et le menasse que s'il ne la paye, qu'il le fera mourir, et ledict Guillaume Destrech s'en obligea et rendit principal paieur pour ledict depposant.

Dict davantaige que ayant ledict cappitaine Merle, ou l'ung de ses gens, perdu un corps de cuyrasse et pot qu'on disoit avoir prins par ceulx de Balsièges, qui tenoyent lors le party de sa majesté, fust contrainct de composer avec lesdictz de Balsièges pour la somme de cinquante escus, pour laquelle le cappitaine Claustre, beau frère dudict depposant, s'obligea et au nom de ladicte obligation, ladicte cuyrasse et pot fust rendue audict Merle, avant la rédiction duquel ledict Merle le menassoit de fere razer sa maison.

Dict davantaige qu'après la pacifficaction de Neyrat, publiée et exécutée en ladicte ville de Mende, soubz l'obéissance du Roy, ledict depposant, venant de la ville de Chanac, fust encore prins prisonnier, à demy quart de lieue de ladicte ville de Mende, par le cappitaine Rouan et Sainct-Martin, lesquels l'amenarent à Quézac, ou il demeura prisonnier environ six sepmaines, et quelques remonstrsces qu'il sceust fere, ez sus nommez, de sa pauvreté et ranson qu'il avoyt payée, néanmoingz il disoit qu'il paia deux mil escus, parce qu'il estoit officier du païs ; néanmoingz estant arrivez, ledict cappitaine Merle et entendu les plainctes dudict depposant, se courousa contre ledict Rouan, luy disant que s'il ne le métoit en liberté, qu'il le feroyt. Neanmoingz ledict depposant promist audict Rouan de luy bailler ung acoustrement de velours cramoisin et luy bailla pour caution Pierre Mathieu du lieu de Quézac, pour lequel acoustrement ledict Mathieu fust contcainct par ledit St-Martin, et le constitua prisonnier après le decez de Rouan ; pour lequel libérer ledict depposant a payé en velours ou deniers comptant, par accord et composition la somme de quarante escus, oultre la somme de dix escus qu'il fust contrainct de bailler a quelques soldatz de ladicte garnison de Quézac, lesquels murmuroient de ce qu'ilz n'avoient part à ladicte ranson et menassoient ledict depposant de luy coupper la gorge auparavant qu'il eust moien d'entrer en sa maison ; adjoustant que nonobstant lesdictz pillaiges et ransons ledict depposant a esté contrainct de nourrir quelques foys vingt-cinq soldatz, quelquefois quinze et quelques fois dix, se resolvant que lesdictz ransons, pillaiges et nourriture desdictz soldatz luy reviennent a plus de deux mil escus ; tellement qu'il est de telle façon ruyné et endebté qu'il n'a moien ne espérance de respirer, et qu'il ne scayt à présent de quel boys fere flèche ; priant Dieu qu'il luy fasse la grace de luy donner patience et de porter toutes choses patiemment, avec ses aultres concitoyens, qui ont receu semblable ruyne, pertes et dommaiges. Dict oultre, estre chose notoire qu'après la prinse de ladicte ville ledict Merle et sesdictes trouppes desmolirent beaucoup de maisons des particuliers habitans, proche des murailles de ladicte ville, creignant ung siége, et espérant, par le moien desdictes desmolitions et terrasses qu'ils faisoient, fortiffier ladicte ville, et par mesme moien ruynarent des jardins les plus proches desdictes murailles.

Et est bien mémoratif qu'on ruyna, et cela peult apparoir oculairement, les maisons de M. Jean Martin, de Jean Melhac et Ysabel Vergille, de Pierre Pons, des hoirs d'Estienne Rieutort, des hoirs de Enemye Borne, de feue Catherine Brunelle, de Guillaume

Rodes, des hoirs de Tonnel, de Pierre Bodet, de Jean
Vanel, du licencié Dumas, de M⁰ Emeric Leynadier, des
hoirs de Bony, de Claude Dinette, des hoirs de feu
Jean Borie, de M⁰ Jean Malzac, de M⁰ Privat Cortisson,
de M⁰ Anthoine Jossent, des hoirs de Chaldeyrac, des
hoirs de Jaulsan Virgille, de Jean Baldit, de M⁰ Anthoine
Delaboude, de M. Jean Bardon, de M⁰ Gilbert Baissenc,
des hoirs de Jean Guérin, du seigneur de Grandlac ;
la chappelle de Robins, les deux maisons de M⁰ Jean
Dalverny, de Pierre Gisquet, de la chappelle St Marc ;
comme si furent aussi desmolies les maisons de M⁰ Jean
Boyral, de Jean Dumas, de M⁰ Vidal Solignac, de M.
André Achard, de la Chappelle ; les deux maisons de
Massado, de François Ynard, de Jean Pigière, de Pierre
Rebourg, de Jean Pontiers, du seigneur de Lobière, des
hoirs de Miramonde, de Jean Saltel et Jean Julien, de
Anthoine Pons, le collège des artz, de M⁰ Anthoine Ri-
chardy, dudict feu bailly de Gévaudan, de Malel, appartenant à Certany, du lieutenant Renoard, de M⁰ Bertrand de Sainct Bauzille, de M⁰ Anthoine Pastorel, de
M⁰ Jean Noir, de Jean Fontibus, de Vidal Pons, de La-
gette Lagière, des hoirs de Gourdon, de Pierre Bodet et
Anthoine Vanel, de Coignet, de Guillaume Destrech, de
Jean Constans, de Jean Masson, dudict Dumas, de Guillaume Alby, de M⁰ Robert Enjalvin, de M⁰ Antoine Au-
ret, de Jean Gisquet. Comme si fust aussi ruynée la
maison dudict exposant. Les ruines desquelles importent
grandement ez habitans de ladicte ville, proprietaires
desdictes maisons, comme si faict la ruyne et renversement des jardins aboutissant esdictes murailles, où aucuns d'iceulx, dans lesquels ledict Merle faisoit prendre et charrier la terre pour mectre es terasses, qu'il

faisoit fere, et de mesme dudict depposant, de Mᵉ Jean Malzac, du sieur de Chanoulhet, de Baret, du collège des Arts et aultres, du nom des propriétaires desquels à présent il n'est recordz. Et dict que la perte et domaige faict esdictz particuliers habitans, au moyen desdictes ruynes et démolitions est si grande, qu'il ne la sçauroyt estimer et arbitrer, et que la misère est telle, qu'une partie de ceulx à qui on a ruyné lesdictes maisons n'ont à présent moien de mectre leur teste à couvert. Dict davantaige que ledict Merle et ses trouppes ne se contentarent de ruyner lesdictes maisons et jardins pour acomoder leurs fortiffications, mais sans aultre occasion qu'on peult ymaginer, plusieurs aultres maisons des ecclésiastiques ; la ruyne desquelles vraysemblablement ne leur pouvoyt servir d'aultre chose si n'est pour exécuter la mauvaise volunté qu'ils portent es ecclésiastiques, et pour se chauffer du boys qu'on prenoit ordinairement esdictes maisons, tant pour l'usaige et chaufage dudict Merle, corps de garde et fonte d'artilherie, tellement qu'entre la ruyne desdictes maisons ecclésiastiques et desdictz particuliers habitans n'y a aultre difference si n'est que celles desdictz habitans sont entièrement rasées sans aucune forme de murailles, et celle des ecclésiastiques, une partie d'icelles ont encores quelques couvertz sans aucunes fenestres, vitres, serrures, planchiers et soliveaux ; et entre aultres maisons desdictz ecclésiastiques sont ruynées celles du seigneur de Poger, du Cabiscolat, de l'Archidiacre, del Cofinet, de l'Official, de Claustre, du chanoine Brés, du sieur de St-Loup, du prieur de la Croix, du collège du Bon Conseil ; les maisons des ebdomadiers, de Coignet, le collège des Cinq playes, le collège du Lazare, la maison des Carmes, qu'ils avoyent dans ladicte ville de

Mende, de Nigri, le collège de St Privat, la chapelle de M° Estienne de Sainct Bauzille, dudict M° Pierre André, le collège de Toussainctz. Déclarant semblablement ne pouvoir extimer pour quel pris on les mettroit en leur premier estat. Dict davantaige que ledict Merle treuva un nouveau moien et artifice pour recouvrer argent d'aucuns particuliers ou à leurs et serviteurs, estant en ladicte ville, feist entendre que s'ilz ne payoient la somme en laquelle il les avoyt cottizés, et ce dans le temps par luy arbitré, qu'il feroyt entierement razer et desmolir leurs maisons, lesquels s'en voulloit prévaloir, et mesme les collegiez de Toussainctz et la Trinité. M° Anthoine Chevalier, M° Gibert Baissene, ledict Pons Destrech et plusieurs aultres payarent, pour raison de ce, certaine somme de deniers qu'il na sceu déclarer, fors que ledict Chevalier, pour cinquante escus au cappitaine Rouan. Lequel, après avoir pilhé la maison dudict Chevalier et n'avoyr laissé aucun meuble, se retira en la maison dudict feu bailly ; et pour sauver la maison dudict Destrech, luy feust bailler cinquante escus ; et est record que ledict Pons Destrech, pour sauver sadicte maison, bailla et accorda la jouissance d'une année, au cappitaine Sauvaire, du bénéfice de St-Frézal-de-Ventalon ; duquel ung amy dudict Destrech l'acommoda pour sortir des mains dudict Sauvaire. Dict davantaige que après toutes lesdictes ruynes, pertes, pilhages et desmolitions, ledict Merle s'advisa et commansa après l'édict de paciffication de Neyrac, publié à Tholose, et estant les commissaires depputez, pour l'exécution dicelle, arrivés en ce païs de Gévaudan, de fère desmolir la grande église cathédrale dudict Mende ; laquelle estoit l'une des plus belles et mieulx bastie qu'il aye veu, soit Tholoze ou Lion, et pour exécuter sa mauvaise volunté, fest travailler la plus grande partie des habitants de ladicte ville et envoya quérir grand nombre de massons pour travailler à ladicte desmolition et pour bailler les moyens d'icelle fere ; et finablement trouvarent que ladicte église ne se pouvoit bonnement sapper, mais qu'il falloit desmolir partie de chascune des pilles par le bas, et jusques à ce que lesdictes pilles seroient à demy deshalye, dy mectre des appuyes et attainctz de bois; lesquels sitost quils furent bruslez, lesdictes pilles et principal corps et ediffice de ladicte église renversa par terre, comme encores aujourdhuy on peult veoyr ; tellement qu il ny a resté aucun couvert ny commodité aucune de célébrer le service divin ; tellement que les chanoines de ladicte église se sont retirez au lieu ou estoient les archifz auparavant ladicte prinse ; lieu fort estroict et incommode ; et dans icelluy font ordinairement le service divn, et icelluy font acommoder, n'ayant moien ne grande espérance de veoir jamais remectre ladicte église au mesme estat qu'elle estoit auparavant ladicte ruyne, de tant que, comme dict a, ne reste en icelle aucun couvert, porte, vitre, volte, boys, ferrement ou muraille, si n'est d'un costé ou il y a quelques murailles qui sont demeurées basses et quelques voultes de chappelles. Mais a dict que la ruyne est si grande et importante qu'il ne scauroyt aprésier ny arbitrer aucunement le prix pour lequel se pourroit remestre ladicte église ; ce que sera fort difficile et de grands despens, parce qu'on veoit oculairement que les quartiers de pierre sont rompus, cassez et brisez, tellement quelle ne pourroient servir à la réparation et restauration de ladicte église, aux clochiers de laquelle on a faict plusieurs ruynes et mesmes aux allées de pierre de tailhe que estoit à l'entour desdictz clochiers. Depposant que dans le plus grand d'iceulx, lors de la prinse dudict Merle, il y avoyt deux belles cloches, l'une desquelles on appelloit la Nonpareille ; et a tousjours ouy dire quelle pezoit quatre cens soîxante quintaux ; et l'aultre trois cens quintaulx. Et au second clochier il y avoyt quatorze cloches nommées Privat, Julien, les deux Mamelles, Midy, heure de Nonne, les deux Padelles, les deux Terrirailles, Catherine, Compla et la Manelle. Toutes lesquelles cloches, ensemble celle des Carmes, qu'on avoit retiré dès les premiers troubles dans ladicte ville, et autres deux de Sainct-Gervais, autre de la chappelle Neufve, chappelle St-Jean, collège des Artz, l'hospital, furent rompues par commandement dudict Merle, lequel voyant que malaisément avec gros marteaux et marres on ne pouvoit rompre ladicte grande cloche, appelée Nompareille, il feist fère ung grand feu dessoulz et ez environs et la feist eschauffer de telle sorte, qu'après on la rompist aisément ; d'une partie de la matière desquelles cloches ledict Merle feist fère deux canons et une pièce de campaigne et certains petardz et balles ; et parce que la rozette luy manquoit, il prend dans ladicte ville les chaudrons et cuyvres qu'il y trouva et cottisa en rozette les villaiges circonvoisins jusques à cinq ou six lieues ; lesquels estoient contrainctz d'apporter leur chauderons et encores malaisément receus à composition. Et dict ledict depposant que ledict Merle en print en sa maison pour plus de trente escus. Et le surplus dudict métail aiant ledict Merle faict fère lesdictz canons et coulouvrines, petardz et balles, feist transporter le restant dudict métau, partie à Villefort et l'aultre partie il vendist à certains marchans de Melhau. Et dict que ledict Merle, pour acommoder la voyture dudict métail il l'avoyt fait fondre dans des moulles courtz et carez en forme de lingotz ; lesquels après les mectoient dans des pemyers assez propres. Dict davantaige estre chose notoire que lorsque ledict Merle surprinst ladicte ville, il y avoit beaucoup de reliquaires, croix, calices, bastons et verges d'or et d'argent, entre lesquels reliquaires y estoit le corps St-Privat, patron de ladicte église, estans dans une chasse de boys, couverte d'argent, le chef de St Privat et St-Blaise, la Ste Espine, l'imaige St-Jean et de Nostre Dame, et encore une aultre ymaige Nostre Dame avec des anges et grande quantité de calices d'argent et aultres surdorez. Tous lesquels reliquaires et plusieurs aultres desquels n'est mémoratif, ensemble les aultres calices, croix et bastons furent pilhez, comme si furent les chappes, chasubles, courtebandez, estolles, aubes et beaucoup d'aultres ornementz de valleur inestimable ; tellement qu'il a ouy dire et tenir pour notoire que en ladicte église y avoyt moien de, trente fois l'an, vestir et acommoder tous les chanoines et prebandiez de ladicte église, que sont en nombre de cent dix neuf, sans s'ayder qu'une fois l'an desdictz ornementz ; depposant qu'il y avoyt beaucoup de chappes de fin or battu, aucune desquelles lesdictz soldatz feyrent fondre pour en tirer l'or ; et des aultres ornemens de ladicte église feyrent plusieurs accoustremens, tant pour culx que pour leurs goujats ; et des estolles ilz faisoyent des escharpes pour mectre leurs charges et boulets ; et, que pis est, des tapis de velours pour le service de ladicte église ils en faisoient des housses pour leurs chevaulx, qu'ils faisoient marcher publicquement dans ladicte ville. Et est recordz que le lendemain de la feste de Noël, après ladicte prinse, ledict depposant, qui avoyt demeuré quelque temps caché en sa maison, se voulant retirer dans celle d'ung sien voisin qu'estoit de ladicte préthendue religion, fust descouvert par quelques soldatz, lesquelz le suivirent, et, parce que ledict Merle fust adverti que ledict depposant avoyt les clefz des archives du Chappitre, espérant de descouvrir beaucoup de choses qui luy seroyent profitables, vint trouver ledict depposant, lequel on avoyt desja descendu à la rue pour luy coupper la gorge; mais ledit Merle l'empescha, et a mesmes instant le feist conduire au lieu ou estoient lesdictes archives; lesquelles il avoyt la garde despuis cinq ou six ans; et estans entrez dans ledict lieu, trouvarent qu'on avoit desja rompu et brisé lesdictes archives et mys les tiltres, documens, et enseignementz par terre et les autres rompus et lassérés. Et sortant ledict Merle dudict lieu ou estoyent lesdictes archives, il luy feist fermer la porte, et apres descendist au Chappitre, dans lequel il y avoit plusieurs coffres, layettes, armoiries destinez pour la garde et conservation desdictes chappes et ornemens de ladicte esglise; lesquels coffres et layettes on treuva tous rompus, sans qu'on eust laissé aucune chose dans iceulx, si nest quelques ornements de petite valeur; tellement que, par conclusion, ledict Merle et sesdictes troupes pilharent tout entièrement tout ce questoit dans ladicte eglise; comme si feyrent toutes les tappisseries de ladicte église, entre lesquelles y en avoit une de la création du monde que ledict Merle feist apporter à sa maison de Gorce; ce qu'il dict scavoir par ung serviteur dudict Merle, lequel le confessa audict depposant, et luy dict que si on voulloit donner audict Merle la somme de trois cens escus, qu'il feroit rendre audict Chappitre ladicte tappisserie. Deppose aussy que en mesme temps il veid entre les mains dudict Merle les clefz des archives du seigneur évesque, dans lesquels on avoit accoustume de tenir tous les principaux tiltres, soyt consernant les droictz du Roy que dudict évesque ; mais ne scayt qu'est ce que ledict Merle a faict desdictz tiltres, ne si les a faict laisser et transporter ailleurs ; si n'est qu'il a dict qu'estant prisonnier audict Quézac, il veid, dans deux coffres à bahu, plusieurs tiltres et papiers consernant les droictz dudict évesque et Chappitre. Deppose davantaige que ledict Merle, tant qu'il demeura audict Mende, jouist des dixmes, revenus, cens, rentes et aultres droictz et debvoirs apartenant audict seigneur évesque de Mende, clergé et aultres particuliers, collegiez et beneficiers, tellement qu'il faisoit venir vers luy tous les fermiers desdictz biens, droictz et revenus, tellement qu'il les faisoit payer au feur de leur ferme sil trouvoyt les fermes raisonnables et qu'il eust moien se fere payer. Et quand es aultres il faisoit nouvelle ferme, à laquelle il recepvoit parfoys des soldatz, lesquels se faisoient payer, et le plus souvent emportoyent non seullement ce qu'appartenoit esdictz Chappitres mais semblablement le total sans qu'il en laissa aucune portion es laboureurs et propriétaires desdictes terres. Et est bien souvenant que ledict Merle a fait semer deux terres joignant au couvent ruyné des Cordeliers, et que despartant de ladicte ville de Mende, n'ayant encore faict la recolte des fruictz, desdictz deux terres, n'estant mures, declara qu'il donnoit lesdictz fruictz aux pauvres de l'hospital de ladicte ville, ce que selon le jugement dudict depposant heust malaisement faict s'il les eut peu emporter ou sen prevaloir. Dict aussy que ledict Merle, auparavant que despartir de ladicte ville de Mende, feist conférer le prieuré de Sainct-Martin de Bobals à ung prebtre nommé Bret, habitant de Barre, et ce par M° Jacques Macel, vicaire général dudict sieur evesque, estant encores en la puissance de Merle, et pour luy donner occasion de sortir hors ladicte ville, ce que Merle differa longuement de fere, après la publication de la paciffication de Neyrac, encores que les commissaires depputez pour l'execution d'icelles, fussent jà en ce pays de Gevaudan, faisant ledict Merle déclaration qu'il ne sortiroit jamais de ladicte ville qu'il ne fust acommodé d'une place forte et pour sa seureté et retraicte et proche du pays des Sevennes. Ce que ledict dépposant ouyst dire audict Merle. Et ayant après particulièrement declaré sa volunté qu'il desiroyt s'accommoder de ladicte baronnye de La Gorce et chastellenye de Sallevas, apartenant au seigneur d'Apchier, on feist plusieurs voiages principallement à la prière desdictz pauvres habitans vers le seigneur d'Apchier, pour deslibérer les moiens les plus promptz pour donner occasion audict Merle de se retirer, et lesdictz habitans se remectre soubz l'obeissance du Roy, a quoy lesdictz habitans tendoient principallement. Et après, ledict Merle feist presenter audict seigneur d'Apchier la somme de cinquande deux mil livres, revenant à dix sept mil troys cens trente trois escus ung tiers, pour le prix de ladicte vente, et voulloit que lesdictz habitans paiassent audict seigneur d'Apchier, en son acquict, la somme de six mil cinq cens escus ; ce qu'ilz luy accordarent, pour le désir qu'ils avoyent de se redimer de la miserable servitude en laquelle ils estoyent detenus despuis la surprinse de ladicte ville ; mais ledict seigneur d'Apchier feist entendre audict Merle et habitans qu'il ne vouloyt accorder ladicte vente de cesdictes terres moyennant ledict pris de cinquante deux mil livres et quelles estoyent de beaucoup plus grand valleur ; tellement qu'après plusieurs allées et venues, lesdictz habitans, pour les mesmes raisons et considérations que dessus, accordarent audict seigneur d'Apchier, pour ladicte plus vallue, la somme de six mil huict cens trente trois escus ung tiers, revenant lesdictes deux sommes à treize mil trois cens trente trois escus ung tiers ; au payement desquelles ils s'obligearent envers ledict seigneur d'Apchier, n'ayant aucun moiens de trouver icelles, et sans lequelles ledict Merle ne voulloit aucunement entendre à la rediction de ladicte ville. Après tous lesquels contractz et capitulation accordées, lorsque ledict Merle fust sur le poinct de rendre ladicte ville en la présence des commissaires, plusieurs des cappitaines, estans soubz la charge dudict Merle, se mutynarent, ou pour le moingz feirent le semblant et declarerent qu'ils ne bougeroyent de ladicte ville et n'obeyroient audict Merle ; et saisirent les clochiers de ladicte ville et feyrent demonstration destre mal contans et fort envynimez contre ledict Merle et commissaires, faisant thumber du hault des clochiers plusieurs quartiers de pierre de taille dans la maison de l'évesché ou estoit logé ledict Merle et sa femme, laquelle en fust ung peu blessée. Et finablement lesdictz pauvres habitans n'eurent pas advis desdictz commissaires aultre ne plus prompt moien que de paciffier et bailler argent esdictz cappitaines et sergens mutynez, ce quils feyrent, assavoir : au cappitaine Rouan, frère dudict Merle, deux cens escus ; au cappitaine Sauvaire, lieutenant dudict Merle, trois cens escus, au paiement de laquelle somme le viccaire dudict seigneur de Mende delaissa audict Sauvaire, pour deux ans, la jouissance du prieuré de St-Julien d'Arpahon, du revenu duquel ledict seigneur de Mende avoit accoustume de jouir, avec promesse faicte par lesdictz habitans de rembourser audict sieur evesque ladicte somme de troys cens escus ; pour la payement de laquelle jouissance dudict prieuré avoyt esté baillée audict Sauvaire. Fust aussy accordé aux cappitaines Caquam, Vignelongue, Geneix, Cadet, sergent Vivaretz, Debosque et Larguier, caporal Verdelet, au secrétaire dudict Merle, cappitaine Brues, Lere, Quelcend, Sainct Martin et Garnier, une bonne et notable somme, de laquelle il n'est à present recordz ; bien dict qu'il a veu et leu tous lesdictz hommes particulierement désignés en ung brevet faict et signé par lesdictz commissaires, contenant le despartement desdictes sommes, et fust ledict depposant, quant la majeur partie desdictes sommes furent baillées ez mains du docteur Albaric, à présent premier consul. Davantaige, dict estre chose notoire que, pour effectuer la rédiction de ladicte ville et exécuter la paciffication de Neyrac, lesdictz habitans entrarent en plusieurs grandz frais, tant pour la gratiffication des commissaires et plusieurs voiages faictz par plusieurs depputez de ladicte ville, tant pour aller à Neyrat, vers le roy de Navarre, Messieurs les princes de Condé, marechal de Montmorency, seigneur d'Apchier et de Sainct Vaidal et ez assemblées qui furent faictes es eglises de Montauban et Montpellier, et par les trouppes dudict seigneur d'Apchier, lesquelles entrarent dans ladicte ville lorsque ledict Merle en sortist, ayant séjourné quinze jours en la ville de Chanac, attendant la rédiction de ladicte ville, les murailles de laquelle auparavant que de sortir avoyt faict desmolir en plusieurs endroictz, tellement que lesdictz habitans ont esté contrainctz de les fere réparer, pour avoyr moien d'estre en ladicte ville en seureté, mais a dict ne scavoyr extimer que pourroit monter tous les fraiz et despences ; adjoustans que, après la rediction de ladicte ville et jusques à ce que le seigneur de St Vidal a remys soubz l'obeissance du Roy, le fort de Greze et Quézac et plusieurs aultres, les volleurs estans dans lesdictz fortz n'ont désisté de fere plusieurs ravaiges, prinses de prisonniers et bestail, et entr'aultres fust prins Pierre Brunel, lequel paya huict cens escus pour sa ranson ; et aultre chose a dict ne scavoir de tout le contenu ez faictz sur lesquels il a esté produict et par nous examiné et a signé sa déposition.

Signé : J. des Estrech.

Examiné a esté ledict tesmoing par nous dict commissaire et adjoinct ; lesdicts jour et an.

Dubourg ; Barbun ; Laplaigne, commis greffier,
ainsi signez.

DÉPOSITION DE MESSIRE JEAN D'APCHIER.

21 juin 1582.

Hault et puissant seigneur Messire Jean d'Apchier, seigneur et baron dudict lieu, Thoras, Arzenc ; viscomte de Vazeilles, chevalier de l'ordre du Roy, gouverneur et lieutenant pour sa majesté en la ville de Mende, faisant sa principale demeurance au chasteau de Serrés, en Auvergne, aagé de quarante cinq ans ou environ, tesmoing produict et a nous presenté par lesdictz scindic et habitans en ladicte ville de Mende, et ce sur les premiers, quatre, douze, treize, quatorze, quinze, seize, dix sept, dix huict, vingt, vingt deux, vingt trois, vingt quatre et vingt cinquiesme articles desdictz scindicz de ladicte ville et consuls dicelle ; après serment par luy faict, dépose estre chose notoire que les manans et habitans de la ville de Mende, capitalle du pays de Gevaudan est proche de Maruejols, Florac, Chateau de Peyre et des Sevennes, commandez par ceulx de la Religion prethendue réformée et tenant le party contrère de sa magesté, ont souffert une infinité de foulles, oppressions et despences extraordinaires et quasi insupportables; et est record ledict seigneur depposant, qu'en l'année 1562, ladicte ville fust assiégée et prinse par le seigneur de Peyre, que commandoit à toute l'armée estant audit siège, et estoit assisté de plusieurs gentilzhommes et cappitaines. Et dict qu'au temps susdict y eust quelque pilhage, mais non pas général et universel ; touteffois ceste prinse ne se pouvoit fere sans qu'il y eut quelque habitant qui ne fust pilhé et endommagé en ses biens, comme si furent les ecclésiastiques en partie de leurs joyaux et ornemens d'église ; mais a dict ledict seigneur ne scavoir si au temps susdict les mecteries des dictz habitans de ladicte ville furent pilhées, bruslées et saccaigées ; bien dict estre certain et ainsi despuis l'avoir veu, que les églises paroissiales de St-Gervais et les couvens des Carmes et Cordeliers furent ruynées et desmolies, et oultre ce partie des reliquaires et ornements de la grand église de Mende. Disant et depposant que ledict seigneur de Peyre et ses trouppes demeurarent environ six ou sept jours devant ladicte ville, et en ladicte ville quatre ou cinq jours ; et laissa ledict Sgr de Peyre garnison en icelle d'environ six ou sept vingt hommes. Laquelle garnison fust surprinse par le cappitaine Trelans, tenant le party des catholiques, lequel avec peu de trouppes, accompaigné seullement de soixante hommes, tant de pied que de cheval surprint ladicte ville par une porte d'icelle. Y estant et l'ayant ainsi surprinse, déchassa ceulx qui estoient demeurez par le commandement dudict seigneur de Peyre, et retint en ladicte ville quelques prisonniers et entre aultres le ministre. Et quelques temps après ledict sieur de Peyre estant irrité de ladicte surprinse et de la prinse dudict ministre, ramassa quelques trouppes jusques au nombre de mil ou douze cens hommes, lesquels assiegearent de rechef ladicte ville, où ils demeurarent sept ou huict jours, faisant une infinité de ravaiges et mesmes ez domaines et meiteries circonsvoisines, ausquelles ils ne laissarent aucun bestail gros ne menu, ne meubles; et finablement le feu seigneur d'Apchier, pere dudict seigneur depposant, lors gouverneur du païs et ledict seigneur de Peyre, entrarent en cappitulation et composition, par laquelle fust accordé que ledict ministre et aultres prisonniers seroient rendus audict seigneur de Peyre, et que moyennant ce il retireroit le siege et ses trouppes ; ce qu'il feist. Lequel seigneur d'Apchier, pendant ledict siége, demeura en ladicte ville de Mende, ayant avec luy sept ou huict cens hommes, tant de pied que de cheval. Et après ledict siége, ledict seigneur d'Apchier y demeura avec quatre cens hommes de la compagnie du seigneur de La Farre ; tellement que pendant le temps susdict, lesdictz habitans nourrissoient lesdictz soldatz. Et oultre estre chose notoire qu'au moien de la surprinse de la ville de Mende faicte par le cappitaine Merle et ses trouppes, lesdictz habitans ont souffert tant de pertes, cruaultez et domaiges, tant en leur personne que biens, qu'il est quasi impossible de les nombrer, exprimer et particulierement déclarer. Tellement que ledict seigneur depposant pour le zelle et affection qu'il avoyt au service de sa majesté et pour le soulaigement tant des habitans de la ville de Mende que universellement de tout le païs, il s'éjourna en la ville de Chanac et es villaiges circonvoisins, environ sept ou huict jours, attendant la redition, dudict Merle, de ladicte ville en ses mains, pour le service de sa majesté et suivant les ordonnances des commissaires depputez par Mgr frère du Roy et roy de Navarre, pour l'exécution de ladicte pacification. Et finablement y estant entré et ledict Merle sorty, il vériffia et veyt à l'œil les ruynes et desolation de ladicte ville ; les murailhes de laquelle, ensemble grand nombre de maisons, tant des laicz que ecclésiastiques estoient desmolies, comme si estoit semblablement ladicte église ; laquelle auparavant ladicte prinse estoit l'une des plus belles de tout le pays de Languedoc, comme il a dict estre chose notoire, soyt en bastimentz, ornementz, reliquaires, calices et cloches, dont il leur en restoit une bonne part des premiers pilhages. Et, lorsqu'il y entra, il veriffia, comme aujourd'huy on peult encores veriffier, les ruynes et démolitions desdictes murailhes et églises et générallement de tous les meubles de valleur estant en ladicte ville de Mende ; tellement qu'il deppose qu'ayant séjourné ledict temps en ladicte ville de Chanac et villaiges circonvoisins, espérant d'heure à aultre la rediction de ladicte ville en ses mains, et dans laquelle il s'asseuroit se pouvoir acommoder, soit de linge, lictz, meubles et ustencilles nécessaires pour son service ; neaumoingz estant arrivé et voullant soupper, ledict jour, avec beaucoup de gentilz hommes et comme estans à sa suitte, ses serviteurs ne peurent en toute ladicte ville « trouver » ung verre ou couppe pour y boyre ; tellement que ledict seigneur depposant fust contrainct de boire dans une escuelle de terre, de laquelle il se servist comme d'ung verre ou couppe d'argent, et tous lesdictz gentilz hommes, estans à sadicte suitte furent contrainctz de boyre dans leur chappeau. Et dans toute la maison de l'évesché, en laquelle premièrement ledict Merle avoyt logé et logeoit lors de son despartement, ledict sieur depposant ny treuva qu'ung seul lict et chalit ; lequel ledict Merle luy laissa, à sa prière, dans ladicte évesché. Lequel lit et chalict ne sçauroit valloir la somme de quatre escus ; et tout le surplus treuva entièrement desnué de tous meubles et ustencilles ; et des lors ouyst dire et tenir pour notoire que ledict Merle et sesdictz soldatz en avoyent faict le semblable à toutes les maisons des habitans de ladicte ville, de quelque qualité qu'il fussent, soyt ecclésiastiques ou laiz. Adjoustant que lors quon traictoit avec ledict Merle de sortir de ladicte ville, suivant la dernière paciffication de Neyrac, ledict Merle, pour ne laisser aucune chose en ladite ville de Mende, qu'il failloit qu'on l'acommoda de cent ou six vingtz muletz pour apporter le reste de sesdictz meubles, qu'il disoyt avoyr en ladicte ville, aultrement qu'il ne sortiroit d'icelle ; tellement que lesdictz habitans, pour le désir qu'ils avoyent de sortir de la misère, servitude et captivité en laquelle ils estoient, obtempérant à la volunté dudict Merle, feyrent venyr de Chanac et aultres lieux circonvoisins, environ six ou sept vingt muletz, par le moien desquels ledict Merle feist transporter, ès fortz de Quézac et Villefort, tous lesdictz meubles restans, et faisant déclaration es dictz habitants que s'il se perdoit aucune chose de leurs meubles, qu'il s'en recompenseroit et ne sortiroyt de leur ville.

Dict davantaige qu'après que les seigneurs de La Garde, Lambert et de la Combe, commissaires depputez par mondict seigneur, frère du Roy et Roy de Navarre, pour l'exécution entière de ladicte paciffication, par laquelle il estoit expressément porté que ladicte ville de Mende seroyt rendue soubz l'obéissance de sa majesté ; ledict Merle, non obstant les commandements qui luy estoient faictz, par lesdictz commissaires de sortir hors de ladicte ville et la remectre ez mains dudict depposant, ne tenoit aucun compte de leurs commandements et ordonnance, et enfin leur déclara qu'il ne sortiroit jamais de ladicte ville qu'il n'eust quelque lieu, maison et château pour la seureté de sa personne, et enfin descouvrit son intention esdictz commissaires et particuliers habitans de ladicte ville, qui estoit de requérir dudict depposant la baronnye de la Gorce, chastellenye de Sallevas et vicomté d'Hebeux ! Et après plusieurs allées et venues, feist fère offre au depposant de la somme de cinquante deux mil livres, revenant à dix sept mil trois cens trente troys escus ung tiers ; de laquelle il voulloit que lesdictz habitans paiassent audict depposant, en l'acquict dudict Merle, la somme de six mil cinq cens escus ; ce que lesdictz habitans, pour les mesmes raisons que dessus, accordarent audict Merle, pour sortir de ses mains, et suppliarent bien humblement ledit depposant de leur prester ladicte somme, et qu'ils luy en passeroyent et consentiroyent obligation, n'ayant moien de recouvrer icelle, attendu les pertes et domaiges qu'ils avoyent souffertz depuis ladicte prinse, ausquels Merle et habitans ledit depposant feist entendre que les terres que ledict Merle préthendoit acquirir de luy valloient de bien nect et liquide de revenu plus de mil escus, et que par conséquent elles estoient de plus grande valeur que ladicte somme de cinquante-deux mil livres, et ne se voulloit desmectre de sesdites terres, lesquelles estoient d'ancienneté de sa maison, et aussi qu'il n'avoyt aucune nécessité de les vendre ; tellement qu'il estoit résolu de ne consentir ledict contract. Mais enfin il fust tant prié et importuné par les commissaires et habitans de ladicte ville, luy représentant devant les yeulx que si ledict Merle s'obstinoyt et oppiniastroit de ne sortir de ladicte ville, que non seullement les habitans d'icelle, mais aussy tout le pays estoyt ruyné : tellement qu'estant vaincu desdictes prières et supplications, il s'accorda de vendre audict Merle, moyennant la somme de soixante douze mil livres, revenans en escus à vingt-quatre mil escus. De laquelle somme lesdictz habitans de la ville de Mende s'obligearent insolidairement de paier, en l'acquict audict Merle, la somme de six mil cinq cens escus, d'ung costé, et six mil huict cens trente trois escus ung tiers d'aultre. Revenant tout ledict pris, comme dict a cy dessus, à ladicte somme de treize mil troys cens trente trois escus ung tiers d'escus. De laquelle il n'a esté encores payé. Dict davantaige estre bien recordz et mémoratifz que lorsque ledit Merle voullust commander à ses trouppes de sortir avec luy de ladicte ville, plusieurs cappitaines de sesdictes trouppes commencèrent à murmurer, et enfin déclarèrent qu'ils ne sortiroient d'icelle et se saisirent des deux clochiers et citadelle, jectant du hault en bas desdictz clochiers des gros quartiers de pierre, dont ledict Merle et sa femme furent blessez. Et enfin lesdictz pauvres habitans de ladicte ville, par les mesmes considérations que dessus et par advis desdictz commissaires, composarent avec les cappitaines mutynez et leur bailhèrent quelques sommes de deniers, qu'il na sceu déclarer.

Dict aussy que pour effectuer la réduction de ladicte ville, il fallust bailler des ostaiges d'une part et d'aultre, et faire une infinité de voiaiges et fraiz, et tant vers lesdictz comissaires que aultres, et aussy vers le roy de Navarre, vers lequel ils feyrent trois ou quatre voyages. Tellement que pour les occasions susdictes, lesdictz habitans furent constrainctz de fère despence excessives; lesquelles, au jugement dudict depposant pourroit monter deux mil escus. Oultre les despences susdites, lesdictz habitans nourirent les trouppes dudict sieur depposant, estant en nombre de neuf vingtz chevaux, et deux cens arquebuziers, tant qu'ils séjournarent, en attendant la rédiction de ladicte ville.

A dict aussy que lorsqu'il entra dans ladicte ville, une partie des murailles d'icelle, deffense des tours, culz de lampes et guerrittes avoyent esté ruynées par lesdicter trouppes ; la pluspart desquelles lesdictz habitans ont desja faict remectre pour leur thuition et conservation, mais ne sçayt à combien peuvent revenir lesdictes réparations.

A dict aussy estre chose notoire, tant que ledict Merle a tenu et occuppé ladicte ville de Mende, il a jouy tous les dixmes, droictz et debvoirs appartenans esdictz ecclésiastiques ; pilha et ravagea tout le bestail qu'il treuva es environs de ladicte ville et aultres lieux circonvoisins. Ce qu'il dict bien sçavoir, parce que lesdictz volleurs luy ont enlevé en un domayne, qu'il a auprès de Maruéjols, trente bestes à corne. Mais ne sçayt ledict déposant qu'elle somme lesdictz habitans peuvent debvoir, sinon qu'ils luy doibvent quarante ung mil francs, revenant en escus à treize mil six cens soixante six escus deux tiers d'escu.

Dict aussy que quinze jours ou trois sepmaines après que ladicte ville fust « rendue », Villesène, le Caillard et aultres desdictz rebelles, tenant le fort de Sainct Frézal de Grèzes, feyrent une infinité de volleryes, pillages et ransonnementz et en enlevarent grande quantité et nombre de bestail. Et dict que nonobstant ladicte paciffication, les dessus nommez et leurs complices emprisonnarent ung Pierre Brunel, de las Fontz, près de Balsièges, et luy feyrent payer mil escus ; et à M° Jean Destrech, notaire, lequel après avoir esté longuement prisonnier, paya pour sa ranson ung acoustrement de velours cramoisin.

Et tout ce que dessus, ledict sieur depposant a dict estre chose notoire tant en ladicte ville de Mende que pays de Gevaudan, par les raisons que dessus. Ne scaichant aultre chose de tous lesdictz faitz sur lesquels a esté produict par nous et examyné.

Et a signé sa depposition et signé : Dapchier.

Examiné a esté ledict tesmoing par nous, commissaire et adjoinct, lesdictz jour et an. Dubourg, J. Babien, Laplaigne, commis greffier, ainsy signez.

(Archives départementales. — Série C. 1714).

INTENDIT que le syndic du clergé du diocèse de Mende, bailhe par-devant vous M. Jehan DUMAS, licencié ez droictz juge royal catholicque en la court commune du Comté et Bailliage de Gévaudan, commissaire député par le Roy, pour informer des ruynes des églises du diocèse de Mende et pays de Gévaudan, expoliation, ravissement et jouyssance des fruits et revenuz, faits par ceux de la prétendue religion, depuis le commencement des troubles, murtres, tant durant iceulx, qu'en pleyne paix, et massacres commis à l'endroit desdits ecclésiastiques et autres actes d'hostilité; pour l'inquisition par vous faite, appelé et ouï le Procureur du Roy, être envoyé devers sa Majesté et trésoriers généraux de France, suivant le contract par elle passé, avec le clergé général, estre par elle pourveu à leur déchargement des décimes, comme est porté par ledict contract et sera son beau plaisir.

En premier lieu, que les troubles étant advenus en ce royaume en l'année 1562, ceux de la religion prétendue réformée ayant pris les armes, et s'estan assemblés en grand nombre, commencearent à courir dans ledit diocèse, pilher, ravager et démolir plusieurs églises, et en l'année 1567 à la reprinse des armes, continuarent lesdites démolitions et ruynes des églises tuèrent et massacrèrent plusieurs ecclésiastiques et commencèrent à jouir par force et violence les bénéfices, et continuérent en cette façon jusques au mois d'août 1570 que l'édit de pacification fut publié.

Despuis, en l'année 1572, les troubles estant réallumés ceux de ladicte religion, qui ont toujours tenu depuis, comme font encores, la ville de Maruéjolz, qui est la principale après Mende, le château de Peyre et Marchastel, et toute la terre qui en dépend, la ville de Florac, et toutes les Cévennes qui sont de grande étendue, reprirent les armes avec plus grande violence qu'aux troubles précédents, et s'estant le capitaine Merle rendu le chef, print en 1573 la ville du Malzieu dans ledit diocèse, arrenta les bénéfices ecclésiastiques généralement dudit diocèse, jouyst les fruits et revenus par force et violence, fit tuer et massacrer une infinité d'ecclésiastiques, brûsler et démolir plusieurs églises et continuarent en ceste façon, non-seulement pendant lesdits troubles et jusques à la paix qui fut publiée en mai 1576, mais bien encore, en pleine paix, pendant laquelle ils surprirent plusieurs forts, et en fortifièrent d'autres, même Clamouze, Montbel, le Mazel, Chauchalye, Marchastel, Pradassou, Montjuzieu et plusieurs autres, au moyen desquels jouissaient, avec la force qu'ils avoient en main, des revenus ecclésiastiques ; firent fortifier après Lachan, Chaminades, Baldassé, prirent le château de Prades et Charaman, continuèrent toujours en pleine paix le ravissement et jouissance des fruits et revenus jusqu'en l'année 1579 que la conférance de Nérac fut exécutée en ce diocèse, aux mois d'août et septembre ; auquel temps ils firent semblant de se vouloir comporter sous le bénéfice des édits, cependant faisans leur retraite dans la ville de Maruejols et Château de-Peyre, avec une infinité d'étrangers dressèrent secrètement leurs entreprinses sur plusieurs villes et forts dudit diocèse, et environ la Toussaint surprirent le Crozet, tuèrent et massacrèrent le Sʳ chevalier de la Vigne qui en estoit le propriétaire.

Et le 25ᵐᵉ décembre suivant, ayant ledit Merle avec le capitaine la Peyre et Moustoulat, assemblé quatre ou cinq cents voleurs qu'il fit venir de Figeac, Saint-Sere et le Mur-de-Barres, conduits par un nommé Bonicel, natif de la ville de Mende, qui est la première et capitale dudit diocèse, avec quelques secrettes intelligences qu'il avait dans icelle, la surprirent par escalade, environ une heure après minuit, et s'étant rendus maîtres de ladite ville, tuèrent et massacrèrent environ trois cents hommes habitans de ladite ville, du nombre desquels furent une bonne partie d'ecclésiastiques, chanoines, bénéficiers et autres, et la pluspart d'iceux furent massacrés de sang froid durant huit jours qu'ils continuèrent les massacres et entr'autres M. Pierre Chaptal, Prieur de Boubals, bénéficier en ladite église, eut le visage et la tête écorchés tout vif, les oreilles coupées, et après tué ; M. Guilhaume Certain, chanoine, fut ambé par les pieds, duquel tourment mourut après dans un cachot ; ensemble M. Jean Rossal ; d'autres furent contraints faire leur fosse, et après ensevelis en icelles toutz vifs ; à d'autres arrachèrent les génitoires ; d'autres étaient enfermés en des caves tous nus, au plus fort de l'hiver ; plusieurs autres, contraints résigner leurs bénéfices, et les collateurs ordinaires à les conférer à ceux que lesdits voleurs leur nommaient, mêmes les chanoines qui se trouvèrent en vie dans ladite ville, la précenterie, sous une fausse attestation de la mort du titulaire qui, néanmoins est encore en vie. La pluspart des massacres furent faits ledit jour 25 qui était la fête de la Nativité de J.-C. et quelques jours après, ceux qu restèrent vivans, tant des ecclésiastiques qu'autres furent faits prisonniers tant aux prisons qu'aux maisons particulières où lesdits capitaines et autres voleurs s'étaient logés, et taxés et contraints du payer grandes et insupportables rançons par les plus barbares et cruels tourmens dont se pouvaient aviser.

Avant que ledit jour de la nuit fut venu, l'église dudit Mende qui est cathédrale, et qui était ornée des plus belles reliques et joyaux, et parée des plus excelents et riches ornements qu'on saurait penser, même ce jour là, pour l'honneur de la fête de la Nativité de N. S. J. C. fut saccagée et volée entièrement, et au grand autel d'icelle, à la sacristénerie ou à la maison capitulaire et chappelles en nombre de 18 étant dans ladite église y avait en calices, pierres précieuses, reliquaires et autres vaisseaux d'or ou d'argent, pour plus de douze mille écus, et en chasubles, chappes, dalmatiques de diacres sous diacres, faites de drap d'or, argent ou soie, tapisserie de soie enrichies d'ouvrages d'or ou d'argent, autre tapisserie en histoire de haute lice, et autres de Turquie, nappes, aubes, amicts, et autres linges et toiles d'or argent et lin, et tous autres ornemens d'église donnés par le Pape Urbain Vme et autres Evêques et Seigneurs dévotieux à ladite église de valeur de plus de trente mille écus. Aussi pillèrent-ils et saccagèrent toutes les maisons des pauvres habitans mêmes des ecclésiastiques, jusques aux clous et icelles mirent en ruine et du tout inhabitables.

Cinq jours après ladicte prinse continuant le sac et pillage et massacres à sang froid, arriva à ladicte ville le Sr de Châtillon, accompagné des Srs Milheron et Briguemault et approuva ladicte prinse, bien qu'elle fut faite en temps de paix, continua à faire prisonniers toutz les pouvres ecclésiastiques et autres habitans, fît augmenter les rançons auxquelles auroient été taxés par ledit Merle.

Lequel S^{gr} de de Châtillon, de Briguemault, Merle et autres de leur faction, avec les pièces d'artillerie qui étaient audit Mende, le dernier février 1580, ayant assemblé 1,500 hommes tant à pied qu'à cheval, allèrent assiéger le château de Balsièges, appartenant à l'évêque, le battirent durant douze jours et leur artillerie ne se trouvant suffisante se retirèrent avec icelle audit Mende; et, deux jours devant, rasèrent le Château appelé de Chastel-Nouvel, appartenant au Chappitre de Mende, assis près de Mende, à une lieue, et, pour soutenir ledit siège, prirent tout le bien des paysans de l'environ à quatre ou cinq lieues.

Après avec lesdites forces discoururent tout le diocèse et pays de Gévaudan, prirent, volèrent et emmenèrent tout ce qui appartenait aux gens d'église, voire aux pauvres laboureurs et habitans, abattaient et faisaient brûler et démolir les maisons des ecclésiastiques, et les églises, tuaient et massacraient et prenaient prisonniers les conduisaient tant audit Mende qu'à Maruejols, avec tout leur bétail tant gros que menu le départant entr'eux, dévastaient ou faisaient conduire au Languedoc et autres lieux à eux propices.

Quelques jours après ledit Châtillon, Milleron et Briguemault, ayant eu avec ledit Merle quelque différent, icelui Merle industrieusement chassa ceux qui appartenaient audit Châtillon, de ladicte ville, pour se rendre entièrement dominant audit pays, fît rompre et retirer le métal de deux cloches que étaient au grand clocher dudit Mende, l'une étant si grande que l'on la nommait la non Pareille des cloches de Chrétienté, du poids de cinq cents quintaux, et l'autre de poix de trois cent quatre-vingt et tant de quintaux ; et aussi du segond clocher, autre treize cloches, deux de quarante-cinq quintaux chacune, et de la maison du chapitre cinq cloches rompues, en l'église deux grands bénitiers métail ; aux églises des Carmes, Cordeliers et St Gervais, autres huit cloches, toutes de valeur pour le moins, avec les ferremens et bois qui étaient auxdictes cloches pour le soustènement desdictes cloches que fut brûlé, de plus de vingt-cinq mille écus, et pour les remettre de même coûterait un tiers davantage.

Lesdites cloches et bénitiers rompus et mis en pièces, le métail fut, par ledit Merle, la plupart vendu et du demeurant et des chauderons, chandeliers, bachas, bassins, louton et rozette qui furent trouvés ez maisons desdicts ecclésiastiques et autres habitans de Mende, ledit Merle fit faire fonte de quatre pièces d'artillerie, deux canons du calibre du Roy et deux coulevrines, fort grand nombre de boulets, le tout mis en équipage, conduit et amena lesdites pièces sans aucune résistance ni contredit dudit Mende au château de Grèzes, appartenant audit Sr de Fabrègues, lequel fut pris, et de là, prit son chemin avec le secours des habitans de Maruejols, de St Léger, château et terre de Peyre et les Cévennes, au devant du château du Cayla, qu'il prit de même par batterie, et tua les pauvres gens qui étaient dedans.

Dillect fit conduire ladite artillerie au château de Combettes, qui fut pris de même façon que les autres, tués 50 ou 80 bons soldats catholiques qui étaient dedans, après que la foi leur fut donnée tant par ledit Merle, ceux de Maruejols, de Peyre qu'autres qui étaient avec lui. Après continua sa conduite de ladite artillerie à la ville de Serverette, battit le château, tua ceux qui étaient dedans, et par tel moyen mit en tel effroi presque tous les habitans des villes et forts dudit pays de Gévaudan, que chacun cherchait moyen de se garantir ; et ce fait, s'en retourna audit Mende avec ladite artillerie.

Sur la fin d'octobre et commencement de novembre, remict, ledict Merle, ladite artillerie en campagne, fit brûler et démolir le château de Recoulettes, Balsièges et Montialoux ; la dame de la Vigne, fut contrainte lui remettre sa maison pour en éviter la ruine, de Montesquieu, le Sr du Tournel, le Boy et le Sr de Montesquieu, la Parade, et le Sr de Malevieilhe, la sienne ; et de là même, ledit Merle fit conduire ladite artillerie devant la maison et église collégiale de Quézac, qu'est une église appartenant aux chanoines, collégiale, et de fondation faite par le Pape Urbain V, lieu de pèlerinage et grande dévotion, de difficile accès pour la conduite de ladite artillerie, lequel aurait battu, forcé et saccagé. Une parte des chanoines qui étaient dedans, la nuit se seraient garantis, d'autres qui n'eurent moyen de se retirer à bonne heure massacrés, d'autres faits prisonniers, mis à rançon et contrains élire aultres chanoines aux lieux des massacrés par ledit Merle et complices.

Ladite église et maison collégiale de Quézac a été pendant les troubles, par trois fois diverses brûlée et ruinée ; le tout pillé et saccagé, étant ladite église enrichie de plusieurs belles reliques, ornemens tant d'or, d'argent que soie et ladite maison pourvue de tous meubles et aultres choses nécessaires, aultant que maison collégiale de Languedoc, dont la ruine et pillage qui leur a été fait durant les troubles est estimé plus de cent mille écus.

Et de là, fit conduire ladite artillerie devant la ville d'Yspaignac qu'il assiégea, et l'ayant battue et prise par force, y fit plusieurs meurtres, vola tout ce qui était dedans et mit par terre les murailles d'icelle, et l'église conventuelle, maison du prieuré, et tous les ecclésiastiques, et de là, aurait poursuivi son chemin avec ladite artillerie jusques devant Bédoués, autre église collégiale de fondations dudit Pape Urbain, laquelle auroit battue et eue par foy promise de vie sauve, tant aux chanoines que capitaine et soldats qu'étaient dedans, et après les aurait il massacrés, pris et emporté ce qui était dedans lesdites villes d'Yspagnac, Quézac et Bédoués, qui étaient trois lieues seulx du cartier des Cévennes, ausquelz le service divin se faisait et tenaient bon pour sa majesté et religion catholique depuis la prinse de la ville de Mende.

Par la cruauté desdits Merle et complices avant la surprise qu'il fit du Malzieu, les ecclésiastiques étaient audit diocèse plus de deux mille, et par les massacres faits tant audit Malzieu, Chirac, Mende, qu'aux paroisses du diocèse n'y seraient demeuré en tout quatre cents, et encore iceux réduits et constitués en telle pouvreté et misère que la pluspart sont constraints mandier pour Dieu; les autres se retirer à la maison de leurs parens et amis, pour être nourris, et les autres s'adonner aux arts mécaniques, n'ayant moyen de vivre, ni moins de acheter livres, ornements ecclésiastiques, accomoder quelque honnête lieu pour faire faire leur service, pour leur extrême pauvreté à leur très grand regret, étant, d'autre part, la dévotion sy refroidie par la séduction et faux donner entendre de leurs ministres que les ecclésiastiques, pour leurs grandes misères, n'ont autres moyens qu'à recourir à Dieu par spéciales et publiques prières, leur étant pris tout leur bien et fruits de leurs bénéfices et églises, maisons, autels tombez, vaisseaux d'or et d'argent, calices, reliques, ornements d'église, et tout ce qui leur appartenait ravi et volé.

Dans ladite ville de Maruejols, y avait une église collégiale des plus belles du pays, bien ornée avec beaucoup de calices, reliquaires d'or et d'argent, chapes, chasubles, tapisserie, cloches en bon nombre que leur aurait été volé par les ennemis, le tout de valeur de plus de 40 mille écus, et trois couvents des Cordeliers, Jacobins et Augustins, des plus belles églises et maisons que de même auraient mises par terre. Le couvent du Monastier, tout proche, de l'ordre de St Benoit, les religieux et 29 prêtres de la ville de Chirac, tués par ceux dudit Maruejols, et la ville abattue. Et en la ville du Malzieu, 13 prêtres tués, et le curé de Rimeyze, tous leurs bénéfices et facultés pris et généralement ont été ruinées presque toutes les autres églises du diocèse et maisons des ecclésiastiques, tant dedans que dehors les villes.

En icelui diocèse y a neuf vingtz quatre parroisses (c. a. d. 184), dans lesquelles sont assis et posés tous les bénéfices mentionnés et descrips au rôle ci attaché; d'aucun desquels nul ecclésiastique n'a joui, ni de son bien propre tant peu soit il depuis ladite année 1572, parce que ledit Merle ayant à sa devotion les villes de Maruejols, Florac et château de Peyre et toute la terre, et toutes les Cévennes, a toujours aussi occupé depuis les villes du Malzieu, Mende, les lieux et châteaux de St Lalgier, Grèze, Quintinhac, Marchastel, le Crozet, le Besset, Ucelz, Serverettes, Malavieille, la Vigne, le Boy, le Bleymar et autres, et était élu gouverneur par ceux de son parti, généralement de toute la diocèse et pays du Gévaudan, a fait arranter publiquement et annuellement lesdits bénéfices et fait contraindre,par commination du feu et de la vie, un chacun de porter et payer par force les fruits et revenus des bénéfices dont les titulaires et tous autres en sont demeurés entièrement spoliés depuis ledit temps, jusqu'aujourd'hui même, le carnenc de l'année courante 1582, et encore menacent de se faire payer les dixmes des bleds.

Fit ledit Merle audit mois de février 1581 abattre les églises cathédrale de Mende, une des plus belles du Languedoc, qui ne se pourrait remettre pour 40 mille écus, celle des Cordeliers et paroissiale de St-Gervais, et autres jusques aux plus petites chapelles, dedans ou dehors la ville, et toutes les maisons des Chanoines et autres ecclésiastiques et habitans ; lesquelles maisons desdits ecclésiastiques ou églises desdits couvents et paroissiale ne pourraient être remises pour 50 mille escus et cela fut fait après la publication des conférences du Fleix, faite tant au parlement de Toulouse et baillage du Gévaudan que par tout le diocèse, voire même après le commandement à lui fait, de quitter la ville, par les commissaires, députés par Monseigneur et le roi de Navarre.

Aussi, en aurait fait porter tous et chacun les titres, documens, papiers, reconnaissances, hommages, lièves, terriers et livres d'église, et généralement tous meubles appartenans aux ecclésiastiques, tant dudit Mende, Maruejols, le Monastier, Chirac, le Malzieu, Quézac, Ispagnac, Bédouès, et autres lieux où serait entrés, et ne leur aurait été laissé aucune chose. Furent les pauvres habitans tant ecclésiastiques qu'autres contraints, pour retirer ladite ville des mains dudit Merle, s'obliger envers le sieur d'Apchier et autres en plus de de 25 mille écus, et faire vendre audit Merle la place de la Gorse pour le prix qu'il volut, dont ils payèrent la plus grande partie, voire baillèrent par force audit Merle de quatre vingtz à cent mulets en bon nombre de charettes pour emporter de ladicte ville ce que y pourrait être de reste du sac et pillage d'icelui, s'étant opiniastré qu'il ne rendrait aucunement ladite ville. Nonobstant les édicts de pacification, font lesdicts voleurs encore pour le jourd'hui, étant en la ville de Maruejols, St Léger, château de Peyre, ville de Florac et partout le quartier des Cévennes, et autres lieux et endroits dudit Diocèse, diverses et grandes assemblées, en armes, courses et ravages sur le plat pays et jusques aux portes des villes catholiques, captures de prisonniers, rançonnements et autres actes d'hostilité comme en pleine guerre. Et par ce moyen tiennent les ecclésiastiques en telle crainte, qu'ils n'osent sortir des villes où ils se sont retirés pour la sûreté de leurs personnes, pour aller faire le service divin et résidence à leurs bénéfices, et par là lesdits voleurs prennent converture de soy approprier les revenus desdicts bénéfices ou sous le nom des pauvres, qui a reduit iceux ecclésiastiques à toute extrémité de pauvreté et misère.

Pendant lesdits troubles a été, par lesdits de la religion, volé tout le bétail, gros et menu, des bons sujets du roi catholique, et icelui traduit au Languedoc et autres lieux, possédés et occupés par lesdicts voleurs, tellement que se trouvant les pauvres paysans laboureurs sans aucun bétail pour labourer et cultiver leurs terres, sont contraints les laisser incultes la plus part, et celles qui sont labourées produisent si peu à cause de fumature et de culture, que les pauvres propriétaires n'en peuvent tirer du bled pour leur nourriture ; ce qui rend lesdits bénéfices de bien peu de revenu, et lesdicts bénéficiers avec les autres misères, et calamités par eux souffertes pendant et à occasion desdites guerres et troubles que quand la paix serait bien établie audit diocèse et eux rendus jouissans de leurs dits bénéfices, ils seraient bien empêchés d'en pouvoir tirer leur nourriture et charges ordinaires de leurs bénéfices ; parquoi vous playra ordonner qu'il sera sur ce que dessus, enquis anx fins susdictes.

Signé : DELAGENTE, procureur.

RELATION DE LA PRISE DE MENDE, DU CHATEAU DE BEDOUÉS, QUÉZAC, ISPAGNAC ET AUTRES PLACES PAR MERLE (1).

Brief intendit quon presenta au Roy, que le sindic du clergé du diocèze de Mende bailhe pardevant vous Monseigneur Jean Dumas, licentié en droit, juge royal en la Cour commune du comté et bailhage du Gevaudan, commissaire deputé par le Roy pour informer des ruines des eglises du diocèze de Mende, pays de Gevaudan et expoliations, ravissements et jouissance des fruits et revenus ecclésiastiques faits par ceux de la Religion prétendue réformée, depuis le commencement des troubles, tant durant la guerre que ceux qui en pleine paix se sont commis à lendroit des ecclésiastiques et autres actes d'hostilité, pour l'inquisition par eux faicte estre appellés, et tous procureurs du Roy estre receus devers sa majesté et ressorts generaux de France, suivant le pacte par eux fait avec le clergé general, et estre par eux poursuivi a leur decharge des decimes comme est porté par ledict contrat par eux passé avec le clergé, et sera son bon plaisir.

En premier lieu les troubles estant advenus en l'an 1562, ceux de la Religion prétendue ayant pris les armes et sestant assemblés en grand nombre commen-

---

(1) Monsieur de Burdin, dans ces documents historiques sur la province de Gévaudan, tome 2, page 28, a publié une *Histoire de la cruelle guerre de Merle*, analogue à la presente relation. Le manuscrit de cette histoire se trouve aux archives départementales, Série G 971.

cerent a faire des courses dans le diocèze de Mende et se mirent a pilher et ravager les biens ecclésiastiques et démolirent plusieurs églises. En l'année 1567, continuant les démolitions et ruines des eglises, commencèrent à jouir par force et par violence des bénéfices ecclésiastiques, continuerent en cette cruauté jusquau mois d'aoust 1570, que l'édit de pacification fut publié depuis l'année 1572.

Les troubles rallumés, ceux de ladicte Religion pretendue prirent Maruejols qu'ils ont gardé jusqu'à présent ; ville qui est la principale après Mende dans le Gevaulan. Ils prirent le chateau de Peyre et Marchastel et toute la terre qui en depend.

La ville de Florac et toutes les Sevenes, qui sont de grande étendue, reprirent les armes avec plus de courage qu'au trouble précedent, et le cappitaine Merle s'en estant rendu le chef, prit en 1573 la ville du Malzieu, dans ledict diocèze, arranta les bénéfices ecclésiastiques generallement dudict diocèze de Mende, jouit des fruits et revenus par force et par violence et fit tuer et massacrer une infinité d'ecclésiastiques, fit bruler et demolir plusieurs eglises, continua en cette façon, non seulement pendant le trouble, et jusques à ce que la paix fut publiée en may 1576, mais bien encore après la publication de la paix.

Pendant lesdictz troubles ils surprirent plusieurs forts, et en fortifièrent dautres, mesme le chateau de Clamouze, Monbel, le Chastel, Chazes (1) Salles, Marchastel, Pradassou, Montjezieu et plusieurs autres

---

(1) *Chazes Salles*, ce doit être Chauchailles.

places ; et jouissant, par la force qu'ils avoint en main, de tous les revenus ecclésiastiques. Ils firent fortifier le Camp, Chevranière (1), Baldassé, prirent le chateau de Prades et Carabau (2). Ils continuèrent toujours en pleine paix le ravissement et jouissance des fruits et revenus ecclésiastiques, jusques en l'année 1579, que la conférence de Clerac fut exécutée en ce diocèse, au mois d'août et de septembre, auquel temps ils firent quelque semblant de se vouloir dezamparer de tous les bénéfices ecclésiastiques.

Cependant ils faisoint leur retraite dans la ville de Maruejols, au château de Peyre, où ils dressèrent secretement leurs entreprises sur plusieurs villes et forts dudict diocése ; et encore à la Toussaint surprirent Uziries (3), tuèrent et massacrerent le sieur de La Vigne qui en estoit le propriétaire.

Le 25 décembre suivant, ledict Merle avec le cappitaine Lapeire et Montolas, ayant assemblé quatre ou cinq cens voleurs qu'ils firent venir de Feissat, St Serde et Mur-de-Barrez, conduits par un homme nommé Bonicel, natif de la ville de Mende, qui est la première et capitalle ville dudit diocèze, avec quelque sorte d'intelligence quils avoint dans icelle, la surprirent par escalade environ une heure apres minuit, et, s'estant rendus maitres de la ville, tuèrent et massacrèrent environ trois cens hommes, habitans de ladicte ville, du nombre desquels fut une bonne partie des ecclésiastiques, chanoines, bénéficiers et autres ; la pluspart d'y-

---

(1) Lisez : Genebrier.
(2) Lisez : Charaman.
(3) Lisez : Le Crouzet.

ceux feurent tués et massacrés de sang froid durant huit jours qu'ils continuerent ledit massacre.

Mais sieur Pierre Chaptal, prieur de Bonaval, bénéficier en ladicte église, eut le vizage et la teste escorchées tout vif, les oreilhes coupées, et après trainé par les pieds dans un cachot ; duquel tourment il mourut, ensemble M⁰ Jean Rossot. D'autres feurent contraibts de de faire des fosses et sy ensevelir tous vifs. A d'autres, ils arrachoint les génitoires, et d'autres étoient, tous nuds, enfermés dans des caves au plus fort de l'hiver. Plusieurs autres feurent constraints de résigner leurs bénéfices à ceux que lesdicts voleurs leur nommoint, mesme les chanoines qui se trouverent en vie dans ladicte ville.

La pluspart desdictz massacres feurent faits le 25ᵉ décembre, qui est la Nativité de Nostre Seigneur Jésus-Christ. Et, quelques jours après, ceux qui restèrent vifs, tant des ecclésiastiques que autres feurent faits prisonniers, tant aux prisons qu'aux maisons particulières, où lesdicts cappitaines et autres estoint assemblés, logés et taxés, et contraints de payer grandes et insuportables rançons. par les plus barbares et cruels tourments qu'on pouvoit ; tous les biens des payzans des environs, à quatre ou cinq heues pillés. Après avoir pris lesdits forts, firent des incursions dans tout ledit diocèze du Gévaudan ; pilhèrent tout ce qui appartenoit aux gens d'église, et aux pauvres laboureurs et habitants ; ils abatoint les églises anciennes ; tuoint et massacroint, les faisoint prisonniers et enlevoient tout leur bétail, gros et menu ; se les partageoint entre eux, le faisant conduire en Languedoc et autres lieux à eux propres.

Quelques jours après, ledict Chatilhon, Milheron et

Briquemont ayant eu avec ledit Merle quelques paroles injurieuzes, ledit Merle chassa ceux qui appartenoit audit Chatilhon de ladite ville de Mende pour se rendre entièrement dominant audit pays; fit rompre et retirer le batan des deux grandes cloches qui estoint dedans le grand clocqer dudit Mende, l'une estant si grande qu'on l'appeloit *la Nonpareille* de toute la chrétienté, au poids de cinq cens quintaux; et l'autre de trois cens quatre-vingts et tant de quintaux chacune; et aussy du petit clocher autres treize cloches, deux de quarante cinq quintaux chacune et les autres moindres; et de la maison du Chapitre cinq cloches rompues; dans l'église, deux grands bénitiers métal; aux églises des Carmes, Cordeliers et de St-Gervais, autres huit cloches toutes rompues, de valeur pour le moins, avec leurs ferrements et le bois, qui estoit au clocher, pour le soutènement d'y celles, qui fut brûlé, pour plus de vingt cinq mille escus, et, pour le remetre de mesme couteroit un tiers de plus.

Les dictes cloches et bénitiers rompus et mis en pièces, la plupart du métail feust vendu par ledit Merle, et du restant, comme chauderons, chandeliers, bassins, léton et rozettes qui feurent trouvés dans les maisons des ecclésiastiques et autres habitants de Mende, ledict Merle fit faire quatre pièces d'artillerie de fonte, deux canons du calibre du Roy et deux colubrines, fort grand nombre de boulets, le tout mis en équipage, conduisit et emmena lesdictes pièces, sans aucune résistance audit Mende et au chateau de Grèze, appartenant audit sieur de Fabrègues, lequel fut pris; et de là prit son chemin, avec le secours des habitans de Marvejols, de Saint Léger, château et terre de Peyre et des Cevennes, au devant du château du Cheyla, qu'il prit mesme par baterie et tua les pauvres gens qu'estoint dedans.

Il fit conduire ladite arthilherie au château des Combettes, qui fut pris de mesme façon que les autres, et quatre bons soldats qui estoint dedans, après que la foy leur fut donnée, tant par ledict Merle que de ceux de Marvejols, de Peyre, de ceux qui estoient avec luy.

Après il continua la conduite de ladite artilherie à la ville de Serverette, batit le château et ceux qui estoint à l'entour, et, par ce moyen il mit en grande frayeur presque tous les habitans des villes, villages et forts de tout le Gévaudan ; chacun cherchoit moyen de se garantir.

Ce fait, s'en retourna audit Mende avec ladite artilherie. Sur la fin du mois d'octobre, au commencement de novembre, ledit Merle remit ladite artilherie en campagne, fit brûler et démolir le château de Racoulettes, Balsièges, Montialoux ; la dame de La Vigne fut contrainte de lui remetre sa maison, pour en éviter la ruine ; le sieur Du Tournel, le sieur de Montesquieu, La Prade, le sieur de Malavielhe, leurs maisons.

Et de là, ledit Merle fit conduire ladite artilherie devant la porte de la maison et église collégiale de Quézac, qui est une église fondée par le pape Urbain cinquiesme, lieu de dévotion, d'assez grande difficulté pour la conduite de ladite artilherie, lequel auroit battu, forcé, brûlé et saccagé. Une bonne partie des chanoines qui estoint dedans se seroint guarantis pendant la nuit ; les autres qui n'eurent moyen de se retirer à bonne heure, feurent massacrés, d'autres faits prisonniers mais à rançons et contraincts deslire des chanoines au lieu et place des massacrés par ledit Merle et ses complices.

Ladite maison et église collégiale de Quézac a esté pendant trois fois brûlée et ruinée ; le tout pilhé, saccagé ; et estoit ladicte église enrichie de pleusieurs belles reliques et ornements, tant d'or, argent, soye que autres choses nécessaires, autant que maison collégiale du Languedoc put l'être, dont la ruine et pilhage qui leur a esté fait durant les troubles, a esté estimé plus de cent mille escus.

De là fit conduire ladicte artilherie devant la ville d'Ispaignac qu'il assiéja, et l'ayant battue et prise par force, il y fit plusieurs meurtres, vola tout ce qui estoit dedans, abbatit les murailhes et l'église conventuelle, pricuré et maison de tous les ecclésiastiques.

Et de là auroit poursuivi son chemin, avec ladite artilherie, jusques devant Bedoués, autre église collégiale fondée par ledit pape Urbain V^e, ou il y avoit un beau et fort château ; lequel ayant attaqué par plusieurs coups de canon, voyant que tous ses efforts étoient inutilles et quil ne pouvoit pas de force prendre cette place, il s'aviza de corrompre par argent un nommé Montal, officier, qui commandoit les soldats qui étoint dans le château où il s'estoit refugié, sous le bon plaizir de M. le doyen et chanoines. Ledit Merle promit donc audit Montal tout l'argent qu'il luy demanda, et, ayant fait semblant de se retirer avec ses troupes, ledit Montal luy ouvrit la porte du château, où ledit Merle estant entré avec sa troupe, tua la pluspart des chanoines et égorgea presque toute la garnison qui était dans ledit château, y fit metre le feu et démolir, en sorte que la plus basse pierre fut la plus haute ; pilha et ravagea tout ce qui estoit dans ladite église et château. L'église estoit enrichie de plusieurs ornements d'or, argent et soye et autres choses nécessaires, autant que maison collégiale du Languedoc, dont la ruine et pilhage a esté estimé plus de quatre cens mille livres.

Cella fait, Merle de sa main tua le traitre Montal d'un coup de pistolet qu'il lui tira à la tête, luy disant qu'il fallo t se servir des traitres mais ne pas s'en fier, puisqu'il avoit trahi sa patrie et livré une place très forte qu'il n'auroit jamais pris, et de laquelle il n'avait pas veu la semblable.

Aussi pilhé et ravagé trois fois. Lesdictes villes de Quézac, Ispaignac et Bedoués sciluées aux frontières des Sevènes étoient habitées par de bons catholiques, comme aussi la ville de Mende.

Avant que Merle eut pris le Malzieu, les ecclésiastiques du diocèse étoient au nombre de plus de deux mille, et après les massacres faits, tant au Malzieu, Mende, Quézac, Ispaignac, Bédoués, Chirac que autres paroisses du diocèze, il ny seroit demuré en tout que quatre cens ecclésiastiques ; lesquels il réduisit en telle pauvreté que les uns se retirèrent en mandiant leur pain ; les autres dans la maison de leurs parens et amis, pour estre nourris ; les autres s'adonnèrent aux arts méchaniques, et les autres feurent bécher la terre et labourer pour vivre. La misère des ecclésiastiques fut si grande que, n'ayant pas de quoy acheter des ornements ny réparer un lieu pour faire leurs fonctions ecclésiastiques, ils eurent recours à la priere, dans un tems mesme où la dévotion se refroidissoit beaucoup par la séduction de leurs ministres.

Il se saizit de tous les revenus, biens et fruits ecclésiastiques, maisons, ciboires, vaisseaux d'or ou d'argent, reliques ; fit fondre les cloches, les ornements des églises et tout ce qui pouvoit leur appartenir. Après ces expéditions ledict Merle vola à la ville de Marvejols une église collégiale des plus belles du pays de Gévaudan, bien ornée avec beaucoup de coliers, reliquaires d'or et d'argent, chazubles, tapisseries, cloches, en bon nombre, qui leur auroit esté volées par les ennemis, le tout de plus de quarante mille escus ; auroit pilhé et ravagé le couvent des Cordeliers, Jacobins, Augustins, Capucins ; de plus auroit mis par terre le couvent du Monastier tout proche, de l'ordre de Saint Benoît ; les religieux massacrés et vingt neuf prestres de la ville de Chirac tués par les huguenots de Marvejols, et la ville abatue ; et génerallement ont ésté ruinées presque toutes les maisons ecclésiastiques et églises dudit dioceze.

Il y a dans le diocèze de Mende neuf vingt-quatre paroisses, les ecclésiastiques n'ont jouy d'aucun revenu d'ycelles depuis l'année 1582 ; ledit Merle s'estant saizi desdits biens ecclésiastiques.

Depuis ce tems là, il a occupé les villes de Maruéjols, Florac, le château de Peyre et ses dépendances, le Malzieu, Mende, les lieux et château de St Léger, Malavielhe, La Vigne, le Boy, les Cevennes et autres places et lieux. Il est élu gouverneur, par ceux de son parti, de tout le diocèye et pays de Gévaudan ; il fait arrenter publiquement lesdits bénéfices ; fait constraindre, sur paine de feu et de la vie, un chacun de presanter et payer les fruits et revenus desdictz bénéfices jusques à ce jourd'huy 15ᵉ aoust 1581, et encore menacent de faire payer la dixme des bleds.

Le Roy fit faire commandement audit Merle, par les commissaires députés, de quitter ledit dioceze ; il fit emporter ou brûler tous les livres, titres, documents, papiers, reconnaissances, hommages, terriers, livres d'église et généralement tous les meubles appartenant aux ecclésiastiques, tant dudit Mende, Maruéjols, le Malzieu, Quézac, Ispaignac, Bédoués que autres lieux où il seroit entré, et ne leur auroit rien laissé.

Tant les ecclésiastiques que nobles et païzans, pour retirer la ville d'entre les mains dudit Merle « furent contraints » de s'obliger envers le S^{gr} d'Apchier de vingt mille escus, et firent vendre audit Merle la place de la Gorce, pour le prix qu'il voulut. Ils baillèrent audit Merle environ cent mulets et bon nombre de charrètes pour emporter ce qui pouvoit estre resté de la ville de Marvejols, château de Peyre, Florac, Bédoués et autres lieux.

Grandes et diverses assemblées de soldats courent et ravagent les campagnes; viennent jusques aux portes des villes catholiques prendre les gens, les faisant rançonner; tuant et massacrant, et, par ce moyen les ecclésiastiques ne sont sortis des villes ou se sont retirés pour la seureté de leur personne, pour aller faire le service divin, ny résider à leur bénéfice.

De la Merle ne se contentant pas de s'être emparé de tous les revenus ecclésiastiques, fit voler par les huguenots tout le bétail gros et menu des sujets du Roy catholique, et le fit traduire en Languedoc et autres lieux occupés par lesdits voleurs, tellement que les pauvres païzans, n'ayant aucun bétail pour labourer les terres sont constraints de les laisser incultes, et se trouvent réduits à la dernière calamité et misère, n'ayant pas de quoy vivre. Sur quoy il nous plaira ordonner, etc.

Ceci a été extrait d'une information faite par l'authorité du Sénéchal de Querci, par Pierre de Raimond, conseiher audit lieu et commissaire député; à la requête du syndic du clergé, en l'année 1581.

(Archives departementales. — Serie G. 972.)

INFORMATION *faite par nous Jehan Dumas, juge royal et catholique du comté et bailliage de Gévauldan, commissaire depputé par le contract faict entre le Roy et le clergé général de France, au moys de febvrier en l'annee mil cinq cens quatre vingtz, pour le faict des décimes et aultres subventions, à la requeste du sindic du clergé général de ceste diocèse, sur la non jouyssance des beneffices et aultres faictz contenuz en l'intendit, devers nous remys, en laquelle avons ouy les tesmoings bas nommez, escripvant soubz nous M*e *Gibert Bayssenc, notaire royal et fermier en nostre court.* (1)

Du vingt neufviesme jour du moys d'aoust mil cinq cens huictante quatre.

Loys Chevalier, sieur de Rousses, habitant de la ville de Mende, eagé de quarante cinq ans ou envyron, tesmoing administré par le sindic du clergé du diocèse de Mende, juré, ouy et examiné sur les articles de l'intendit devers nous remis :

---

(1) Cette enquête contient trente-trois dépositions. Nous n'en reproduirons que les principales c'est-à-dire celles qui donnent des renseignements inedits ou qui eclaircissent et complètent divers faits historiques.

Dépose que le vingt-cinquiesme jour de décembre, en l'année mil cinq cens septante neuf, sur la minuict de la feste de Noel, et pendant que le service divin se faisoit en l'église cathédrale de Mende, le capitaine Merle, ayant amassé quatre ou cinq cens de ses complices, bien que ce feust en temps de paix, surprint la ville de Mende, capitale dudict diocèse, ou furent tuez envyron troys cens des habitans, les aultres faitz prisonniers et coustrainctz de payer de grandes rançons; du nombre desquelz fust le déposant ; la ville universellement pillée et saccagée, mesmes les églises, qui y estoient, de tous les ornemens d'or ou d'argent, reliquiaires, tapisserie, chappes et aultres choses servans au service de l'église, furent aussi comises une infinité de cruaultez contre lesdictz habitants et principalement contre lesdictz ecclésiastiques, sur lesquelles il a esté ci devant ouy par devant nous. Néaulmoings, qu'à l'occasion de la prinse de ladicte ville principale de tout le pays, ayant faict faire de canons par le moyen des cloches que y estoient, occupa la meilleure et plus grande partie des villes et fortz qui estoient tenuz soubz l'obeyssance du Roy, comme sont Maruejolz, qui a esté de tout temps, comme est encores, tenue par ceulx de ladicte Relgion préthendue ; Chirac, qui est à un quart de heue dudict Maruejolz; Montrodat a ung aultre quart de heue; Serviere à une lieue. Toutes lesquelles troys villes ilz ont esmantelée, et ledict Merle prins le chasteau à coup de canon, et après rasé la ville du Monastier qui estoit auprès dudict Chirac, où il y avoit ung monastere de l'ordre de St Benoyt. De mesme aussi ledict Merle, à l'occasion dudict Mende, qu'il tenoit en son pouvoir, print à coups de canon la ville d'Yspanhac, et la rasa ; la maison et église de Nostre-Dame de Quésac, où y avoit un colliège de chanoynes; la maison et église de Bedoesc, où y avoit aussi ung aultre colliège de chanoynes. A l'entour de Mende, les chateaux de Balsièges, Requoletes, Chastelnovel, Lauberc, Montealoux, qu'il fist tout aussitost brûler et raser, et retint à soy les chateaux de la Vinhe, le Boy, la Prade, Malavielhe, le Crozet et Grèze, qu'il avoit prins aussi, et y tenoit de fortes et grandes garnisons; par le moyen desquelles et avec le grand nombre de ses complices qu'il avoit en la ville de Mende, tant à pied que à cheval, et à la faveur de la ville de Marvejolz et du chateau de Peyre, de la ville de Florac, qui est à l'embouchure des Sevenes, et desdictes Sevenes aussi, qui sont composées de gens de ladicte Religion préthendue, et où y a bien peu de catholiques, il couroit librement par tout le pays, faisoit de grandes impositions sur le peuple, et jouyssoit tous les biens ecclésiastiques. Et continua en ceste façon tant de temps qu'il occupa ladicte ville de Mende; pendant lequel lesditz ecclésiastiques ont esté tellement affligez, que non-seulement les églises ont esté pillées et du tout rasées, leurs biens meubles prins et emportez et eux entièrement espoliez des fruictz de leurs beneffices. Mais bien aussi qui est encores plus estrange, ilz ont esté constituez en telle misère et reduictz en une si extrême pouvreté, que les aulcuns, pour n'avoir heu moyen de se tirer des mains desdictz de la religion préthendue, ont esté dettenuz prisoniers tant que lesdictes villes et lieux ont demeuré en leur puyssance; les aultres coustrainctz de mendier leurs vyes, et les aultres s'adonner aux œuvres manuelles ou à quelques arts mécaniques, indignes de la profession ecclésiastique, pour trouver moyen de vivre ; et les aultres vaquer par les champs, faire leurs habitations dans les boix et se comètre à la mercy desdictz de la Religion préthendue, et des bestes sauvaiges ; et cela est chose plus que notoire, mesme pour le regard des ecclésiasticques de ladicte ville de Mende ; pendant l'occupation de laquelle ils ont esté espoliez de tous leurs biens ; et leurs fruitz et revenuz prins, ravis et transportés par ledict Merle et aultres de sa faction ; de telle sorte qu'ils n'en ont peu jouyr si peu soit il. Et oultre ce ont ilz rasées leurs maisons ecclésiastiques, canoniques ou aultres qui estoient dans ladicte ville, et nussent ausé pendant ladicte occupation parêtre ny se mettre en debvoir, si peu soit-il, de jouir sans extrême péril de leur vye, parce que ledict Merle et ceulx de sa faction, qui tenoient ordinairement les champs, les eussent tout aussitost prins, tuez ou rançonez. Le sachant bien, le dépausant, parceque luy mesmes estoit privé de la jouyssance de son bien, et voyoit ordinairement lesdictz ecclésiastiques de Mende en telles misères et non seulement ceulx-là, mais bien aussi les aultres ecclésiastiques des lieux qu'il a nommez, occupez par ledict Merle ou ses semblables. Et outre les bénéfices qu'ilz jouyssoient, par le moyen de ladicte occupation, estoient Mende, où est comprins St Gervays, qui est la parroysse, St-Laurens et Chastel-Novel, membres dependans de ladicte parroisse et distans de ladite ville de deux arquebusades, et Chastel-Novel dung quart de lieue ; le prieuré et cure du Bor, de la Rouvière, de Branoux, de Rieutort, d'Arzenc et d'Alenc ; tous lesditz prieurez et cures unys à la table dudict Chappitre, et le plus loing distant dudict Mende d'une ou deux lieues, les prieurez et cures de Badaroux, de Balsièges, ou ledict Merle print et raza ledict chateau ; du prieuré et cure de Barjac, distant dudict chateau de la Vigne, que ledict Merle occupoit, d'envyron une arquebuzade, et tous dudict Mende d'envyron une lieue, unis à l'evesché ; du prieuré et cure d'Esclanèdes, uny aussi audict évesché ; le prieuré et cure de Cultures, uny au colliège de Nostre-Dame de Marucjolz, distant dudict Mende d'une lieue et dudict La Vigne d'environ deux arquebusades. Jouissoit aussi ledict Merle, par le moyen desdictz chateaux du Boy et de La Prade, distans dudict Mende d'une bien petite lieue, le prieuré et cure de Lanuéjol, dans laquelle paroisse sont lesdictz chasteaux, distans dicellui d'envyron une arquebusade ; le prieuré et cure de St-Estienne-du Valdonnez, appartenant aux collegiatz de Notre-Dame de Quésac ; le prieuré et cure de St Bauzile, uny à l'évesché ; les prieurez et cures de Ste-Hélène ; Baniolz, St Julien-du-Tornel, Chadenet et St Jehan du Bleymar ; tous lesdictz beneffices distans dudict Mende, et aultres lieux occupez par ledict Merle et aultres de la Religion préthendue, tenant son parti à l'entour dudict Mende, d'envyron une ou deux lieues. Comme de mesme jouissoit les prieurez et cures de St-Amans, des Laubies, de Fontans et de Ste Eulalye, unis audict evesché. Du cousté de la montanye et distans lesdictz lieux occupez d'envyron deux lieues, en tout lesquelz lieux, les catholicques n'avoient aulcung libre accez, mesmes les ecclésiastiques, et n'ussent ausé y aller qu'au péril de leur vye pendant le temps de ladicte occupation, et despuis l'année septante neuf, jusques à l'année quatre-vingt-ung et le unziesme de julhet, que ladicte ville de Mende fust remise en l'obeyssance du

Roy par le moyen d'une grande et notable somme de deniers que les habitans de ladicte ville, l'évesque, le Chappitre et le clergé furent constrainctz de rançoner, revenant à près de vingt mil escuz, pour laquelle ilz souffrent de grandz intéretz, qu'à peyne leur reste-il le moyen de se pouvoir nourir, et si encores il en y a beaucoup, mesme du clergé, qui sont en si extrême pouvreté, pour estre leur béneffices de bien peu de valeur, qu'ilz sont presque constrains de mendier le pain pour Dieu ou gaigner leur vye par aultre moyen.

Dit aussi que lors de la reddition de ladicte ville, ledict Merle avec ses complices qui tenoient son parti, retint la maison collegiale de Nostre-Dame de Quésac, qui estoit forte, le château de Grèze et le Crozet ; fist encores surprendre le château du Boy, distant dudit Mende d'une demy lieue, et fist prisonnier le sieur Du Tornel, qui estoit dedans et ung prebtre qui y estoit ; fist piller la maison et payer une grande rançon.

Et en ce mesme temps fist fortiffier Marchastel ; fist bastir une maison forte au plus hault de la montaine de Grèzes et razer le chasteau qui estoit au pied ; fist aussi fortiffier Quintinhac et Ucelz. En tous lesquelz lieux il tenoit gens de sa cordele, mesme audict Quesac, son frère qu'on appeloit Rouan, qui surprint le Boy ; Villesane et le Queylar, à Grèze. Lesquelz estans en grand nombre couroient aux champs ; faisoient impositions et levée de deniers ; jouissoient par force les beneffices ecclésiasticques ; faisoient prisonniers les catholicques ecclésiasticques ou aultres, les tueoint et massacroient ou faisoint payer de grandes rançons, et exercoient tous actes d'hostilité comme en pleyne guerre.

Surprindrent aussi après le chateau de Malavielhe et

firent prisonier le maistre de la maison et tuarent un gentilhomme qui estoit avec luy.

Surprindrent aussi le château de Charbonières, tous deux distans dudict Mende d'envyron deux lieues.

Et continuans en ceste façon l'hiver dernièrement passé, voulurent surprendre les villes de la Canorgue et de St Chély sestant à c'est effect assemblez en nombre de troys ou quatre cens, ayant posé de pétardz aux portes.

Et de mesmes en voulurent fere, il y a envyron troys moys, de la ville de Ste Enymie, toutes troys distans dudict Mende de troys ou quatre lieues.

Et continuent encores de telle façon qu'il n'y a catholicque, ecclesiastique ny aultre qui ause aler aux champs, ny les ecclésiastiques fere leur office aux priorez, encores qu'il y a cy-dessus nommez, estans à l'entour de Mende, sans extrême dangier de leurs vyes, ayant despuys quinze jours faict prisonier le sieur d'Auteville; et traduit aux Cevenes pour luy fère rançoner une grande somme de deniers et tué ung sien frere.

Dépose d'aheurs qu'en tous lesdictz priourez et cures, estans à l'entour dudict Mende, il y a esté plusieurs foys, parce que il en a tenu la plus grand partie en arrentement, estant rantier de l'évesché et du Chappitre, ou pour aultres affaires qu'il y avoit, mesmes pour la levée des deniers du Rey, delquelz il a esté recepveur durant quelques années. Et scait bien que les églises y sont du tout brûlées et rasées, sans qu'il y soit resté une seule droicte, pour y fere le service divin ; si bien que comme les ecclésiastiques veulent fere le divin service, ilz sont constrainctz de se retirer dans une maison particulière et au lieu le plus assuré qu'ilz peuvent choisir et tenir cependant de gens au guet, craignant d'estre surprins par les voleurs, qui font profession de ladicte religion préthendue refformée et qui courent encores dans le pays, faisans tous actes d'hostilité, comme si cestoit en pleyne guerre. Et font leur retraite ez villes de Marvejolz, Florac, Peyre, la Baume, St Latgier-de-Peyre et aux Sevenes. Ayant, le dix-septiesme du passé, faict prisonier le sieur Dauteville, rentier de Fornelz, membre deppendant de l'évesché; tué ung sien frère et ung valet, et luy traduict ez Sevenes, pour luy faire payer trois ou quatre mil escuz de rançon.

Dit aussi qu'au comancement du moys d'aoust dernier, la tempeste et gresle fust si grande à deux ou troys lieues de l'entour, avec tant de pluyes et inondations d'eaux, que la plus part des bledz qui estoient encores en terre pour estre pays de Montaigne, ont esté gastez et perdus, les pouvres paysans n'ayant heu moyen de les moyssoner ny les ecclésiasticques jouyr que de bien peu de leurs dixmes, et encores en certains lieux, et si encores beaucoup de terres ont esté tellement ruynées par l'impétuosité des torrens et inondations des rivières qu'elles ne pourront porter beaucoup de fruict les années suivantes, que ce ne soit avec ung extreme travail.

Et, ce dessus, a dit scavoir comme chose plus que notoire à tous les habitans de ladicte ville; et comme véritable par les raisons qu'il en a déduictes; répété a persévéré et s'est soubzsigné.

Signé : CHEVALIER.

EXTRAITS DE DIVERSES DÉPOSITIONS.

5 septembre 1584.

M. André Achard, S^{gr} de Fangouses, lieutenant du bailly en la Cour du bailliage de Gévaudan, depose que...

... Les protestants firent fortifier le chateau de Marchastel, celluy de Quintinhac et la maison d'Ucelz qui avoient esté démolis ; et l'hiver dernier passé surprins le chateau de Montanhac, et tué ung prebtre qui estoit dedans.

DÉPOSITION DE Me BERNARD RENARD, LIEUTENANT DE BAILLE EN LA TEMPORALITÉ DU SEIGNEUR ÉVESQUE DE MENDE.

6 septembre 1584.

.... les ecclésiastiques vouloient rachapter la grand église de 2,000 escus.

... Sur la foi du moys de juilhet et commencement d'aoust dernier, la gresle et tempeste fust si grande avec tant de pluyes qui causèrent tant de torrens et inondations d'eaux a deux ou trois lieues à l'entour dudict Mende, et en la pluspart des benelfices qu'il a ci-dessus només, que pour avoir continué sept ou huict jours, une grand partie des moissons se perdirent.

DÉPOSITION DE Mᵉ IMBERT BOUQUET, MARGUELIER, DE MENDE.

7 septembre 1584.

... La cathédrale estoit une des belles et mieulx ornées églises de ce royaulme, parce que il y avoit de beaux et grandz reliquiaires d'or ou argent, ornez d'une infinité de belles pierres précieuses, de croix et calices d'or massif et d'aultres d'argent, ornées de mesmes de grande valeur ; de chappes sept ou huict cens, une partie desquelles estoit de drap d'or, les aultres de velours, enrichi et semé de fleurs de lys d'or ; les aultres de toele d'argent ; les aultres de damas satin et taffetas et les moindres de camelot ; de tapisserie de soye, la plus belle qu'il estoit possible, pour cerner l'église qui estoit des plus grandes et la nef d'icelle soustenue de vingt-deux colonnes ; et de tous aultres ornemens, comme sont : chapes pour dire la messe, diacres, soubz diacres et aultres nécessaires ; le tout d'une valeur presque inestimable.

... Merle couroit librement par le pays, jusques aux portes des villes tenues par les catholicques, sans qu'ilz eussent moyen de sortir, sans extrême péril de leur vye, et, en ceste façon en feurent tuez vingt cinq ou trente de la ville de St Chély, faisant une sortye, a cause que les catholicques estoient en si petit nombre que tout ce qu'ilz pouvoient faire c'estoit de garder la ceinture de leur muraille et attandre le canon...

... Dépose en oultre que la ville de Mende ayant esté remise en l'obéyssance du Roy, au moys de Julhet en l'année quatre vingtz-ung, moyennant une grande somme de deniers que les habitans d'icelle avec les ecclésiasticques furent coustrainctz rançoner, pour raison de quoy ilz souffrent encores de grandz interestz, n'ayant moyen de payer le principal, ledict Merle, qui ne voulut par aultre moyen randre ladicte ville, retint a soy la maison collegiale de Quésac, où il layssa les canons et ung sien frère qu'on appelloit Rouan, et le château de Grezes, ou il layssa le Caylar, Villesane, Balthezar et aultres ses complices ; par le moyen desquelz, et favorizé comme il estoit desdictes villes de Florac, Maruéjolz et pays des Cevènes, il dressa de nouvelles entreprinses et fit reprendre en peu de jours après, de plain jour, avec un pétard, le chateau du Boy, à une demy lieue de Mende, et fit fère prisonier le seigneur du Tournel qui estoit dedans, et ung prebtre, ausquelz firent payer de rançon une grand somme de de deniers, et jouyr les beneffices ecclésiasticques, comme auparavant ; firent bastir au plus hault de la montaigne de Grèze une maison forte, à la faveur de celle qu'estoit au pied, que firent démolir après ; firent fortiffier la maison d'Ucelz, les chateaux de Quintinhac et de Marchastel ; prindrent le chateau de Malavielhe par escalade, qui avoit esté randu auparavant, et le chateau de Charbonières ; et, tenans tous lesdictz lieux, continuarent jusques sur la fin de l'esté dernier, qui les rendirent, et en firent démolir les aulcungs, moyennant une somme de deniers que le pays leur accorda. Et après poursuyvirent encores plus fort les entreprinses, et prindrent le chateau de Montanhac, deppendant de l'abaye des Chambons ; falirent à prendre les villes de St Chély et la Canorgue.

10 septembre 1584.

M⁰ Pierre Mathieu, consul, en la présente année et habitant au lieu de Notre-Dame de Quésac, eaigé de quarante cinq ans ou envyron, tesmoing administré, juré, ouy et examiné sur ledict intendit comme les précédens.

Dépose que le colliège et église de Nostre-Dame de Quésac, qui estoit une des plus anciennes de ce pays et fort célébrée par les vœulx que le peuple de tous les lieux de la France, voire mesmes d'Espaigne et les pélérinaiges qu'il y faisoient, a esté pillée et saccagée par ceulx de la Religion préthendue refformée, brûlée et démolye par troys ou quatre foys, et non seulement ladicte église mais bien aussi tout le vilaige, et principalement après que la ville de Mende fust surprinse par le capitaine Merle, en l'année septante neuf ; lequel sestant randu maistre de ladicte ville, et ayant faict fère deux canons et quelques colevrines avec une grande quantité de bales des grandz cloches que y estoient, mit tout aussitost lesdictz canons aux champs avec ung grand nombre de gens de guerre qu'il avoit assemblez, tant de pied que de cheval ; batit et assiéga plusieurs lieux tenuz par les catholicques, soubz l'obeyssance du Roy, et entre aultres ladicte maison collégiale de Quésac, de laquelle une bonne partie estoit restée entière et forte pour se pouvoir les chanoines conserver dans icelle avec ung nombre de soldatz, comme ilz faisoient sans lesdictz canons ; de laquelle ledict Merle l'ayant batue se randit maistre. Et tout aussitost batit et assiéga la ville d'Yspanhac, distante dudict Quézac d'envyron deux arquebuzades, qu'il print aussi et la fist tout aussitost piller, saccager et émanteler. Dans laquelle y avoit ung beau monastère de religieux de l'ordre de St-Benoit. Et de là en hors ala assiéger la maison collégiale de Nostre Dame de Bédoesc, distante desdictz lieux d'envyron une petite lieue, qu'il fist aussi desmolir, après avoir tué le capitaine que y comandoit, deux ou troys desdictz chanoynes et soldatz, ausquelz néaultmoings il avoit donné sa foy. Et après ramena les canons en ladicte maison collégiale de Quésac, où il y myt une forte garnison ; par le moyen de laquelle, et ayant esmantelée ladicte ville d'Yspanhac et prins tous les fortz de l'entour du cousté de ladicte ville de Mende, et ayant de l'aultre a une petite lieue la ville de Florac et tout le pays des Sevenes, qui de tout temps a esté occupé par lesdictz de la religion préthendue, il couroit librement à tout l'entour, sans que les catholicques, ecclésiastiques ny aultres, si bien accompaignés qu'ilz fussent ausassent paroistre ny se présenter sans extrême péril de leurs vyes.

Pendant le temps que ledict Merle ou le capitaine Rouan, son frère, occuparent ladicte maison collégiale de Quésac, que fust plus de quinze ou seize moys après la reddition de ladicte ville de Mende, lors de laquelle il ne voulust jamais sortir, que Monseigneur frère du Roy, ne luy eust plustost accordé la retention de ladicte maison collégiale et le pays la jouyssance de tout ce que deppendoit de ladicte maison, fusse beneffices ou aultre bien.

Dit que pendant ladicte occupation les ecclésiasticques desdictz lieux occupez, brulez et démoliz par ledict Merle, ont esté telement affligez que non seulement les églises et maisons ont esté pillées et du tout ruynées, leurs biens meubles emportez et eulx entièrement spoliez de leurs bénéffices, mais bien encores eulx constituez en telle misère et nécessité que les aulcuns, ne pouvant payer leurs rançons, ont esté dettenuz comme une perpétuelle prison pendant ladicte occupation et traduictz au pays des Sevenes, les aultres constrainctz de résigner leurs bénéffices à qui lesdictz de la Religion prétendue vouloient, comme firent plusieurs desdictz chanoines de Quésac et Bedoesc ; les aultres de mendier le pain pour Dieu, et les aultres s'adonner à quelque œuvre manuel, indigne de leur profession, pour gaigner leur vye, et les autres se comettre aux champs et se retirer par les bois, à la mercy des voleurs et des bestes, sans qu'ilz eussent moyen de jouyr la moindre portion de leurs béneffices, seulement pour s'achapter pu pain, parce que ledict Merle et ses complices jouysssssoient et traduisoient, ou bon leur sembloit, le revenu de leurs beneffices, sans aulcung empêchement ; entre lesquelz estoient le prioré et cure de Nostre-Dame de Quésac, le prioré et cure de St Estienne du Valdonnez, qui est au milieu du chemin de Mende à Quésac, et distant d'un chascun d'une petite lieue ; le prioré et cure de Montbrun où il y a encores une maison forte bastie sur l'église (1) et de la matière d'icelle, tenue par ceulx de la Religion prétendue et distante dudict Quésac d'ung demy quart de lyeue ; le prioré et cure de St Flour ;

---

(1) Antoine Agulhon, de Quézac, dans sa deposition dit que les huguenots tenoient une maison forte à Montbrun « bastie des ruynes de l'église et du revenu d'icelle ».

le prieuré et cure du Pompidou ; le prioré et cure de St-Martin, qui sont dans le pays des Cevenes, et tous uniz à la table de ladicte maison collégiale de Quésac ; le prioré et cure de Nostre-Dame de Bedoesc, et généralement tous les bénéffices qui estoient dans les Sevenes et à l'entour dudict Quésac, Yspanhac et aultres lieu occupez par ledict Merle.

Dit, qu'après la reddition de ladicte ville de Mende, ledict Merle continua la jouyssance desdictz bénéffices, comme en pleyne guerre, et ne voulust randre ladicte maison collégiale de plus dung an après, pendant laquelle il fist surprendre par ledict Rouan, son frère, qui demuroit dedans, le chasteau du Boy, a une lieue dudict Quésac, et aultant dudict Mende où ilz firent prisonier le seigneur de la maison et ung prebtre qui estoit dedans, auquel ilz firent payer de grandes et insuportables rançons : pillarent et saccagearent ladicte maison, prindrent et fortifliarent plusieurs aultres dans le pays, et continuarent leurs voleries, jouyssances de beneffices, emprisonnemens, rançonemens, impositions et levées de deniers, entreprinses sur les villes et lieux tenuz soubz l'obeyssance du Roy, comme en pleyne guerre.

Et ayant enfin quitté ladicte maison collégiale de Quésac, en l'année huictante-deux, sur la fin du moys d'aoust, moyenant une bonne somme d'argent, surprindrent bientost après la maison et fort de Charbonières, distant dudict Quésac d'une demy lieue. Et a mesmes temps prindrent aussi Malavielhe ou ils firent prisonier le seigneur de la maison qu'ils menare audict Charbonières, et continuarent, comme font encores de présent, leurs actes d'hostilité, aultant et plus que jamais, si bien que lesdictz ecclésiasticques ne peuvent jouyr qu'avec une extrême peyne et despence de leurs dictz beneffices, parce que s'ilz se mettent aux champs pour les jouyr ilz sont tout aussitôt en dangier d'estre tuez ou faitz prisoniers ; et si, avec cella leurs revenuz sont diminuez de la moytié ou plus, à cause du pilliage du bestial, quà esté faict pendant les troubles derniers, par lesdictz de la religion préthendue, qu'ilz faisoient traduire auz Sevenes et en Languedoc. Pour raison de quoy les terres ne peuvent estre labourées, cultivées et engraissées pour produire, voire mesme il y en a prou que sont désertes, les paisans ayant esté coustrainctz de les abandonner pour leur extrême pouvreté.

Dépose aussi qu'au moys de julhet dernier, la tempeste fust si grande et continua telement par troys foys que lesdictz chanoynes de Quésac y ont perdu ung troysième de leur revenu ; le sachant, le déposant, parce que luy, comme preudhomme avec d'aultres, en a faicte l'estimation. Et scait bien aussi le dépausant, comme habitant dudict Quésac, sont coustrainctz de fère une grand despence et entretenir beaucoup de soldatz pour la garde de la maison à cause des entreprinses que les voleurs, faisant profession de la Religion préthendue, y font ordinairement, ayant faly despuys deux ou troys moys à la prendre par quatre foys avec d'eschèles et petartz. Et ce dessus a dict contenir vérité et le sçavoir par les raisons susdictes, répété a persévéré, et s'est soubzsigné.

Signé : P. MATHIEU, tesmoing.

Mᵉ Jean Comitis, notaire royal de Ste-Enimie, dépose que les protestants « posarent le petard au château de Prades ou le prieur de Ste Eynimie, qui en est seigneur, fust blessé d'une arquebuzade au bras, en dangier de sa vye. »

... Et peult avoir envyron troys moys qu'ilz s'assemblarent envyron deux ou troys cens et falirent asurprendre ladicte ville de Ste Eynimie, comme ilz eussent faict sans la soigneuse garde que les habitans de ladicte ville y faisoient. Comme de mesme falièrent a surprendre auparavant les villes de St-Chély et de la Canorgue.

(Deposition du 13 septembre 1584).

Du 18 septembre 1584.

Mᵉ Estienne Vidal, natif et jadis bassinier de la ville de Maruejolz et despuys deux ans habitant de Mende, eagé de trente ans ou envyron, tesmoing administré, juré, ouy et examiné sur ledict intendit, comme les précedens,

Dépose qu'en l'année mil cinq cens septante neuf, le capitaine Merle, qui faisoit son habitation au chasteau de Peyre et hantoit et fréquentoit ordinairement la ville de Maruéjolz, où la plus part des habitans sont de la religion préthendue, faisant semblant de vouloir vivre paisiblement soubz le bénéffice des édictz, assembla secrètement, à la faveur desdictz lieux, quatre ou cinq cens de ses complices, qu'il fist venir de divers lieux, et surprint, sur la fin du moys de décembre, la ville de Mende, capitale de la diocèse, et par le moyen de ceste prinse remit les troubles dans ce pays avec beaucoup plus de cruaultez et violances qu'auparavant, parce que s'estant uny avec ladicte ville de Maruéjolz, avec la ville de Florac et pays des Sevenes, ilz s'assemblarent et firent par ensemble de grandes impositions de deniers ; firent despartement entre eulx de tous les beneffices de la diocèse, desquelz ledict Merle en print la moytié et ceulx dudict Maruejolz et des aultres lieux occupez, l'aultre. Et, pour en pouvoir jouyr plus commodément, ledict Merle fist fondre deux canons, quelques colevrines et une grande quantité de bales ; et ayant assamblé ung bon nombre de gens de guerre, partie desquelz il avoit tiré dudict Maruéjolz, de Florac et desdictes Sevenes, tant à pied qu'à cheval, et mist lesdictz canons aux champs, comença d'assiéger et batit les lieux qui estoient à l'entour dudict Mende, tenuz pour le service du Roy ; le premier desquelz fust le chasteau de Grèze, distant dudict Mende de deux petites lieues, et dudict Maruejolz d'une petite lieue, apartenant au sieur de Fabrèges, qu'il print. Et de là s'en ala assiéger le chasteau du Cheylar, dans la paroisse de St-Laurens-de Muret, à une petite lieue de Maruejolz, qu'il print aussi et fist raser. Et après assiéga les chasteaux de Combètes et de Serverète, qu'il fist aussi razer. Et après retourna du cousté de Mende, ou il assiégea aussi et print plusieurs fortz, alant du cousté d'Yspanhac, desquelz il en fist razer les aulcuns, mesmes ladicte ville d'Yspanhac, qu'il fist esmanteler ; aux aultres myt de bonnes garnisons et se randit en ceste façon si fort dans le pays, par le moyen de l'occupation desdictz lieux, que les catholicques n'avoient aulcung moyen de luy résister ny aultre deffance que de le fuyr tant qu'ilz pouvoient, pour ne tomber entre ses mains ou de ses complices, mesme les ecclésiasticques pour les cruaultez dont on usoit contre eulx.

Dict quen ladicte ville de Maruejols, qui despuys les premiers troubles a esté occupée par lesdictz de la religion préthendue, comme est encores de present, il y avoit une église collégiale appellée Nostre-Dame de la Carcé ou y avoit ung bon nombre de chanoynes ou d'aultres beneficiez ; y avoit aussi ung couvent d'Augustins et ung aultre de Jacopins. Toutes lesquelles eglises furent demolyes et razées à fondz de terre, et les ecclésiastiques reduictz a ung si deploré et miserable estat que les aulcuns furent tuez, les aultres coustrainctz par diversitez de tourmens de payer de grandes et insuportables rançons et trestous pillez et saccagéz de tous leurs biens meubles, soit ornemens d'église ou aultres et expoliez des fruictz et revenuz de leurs beneffices : de sorte que pour leur extrême pouvreté ilz estoient coustrainctz les aulcungs de demander le pain pour Dieu ; les aultres s'adonner à quelque estat mecanicque, indigne d'une personne ecclésiastique ; les aultres vaquer et courir parmy les champs, à la mercy des voleurs et des bestes ; ne pouvant jouyr, si peu soit il, de leur revenu pour sachaptar du pain, mesmement les ecclésiasticques de ladicte ville de Maruejolz, parce que les habitans dicelle faisans proffession de ladicte religion, ou ledict Merle les jouyssoit entièrement. Et scait bien le déposant que les prioréz ou cures qui deppendent de ladicte maison collegiale sont le prioré et cure de Maruejolz ; le prioré et cure de Grèze, ou ledict Merle print le chasteau ; le prioré et cure de Gabrias, à une lieue de Maruéjolz ; le prioré et cure de Cultures, à une petite lieue de Mende, et aultant dudict Grèze ; le prioré et cure de St-Laurens de Muret, où ledict Merle print le chateau du Cheylar ; le prioré et cure de Blavinhac, et le prioré et cure de Vabres ; en tous lesquelz lieux lesdictz ecclésiastiques de Maruejolz n'avoient aulcung libre accez ny moyen de jouir les fruictz et revenuz ; et leur continua ce maleur, non seulement durant l'occupation de la ville de Mende, mais bien aussi longtemps apres, parce que ledict Merle et aultres ses complices, lors de la reddition d'icelle ne voulurent quitter ledict chasteau de Grèze, mais bien au contrère, à la faveur d'iceiluy, bastirent au plus hault de la montaigne, une maison forte, et après firent meetre par terre ledict chasteau. Surprindrent le chasteau du Boy, fortiffiiarent Ucelz, Quintinhac et Marchastel, à l'entour dudict Maruejolz, par le moyen desquelz ilz continuyent la jouyssance desdictz beneffices et tous aultres actes d'hostilité, comme auparavant.

Et ayant, après quinze ou seze moys, quitté lesdictz fortz moyennant une somme d'argent que le pays fust coustrainct leur accorder, surprindrent bientost après le chasteau de Charbonières et celui de Malavieilhe, et, l'hiver dernier le chasteau de Montanhac, dépendant de l'abbaye des Chambons, et falirent à prendre les villes de St Chély et de la Canorgue, et continuent encores de présent de surprandre aultant de villes et lieux quilz peuvent, tenuz par les catholicques, qu'ilz font aussi prisonniers, soient ecclésiastiques ou aultres et les tiennent à l'entour de ladicte ville de Maruejolz, à la faveur d'icelle ; usant de diverses cruautés pour les constraindre au payement des rançons ; si bien quil ny a aulcung qui ause aler aux champs, sans dangier d'estre tué ou faict prisonier. A cause de quoy ne peuvent, lesdictz ecclésiastiques, jouyr les fruictz et revenuz de leurs beneffices qu'avec une extrême peyne et une si grande despence, qu'à peyne ilz en peuvent sauver pour leur nourriture et entretenement ; tant s'en fault qu'ilz puyssent achapter d'ornemens nécessaires pour fere le service divin et rebastir les eglises parrochiales qui sont du tout démolies, ou accomoder quelque petit lieu pour y fere leur office et payer les décimes qui se montent beaucoup à cause des arrératges, combien que leurs revenuz soient de beaucoup diminuez, parce que les paisans ont esté tellement pilhez de leur bestial gros et menu, rnynez et apouvris par impositions ou aultrement pendant les guerres, quilz n'ont moyen de labourer ou cultiver que bien peu de leurs terres ; voire mesmes plusieurs ont esté constrainctz de les habandonner pour leur extrême pouvreté et aler sercher alieurs le moyen de vivre avec leur famille. A cause de quoy les terres ne peuvent produire que bien peu de fruictz ; et les dixmes ecclésiastiques en quoy concistent les revenuz en sont daultant diminuez.

Dict aussi qu'auparavant les moyssons de la présante année, la gresle et tempeste feust si grande par deux diverses foys, tant audict Maruejolz que ez envyrons dicelluy et de la présent ville de Mende, quelle en a emporté entierement tous les raisins et une grand partie des bledz ; et oultre tout cela le desbordement des eaulx a esté si grand, partout ce pays, qu'il en a emporté, en beaucoup de lieux, des terres et gartés télement d'aultres quelles ne pourront produire de long temps ; à cause de quoy il est plus que notoire a ung chascun.

Et plus n'a dict scavoir ; mais ce dessus contenir verité.

Repété, a persevéré et s'est soubz signé.

Signé : Estiene Vidal.

EXTRAIT DE LA DÉPOSITION DE JEAN YTIER, NATIF ET HABITANT DE LA VILLE DE CHIRAC.

20 septembre 1584.

..... Les voleurs qui sont en grand nombre par ce pays, ramassez de divers lieux, continuent leurs voleries, brigandaiges, contreventions aux edictz de paciffication, avec toutes voyes d'hostilité, comme en pleyne guerre contre les ecclésiastiques ; desquelz s'ilz en peuvent trouver quelqu'un à l'escart ilz le font tout aussitost mourir, principalement si, pour la déffance de de la religion crestienne et catholicque et pour le service du Roy, il a porté les armes. Et en ceste façon, sur le milieu du caresme dernier, le déposant estant en ladicte ville de Chirac, que lesdictz de la religion préthendue ont pillée, saccagée et esmantelelée par plusieurs foys avec une infinité de massacres quilz y ont faictz, ayant trouvé ledict exposant ung religieux de l'ordre de Saint Benoit du monastère appellé le Monastier, à ung quart de lieue de Chirac, ung aultre nommé Cortiol, et ung aultre nommé Valantin, ilz le vindrent trouver, faisant semblant de leur offrir cortoisie et de leur vouloir donner à boyre, et cependant l'ung desdictz voleurs appellé Laubin, habitant dudict Maruejolz, du dessoubz de son manteau lascha ung coup de pistolet contre ledict religieux, au travers de son corps, duquel coup il mourut dans vingt quatre heures, et chargarent le déposant et les aultres à coups despées. Mais parce que ilz n'avoient aulcunes armes et quilz estoient audict lieu, pençans de vivre dans leur bien, soubz le beneffice des édictz, ilz se sauvarent dans quelque maison comme ilz peurent, et despuys ny ont ausé habiter; lesdictz voleurs y frequentent tous les jours à la faveur de ladicte ville de Maruejolz. . . .

EXTRAIT DE LA DÉPOSITION DE M⁰ JEAN BARET, PRATICIEN, HABITANT DE SAINT-DENIS.

24 septembre 1584.

Dépose que... il ny a personne qui ause aler aux champs sans grand dangier d'estre tué ou faict prisonnier; ayant despuys quinze jours, lesdictz voleurs, faisant profession de ladicte religion prethendue, passé audict lieu de St-Denis, conduisans deux prisonniers, ung qui estoit prebtre et laultre notaire, et voulurent aussi fere prisonier M⁰ Jean Escurette, pour ce qu'il est catholique ; mais de fourtune il fust hors de sa maison et se sauva dans de boix.

EXTRAIT DE LA DÉPOSITION DE M⁰ JEAN FRAYSSE, PRATICIEN, DE SAINT-DENIS.

Dépose que... lesdictz de ladicte religion prethendue qui se sont desbordés à toute sorte de volerie passent à St Denys presque tous les jours. Et ny a encores que quelques quinze jours, quilz y passarent, conduisans ung prebtre et ung notere prisoniers, et falirent à prendre M⁰ Jean Escurette, qui est catholicque et notaire dudict St-Denys.

EXTRAIT DE LA DÉPOSITION DE JEAN COGOLUENHES, DE CHADENET.

25 septembre 1584.

Dit que... les églises et maisons de diverses paroisses ont esté du tout ruynées et demolyes par lesdictz de la religion prethendue, mesmes audict lieu de Chadenet, ou il ny est resté que bien peu d'apparance d'église.

EXTRAIT DE LA DÉPOSITION DE LOUIS BRAJON, LABOUREUR, DE CHADENET.

Dit que Merle fist prendre et fortiffier par ses complices la maison du sieur de la Bessière, située ung demy quart de lieue de Baniolz.

EXTRAIT DE LA DÉPOSITION DE LOUIS TEYSSIER, DU LIEU « DE CHAZALZ », PAROISSE DE SAINT-FRÉZAL-D'ALBUGES.

26 septembre 1584.

.... Dit qu'entre les ecclésiastiques qui résidoient en ladicte ville de Mende, il y en avoit quatre questoient collegiatz du colliège appellé de St-Lazare, ... furent expoliez des fruictz et revenuz de leurs biens qui consistent principalement en ung beneffice et prioré qu'ilz ont de St-Frézal-d'Albuges, où l'église et maison a esté du tout razée et les fruictz et revenuz prins et emportez par ledict Merle et ses complices, et les habitans parrochiens constrainctz au payement, par toutes rigueurs militaires, sans que lesdictz collegiatz, qui en sont prieurs eussent moyen de l'en empécher, ny se trouver en ladicte paroisse, sans dangier d'y perdre la vye, parceque le lieu est du tout esloign les lieux catho licques, tenuz en l'obeyssance du Roy, et au contraire fort proche des lieux tenuz par ceulx de la Religion prethendue, mesmes de la ville de Villefort, qui est depuys longtemps et encores de présent par eulx occupée.

(Archives départementales, G. 1790).

10 janvier 1580.

Lettre de M. de Chavanhac adressée à son frère M. de Chavanhac, docteur en théologie, chantre de Rouam, comte de Brioude à Paris.

Cette lettre est relative à la prise de Mende et renferme des détails très intéressants.

(Archives départementales, G. 970).
Publiée dans le Bulletin de la Société d'agriculture, année 1852, p 74.

1er février 1580.

Lettre d'Henri de Bourbon à l'évêque de Mende au sujet de la prise de Mende par Mathieu de Merle.

(Bulletin de la Société, année 1860, page 548. Série G. 59).

Autre lettre du même prince, à la princesse de Condé, sa belle mère.

(Bulletin, année 1860, page 59, et archives départementales, G. 59).

MINUTE DE LA LETTRE ÉCRITE PAR L'ÉVÈQUE DE MENDE A M. DE MONTMORENCY, GOUVERNEUR DU LANGUEDOC.

janvier 1580.

Monsieur, je ne doubte que vous n'aiès de ceste heure eu advis de mes diocésains de la surprise que a esté faicte de la ville de Mende, la veille de Noël, par le cappitaine Merle et aultres de son party, avec toute l'inhumanité dont il s'est peu adviser à l'endroict de mes pauvres habitans, estant Monsieur de Chastillon, lors de ladicte suprinse, à deux lieues de ladicte ville, [laquelle eust bien peu empescher de ladicte surprinse s'il eust voulu à ce que jay sceu et qui, sans l'asseurance quil donnoit ausdictz habitans de fere vivre ledit Merle et aultres de sa faction en l'observation de la paix et de fere rendre le chasteau du Crozet qui avoit esté surpris par ledict Merle, peu de jours auparavant, lesdictz habitans se fussent tenus en plus grand debvoir, de se conserver quils n'ont pour cette occasion]. Ce que le

Roy a trouvé fort mauvais et pris a grand mescontentement de veoir le peu de franchise? quil y a en leur endroict pour l'observation de lédict de pacification ; et ayant mis en considération combien il y alloit de son auctorité et service pour le bien de son royaume et la seureté publicque dicelluy, et aussi limportance de ladicte ville et païs de Gevaudan, sa majesté a advisé dy pourveoir, resolue de nespargner chose quelconque pour un si bon effect, comme vous entendrez plus amplement par une despêche particuliere que sa majesté vous en faict, et encores que je scay assez l'affection grande que vous avez tousjours eue en la conservation de l'Estat et des subjectz de vostre gouvernement pour reprimer l'audace et violence de telles gens. Si, me prometz je tant de vostre bonne grace en mon endroict, pour l'honneur que mavez toujours faict de m'aymer et bien voulloir que vous affectionnerez dautant plus la reprinse de ceste dicte ville par tous les moiens dont vous pourrez adviser.

Sadicte majesté a aussitost despeché le sieur de La Roque vers le Roy de Navarre, pour luy fere entendre ceste contravention et quil ne scauroit luy fere cognostre en meilleure, ny plus importante occasion, le désir quil a à l'observation de sondict édict de pacification, réparer cette infraction par la reddition de ladicte ville et de faire chastier exemplairement lesdictz infracteurs, pour la resolution quelle a prise, au cas quil y auroit de la conivance ou retardement, de plustost y emploier toute l'auctorité et moien qu'il a en main que de laisser perdre les villes et places de son royaume peu à peu.

Je vous supplie doncques, Monsieur, très humblement me vouloir tant fère d'honneur que d'embrasser ung affere si juste et sainct que celluy la ; m'asseurant que s'il vous plaist l'affectionner, je me promctz que vous ferez aussi voluntiers que nul aultre affere de vostre gouvernement. Vous en aurez toute la raison que sa majesté se promect et attend de vous, et ce me sera, Monsieur, une vive et estroicte obligation de vous continuer les très humbles services que je vous ay voué de tout temps et a vostre maison, en tous les cas hou jen pourray avoir le moien. En attendant ce bien et honneur, je vous bayse très humblement les mains.

(Archives départementales, G. 59).

MINUTE D'UNE LETTRE ÉCRITE LE MÊME JOUR PAR L'ÉVÊQUE DE MENDE A M. DE REMBOUILLET [1]

Monsieur, je me console grandement de ce que estes maintenant près du Roy de Navarre, en l'affliction que est survenue la veille de Noel de la suprinse que le cappitaine Merle, Briquemault que suivoit M. de Chastillon ; la Peyre que commandoit au mur de Barrez, avec plusieurs aultres de leur faction et party ont faicte de la ville de Mende, avec une incroiable cruaulte et inhumanité quilz ont exercée en lendroict des pauvres habitans, que les plus barbares ne feroient. Le sieur de Chastillon estoit lors à Maruejolz, à deux lieues de

---

[1] C'est probablement le cardinal de Rambouillet, evêque du Mans.

Mende, lequel tenoit lesdictz habitans de Mende et tout ledict païs en ceste expectation de fere vivre ledit Merle et sesdictz complices en l'observation de la paix et de fere rendre ung petit chasteau qu'ilz avoient peu de jours auparavant surpris, près de Mende, ou ilz tuarent le gentilhomme auquel il estoit, et tous ceulx qu'ilz trouvarent dedans ; que est cause que lesdictz habitans, comme mal aduisez se sont par trop fyez en des belles promesses et nont si bien pris garde a leur dicte conservation quilz debvoient.

Ayant sa majesté trouvé très mauvais et non sans cause, de veoir continuer en leur endroict si grandes et importantes infractions à son édict de pacification, dautant que plus grande ne pouvoit elle pas advenir. Car oultre les grands biens quilz ont trouvé dedans la ville, elle est si importante au bien du service de sa majesté, que cest non seullement avoir aliené une ville capitalle d'ung des plus grands diocèses de Languedoc et en lieu des plus importans de la province, mais tenir tout ung païs depuis Montpellier et Nismes jusques à Clermont, en Auvergne. C'est ce que a meu sa majesté d'envoier expres vers le Roy de Navarre le sieur de La Roque, pour lui en fere plainte et luy fere entendre combien sa majesté desire quil face reparer cest attentat et chastier les infracteurs, sur tant qu'il se promect qu'il na rien plus à cœur que de faire observer l'edict de pacification et punir exemplairement telz ennemys de son Estat et du public, comme il est bien de besoing avec resolution de plustost y emploier tous les moiens qu'il a en main. Pour lesquelz il faict une aultre depesche à Monsieur de Montmorancy et gouverneur des provinces voisines, comme sa majesté vous escript, pour faire toute la poursuite et instance envers le Roy de Navarre, sur ce nécessaire. Laquelle je me prometz tant de vostre bonne affection à tout ce que me touche et apartient que oultre ce service signallé que ferez au Roy en cest endroict, vous vouldrez bien par l'amour de moy avoir ce dict affere en singulière affection et recommandation, et duquel je vous auray a jamais très estroicte obligation en tout ce que jauray moien vous pouvoir fere, humble et affectionné service.

(G. 59).

LETTRE DU ROI DE NAVARRE, A M. DE GRÉGOIRE DE GARDIES, POUR ENTRETENIR LA PAIX.

20 janvier 1580.

Monsieur de Gardies, encor que les gentilz hommes de vos cartiers qui ont esté par deça vous puissent assez représenter lestat des affaires, jay voleu neanmoings les accompaiger de ceste mienne pour vous prier, en la saison ou nous sommes, d'employer et les moyens et la dextérité que vous avez pour faire entretenir la paix et le repos en vos cartier et qu'un chacun se conserve doulcement sans rien attempter. De ma part, jauray lesprit tendu de si bonne façon à tout ce qui nous touche en général, que j'espère, Dieu aydant, qu'avec la bonne intelligence qui est entre nous, ceulx qui vouldroyent entreprendre de nous nuyre se trouveront frustrez en leurs desseings.

Et sur ceste espérance, je prye le Créateur vous tenir, Monsieur de Gardies, en sa saincte garde.

De Mazeres, ce 20 janvier 1580.

Votre bon amy.
Henry.

(Archives départementales, série E).

Documents relatifs aux démarches faites et aux mesures prises pour la réduction de Mende, et arrêter les progrès de ceux de la Religion réformée en Gévaudan.

MINUTE D'UNE LETTRE ADRESSÉE PAR L'ÉVÊQUE DE MENDE A M. DE SAINT-VIDAL.

21 janvier 1580.

Monsieur, Encores que la prise de la ville de Mende me cause ung ennuy incroiable, non seullement pour mon particulier mais pour la perte que j'ay faicte de si gens de bien d'habitans, que je y avoit, qui ont esté ainsi cruellement murtriz et rançonnez, et sont encores a ce que j'ay entendu ; et la ruyne et persecution que je preveoy que ceulx qui me restent sont pour encourir; Si prens je a grande consolation la résolution que je veoy avez prise de vous emploier à la réduction d'icelle, jusques à ny espargner vostre propre vie, ny aultre chose quelconque. Ce qui me faict prendre ung très bon espoir, que Dieu nous fera la grace d'en avoir la raison, plus par vostre bon moien que nul aultre, tant je scay qu'avez d'affection au service du Roy, et aussi l'amitié que je me promctz que vous me continuerez à ce besoing, quelques mal contentemens qu'aucuns particuliers dudict païs vous aient peu causer, comme mescripvez ; à quoy j'espère bien pourveoir dicy en hors à vostre contentement et satisfaction, pour le moien et puissance que vous aurez à jamais en tout ce que deppendra de moy, autant ou plus que moy mesmes. Ce que je vous supplie croire ; car je le vous jure et promctz ainsi. Et, de mesme affection je tiendray les affaires qui se presenteront pour vous en ceste Court, comme miens.

Sa majesté attend en bonne dévotion de voz nouvelles sur la despesche qu'elle vous a faicte par ung courrier exprès. Je la tiendray en ceste bonne volunté vous accorder les moiens à elle possibles que je luy ay représentez vous estre necessaires pour l'exécution dung si bon effect, et qui est de telle importance au bien de ses afferes et service, qu'il sen scauroit presenter et duquel elle vous peust avoir plus de gré et Monseigneur son frère en particulier. Cependant sadicte majesté vous envoie M. de St Auban, suivant l'instance que luy en avez faicte et ce que je l'en ay suppliée, pour le besoing que pouvez avoir de sa presence, comme aussi suivant vostre bon advis.

Je vous pourray envoier M. de Restauré ou quelque aultre des miens pour vous servir, assister en tout ce quil vous plaira leur ordonner. J'attendray doncques de vos nouvelles sur les bons advis et résolutions qu'aurez pris des moiens nécessaires pour ladicte reduction, qui est, en ce faisant, tenir la main forte a justice pour l'observation de son édict de pacification que leur pouvez de cette heure avoir faictes de rendre ladicte ville, et les desadveuz de ceux de la Religion nouvelle, qu'ilz feront bien voluntiers à mon advis. Il sera bon de faciliter les moiens que vous adviserez estre necessaires pour ladicte réduction, affin que leurs dictes majestez facent dautant moings de difficulté les vous accorder comme vous scaurez trop mieulx ; qui me gardera vous en faire plus long discours. Vous prye pendant ceste poursuyte de pourveoir soigneusement à la seureté de ce qui reste dudict païs, comme sa majesté s'assure sur vostre bonne vigilance accostumée pour empescher les entreprises des ennemys.

Jay tant de fiance en vostre bonne grâce et vertu que j'espère plus en vous qua toutes autres choses de ce monde ; et pourrez juger qu'elle obligation vous aurez sur moy, m'ayant remis en ma première possession ce que ma esté usurpé et le grand acte signalé que utile au Roy et au bien publiq de ce royaume qui vous exalteront assez en cet endroict.

Monsieur, après vous avoir baisé les mains très affectueusement, prieray le Createur, etc.

(Archives départementales, C. 1795).

DÉLIBÉRATION DE MM. LES COMMIS ET DÉPUTÉS DU DIOCÈSE DE MENDE.

8 février 1580.

L'an mil cinq cens quatre vingtz et du lundy huictiesme jour du mois de février. En la ville de Chanac et dans le chateau d'icelle. Assemblés : Brugeyron, vicaire de Mgr de Mende ; André de Recth, seigneur de Chaminades, premier consul de Mende, commis et depputés du diocèse dudict Mende, assistés de M. Jehan Comittis, commissaire de l'assiette à fère la present année des deniers du Roy, nostre sire ; Jacques du Brueilh, Sgr de Costeregord, faisant pour le seigneur de Sainct-Didier, estant encores en tour de l'année dernière 1579, pour le seigneur de Montmorency, premier per (pair) et mareschal de France, baron de Flourac.

Par Me Robert de Chalothet, licencié ez loix, sindic dudict diocèse, a esté remonstré qu'il auroit receu lettre de Monsieur de Sainct Vidal et des seigneurs de l'assemblée convoqués de son mandement en la ville du Puy, pour les affaires de cedict diocèse, par lesquelz luy est mandé de procurer au plustost la tenue des Estatz particuliers dudict pays et diocèse de Gevauldàn ; et que a ces fins il auroit prié et requis lesdictz seigneurs commis se assembler en ceste dicte ville de Chanac, pour déliberer de la convoquation desdictz Estatz et en quel lieu et temps se pourroyt fère, pour pourvoir à la conservation dudict pays, et copper chemin aux desseings et entreprinses diceulx qui se sont saisiz de la ville de Mende ; lesquelz jornellement ne tachent que de prandre et saisir ce que reste dudict pays. Mesmes a remoustré ausdictz seigneurs commis comme ilz accomancent a trevailher à fère fonte d'artillerie, fortiffieut ladicte ville, abbattent toutz les environs que leur pourroit nuyre, assemblent bledz, vins et toute munition de guerre ; levent et exhigent les deniers de la majesté du Roy et aultres extraordinères sur les paroisses relicateres ; qu'est grand préjudice a sadicte majesté et audict pays.

Conclud, par mesdicts seigneurs, qu'il sera escript audict seigneur de Sainct-Vidal, gouverneur de cedict pays de Gevauldan, et au seigneur de Beauregard, venant en tour, pour M. le duc de Mercœur, aux prochains Estatz, pour scavoir la volonté dudict seigneur gouverneur et avoir advis dudict seigneur de Beauregard, sur la comodité du lieu que l'on pourra choisir pour ladicte convoquation.

Et quant à eulx leur semble, la present ville de Chanac estre la plus comode a cest effect, pour estre assize au millieu du pays et voysins de l'ennemy, pour descouvrir leurs desseings, pourvoir à la conservation des fortz circumvoysins de ladicte ville de Mende, qui sont menassés et guettés par lesdictz ennemis ; mesmes que ceste dicte ville apartient à Monseigneur de Mende, et que suyvant le pariaige lesdictz Estatz debvent estre tenus en ladicte ville de Mende sans l'accident et désastre qui y est survenu.

Et a cette fin que en ladicte assemblée des prochains Estatz on puysse prandre quelque bonne resolution des moyens qu'il faudra tenir pour résister ausdctz ennemis, a esté advisé de suplier ledict seigneur gouverneur treuver bon de surçoir la tenue desdictz Estatz, jusques avoir heu response de mondict seigneur de Mende, ou faict plus particulierement entendre à sa dicte majesté et à mondict seigneur de Mende, l'estat miserable auquel est reduict cedict pauvre pays, et les cruaultés que lesdicts ennemys y comectent, et aussi le peu de moyen quilz ont de se conserver sans le secours qu'il plaira à sa majesté donner pour les délivrer d'une telle tyranie et cruaulté.

Et pour remonstrer tout ce dessus à sa dicte majesté et a mondict seigneur de Mende, ont délégué ledict sieur syndic ; auquel seront baillées memoyres bien amples et des afferes nécessaires dudict pays.

(Archives départementales, C. 814).

Du 11 février 1580.

LETTRE DU DUC DE MONTMORENCY, A L'ÉVÊQUE DE MENDE, AU SUJET DE LA PRISE DE SA VILLE ÉPISCOPALE, ET DONT LE PRÉLAT SOLLICITAIT LA RESTITUTION.

(Bulletin de la Société, année 1861, page 217.)

MINUTE D'UNE LETTRE ADRESSÉE PAR L'ÉVÊQUE DE MENDE A M. DE SAINT-VIDAL, AU SUJET DE LA PRISE DE CETTE VILLE.

Monsieur, je vous ay naguières escript de la surprise advenue de la ville de Mende, sur l'advis que j'en ay eu par ung courrier qui m'en a esté dépêché exprès par mes officiers de Chénac, et de la résolution que le Roy a prins de la recouvrer et ny espargner chose quelconque ; se promectant qu'avec vostre aide il en aura la raison, tant il a d'asseurance de vostre bonne affection et fidélité à son service. Sa majesté vous envoye ce courrier exprès avec une bien affectionnée despêche, par laquelle vous cognoistrez sa bonne volunté en l'endroict de ce pauvre païs, ayant fait entendre au Roy que le secours prompt pour la réduction d'iceluy doibt plustost estre espéré de vous que de nul aultre, d'autant que, oultre l'affection qu'avez a son service, vous ne manquez de moyens et d'amys, de conduicte, valleur ny d'aultre chose qui est nécessaire pour ung si bon effect, pour lequel sa majesté désire de veoir et entendre au plustost que vous pourez les moiens que vous jugerez estre nécessaires pour y pourveoir promptement. Car de s'attendre au secours du Roy de Navarre, vers lequel sadicte Majesté envoie exprès, il ny a grande apparence, encore que sadicte majesté luy en escripve une bien expresse depêche. Elle a aussi despêché ung courier vers Monsieur de Montmorency a mesme effect. Cependant, Monsieur, il ne vous fault point recommander la conservation des autres villes et places dudict païs, mesmes celles qui sont les plus proches, car il seroit à craindre, si vous ny pourvoiez incontinant, quelles fussent prises et forcées, et par ce moien les pourrez tenir si serrés qu'ilz n'auront moien de s'estendre, munitionner et rien forcé que vous sçavez trop mieulx. C'est la prière bien affectionnée que je vous fais par ce courrier ; et de croire, Monsieur, que oultre ce service si signallé que ferez au Roy et duquel Monseigneur vous sçaura en particulier toute la bonne grâce et affection en vostre endroict que pouver désirer.

Je tiendray jamais en mon particulier ce plaisir et honneur que me ferez d'affectionner et embrasser cedict affère qui me touche et importe tant à bien estroicte et particulière obligation pour m'employer en tout ce que j'auray le moyen vous fere service et aussi ce pauvre païs tiendra sa restitution de liberté première de vous.

(Archives départementales. — C. 1796.)

MINUTE DE LETTRE ÉCRITE PAR L'ÉVÊQUE DE MENDE A M. DE MONTMORENCY.

Monsieur, Je me suys tousjours tant promis de vostre bonne grâce que vous ne recepvrez à importunité si je vous escripts si frequentement du mesme affère, touchant la surprinse de Mende par le cappitaine Merle, Briquemaul, de La Peyre et aultres, tant ce faict m'est important, oultre l'interest du service du Roy et du publicq. Ce qu'ayant bien convenu et consulté, sa majesté vous faict entendre par ce courrier la bonne résolution quil a prinse d'avoir la raison de ladicte surprinse par vostre bon moyen, et vient bien a propos que estes maintenant avec le roi de Navarre pour luy faire l'instance nécessaire pour la reddition de ladicte ville, à laquelle jen estime qu'il y ait grande esperance quelque instance que sadicte majesté ay du faire par sa depesche, s'il ne vous plait d'y user de toute l'auctorité quavez en main, soit de la force ou aultres moyens que sa dicte majesté peut par delà avoir ou elle vous accordera très volontiers et n'aura désagreable que vous en ordonniés ; cependant sur la nécessité que jay cru ayant escript bien expressement, pour vous assister, aux sieurs de Randon, marquis de Canillac, de Mandelot et St-Vidal, m'asseurant bien que quand telz ennemys publiques cognoistront qu'aff ct onnerez ce faict.... si mal conseillés.... y attendre, qui sera un service signalé à Sa Majesté et une obligation a tout ce pauvre pays qui tiendra sa vye, biens et toute autre chose de vous, et moy, Monsieur, comme si vous me donniez un semblable bien, icellui qui m'est aussi ravi et occupé par telz occupateurs et duquel je vous en ay la premiere obligation, qui me fera continuer avec dautant plus d'obligation les services très humbles que je vous ay de si longtemps vouez et destinez et a vostre maison et dont je vous supplie croyre......... le bien faveur et honneur que je me prometz recepvoir en particulier de vous.

(C. 1795).

MINUTE DE LA LETTRE ADRESSÉE PAR L'ÉVÊQUE DE MENDE, A M. DE MONTMORENCY.

1580.

Monsieur, l'asseurance qu'il vous a pleu me donner cy-devant de la bonne volunté qu'avez de vous employer à la réduction de la ville de Mende, et le commandement que le Roy vous en a faict depuys me font espérer que vous acheminerez pour c'est effect en Gévaudan. Et dautant que les moiens et preparatifz nécessaires pour le siège de ladite ville y sont bien advancez, comme on a faict entendre à Sa majesté et qu'ilz n'ont faulte maintenant que de vostre présence pour mectre à exécution c'est entreprise, je vous supplie bien humblement, Monsieur, me rendre vostre main tardive à l'effect d'ung si sainct œuvre. Lequel prenant vos succez (comme il fera sans doubte s'il est accompaigné de vostre présence et auctorité), vous mectrez à repos une bonne partie de vostre gouvernement, laquelle sans la réduction de ladicte ville de Mende sera entièrement perdue. Vous en avez si certaine cognoissance et tant d'affection au service de sadicte majesté, que je m'asseure ne voudrez, pour le bien d'icelluy et de tout le païs, laisser passer ceste bonne occasion que acroistra votre grande réputation par tout ce royaume.

Je vous supplie aussi, Monsieur, avoir en recommandation ce qui me touche audict païs et vous m'obligerez de plus en plus à vous faire service, soit icy à la Cour près du Roy ou aillieurs ou jen auray moien et d'aussi bonne volonté. . . . . . .

Monsieur, j'ay esté adverty de la bonne afection en laquelle vous vous estes disposé pour le service du Roy et délivrance du païs de Gévaudan expolié, oultre l'affection que vous avez au bien dudict pays, cela me touche.

Je vous prie affectueusement continuer en ceste bonne disposition et volunté et vous y affectionner comme à un œuvre sainct et que redondera au bien du service du Roy et du païs et grandement à vostre réputation. Vous priant aussi avoir en recommandation ce que vous cognoistrez m'y toucher, et cela m'obligera à m'employer à vous servir en tout ce que jauray moyen près du Roy ou ailleurs.

(Archives departementales. — G. 59)

MINUTE DE LA LETTRE DE L'ÉVÊQUE DE MENDE ADRESSÉE A M. BRUGEYRON VICAIRE GÉNÉRAL DU DIOCÈSE.

février 1580.

Monsieur Brugeiron, par ce porteur le cappitaine Gas qui s'en va trouver M. de Chastillon, de la part de Mgr le prince de Condé et des députés du Roy de Navarre, j'ay bien voulu vous fere ce mot de lettres pour vous tenir adverty de la réception de vostre lettre du xv du mois passé, par laquelle jay esté infiniment aise d'entendre que seriez hors de la peine en laquelle avez esté. A quoy j'estime que M. de Chastillon s'est bien voluntiers employé, comme il me feyt dernierement entendre par cedict porteur, qui a ja esté dépesché vers luy. Jestime ledict seigneur si vertueux et équitable, qu'il me fera rendre la ville de Mende, pour beaucoup de bonnes raisons qui le doibvent mouvoir à ce fere. [(1) Et si tant estoit qu'il voulsist fere paroistre à Mgr la bonne affection que S. A. se promect de luy en cest endroiyt et tout aultre que aura à cœur, comme il a ce faict qu'il prend et tient comme sien propre et me tenir particulierement obligé en ceste occasion, pour jamais de luy fere service, et que pour faciliter cedict faict ledict sieur de Chastillon fust contrainct donner quelque contentement aux soldatz et gens de guerre, qui sont en ladicte ville, je suys d'advis et vous prie ne faillir de pourveoir, avec le cappitaine Costeregord et mes aultres officiers, a ce que cedict porteur vous pourra fere entendre pour ledict effect et avec toute la seureté que scavez trop mieulx adviser, encores que ledict sieur de Chastillon ayt assez d'auctorité et de puissance pour sen fère. (2)] Joinct que lesdictz cappitaines et soldatz se sont assez enrichiz de la ruyne et perte de mes pauvres habitans. Je seray infiniment aise que ceste reddition se fist plustost par ceste voie d'honnesteté que aultrement, pour le bien et soulagement au pouvre pays, et pour le contentement quen recevra le sieur de Chatillon.

(1 et 2) Cette partie de la minute de la lettre est bâtonnée.

Regardes avec ledict cappitaine Costeregord et aultres cappitaines qui commandent en mes places de fere si bonne garde qu'il nen advienne le mesme inconvenient qui est advenu à Mende.

Estant bien aise que soiez retiré à Chanac pour pourveoir à tout ce que dessus et a tous mes aultres affaires, desquelz je me repose sur l'affection et fidelité que jay tousjours cogneue en vous et audict cappitaine Costeregord et mes aultres officiers du Vialar, Balsieges, Recoletes et aultres lieux, lesquels vous ferez souvent visiter et exciter au bon debvoir que je me promelz deulx.

(G. 59).

LETTRE DE M. D'APCHIER A M. BRUGEYRON, VICAIRE-GÉNÉRAL DE MONSIEUR DE MENDE, A CHANAC.

23 février 1580.

Monsieur le Vicaire, ayant sceu la deslivrance de vostre personne je loue Dieu de la grâce qu'il vous a faicte, sortant des mains de tels tyrans et voleurs. Très ayse et joyeulx de savoir vous estre en asseurance et dans Chanac. Ce qu'ores à la mienne vollonté, je desireroys pouvoir advenir a tout le reste des povres habitans de la ville de Mende, pourtant pour l'amytié que leur ay heue tousjours partie (sachant le traictement qu'ils ont receu et reçoivent d'ordinaire) de leur ennuy.

Vous asseurant que le plus grand bien, heur et contantement que je sauroys aujourd'huy en ce monde recepvoir, ce seroyt que mes moyens leur peussent en général servir, tant pour l'obligation que jay en service à Monsieur de Mende que pour leur corps particulier. Mais la bonne envye que jay et vivant soubz ceste spérance de les voir bientost tirés de la misère et calamité en laquelle ilz vivent, me prometant avec l'ayde de Dieu que ce sera bientost. Me fera vous dire et prier de croyre qu'en tout ce que treuverés bon pour vous, my treuverés dispozé pour estre entièrement à vostre commandement.

Au surplus je vous ay bien vollu donner advis comme Monsieur de St-Vidal, ainsi que m'a escript, est résolu d'impozer munitions pour l'entretien de quelques compaignies qu'il veult establir en guarnison au pays de Gévaudan ; et, pour ce que vous savez mieux que tout autre le porte dudict pays et qu'il est du tout ruyné. D'alieurs, venant l'armée royale ainsi que nous l'atendons, je vous laisse à considérer si ayant esté desja mangés, ils auront moyen satisfere aux deux. Ce que je voldroys de bon cœur que Messieurs de Marnejoux missent en considération pour prévoir la ruyne qui leur peult advenir ; à quoy ils doibvent bien pancer. J'ayme tant le soulagement de nostre povre pays, que desireroys les afferes se passer tout à l'avantage d'icelluy. A quoy jay cogneu tousjours de vostre part vous y affectionner, comme je vous supplie fere encores, et y treuver quelque bon expédient. Je prétens dans peu de temps fere ung voyage en Court pour mes afferes particulières où si vous cognoissez que jaye moyen vous y servir et m'employer pour tout le général du pays, en pouvés fère autant d'estat que d'amy qu'ayes en ce monde, d'aussi bonne vollonté que me recommande bien humblement à vos bonnes grâces. Priant le Créateur, Monsieur le Vicaire, vous donner en bonne santé longue et heureuse vie.

A Cereys, ce xxiiii° de febvrier 1580.

Vostre plus affectionné et melieur amy a vous servir,

D'APCHIER.

(Archives départementales. — C. 1795.)

LE CHATEAU DE BALSIÈGES ASSIÉGÉ.

Procuration de M. de Bressolles, premier consul de Mende en faveur de M. Paul Comitis, de Ste Enimie.

4 mars 1580.

L'an mil cinq cens huictante et le quatriesme jour du mois de mars. Régnant Henry, par la grace de Dieu, roy de France et de Poloigne. A tous soyt notoire que, personnellement establiy noble André Rech, seigneur de Bressolles et de Cheminades, habitant de la ville de Mende, et premier consul dicelle. Lequel, de gré, sans révocation de ses aultres procureurs, par luy sy devant faictz, de nouveau a faict et créé son procureur et messaigier espécial et general, assavoir Paul Comitis, habitant de la ville de Sainte-Eynimie, et ce espéciallement et exprès pour, et au nom dudict constituant, comparoistre et s'assembler en la ville de Chanac et chasteau du seigneur evesque de Mende, avec M⁰ M⁰ Jehan Brugeyron, vicaire dudict seigneur evesque, à l'assistance du seigneur de Chanolhet, scindic du present diocèse de Mende, et, estans assemblés, traicter des afferes concernant le bien du reppos public, et que se presentent pour le jourdhuy au présent diocèse, tant pour lever le siége du chateau de Balsieges, et pour est effaict consentir à cohecquer munitionements et denrées, consigner lieu de magazin, faire fere levée de gens de guerre pour le service de sa majesté et levée dudict siège, et aultres affaires dudict diocèse, et aultrement faire comme feroyt ledict constituant estant present; avec promesse de avouer et tenir pour agréable ce que par ledict Comitis sera dict et oppiné en ladicte assemblée, et le relever de toute charge de procure sur l'obligation de tous ses biens que a soubzmis à toutes courtz à ce requises. Et ainsin la promis et juré, ayant levée la main à Dieu, avec reconciation necessaire. Concédant acte estre despeché à son dict procureur.

Fait à la ville de Sainte Eynimie, ez presence de Jehan Laurens; M⁰ Alexandre Martin, soubzsignés. Et de moy Jehan Comitis, notaire royal soubzsigné.

Ont signé: A. DE CHEMINADES, consul; MARTIN, tesmoing. LAURENS, ainsi receu par moy, J. COMITIS.

Archives départementales, C. 814.

DÉLIBÉRATION DE MM. LES COMMIS ET DÉPUTÉS DU DIOCÈSE DE MENDE.

5 mars 1580.

L'an mil cinq cens quatre-vingt.

Du sabmedi cinquiesme jour du moys de mars. Dans le chateau de Chanac, assemblés MM. Jehan Brugeyron, vicaire général de Mgr de Mende ; Pol de Comitis, capitaine de Sainte Herémie, ayant charge et procuration de noble André de Reth, seigneur de Cheminades, premier consul de la ville de Mende, commis et depputés du present diocèse, en l'absence du seigneur de Sainct-Alban, commis des nobles.

Me Robert de Chanolhet, licencié ez droictz, sindic dudict diocèse, remonstre qu'il estoit tres necessaire de pourvoir à la conservation de ce païs, signament du chateau de Balsièges qui a esté assiegé despuis lundi dern er et seroit en dangier de se perdre, si promptement il n'estoit secouru. Dequoy il a adverti Mgr de Sainct-Vidal, chevalier de l'ordre du Roy, avec ses troupes, contre lesdictz ennemis, et les contraindre a lever ledict siege et resister aux entreprinses, invasions, courses et ravages qu'ilz font journelement. Et dautant qu'il est adverti que les troupes du Rouergue sont en bonne volunté de secourir cedict païs et s'employer a reprimer lesdictz ennemis ; à ces fins ledict sindiq a requis mesdicts sieurs de luy donner moyen de pourvoir aux vivres et munitions necessaires pour l'entretenement desdictes trouppes, par les villes qui seront a leur passage, affin que les villages circunvoysins en soint dautant soulagés, et eux maintenus toutjours en la bonne volunté quilz ont d'ayder, secourir et favoriser cedict pais.

Signé : DE CHANOLHET, sindiq.

Conclud par mesdits seigneurs que pour avoir esté advertis le cappitaine Grimian et aultres de Languedoc ont esté mandés par le sieur de Châtilhon pour leur venir secourir au siége quilz ont mys audict chateau de Balsieges ; comme aussi pour invahir tout ce que pourront de cedict pays, et ayant souvent adverti mondict seigneur de Saint-Vidal, lieutenant pour sa majesté en cedict diocèse et craignant sa venue tirer en longueur et que lon ne scauroyt assez avoir de gens fidelles à sadicte majesté pour résister à telles gens ennemys d'icelle et du repos publicque, ledict sieur scindic avec le sieur de Garrejac s'achemineront à la Canorgue, pour fere pourveoir de munitions nécessaires pour l'entretenement du passager des compaignies de Rouergue, et de mesmes en la ville de Chanac ; à la charge de tout fere esgaller sur le général dudict diocèse, et à ces fins feront toutes promesses et obligations necessaires.

Ont signé : BRUGEYROMS ; COMITIS.

Archives departementales, C. 811.

LETTRE DE M. DE CHATILLON.

20 mars 1580.

Monsieur, (1)

Si jay retenu le sieur du Gast et retardé son retour jusques a présent, ça esté afin que estant édifié de mes actions il puisse rendre bon et asseuré tesmoingnage au Roy de la tres humble affection et devotion que j'ay au bien de son service, au reppoz et soulaigement de ses subjectz. Ayant estime que le plus propre et souverain remède aux désordres et confusions que cest événement (2) produisoit tous les jours au préjudice de ce peuple estoit d'en oster la cause, le moteur et fauteur d'iceux, ad ce que par son absence et de ceulx qui adhéroient a telles insolences et injustes actions, ceste ville fust conservée soubz l'obéissance de sa Majesté et les habitans d'icelle remis en leur première liberté, je my suis sy affectueusement employé, qu'ayant descouvert devant les yeulx d'ung chascun ce qui est de mon intérieur en c'est endroict, on trouvera tousjours en moy un cœur tellement françois et dispos d'employer sa vie pour ledict service de sa majesté. Tant s'en fault que je vollusses user d'aucunes violences en l'endroict

---

(1) Le nom du destinataire de cette lettre parait être M. de la Ferté.
(2) Sans doute la prise de Mende par les Huguenots.

du peuple, ny acquérir les effects de la justice du prince par la force que je ne porte rien plus impatiamment que la ruyne et dissipation de ses subjetz. Vous scavez, Monsieur, le juste subject que jay de recourir à sa bonté et luy descouvrir les plainctives supplications que ne luy ay faictes depuis la mort de feu monsieur l'admiral mon pere, après avoir souffert, mes frères et moy, de très grande cruauté, avec la perte et ruyne de noz biens, sans avoir encores peu obtenir l'entiere jouissance de ce peu qui nous est réservé des misères et calamités passée ; sy bien que nous sommes seulz, en ce royaulme, privés du bénéfices de ses édictz et réduictz en toute extremité.

Je vous supplie doncques, Monsieur, user de vostre intercession envers sa majesté et Monseigneur son frère, à ce qu'il nous soit faict justice sur le contenu en nos dictes requestes et supplications, et que, usant de sa grâce et libéralité en nostre endroict, comme prince équitable, nous ayons tant plus de moiens de leurs en rendre très humble et fidelle service, tout le temps de nostre vie, et nous disposer à l'obéissance de leurs commandementz. Et asseurez vous, Monsieur, que je tiendray tellement la main au soullaigement de voz citoyens, et attandant sur ce leurs dictz commandementz et du Roy de Navare que vous en rapporterez entier contentement et eulx le fruictz et utilité quilz esperent.

Et pour vostre respect je feray en tout ce que les concerne comme sy cestoit pour moy mesme, et ne vous feray sur ceste plus longue, que pour vous supplier de croire que en tous les endroictz que je vous pourrez fere services je m'y employeray de la mesme affection que je me recommande bien humblement à vostre bonne grâce ; priant Dieu vous donner,

Monsieur, en parfaite santé, très heureuse et longue vie.

De Mende, ce 20ᵉ mars 1580.

Vostre bien humble et affectionné à vous servir.

Signé : CHASTILLON.

Monsieur,

Je vous supplie m'estre aussy bon amy en mes afferes que je vous seray aux vostres, vous y feray service voluntiers.

(Archives départementales, C. 1796).

LETTRE DE M. DE CHATILLON A M. DE LA FERTÉ.

(Cette lettre ne porte pas de date.)

Les honestes offres que vous me faites par vostre lettre, Monsieur, et l'asseurance que vous me donnés de vostre amitié, me fera vivre dores en avant plus content, et me fera rechercher tous moyens de vous faire quelque service, qui vous rende encores plus certain de l'envie que j'ay de vous servir fidellement, en ce que vous me voudrés employer, pour le moins que je reçoive ceste faveur de vous, que vous croyes que je ne cederay à homme de France en affection en vostre endroit, qui est l'occasion que je feray ce que vous me priés par vostre lettre, et de bouche, par celuy que vous m'avés envoyé pour les papiers de Monsieur de Mende, lesquels je luy conserveray si bien qu'il demeurera content de moy et connoistra que la où il me voudra employer pour luy, je luy feray service de bonne volonté, tant pource qu'il est serviteur de Monsieur, que je le suis très humble et très obeyssant, que pour l'amour de vous.

Je vous asseure bien que combien que je ne connoisse point Monsieur de Mende, si est ce que pour ce seul respect qu'il est à celuy pour le service, duquel je voudrois finir ma vie. J'ai esté extremement annuyé que la fortune soit tumbée sur ceste ville « de Mende », laquelle j'avois détournée, puisque cela est avenu, je veux qu'il me soit reproché toute ma vie sy je n'employe tout ce que je pourray pour empescher les désordres que permet la licence débordée des soldats d'aujourd'huy ; laquelle je reprimeray par toutes les voye de la justice, et espère que Dieu me fera la grâce que je my gouverneray de telle façon que tous les gens de bien m'en sçauront bon gré.

Je vous supplie me servir d'amy envers tous ceux qui me pourroyent calomnier de ceste prise. Vous sçaves comme depuis sept ans nous avons esté traités. Je ne vous en diray davantage, sinon que je m'asseure que le Roy est un prince sy équitable, que quand il me voudra ouïr sur mes plaintes et remonstrances, il ne trouvera mauvais ce que la nécessité a fait entreprendre. Au reste pour vostre particulier, faites estat de mon service et me permettés que je vous baize bien humblement lés mains, et que je vous asseure qu'il ne se présentera jamais occasion que je ne vous face connoistre avec quelle affection j'embrasseray tout ce quy vous sera agréable. Le capitaine Gas vous dira ce que jay fait pour ceux de Monsieur de Mende dont vous m'aves escrit, et que j'ai faict conserver tous les papiers; que si je puis davantage pour vous et pour luy, en me le mendant, et luy aussy, je m'efforceray de vous rendre contens, comme je feray en tout ce que vous sçauriès désirer de moy quy suis,

Vostre bien humble voisin et très parfait amy à vous faire service,

CHASTILLON.

(Archives départementales. — Série C. 1796.)

M. NICOLAS DE NEUFVILLE, S^{gr} DE VILLEROI, SECRÉTAIRE D'ÉTAT, ANNONCE A M. DE SAINT VIDAL LA RÉSOLUTION DE M. DE CHATILLON, QUI EST DE CHASSER MERLE DE LA VILLE DE MENDE.

2 avril 1580.

Monsieur. Ayant leurs majestés eu advis de la vollunté et saincte resollution que Monsieur de Chastillon a eue, chassant Merle de la ville de Mende, de la remectre en leur obéissance et es mains de qui il leur plairoyt, le roy envoye devers luy pour cest effect le sieur de Vione? tant pour se charger de ladicte ville que pour vous fere entendre leur intention, soyt que ledict sieur de Chastillon effectue ce qu'il commande ou non. De laquelle encores bien particullierement vous serez informé par lettres du Roy, ou ne pouvant qu'adjouter ny à la suffizance dudict sieur de Vione? Je me recommanderay humblement à vos bonnes grâces. Priant Dieu vous donner, Monsieur, parfaicte santé, longue et heureuse vye.

De Paris ce 2ᵉ d'avril 1580.

Votre humble serviteur et amys.

Signé : DE NEUFVILLE.

L'adresse de cette lettre est ainsi conçue :

Monsieur

Monsieur de St-Vidal, chevalier de l'ordre du Roy et son lieutenant général, en Vellay.

(C. 1795).

MINUTE D'UNE LETTRE DE L'ÉVÊQUE DE MENDE, A M. BRUGEYRON, SON GRAND VICAIRE.

26 mai 1580.

Monsieur Brugeron, encores que nous ayons receu beaucoup d'adversitez par la fortune advenue en la ville de Mende, et que ce mal vous aye touché de plus près, sy vous prieray je de ne perdre poinct le couraige ains vous affectionner de plus en plus en mes afferes de delà, tant au bien du pays que à mon particulier. Car ce n'est maintenant qu'il fault perdre cœur. J'espère bien que Monsieur de Chamfremont pourra aller par delà pour vous ayder et soulaiger ; mais je doubte que ce ne soit sytost que vous désireriez, car il est nécessaire auprès du Roy, tant pour le traicté de la paix qui ce pourra renouveler, auquel est bien besoing, comprendre la ville de Mende, expressément, que pour les commissions dont on a journellement affaire pour le bien du pays. Car ce ne seroit rien de tenir les Estatz, de proposer et résouldre, si les affaires n'estoient autorisées par les expéditions et commissions venant du Roy. Il est doncques nécessaire que Monsieur l'official, et vous, faciez, en attendant, tout ce que vous pourrez, tant pour le soulaigement du pays que pour mon particulier, mesmes pour fère rejecter la despence de la garde de mes places, sur les deniers qui seront ordonnez estre levés au pays ; car il ne seroit pas raisonnable que je gardasse le peuple à mes despens. Ce que le roy ne faict pas en ses villes et places. Il vous prie de le bien remonstrer soit en l'assemblée des Estatz soit par tout ailleurs. Et cependant fere bien entandre à mes subjectz et aultres, qui se sont retirez dans mes places, qu'il fault bien qu'ils se gardent eulx mesmes et leurs biens, n'estant délibéré d'entretenir plus de six soldatz en chacune des places, aultrement vous veriez que mon revenu ne reviendroit à rien, ce qui n'est raisonnable. Encores j'entendz que la despence desdictz soldatz soit jeictée sur le pays. Que sy le général dudict pays nous en accorde davantaige, je seray bien ayse que peuple en soit d'autant soulaigé. Et pour le passé je vous prie regarder avec monsieur de Thiville de le reigler de telle sorte que je ne sois frustré de mon revenu comme vous sçavez, il n'est raisonnable. Et quant à ce qui m'est deu du passé, je vous ay cy-devant escript de faire contraindre mes fermiers de porter leur argent à Lyon, car, du terme escheu à Noël dernier, Garrejac ne ce peult excuzer non plus que de cesluy de St-Jehan prochain, car l'un et l'autre terme est, à cause des fruictz de l'année passée, oultre ce que Monsieur de Châtillon m'escript que mes fermiers n'ont esté et ne sont aucunement empeschés en leur joyssance. Quant aux aultres terres et mandemens, il n'y a point de difficulté. Cependant je suis en telle nécessité de deniers pour ce que je ne reçoy rien de ceste part, que seray constrainct d'aller vivre sur les lieux se ny donnez ordre comme je m'en attendz et repose en vous et vous en prie de rechef affectueusement, et le Créateur vous avoir, M. Brugeron en la sainte garde.

De Chateaubrun ce xxvi° mai 1580.

Vostre bon amy.

(Archives départementales C. 1795.)

LE FORT ET CHATEAU DE SAINT-LAURENT-DE-TRÈVES, PRIS PAR LES CATHOLIQUES, EST ASSIÉGÉ PAR LES RELIGIONNAIRES.

L'an mil cinq cens quatre vingtz et du mercredi vingt deuxiesme jour du moys de juing. En la ville de Chanac, maison du cappitaine de Grimauld, assemblés nobles et vénérables personnes Lambert de Gayet, seigneur de Thiville ; Jacques Macel et Jehan Brugeyron, vicaires de monseigneur de Mende, comte de Gevauldan ; André de Recth, seigneur de Cheminades, premier consul dudict Mende.

Par M⁰ Jehan Comitis a esté remonstré que le seigneur de Sainct Didié auroyt faict prendre et saisir le fort et chasteau de Sainct Laurens-de-Trève, pour icelluy conserver à l'hobeyssance du Roy et empécher les perturbateurs du repos publicque des Cevènes, que journellement vont et viennent en la ville de Mende, pour icelle pilher. Et daultant que tout aussitost que ledict fort feust prins à l'obeyssance de sadicte majesté, lesdictz perturbateurs lauroient assiégé, ou ledict siège y est encores. Parquoy a requis et priés mesdictz seigneurs les commis, trouver moyen fere administrer vivres aulx compaignies que le seigneur de Saint-Didier est après pour les fère assembler en nomble de quinze cens hommes à pied et cinq cens à cheval, aulx fins aller fère lever ledict siège et interrompre le desseing desdictz perturbateurs et aultres choses qu'il pourroit fère pour le service de sadicte majesté.

Conclud, par mesdictz seigneurs, que les villes et

lieux circumvoisins seront emprumptés pour fere munition pour ung moys et pour deux mil hommes, considérant les grandz urgens à faires du présent diocèse et pour éviter à plus grandz maulx dicelle, et, à cest effect sera faict rolle desdictz lieux et distribution que y conviendra, à la charge le tout fere cohecquer sur le général du pays, soubz le bon plaisir du Roy, de Monseigneur le duc de Montmorency et suyvant la lettre qu'a pleu à sa grandeur envoyer audict sieur de Sainct-Dedier, icelles exhibées par ledict Comitis et par luy retirée, dattées a Pezenas, le xviiie juin, an présent.

Ont signé : Lambert Thiville ; A. de Chewinades ; Jacques Macel ; Brugeyronis.

(Archives départementales, C. 814).

MINUTE DE LETTRE ADRESSÉE PAR L'ÉVÊQUE DE MENDE, A UN GENTILHOMME QUI LUI OFFRAIT SES SERVICES POUR LA REPRISE DE SA VILLE ÉPISCOPALE.

Monsieur,

J'ay entendu par Monsieur de Thiville et despuis par lettres de M. de Restauré la continuation de vostre bonne affection pour la réduction en l'obeyssance du Roy de la ville de Mende et des aultres places occupées en Gévaudan, et comme estiez jà dispesé d'aller joindre voz troupes à celles de Messieurs de Quelus (1) et marquis de Canillac, pour les assister pour quelques jours en Auvergne, et incontinant après venir en Gévaudan. Ceste bonne disposition fait espérer de la future réduction et délivrance du païs par vostre prudence et bonne conduicte accompaignée de l'affection qu'en avez tousjours eu. En laquelle je vous prie continuer pour emporter la couronne dung si saint œuvre qui tournera au bien du service du Roy et du païs et à vostre honneur et réputation. Vous priant aussi avoir tousjours en singulière recommandation ce que me touchera, comme je ne mespargneray en tout lieu ou j'auray moien m'emploier pour vous mesme à la Court près du Roy où je m'achemine presentement.

(G. 59).

GARNISON AUX FORTS DU COURBADOUR ET DE GRANDRIEU.

28 mars 1580.

A Jehan Bodetes et Antoine Montchamp, hoste du lieu d'Auroux, la somme de 7 escus au soleilh, a eulx ordonnée par ordonnance du susdict sieur de St-Vital

---

(1) Antoine de Lévis, comte de Caylus, sénéchal du Rouergue.

(Vidal), dattée du 28ᵉ jours du mois de mars 1580 pour remboursement de pareille somme qu'ilz auroient fournie en despence, que le sieur Dadiac, lieutenant de la compagnie de gens d'armes dudict sieur de St-Vidal, auroit faicte en leurs logis avec son train et autres gentilhomes de sa suicte durant ung jour qu'ilz allarent en garnison pour le service du Roy et du commandement dudict sieur de Saint Vital, deux compagnies d'infanterie estans soubz la charge et conduicte des cappitaines Tourton et Lorme, ez lieux et fortz de Courbadour et Grandrieu, pour résister aux cources que l'ennemy faisoit ordinairement de ce cousté, ainsi que plus à plain est porté par l'ordonnance dudict sieur et quittance desdictz Boudètes et Moncham, dattée du second jour d'apvril en suyvant.

MINUTE DE LETTRE DE L'ÉVÊQUE DE MENDE, Mᵍʳ RENAUD DE BEAUNE, A M. ADAM DE HEURTELOU, SIEUR DE CHAMFREMONT, ABBÉ DE RESTAURÉ.

Monsieur de Restauré,

Ayant receu depuis deux jours plusieurs lettres et mémoires du Gévaudan touchant les affères du païs et miennes particulières, j'ay pensé les vous envoier incontinant affin que voiez l'estat desdictes affères, comme en deux ou trois poinctz vous y requerent, assavoir pour le bien et soulaigement dudict païs premièrement, et puis pour mon particulier, affin de fère rejecter sur le païs la despense des garnisons de mes places, ny ayant plus de moien de les entretenir du mien qui est du tout failly, et aussi pour mes baulx à ferme que fassiez tous à ceste St Jehan. Voilà ce qui vous y appelle principalement. Dailleurs vous verrez par ung article d'ung mémoire, comme sur ceste espérance de renouvellement de traicté de paix, ceux de la Religion veullent faire instance de Mende pour leur seureté; tellement qu'en ce cas et quand il ny auroit que ce seul respect, vous seriez nécessaire encores quelques temps près de leurs majestés, aussi pour la passassion des expéditions requises pour le bien dudict pays, oultre mes afferes particulieres quy requiert nécessairement vostre presence, ne voyant pas les aigreurs assopies sur ceste diversité doccurence d'afferes, ayant considéré que vous ne pourriez pas estre à temps ausdictz Estatz que se tiendront à la fin de ce mois ou au commencement de l'aultre. J'ay pensé que pour le mieulx il estoit besoing differer vostre dicte partance pour quelques jours, pour d'ung costé veoir l'effect de ce traicté de paix et aussi que remplissiez ce bon devoir aprochant de. . . . . . . dans d'aultre le cours de noz afferes particulieres. Cependant j'ay escript au sieur de Thiville, commis et officiers, de fère tout ce qu'ilz pourrait pour lesdictes afferes pour le bien et soulagement dndict païs, pour lequel vous pourrez procurer ce que jugerez nécessaire par vostre despeche. Je pense vous mander bientost de mes nouvelles du lieu et jour . . .

(Archives departementales, G. 59).

COMMISSION DU ROI HENRI III, POUR LEVER DES TROUPES A L'EFFET DE MARCHER CONTRE LES RELIGIONNAIRES QUI S'ÉTAIENT EMPARÉS DES VILLES DE ST-AGRÈVE, MENDE ET AUTRES LIEUX.

21 mai 1580.

Henry, par la grâce de Dieu roi de France et de Pologne. Au bailly de Vivarais, commis, scindicz et depputez dudict pays, salut.

C'est chose très notoire que tous les bons subjectz zellateur de leur debvoir, du service de leur prince et du bien de la patrie en la conservation de laquelle consiste tout le bien et reppos des particulliers ne peuvent entendre qu'avec regret infini que aulcungs perturbateurs, ennemys de justice et société humaine se soient n'aguières eslevez en armes, qui ne peult estre qu'avec très maulvaise intention, au mépris de nous et nostre auctorité, dommage et perte irréparable de nous bons subjectz et contre la teneur expresse de nostre édict de pacification et articles de la conférence, lesquelz avons de nostre part très soigneusement et relligieusement gardez et observez, faict entretenir, garder et observer inviolablement, ayans les dessusdictz occupez plusieurs villes et places de conséquence, notamment celles de St-Agrepve, Mende et aultres, où ilz ont exercé plusieurs cruaultés et malheurtz avec très pernicieulx exemple et suyte très dangereuze ; et d'aultant que ce sont actes si contraires à toute raison et à l'observation de nostre édict, Nous aurions par plusieurs fois envoyé vers iceulx occupateurs et perturbateurs a ce que recognoissants leur debvoir ilz se dispousassent à nous restituer et au pays lesdictes villes, ayant tousjours esté, comme est encores plus que jamais nostre intention entretenir exactement nostre dict édict de pacification. A quoy les dessusdictz contreviennent directement; néantmoins nostre doulceur et bénignité ne les a peu desmouvoir de leurs sinistres desseings, ains font toute desmonstration de les retenir et destruire. A quoy le pays et les circonvoysins aussi au très notable interest; et d'aultant que toute raison veult que nous preignons la protection et deffense de nous bons subjectz, et ensuyvant nostre dict édict, Nous avons resollu, ne s'estans les dessusdictz dellaissez conduyre par la voye doulce et amyable de ravoir nousdictes villes par l'ayde force, moyen et assistance de nous (1) bons subjectz et les reduyre en nostre obeyssance, sans aulcune alteration, toutesfois de nosdictz édict ny du reppoz et seureté, esquelz voullons tous nous subjetz soit de la religion préthendue réformée ou aultres qui se contiendront doulcement suyvant nostre dict édict, estre maintenus et conservez Et pour y parvenir avons ordonné et ordonnons que nostre très cher et amé cousin le duc de Montmorency, pair et mareschal de France, gouverneur et nostre lieutenant général en nostre pays et province de Languedoc, ou le seigneur de Joyeuse, nostre lieutenant général, en son absence, ou en cas que nostre dict cousin et seigneur de Joyeuse pour estre ailleurs occuppez pour nostre service ny puyssent entendre et sy acheminer, et en leur absence, le seigneur de Sainct-Vital (2), commandant pour

---

(1) Pour nos.
(2) Saint-Vidal.

nostre dict service es pays de Vellay et Gévauldan, aura la charge, direction et conduite desdictes redductions. Et parce qu'il est très nécessaire de l'assister de quelques forces et moyens, luy avons ordonné et ordonnons, oultre les cinq compaignies d'hommes d'armes de nostredict cousin sieurs de Randan, de Caylus, marquis de Canilhac et de St Vital, le nombre de six mil hommes de guerre à pied, qui se prendront, assavoir : dans le pays de Rouergue, mil hommes ; hault et bas Aulvergnhe, deux mil ; audict Givauldan, Vellay et Viverois deux mil, que ledict sieur de Sainct-Vital fera lever esdictz pays, en vertu de nous commissions, et les aultres mil que nostredict cousin faira venir du pays de Languedoc y adjoustera et comprenant douze pièces d'artillerie, qui se prendront, assavoir : en nostre ville du Puy, quatre pièces, deux canons et deux coullouvrines ; quatre pièces du bas pays d'Aulvergne, y comprenant les deux qui debvoient avoir esté deslivrées audict marquis de Canilhac ; deux aultres canons de Roergue, et les deux qui sont en Viverois, accompaignées lesdictes pièces des pouldres, bolletz, attelages, charroy, pionniers, munitions et vivres nécessaires qui à ces fins seront levez sur lesdictz pays à la manière accoustumée, chascun pour leur part et pourtion. Le payement et entretènement desquelles forces désirerions bien pouvoir promptement fère de nous deniers et finances ; mais estant icelles d'ailleurs tant chargées et espuisées que chascun sçait qu'il nous est du tout impossible de ce faire, ayant estimé que nous bons et loyaulx subjectz desdictz pays, mectans en considération l'importance de l'afère, combien cella les touche et regarde de près, et que lesdictes forces et artillerie estans ensemble s'employeront et explecteront en chascun desdictz pays sellon que le besoing et occasion se présentera, pour la redduction des places occuppées en iceulx contre l'édict, seront contentz d'y fournir et contribuer dès maintenant, jusques la somme et concurrance de six vingtz mil livres tournois. Laquelle ayant esté par eulx fournie pour ledict entretènement et temps que sera requis, nous y aurons esgard lors de la levée de nous deniers des tailles de l'année prochène mil cinq cens quatre-vingtz ung.

Pour ces causes et aultres bonnes et grandes considérations, à ce nous mouvantz, vous mandons et ordonnons, par ces presentes, qu'appellez et convocquez les gens des Estatz du pays, vous ayez à leur expouser et representer les grandes et importantes considerations qui les doibvent mouvoir d'ayder de leurs moyens à ladicte redduction desdictes villes et places occupées, tant pour la levée desdictz gens de guerre que pour le payement d'iceulx, jusques à la somme de vingt mil livres tournois pour leur part et pourtion desdictz six vingtz mil, et la dicte somme fere cuillir et lever comme les aultres deniers de noz tailles, y contraignant, si besoing est, tous ceulx qu'il apartient, par toutes voyes et manieres deues et raisonnables, et comme pour nous propres affaires; pour estre iceulx deniers mis ez mains du trésorier de l'extraordinaire de la guerre ou son commis et iceulx fournis et employés aux fraiz et despence de la guerre par les ordonnances de nostre dict Conseil du duc de Montmorency, dudict seigneur de Joyeuse, s'lz y viennent et commandent ou bien dudict seigneur de Saint Vital. Et afin d'accelerer nostre service et que l'exécution d'ung si bon œuvre ne soit et ne demeure en cas que lesdictz deniers ne puyssent estre si promptement levez, vous pourrez cependant fere emprumpter et advancer ladicte somme sur les plus aisez dudict pays, qui après en seront rambourcez par le moyen de ladicte levée. A quoy, comme dict est nous aurons esgard en l'année prochène.

Mandons aussi expressement, enjoignons à tous nous justiciers, officiers et subjectz vous bailler et prester ayde et assistance en l'exécution de ce que dessus ; vous faisant obeyr et entendre bien diligemment. Car tel est nostre plaisir, nonobstant quelzconques edictz, ordonnances, defenses et lettres à ce contraires, ausquelles nous avons desrogé et desrogeons.

Donné à Paris le xxi° jour de may, l'an de grâce mil cinq cens quatre vingtz, et de nostre règne le sixiesme.

HENRY, ainsi signé.

Et plus bas :

Par le Roy, estant en son Conseil

DE NEUFVILLE.

Et sont scellées de cyre jaulne sur simple gueue du grand scel aux armes dudict seigneur.

Collationné à son original estant au pouvoir de messire Adam de Heurtelou, seigneur de Chamfermon, abbé de Restauré.

Signé : BOIER.

(Archives départementales, C. 1693).

PRÉPARATIFS POUR LE SIÈGE DE MENDE.

Dépenses diverses.

juillet 1580.

A esté paié à M° Anthoine Pavan? de Paris, pour la conduicte de vingt milliers de pouldre, prins de l'arsennac de Paris et de deux canons avec leur équipaige, prins de l'arcennac de Nevers, le tout conduict et porté jusques à Maringues, suivant l'ordonnance desdictz sieurs commis, du 25° dudict mois de julhet, la somme de 460 escus.

Plus, par ordonnance desdictz sieurs du 28 dudict moys, payé a Anthoine Roqueplan, controlleur de l'artillerie en Languedoc, et à Jehan Vivian de Mende, pour ung voiage faict par eux à Digion (Dijon), pour recouvrer 4,000 balles à canon, que le Roy avoict ordonné estre prinses à l'arcenac dudict lieu, la somme de 210 escus.

Plus au cappitaine Gibrat, commissaire ordinaire de l'artillerie, a esté paié, employé avec le sieur de Sabran, pour la conduicte des pouldres, de Maringues jusques à Brieude, 20 escus.

(Archives départementales, C. 1335).

LE CAPITAINE COSTEREGORD CHARGÉ DE RÉUNIR A CHANAC LE VIN NÉCESSAIRE POUR L'ARMÉE QUI DEVAIT VENIR ASSIÉGER LA VILLE DE MENDE.

Délibération du 4 août 1580.

L'an mil cinq cens quatre vingtz et le quatriesme jour d'aoust. A Chanac, dans le chateau, assemblés MM. Jacques Macel, docteur ez droictz ; Jehan Brugeyron, bachelier, viccaires généraulx de Mgr l'évesque de Mende-comte du Gevauldan et Robert de Chalolhet, scindic du diocèse de Mende.

Ayant faict faire lecture des lettres multipliées envoyées par Mgr de Chanfremont, abbé de Restauré et aussi viccaire général de mondict seigneur de Mende, et depputé par le Roy pour les préparatifz de l'armée que sadicte majesté a faict mectre sus pour la redduction à son obeyssance de la ville de Mende et aultres lieux occupez audict diocese par les rebelles à sa majesté, ont advisé estre tres expédiant dresser, en la présent ville de Chanac, ung bon maguazin de vin, tant du Rouergue, Cevenes que aultres lieux voisins, pour fournir en partie à la nourriture de ladicte armée, et prié noble Jacques Du Bruel, dict de Costeregord, cappitayne, commandant pour le service de sa majesté audict Chanac, se vouloir employer pour dresser ledict maguezin et le munir jusques à troys cens charges de vin. De quoy ledict de Costeregord s'est voleu excuser de se charger de fournir si grande quantité de vin, veu les empêchemeus des chemins ; toutesfoys luy donnant moyen ou baillant argent pour fournir à l'achapt, il fera tout ce que sera en luy pour en fere pourter, en la présent ville, le plus que luy sera possible ; à la charge aussi de luy payer et satisffere le deschet dudict vin, le louaige et racoustellement des toneaulx que luy conviendra recouvrer pour le lotger et les peynes et vaccations de ceulx qu'il employera audict effect Quoy entendu par mesdictz sieurs les viccaires et scindic, a esté conclud que ledict Costeregord dilligentera a fère pourter tant de vin qu'il pourra en ceste dicte ville de Chanac, soyt de Rouergue, Cevenes ou aultres partz, que luy sera payé en deniers comptens, à mesure qu'il le recepvra, par M° Anthoine Chevalier, commis à la recepte des deniers du Roy, dudict diocèse, ou bien par assignation qu'il luy baillera, tant sur la pourtion de la talhe de l'ayde et octroy dudict Chanac que de l'emprunt faict sur ledict Chanac et aultres parroisses, la present année. Auquel Chevalier est donné mandement de ce fere. Et rapourtant la presente et quictance dudict Costeregord du pris à quoy se montera l'achapt dudict vin, dont il fournira ledict maguezin, à raison d'ung escu le sestier, mesure dudict Chanac, comme se vend audict lieu communément, icelluy pris luy sera tenu en compte et rebatu de sa recepte à la rediction de ses comptes, à la charge que ledict de Costeregord demeurera chargé dellivrer audict pays ou à MM. les commissares des vivres de ladicte armée ledict vin de jour en jour audict Chanac et non ailheurs ; et le pays luy demeurera aussi du deschet dudict vin, louaige et racoustrement des toneaulx et aussi des peynes et vaccations qu'il y expausera ou ses serviteurs.

Ont signé :

Jacques MACEL ; BRUGEYRONIS ; DE CHANOLHET, scindic.

(C. 814).

DÉPENSES DIVERSES FAITES POUR PRÉPARER LE SIÈGE DE MENDE.

août et septembre 1580.

A Me Claude Fontunie, docteur ez droictz de la ville de la ville de Salgues, la somme de cent escus à luy ordonnée par les susdictz sieur de Chamfremont et commis dudict païs par leur ordonnance du 6e jour du moys d'aoust, au susdict 1580, tant pour ses despens, journées et vacations d'un voyagé qu'il seroit allé fère en Court, en toute diligence et sur chevaulx de poste, pour les propres affères du Roy et dudict païs, importans grandement à la libération dicelluy et réduction des villes et lieux y occupés par les vouleurs et rebelles à sa majesté, que pour fournir à tous fraiz des expéditions que ledict Fontunie obtiendra de sadicte majesté.

Au sieur Vidal Borrel, tant pour luy que pour Claude de Lestaing, de la ville de Mende, la somme de dix escus sol, à eulx ordonnée par les susdictz sieurs de Chamfremont et commis dudict païs de Gévaudan, par leur ordonnance du 6e jour du susdict mois d'aoust, pour aller à St Flour et Orlhac (Aurillac) porter certaines dépêches de Mgr de Montmorency, concernant grandement les affères du Roy, aux officiers et consulz, scindic et depputez du hault Auvergne, pour fère entendre le acheminement que ledict sieur de Montmorency faict audict païs de Gévaudan, avec son armée, pour reduyre la ville de Mende et païs, à l'obéissance de sa majesté et savoir d'eulx si les moiens que sadicte majesté luy a assignés pour l'entretènement de ladicte armée sont prestz, afin de les avancer ensemble de la levée des pionniers.

A Pierre Cortial, porteur ordinaire du lieu de Cheyrac (1) en Gévaudan, la somme de 7 escus, à luy ordonnée par ordonnance des susdictz sieurs de Chamfremont et commis dudict païs, pour ung voyage qu'il seroit allé fere à Roddés, de leur commandement pour trouver tant M. de Chaylus, gouverneur pour le Roy au païs de Rouergue, que commis, scindic et depputez dudict païs pour leur porter certain paquet de lettres et dépêche, à eulx envoyées par Mgr le duc de Montmorency ; les advertissant comme ledict sieur s'acheminoyt audict païs de Gévaudan pour assiéger la ville de Mende, et savoir deulx si les moiens que le Roy luy a assignés sur eulx sont pretz pour les avancer.

Aux sieurs de La Rodde et Villeneufve, la somme de 14 escus sol à eulx ordonnée par ordonnance des susdictz sieurs de Chamfremont et commis dudict païs, du 10e jour dudict mois d'aoust, qu'est assavoir audict de La Rodde, 12 escus et deux escus audict de Villeneufve, pour leurs fraiz et et despens, journées et vacations d'ung voiage qu'ilz sont allés fère de leur commandement, scavoir ledict sieur de La Rodde au païs de Limosin et siége devant la ville de Servière, trouver M. de Saint-Vidal, gouverneur dudict païs de Gévaudan, pour l'advertir de la venue du sieur de Valernaud, se-

---

(1) Chirac.

cretere de Mgr le duc de Montmorency, envoyé par ledict seigneur audict païs, pour voir les préparatifs que le Roy luy a ordonnés pour assiéger la ville de Mende et pour d'autres affères importans grandement le service de sa majesté ; audict sieur de Villeneufve, pour estre allé chercher le sieur de Chamfremont pour fère reboucher chemin audict Valernaud jusques à la ville de Salgues (Saugues) ou ledict seigneur de Chamfremont estoit arrivé pour conférer ensemblement sur le faict de sa délégation et affères dudict païs.

Au sieur Vidal Borrel, de la ville de Mende la somme de dix escus à luy ordonnée par les susdictz sieurs de Chamfremont et commis dudict païs de Gévaudan, par leur ordonnance du 15e jour dudict mois d'aoust pour ses dépenses, journées et vaccations d'estre allé à cheval à Clermont et bas païs d'Auvergne, pour trouver tant M. de Saint-Vidal, gouverneur dudict païs de Gévaudan, que susdict sieur Valernaud, secrétaire de Mgr le duc de Montmorancy, et leur fère entendre la résolution du hault païs d'Auvergne ou ledict Borrel avoit esté envoyé pour se trouver en l'assemblée qu'ilz debvoit fère à Orlhac, que pour porter aux eschevins de ladicte ville de Clermond les obligations à eulx nécessaires pour le recouvrement des canons et monitions que le Roy a ordonnés estre prins audict Clermond pour assiéger la ville de Mende.

A noble Claude Sabran, sieur de Bonnetès, baily de Gévaudan, la somme de six vingtz escus sol, à luy ordonnée par ordonnance des susdictz sieur de Chamfremont et commis dudict païs, dattée du 16e jour dudict mois d'aoust, pour estre allé trouver le sieur de

Gondras, maistre de l'artillerie de France, tant pour luy fère compagnie à Maringues et Clermond, où ledict sieur de Gondras est allé pour faire conduire les canons et pouldres, qui sont esdictz lieux, au pays de Gévaudan, suyvant la volonté du Roy, que pour fournir à tous fraiz qu'il conviendra fère ausdictes voitures et charriages, et continuer la solicitation commencée par ledict sieur de Sabran, à la levée des deniers que sadicte majesté ordonne estre impozés audict bas Auvergne, pour l'entretènement de l'armée qui se prépare pour assiéger la ville de Mende.

A Jehan Méjan, soldat, la somme de 4 escus sol, à luy ordonnée par ordonnance des susdictz sieurs de Chamfremont et commis dudict pays de Gévaudan, en date du 26e jour dudict mois d'aoust, pour les fraiz et despens qu'il auroit faictz et fera, tant pour estre venu ledict sieur Chamfremont (1) pour luy porter cetains pacquet de lettres que le sieur Du Tournel luy auroit expressement envoyées, concernant grandement les afères du Roy et du païs, l'advertissant de plusieurs maulvais dessains que les ennemis conspirent de fère contre aucunes villes et fortz dudict païs, pour estre allé, de leur commandement trouver M. de Saint Heran, pour luy porter certain aultre pacquet de lettres et le fère acheminer avec sa compagnie d'hommes d'armes audict païs pour resister ausdictz ennemys suyvant la volonté du Roy.

Au sieur de Valernod, secrétaire de Mgr de Montmorancy, la somme de 70 escus sol, a luy ordonnée par

---

(1) M. de Chamfremont est M. Adam de Heurtelon, qui fut ensuite évêque de Mende.

ordonnance des susdictz sieur de Chamfremont et commis dudict païs de Gévaudan, en l'absence de M. de Saint-Vidal, gouverneur pour le Roy audict païs, dattée du 3ᵉ jour du moys de septembre, pour alcunement le récompenser des fraiz et despens par luy faictz, pour estre venu expressement du Languedoc, du commandement dudict sieur de Montmorancy, audict pays de Gévauldan, avec trois chevaux, pour porter, tant au susdict sieur de Saint-Vidal que susdict sieur de Chamfremont et commis dudict païs, certaines dépêches concernans grandement le service de sa majesté et du païs, que pour estre allé et revenir du commandement de mondict sieur, tant à la ville du Puy, Clermond, Rioms, Montferrand, Maringues, Orlhac (2) et autres lieux, pour savoir si les moyens que le Roy luy a donnés sur lesdictes provinces sont prestz pour l'entretenement de l'armée que sa majesté a ordonnée estre levée et dressée pour réduire à son obéissance la ville de Mende et autres lieux et forts occupés par les ennemys et advertir les gouverneurs desdictes provinces de la résolution de mondict seigneur de Montmorency, que pour les frais et despens que luy convient fere pour s'en retourner devers ledict sieur.

Au cappitaine Lhermite la somme de 55 escus et ung tiers, à luy ordonnée par l'ordonnance des susdictz sieurs de Chamfremont et commis dudict païs, en datte du 5ᵉ jour du mois de septembre, pour aucunement le recompencer du service qu'il a faict au Roy et païs, avec cinq soldatz arquebuziers à cheval, français, estans soubz sa charge et conduicte, durant quatre mois,

---

(2) Aurillac, département du Cantal.

jà passés, sçavoir : may, juing, juilhet et aoust derniers, tant pour la conduicte de l'artillerie, depuis Clermond et Maringues jusques sur la vflle du Puy, que pour avoir esté employé durant ledict temps en plusieurs afferes que se sont présentés audict païs concernant grandement le service du Roy et le relever de plusieurs fraiz et despens qu'il y peult avoir faictz pendant ledict temps, avec les cinq soldatz, sans recepvoir aucungz deniers et solde pour leur dict entretenement.

A noble François du Poget, sieur de Fosses, la somme de six escus sol, à eulx ordonnée par ordonnance des susdictz sieur de Chamfremont et commis dudict païs, en datte du treiziesme jour dudit moys de septembre, pour le relever et rembourser de plusieurs fraiz et despens qu'il auroit faictz et souffertz, allant et venant de leur mandement et prière en la ville de Mende et Maruejou, pour négotier avec les ennemys et occupateurs d'icelles villes, de les vouloir rendre et remectre à l'obéissance de sa majesté, ayant demeuré et séjourné esdictes villes durant ladicte negociation dix sept jours, que pour aucunement luy recognoistre et récompenser le hazard, peynes et vaccations par luy prins pour la redduction desdictes villes et luy donner occasion de continuer le bon zelle et affection, qu'il a au service du Roy et reppoz dudict païs.

Au sieur Vidal Borrel, de la ville de Mende, la somme de cinq escus sol ung tiers, à luy ordonnée par ordonnance des susdictz sieurs de Chamfremont et commis dudict païs de Gévaudan, en datte du 27e jour dudict mois de septembre, an susdict, pour ung voyage qu'il seroit allé fère ez villes d'Alègre et Rion, savoir audict Alègre, pour trouver le sieur Nohé Poderous de ladicte ville, pour le sommer bailler et delivrer promptement de bon et loyal vin, suyvant le contrat par luy faict et passé pour la munition de l'armée et siège de la ville de Mende ; et audict Rion, trouver expressément le sieur de Chaloulhet, scindic dudict païs de Gévaudan, s'en allant en Court, pour luy porter ung pacquet, contenens certains adviz et remonstrances pour estre faictes et presentées à sa majesté, importans grandement son service et dudict païs.

(Archives départementales, C. 1335).

LETTRE DE M. DE CHAMFREMONT, A M. LE JUGE DE CHAUDESAIGUES ET DE SAINT-CHELY.

Monsieur le juge,

Sans le voiage que j'ay faict en Auvergne pour l'advancement des affères du Roi en ce quartier là, je neusse esté si longtemps sans fère responce à vostre première lettre, sur laquelle et à vostre seconde, je vous diray que je vous remercie infiniment des nouvelles qu'il vous a pleu m'escrire, lesquelles je vous prie vouloir continuer à me faire part de jour à autre, et n'espargnez la peyne ny les fraiz des messagiers et encores moingz de vos espions dont je vous promectz vous faire incontinant rembourser. Car il n'y a chose en nostre negotiation qui soit plus nécessaire et important, et cougnois par la vostre prudence et bonne affection, de laquelle je ne faudray me souvenir et témoigner par tout ensemble de la diligence que vous continuez de fère pour tenir la main à la prompte levée des deniers du Roy et à la fourniture de nostre magazin de St Chéli, pour lequel je vous prie exciter souvent ceulx qui en ont charge, de fère leur debvoir. Car le temps et les affaires nous pressent infiniment, comme vous verrez par la coppie d'une lettre que je receves encore hier de Monseigneur de Montmorency.

Quant au faict de M. de Peyre et de Marchastel, je vous prie croire que je tiendray bien ruddement la main pour la conservation de ce qui est scien contre la dame de Broquiers, laquelle je donneray bien ordre qu'elle n'entreprendra rien sur les terres de Thoras, Monistrol et autres terres. Jay dict plus particulièrement à ung gentilhomme qui me vient de trouver, lequel pour estre sur son partement, je nay loisir vous fère cest cy plus long que pour me recommander de bien bon cueur à vostre bonne grâce, et prie Dieu qu'il vous donne,

Monsieur le juge, en santé bonne et longue vye.

A Salgues, ce xvi° aoust 1580.

Vostre bien bon et asseuré amy,

CHAMFREMONT, abbé de Restauré.

(C. 1795).

8 septembre 1580.

LETTRE DE M. GUÉRIN DE FONTUNYE A MONSEIGNEUR L'ÉVÈQUE DE MENDE. DANS CETTE LETTRE, LE SIEUR FONTUNYE PARLE DU SIÈGE DE MENDE DIFFÉRÉ JUSQU'AU PRINTEMPS DE L'ANNÉE 1581.

Monseigneur,

Comme Monsieur d'Apchier fut de retour en Gévauldan et moy à sa companye, je fuz incontinent pryé de M. de Chamfremont de fère encores un voyage en Cour, pour l'advancement des affères du Roy audict pays, et pour le bien et soulagement de ses fideles et paouvres subgectz en ladicte province. Ce que j'accorday, aprez en avoir esté fort requis de M. de Chanfremont, qui me remontra l'importance de cette délégation, le plaisir qu'il en recepvoit et le service que je vous ferois acceptant cette charge. Me remectant devant les yeulx que j'aurois cest heur de vous baizer les mains en Cour, ou vostre prezance et faveur me relèveroit d'une infinité de refuz auxquelz je pourrois tomber d'abondant, par ce moyen que mon séjour ne seroit pas long. Mays la fortune ne m'ha ezté si heureuze, car aveq toutte la diligence que jay faict en chemin, estant arrivé dans trois jours et demy du Puy et de Salgues, j'ay trouvé la Cour à Fontainebleau, si petite que presque toutz les seigneurs du Conseil d'Estat estoit encore du costé de St-Maur. Toutesfois, pour accélérer mon retour, je partay incontinent estre arrivé fort à commodité à Monsieur de Villeroy et luy baillay les lettres que Monsieur de Chanfremont escripvoit a sa majesté, lesquelles feurent le lendemain leues au Conseil où le Roy assista ; et, par résolution fut concleu, comme il avoit esté ci-devant, que la saison estoit trop advancée pour l'assiégement de vostre ville de Mande. De quoy je fuz estonné aultant pour l'entière ruyne du pays qu'on en peut espérer comme celluy qui entend la perpétuelle captivité de sa patrie. Je fiz aprez entendre à sa majesté, suivant mes mémoires, l'importance que c'estoit à son service de préférer ce siège à toutz aultres. Les bons et seurs moyens que le païs avoit par la bonne conduitte et providence de M. de Chanfremont pour y travailler tout ce temps cest esté. Mays pour les despart de la Royne en Bourbonnoys où le Roy est allé l'accompaigner, je suis encores suspendu. Cependant je me résoluz de vous salluer très humblement aus bonshommes de Vincennes et vous rendre les lettres que ledict sieur de Chanfremont vous escrivoit, attendant la venue de Sa Majesté, mesmes de l'advis de Messieurs de Cheverny et de Villeroy, pour recepvoir voz commandementz, et suivant iceulx negotier ces afferes. De quoy, je me suis trouvé plus esloigné, y ayant seullement trouvé en vostre absence Monseigneur du Puy, qui estoit tout prest à partir pour aller en Cour. Lequel, aprez avoir veu ces lettres, ma commandé de retouner à Fontainebleau, pour vous advertir du tout. A quoy ne ne falliray, aydant Dieu. Et cependant il mha semblé estre expédient fère passer ce pourteur devers vous avec la présente et vous envoyer par icelluy le pacquet dudict sieur de Chanfremont, par lequel vous entrendrez mieulx l'estat de toutes les afferes, affin que s'il vous plaict vous envoyez un de voz serviteurs en Cour pour la poursuitte de ce qu'il vous plaira moy commander, ce qui est trèsnécessaire. Car à la vérité je trouve un très grand refroidissement pour ce siège, duquel dépend la liberté ou la captivité du Gévaudan. Je ny feray pas long séjour, comment qu'il en soit, espérant vous dire de bouche la créance de la lettre de M. d'Apchier, que je vous envoye, pour avoir faict preuve ailleurs de la fidellité de ce pourteur, lequel je vous supplye très humblement fère partir en diligence en Gévaudan, pour advertir promptement Monsieur de Chanfremont des responses qui m'ont esté faictes ; desquelles il sera tout aultant esbahy, comme à bonne occasion je l'ay esté. Et en cest endroict je vous baizeray les mains très humblement,

Priant Dieu vous donner,

Monseigneur, en santé, très longue et très heureuse vye.

De Fontainebleau ce xviiie septembre 1580.

Vostre très humble et très affectionné serviteur,

Fontunie.

P.-S. — Monseigneur, sans l'assistance de quelqu'un de voz gens je serai fort reculé de tous affaires en Cour, je vous supplie très humblement despecher l'ung diceulx promptement avec vostre volonté à laquelle je serai toute ma vie très humble et très hobeissant.

Cette lettre est adressée :

A Monseigneur, Monseigneur de Mende,
Conseiller du Roy en son Conseil d'Estat.

(Archives départementales. — C. 1795.)

LETTRE DE M. DE CHAMFREMONT, A M. LE JUGE DE SAINT-CHÉLY, (1) POUR ALLER TROUVER LE VICOMTE DE LAVEDAN.

16 septembre 1580.

Monsieur le Juge,

Jay veu la lettre que m'avez escripte, suivant laquelle j'escriptz aux consulz de St Chély, Malzieu et cappitaine Plantin, pour donner ordre et pourveoir promptement aux munitions ordonnées esdictz lieux pour l'entretenement de l'armée; laquelle d'autant quelle pourra estre le 25ᵉ à Langougne, comme m'escrivit encores Monsieur de St Vidal, à Ste-Agrepve, du jour d'hier, je vous prie bien fort d'advancer le plus que vous pourrez, de vostre costé, et, sans ceste occupation et empeschement si grand que vous detient, je serais bien d'advis que vous donnassiés jusques vers Monsieur le viconte de Lavedan, pour luy communicquer de l'affaire que scavez. Ce que vous pouvez fère par par lettre, encores qu'il nen fault espérer chose quelconque de bon.

Quant au decret des informations, je les ay baillées au prevost, le sieur de La Tour, et vous eust envoié le decret, sans que elles ont esté faictes par auctorité de la justice ordinaire, et fault quelles soient de la sienne, en vertu de la commission que je vous envoie.

---

(1) M. de Chaudesaigues.

Je vous prie de rechef pourveoir en diligence au recouvrement de la plus grande quantité de bledz et avoines que vous pourrez fère commencer à fere mouldre. Me recommandant à vostre bonne grace. Priant Dieu qu'il vous donne,

Monsieur le Juge, en parfaite santé, très heureuse et longue vye.

A Salgues, ce xvi° septembre 1580.

   Vostre meilleur ami à vous obéir.

     CHAMFREMONT, abbé de Restauré.

(C. 1795).

M. DE CHAMFREMONT PRIE M. LE JUGE DE ST-CHÉLY DE FAIRE PRÉPARER UN GRAND NOMBRE DE PAINS, ET D'ENVOYER UNE DÉPÊCHE AU MARQUIS DE CANILHAC. — PROJET DE MARCHER SUR MARVEJOLS. — NOTE SUR LA PRISE DE ST-AGRÈVE.

1ᵉʳ octobre 1580.

Monsieur le Juge,

J'ay receu la vostre du xxx° du passé à mon arrivée de St Agrève, dont je suys bien fort aise d'avoir entendu de voz nouvelles et qu'ayez si bien pourveu à la fourniture du maguasin de St-Chely. Je vous prie, tous affères cessans, fere mouldre en toutte diligence jusques a quatre vingtz ou cent sestiers de bled, et fere fere envyron cinq ou six mille pains, que vous ferez tenyr, s'il vous plaist, prestz pour jeudy ou vendredy, que l'armée pourra estre devant le Crouset ou Peyre, pour delà sacheminer où Dieu nous conseillera.

Je ne fais doubtre que n'ayez faict fere cinq ou six grandz quaisses de boys pour pourter et serrer les munytions du pain et aultant au Malzieu et Lengonhe, où je vous prie pourveoir qu'il y ayt esdictz lieux bonnes munytions de pains, faictz suyvant ce que leur avons escript ce jourdhuy de ny faillir, tant ce faict importe au service du Roy et a vostre réputation. Mais je me promectz tant de vostre vigilance que vous y scaurez bien pourvoir, au contentement dung chascun. Je vous remercie de voz nouvelles et vous prie me tenyr adverti de jour à aultre de voz preparatifz, et faicte service au Roy et bien à ce païs de fere seurement tenyr, et par homme exprez, une despeche que nous faisons à Monsieur le marquiz de Canillac, et nous envoyer incontinent la response qu'il nous fera, tant elle est importante; car s'il nous faict ceste faveur de nous venir assister au lieu de ceulx de nostre armée qui se sont allez rafreschir pour quelques jours, mesmement les blessez, j'ay oppinion qu'on seroit pour aller droict à Maruejolz. Ce que ledict seigneur et monsieur de Queylus, à mon adviz, ne vous reffuseront, estans si près, comme ilz sont. Je vous feray rembourser incontinent des fraiz que vous y ferez. Esperant que vous pourvoyerez à tout ce dessus, nous nous recommanderons à vostre bonne grace d'aussi bon cueur que prions Dieu,

Monsieur le juge, en santé, vous donne vye longue.

A Salgues, ce premier octobre 1580.

(Postscriptum de la main de M. de Chamfremont:)

Monsieur le juge, je vous prye surtout que vous affectionnez le service du Roy, de pourveoir promptement à ce que dessus. Ste Grève estoit imprenable et neaulmoings Dieu a permis qu'elle a esté prinse. La mémoire de sa rebellion en sera perpétuelle car il ny a pierre sur autre, quy y soit demeurée.

Je vous prie me tenir de jour a autre adverti de vos nouvelles.

Vostre plus affectionné amy a vous abeyr.

Champfremont, *abbé de Restauré.*

A Monsieur

Monsieur de Chaudesaigues
juge de St Chély, et commissaire général
des vivres de l'armée de Gévauldan.

(Archives départementales — C. 1795)

OFFRES DE M. DE SAINT-VIDAL. — LE SIÉGE DE LA VILLE DE MENDE EST RENVOYÉ AU PRINTEMPS DE L'ANNÉE 1581. — MESURES A PRENDRE A CET EFFET.

Extraict du registre des conclusions et délibérations de MM. les commis, depputés, sindictz et aultres gens des Estatz du païs de Gévaudan et diocèze de Mende et du troizième jour d'octobre mil cinq cens quatre vingtz, prinse à la ville de Salgues.

Monsieur de Chamfremont, abbé de Restauré, vicaire général de Mgr de Mende, compte de Gévauldan, a remonstré comme le seigneur de Sainct-Vidal, chevalier de l'ordre du Roy, cappitaine de cinquante hommes d'armes de ses ordonnances, gouverneur et lieutedant général au païs de Gévaudan et Vellay, après la prinse de Sainte Agrève, se offre conduire son armée et lartilherie en Gévaudan pour luy emploié pour le service de sa majesté, luy donnant le païs moyen pour leur fere monstre promptement et les entretenir; et demende advis aux Messieurs de l'assemblée de ce qu'on en doibt faire pour le bien du service du Roy, soulaigement du pays, pour le faire entendre audict sieur de Sainct Vidal.

Après ce que mesdictz seigneurs de ladicte assemblée ont oppiné les ungz après les aultres et desduictes plusieurs et notables raisons, considérations, a esté conclud que daultant qu'a pleu à sa majesté remectre le siège de Mende au primptemps de l'année prochienne, et qu'il est mal aisé entreprendre doresnavant aulcung assiégement en ce païs, pour l'incommodité et injure du temps qui tire sur liver, et que la saison propre pour telz effectz c'est escollée pandant le siége de Sainct-Agrève, mesme que l'armée du seigneur de Sainct Vidal se treuve à présent beaucoup afoiblie par le desbandement de plusieurs compaignies, tellement que ce que y reste d'icelle, entrend en cedict païs pour estre la plus part des soldatz blecés ou harassés par moien dudict siége, ny pourroict de beaucoup advancer pour sy grandes et importantes entreprinses, comme sont des assiégementz des villes et conduicte dartilherie, et que se ceroict mettre se pouvre païs en une despance inutile et consommé envain les moiens destinés pour la reprinse de Mende, et voir en dangier et péril evidant ladicte artilherie, pour les forces que les énemis ont présentement en main ou qu'ilz pourroient assembler de toutz costés, mesmes des Sevènes, pour entreprendre sur icelle. Sera ledit seigneur de Sainct-Vidal supplié faire louger ladicte artilherie, ensemble les balles et poudres, dans la ville du Puy, comme estant le lieu le plus fort et asseuré qu'on sauroit dézirer en ses cartiers, où elle est à présent conduicte, destinée par le Roy, jusques à ce que le temps permectra de pouvoir fère quelque bon exploict en cedict pais pour le service de sa majesté. Et aussy bailler la garde de munitions suivant l'intention de sa majesté à ung bourgeois et notable personnaige de ladicte ville, avec deu et loial inventaire, pour les conserver jusques audict temps, et d'ordonner que ce qu'en a esté prins pour ledict siege de Saincte-Grève sera promptement remplassé par lesdictz habitants du Puy, à mesme vente et valleur.

Et daultant qu'il est très nécessaire conserver et maintenir en l'obeissance du Roy les villes et chasteaulx de cedict pays et deffandre le plat pays des coursses, ravaiges et pilheries que lesdictz enemis commectent journellement sur icelluy et quilz ont commis despuis la prinse de Mende, sans aulcune contradiction ny resistance, plaira audict sieur s'acheminer en ce dict pays avec sa compaignie de gendarmes et deux ou trois cens arquebuziers de sadicte armée au plus, lesdictz avec les aultres deux cens qui sont a présent à Chanac, soubz la charge et conduicte des cappitaines Beauregard et Gibrat, pour estre par ledict sieur de Sainct Vidal lougée aux lieu ou lieux que ledict sieur advisera et qu'il treuvera les plus proches des villes de Mende et Maruejolz, occuppées par lesdictz rebelles, pour les serrer, contraindre et nécessiter le plus que fere se pourra en attendant l'assigement desdictes villes.

Pour la solde et entretenement desdictes compaignies de pied, n'aiant le païs pour le présent, aultre moien pour y subvenir, s'il ne provient des deniers du Roy et aultres imposés, destinés à la reprinse de Mende, est supplié ledict sieur prendre ledict entretènement sur ce qu'il peust rester desdictz deniers, le plus modérément qu'il sera possible et cellon les réglementz et ordonnances desjà sur ce faictz, pour l'entretènement des gens de guerre, le tout sous le bon plaisir de sadicte magesté envers laquelle le païs poursuivra la déclaration à ce uécessaire.

Et pour ce que après ledict mois prochiam de novembre, la rigueur et aspérité de l'iver ne permectroient ausdictes forces de tenir les champs et les contiendroict dans leurs guarnisons sans faire beaucoup de service, pour esparner lesdictz deniers et soulaiger d'aultant la pouvreté et nécessité de cedict païs, qui ne peult continuellement souffrir telle despence, a ladicte assamblée prié ledict seigneur treuver bon de rendre lesdictes forces à trois cens arquebuziers et à sa compaignie de gens d'armes, s'il treuve lesdictes forces bastantes pour rézister ausdictz ennemis, et le païs le pouvoir pourter.

Sy lesdictz deniers n'estoient souffizantz pour lesdictes despences, pourront lesdictz seigneurs comis, depputés et sindic, soubz le bon plaisir de sadicte majesté, imposer de nouveau, sur ledict dioceze, les sommes nécessaires pour l'entretènement desdictes compaignies et aultres affaires urgeans du païs par la conservation d'icelluy, jusques à la somme que lesdictz seigneurs de Sainct-Vidal et comis verront et cognoistront estre de besoing et lorsque en sera temps.

Et de mesmes supplie ledict seigneur de Sainct-Vidal

commander et ordonner très expressément aux commissaires des vivres des magasins établis à Lengoigne, Sainct Alban, le Malzieu et Salgues, garder et conserver fidellement lesdictes munitions et les tenir prestes pour l'assigement desdictes villes et ne les employer à aultres usaiges, veu que telle est son intantion, comme apert par ses lettres clozes, dressées audict seigneur commis, qu'ont esté leues et exibées à ladicte assemblée.

Et pour le regard des maguazins de Chanac et du Boy, en sera prins ce que ledict seigneur jugera estre nécessaire, à la plus grande esparnhe et mesnaige qu'il sera possible, en paiant raisonnablement et suivant les ordonnances du Roy et règlement de Mgr de Montmorency, lieutenant général pour sa majesté au país de Languedoc.

Et pour coupper chemin aux habus que se pourroient commectre aux revenus et monstres et paiementz desdictes compaignies de pied, et donner tant plus d'occasion aux cappitaines dicelles de les avoir complectes et du nombre requis, ordonner que les baillif et sindic de Gévauldan, avec les consulz et officiers des villes et lieux ou se feront lesdictes monstres, y seront appelés et assistans.

Que les prinses et butins que lesdictes compaignies de gens de guerre feront sur l'ennemy, mesme le bestial, la moytié, ou telle aultre pourtion que ledict seigneur advizera, sera mize ez mains du recepveur du pays ou des munitionnères pour estre emploié à leur entretènement et solde et aultres despences de guerre et fera, s'il luy plaict, entretenir la discipline militère le plus exactement que luy sera possible ausdictes compaignies, sans permectre qu'elles vivent à discrétion ny prennent aulcune chose, sur les bons et fidelles subjectz du Roy, que de gré à gré, et en paiant raisonnablemnt et du mesmes des commissaires des vivres ou le temps raisonable qui en sera faict.

Et quant aux guarnisons establies ez places que y sont cituées aux environs des ennemis, il ny sera aulcune chose imune ny changé, sy plaid audict seigneur de Sainct Vidal, pour le regard des cappitaines que y commandent, attendu le bon debvoir qu'ilz y ont faict. Lesquelz cappitaines seront entretenus aux despens des seigneurs des places, et, ou le revenu dicelles places ne pourroict permectre de pouvoir supporter l'entretènement des garnisons y stablies, en ce cas ledict seigneur de Sainct Vidal les fera entretenir aux despens dudict païs, pour la conservation dicelles. Et quant aux villes, quelle se garderont d'elles mesmes, et pourront prendre pour leur conservation tel nombre d'hommes que bon leur semblera, à leur despens et des lieux justiciables qui en deppendent.

Quant à ce qu'est nécessaire de préparer pour l'assigement de Mende et aultres villes et fortz occuppés en cedict païs, il est très nécessaire de pourvoir de tout ce qui est requis, afin que lorsque l'occasion se présentera, il ny aye lieu ny subject aulcung de le differer. Est supplié ledict seigneur de Chamfremont continuer la bonne et louable affection qu'il a au bien et soulaigement de cedict païs ; procurer et poursuivre envers sa majesté la confirmation des assignations et aultres provisions qu'il en auroit jà obtenues, tant des vingt mil livres que debvoient estre levées sur le païs d'Auvernhe, sur les deniers des talhes de l'année prochienne, que des vingt quatre mil livres d'emprunt a constitution et assignation de rente sur les deniers de sadicte majesté, pionyers, chevaulx, beufz et charretes et leur entretenement pour trois mois, et aultres provisions que sa dicte magesté, auroict accordées, tant sur ledict païs d'Auvernhe que du Vellay et Viderois. Et oultre, obtenir une segonde jussion à MM. le grand escuier et trésoriers généraulx de Bourgoigne, pour la délivrance des quatre mille balles sur larcenal de Digon (1), et quantité de pouldres sur celluy de Paris.

Et daultant quil auroict pleu à sa majesté donner assignation de quarante mil livres sur les deniers de ses talhes du Rouergue et Viverois, desquelz seroict impossible tirer lesdictes sommes, pour estre lesdictz païs à présent grandement necessiteux et constitués en frais, pour la réduction des villes et places quilz ont occuppées, sera le Roy supplié très humblement volloir donner assignation de semblable somme de quarante mil livres sur les deniers plus clers et liquides de sa recepte generalle de Rion, et du paiement qui escherra au mois de jenvier de l'année prochienne, au lieu de ladicte somme assignée sur lesdictz païs de Rouergue et Viverois, non obstant toutes assignations précédantes, données sur sa dicte recepte de Rion et avec les derogations requises.

Suivant plusieurs lettres escriptes par ledict Sainct Vidal audict sieur de Chamfremont, a esté estimé très raisonnable rembourcer M. le marquis de Canilhac des mil escus qu'il a prestés audict sieur de Sainct Vidal, pour advancer aux compaignies qu'il avoit lors conduicte à l'ault Auvernhe ; lesquelles nont encores foict aulcung service au Roy en ce dict païs, ny travailhé à la réduc-

---

(1) Dijon.

tion d'icelluy, à la charge qu'il plaise audict sieur de Sainct Vidal que ladicte somme soict precomptée sur la première monstre que ces dictes compaignies de pied feront en cedict païs, ou bien quil luy plaise le prendre en tant moingz de son estat et sur ce que luy peult estre deu par le païs.

Aussy, daultant qu'il n'est raisonnable que cedict pais contribue aux despences du Vellay, et que à la reduction du Fayet, feurent emploiées toutes les poudres et balles qu'avoient esté achaptées, au Puy, par les depputés de cedict païs, excepté ce que feust despendu pour huict vingtz coups de canon ou colobrine que feurent tirés contre Marchastel, sera supplié, ledict sieur, fere restablir lesdictes munitions de poudres et balles, par les dictz habitans du Vellay, audict païs de Gevaudan, ou que la légitime valleur dicelle luy serve de paiement, en tant moingz de ce que peult estre deu de l'achaipt dicelles, suivant les obligations sur ce passées.

Et supplié mondict seigneur de Chamfremont volloir aller devers mondict seigneur de Sainct Vidal luy fère entandre ce dessus et prendre l'establissement des guarnisons qu'il convient mectre et ordonner audic païs de Gévaulden, ensemble résolution des lieux et endroictz ez environs des villes de Mende et de Maruejolz, plus apropoz et necessaires.

Présens : Ad. DE HEURTELOU, ab. de Restauré. — LOBERIE, substitué du sieur commis des nobles. — GIBALLIN, consul. — C. DE ROCHEFORT. — LANGLADE, consul. — BISTON. — RAUZIÈRE, assistant avec messieurs du Conseil du Malzieu. — BROLBET, J. TEYSSIER, substitué du Conseil du Malzieu.

Archives départementales, C. 814.

LETTRE DU GARDE-MAGASIN DE LA CANOURGUE, ISPAGNAC, SAINTE-ÉNIMIE ET BALSIÈGES.

21 octobre 1580.

M° Pigière,

J'ay veu celle que m'avés escripte du mandement de MM. les commiz, et parce que le cappitaine Costeregord prins pour son maguesin les subjectz de Mgr de Mende, il feust hobei et leva incontinent ce que demanda. Et quant à mes maguesins de la Canorgue, Ispanhac, Saincte Enymic et au chasteau de Balsièges, moy ny mes commiz n'avons treuvé personne qu'aie volu hobéir, quelle diligence que avons sceu fere, comme apparoistra par actes, excusans que, quant l'armée de Mgr de Sainct Vidal se acheminera en Gevauldan, ilz n'esparneront vie ny biens; mais sans bien cela ne s'en fault fier, dont il y a longtemps que je en escripvis à M. le viccaire Brugeyron, pour en advertir Mgr de Chaufremont, de me envoier ung gentilhomme ou d'archiers à chasque maguesin pour fere hobeir. Quant l'on fist bruict que le camp comensoit a venir jusques à Lenguonhe, tout le monde estoit en bonne volonté d'hobéir et estoient après à bailler ce que leur avois demandé, mais sitost que entendirent quon recule, dirent comme disent qu'ilz ne bailleront rien sans paier, et encore rien ne sortira des lieux que l'armée ne arrive audict Gevauldan. Et suis assuré que sitost que ladicte armée commencera de marcher, en me envoiant de gentilhommes ou archiers pour assister, que jaurois à force de vivres et en peu de jours. Cependant je m'estois mis à fere moldre de mes bledz à Balsiéges et à Yspanhac, et continuois tousjours estant après a fere cuyre si meust esté comandé ou que j'eusse entendu l'arrivée de l'armée ; mais en aiant escript à M le viccaire Brugeyron, il m'escripvist que je supercedasse à moldre jusques que Mgr de Sainct Vidal le comanderoit ; qua esté cause que je secay ; et si MM. les commis voient que soit besoing, je continueray à moldre ce que reste de mon bled, jusques à ung grain. Et daultre part, le cappitaine Costeregord en paroit de mesmes advancer à fere moldre cellui qui est à Chanac, et puis nous remborserions de celluy qui seroit advisé par MM. les commiz, qui en a beaucoup plus sans comparaison que moy. Je me faiz fort d'avoir de très bon vin, deux cens charges ou plus en ceste ville, dans vingt et quatre heures, mais que j'aie d'argent en main. Mais ne veulx asseurer de le laisser sortir si ne voient que l'armée ne arrive. Quant à ce que dictes que les beufz fault que poisent quatre quintaulx, il sen treuvera bien peu que soient dudict poix, et en fauldra prendre de ceulx que l'on treuvera ; moy et mes comiz ne sommes que attenus les moiens pour trevalher chescun en son maguesin si l'armée vient, ou commandement de nous retirer. Si ainsin est, dirès à MM. les comiz que prient Mgr de St Vidal et Mgr de Chanfremont envoier ung gentilhome à chesque maguesin, et vous verres que bientost aurons prest ce que demandemanderons. Mais si l'armée ne vient, ne sera besoing que viennent, car navanceroient rien. Vous priant croire que pour le service du Roy, je n'esparneray personne ny biens, qu'est tout ce que je vous puis escripre après moy estre recomandé à vostre bonne grace, prie Dieu, M⁰ Pigière, vous tenir en sa saincte guarde.

A Ispanhac, ce xxı⁰ octobre 1580.

Vostre voisin et entier amy à vous servir.

Destrectz.

(C. 1791).

LETTRE DE M. DE CHAMFREMONT A M. DE CHAUDESAIGUES, JUGE DE SAINT-CHÉLY-D'APCHER, POUR ENVOYER UN MESSAGER A M. DE SAINT-DIDIER.

23 octobre 1580.

Monsieur le Juge,

J'avois à la vérité par inadvertance envoié une commission pour l'autre, laquelle maintenant vous trouverez enclose dans ce pacquet. Je vous prie la faire effectuer et fere mettre, suivant icelle, en prison le licencié Fournier, lequel j'envoieray bien tost quérir esdictes prisons pour le mener en celle du bailliage, puisqu'il est si mauvais paieur. Cependant faittes saisir et inquanter ses biens et immeubles suivant la fiance que j'en ay en vous et dont Monsieur de Mende vous scaura très bon gré, et par là cougnoistra l'affection que vous avez à son service.

Au surplus je vous prie, ceste receue, dépescher ce porteur, ou tel aultre que vous adviserez de M. de St

Cheli, qui soit diligent, pour faire tenir la depesche que nous faisons à Monsieur de St Didier, pour le faire acheminer en ce pais avec la plus grande diligence que faire ce pourra, avec Messieurs de Clamouse et autres gentilz hommes d'honneur et de valleur qu'il a avec luy de cedict païs ; et, sur que j'ay que vous ne vouldriés faillir, je m'envois me recommander à voz bonnes graces et prier Dieu quil vous donne, Monsieur le Juge, sa saincte grace et garde.

A Salgues, ce xxiii° octobre 1580.

Vostre bon amy pour jamais.

CHAMFREMONT, abbé de Restauré.

P. S. Je vous prie de depescher ung soldat à cheval qui aille nuict et jour pour l'importance du faict, et l'argent que luy baillerez je ne faudray vous le fère rendre.

(Archives départementales — C. 1795.)

CERTIFICAT DE M. DE SAINT DIDIER.

Certiffie je que ce jourdhui vingt septiesme octobre 1580, à sept heures du matin, estre arrivé à St Chély, pour me joindre avec que Mr d'Apchier, ayant a ma compagnie, oultre mon train, les messieurs de Clamouses, la Roche, de Voulpilhiou, Granvaul, Bressolles, de

Vennac, la Boysonnade, Bousolz, faisant en tout comprins les arquebusiés à cheval, 55 chevaulx, qui ont esté nourris sellon l'estat de M. de St-Vidal, despuys ledict jour jusques au 30 dudict moys, de la munition de ladicte ville de Sainct Chely. En foy de quoy nous sommes soubzsignés.

S. DE PONTAUT.

(Archives départementales, C. 1795).

MONSIEUR DE CHAMFREMONT FAIT SOLLICITER LE MARQUIS DE CANILHAC, DE VENIR S'OPPOSER AU CAPITAINE MERLE.

25 octobre 1580.

A M. de Chaudesaigues, juge de St-Chély-d'Apcher.

Monsieur le juge,

Si jamais vous fistes cognoistre l'affection que vous avez au service du Roy et du païs, je vous prie de tout mon cueur, comme font aussi MM. les commis de leur part, de vouloir prendre ceste peyne d'aller tout incontinant trouver M. le marquis de Canilhac, au nom et comme délégué desdictz sieurs commis, pour le supplier de faire tant de bien et d'honneur à l'estat de ce païs, de sacheminer en icelluy avec ses forces et trouppes qu'il peult avoir, tant de cheval que de pied, pour la deffense et conservation dicelluy, contre les invasions et assiegemens que faict Merle, avec ses forces et artillerie, des chasteaux et places de ce païs, comme nous luy représentons par nos depesches, lesquelles nous vous envoions a cachet volant pour les veoir, affin de vous servir d'instruction, et puis après les refermer auparavant que de les représenter audict seigneur. Vous y pouvez adjouster, par vostre prudence, tout ce que vous jugerez estre à propos pour exciter ledict sieur de venir, et mesmes quant bien il n'auroit point d'interest a ce païs, comme il a neantmoings pour la necessité urgente des affaires importans le service du Roy en ce païs, lesquelz ne scauroient estre plus grand, le doibt assez inviter et effectionner, comme il a faict en Rouergue, estant ce païs aussi proche et voisin de celuy du hault Auvergne que peult estre ledict païs de Rouergue, d'où il vient maintenant de réduire des villes et places qui ne sont de si grande importance et prejudice audict hault Auvergne, que peuvent estre les places occupées de ça, joinct quil eust commandement du Roy de venir. Lequel dailleurs la maladie dudict sieur de Sainct Vidal le doibt aussi mouvoir de nous secourir, et luy en scaura sa majesté dautant plus de gré. Et ne fault pas penser que ledict Merle n'assiége aussi bien ses chateaux et places que des autres seigneurs et gentilshommes. Et ainsi se seroit manquer non seulement à ses subjectz mais à soy mesmes, et autres bonnes et persuasives raisons que vous y pouvez adjouster, comme je vous prie de fere, et croire que je ne faudray vous faire rembourser des fraiz de vostre voiage, en-

semble de voz peines. Et, sur ceste asseurance que je vous prie den prendre, je menvois saluer voz bonnes graces et prier Dieu qu'il vous donne
Monsieur le Juge, en santé, heureuse longue vye.

A Salgues, ce xxv° octobre 1580.

   Vostre meilleur et plus affectionné frère et ami
   à vous servir.

        CHAMFREMONT.

(Archives départementales, C. 1795).

LETTRE DE MM. LES COMMIS, DÉPUTÉS ET SINDIC DU DIOCÈSE ADRESSÉE A M. LE JUGE DE ST-CHÉLY M. DE CHAUDESAIGUES, POUR LE PRIER DE FAIRE PARVENIR LES LETTRES QUI LUI SONT ADRESSÉES, A L'EFFET DE RÉCLAMER DES SECOURS POUR S'OPPOSER AU CAPITAINE MERLE.

26 octobre 1580.

  Monsieur le Juge,

Vous verrés ce que Monsieur de Chamfremont vous escript en son particulier et les lettres que dressons à Monsieur le marquis de Canilhac, lesquelles vous prions de tout nostre cueur luy voulloir porter là où il est, à toute diligence, et le persuader de, à ceste si grande et importante nécessité, nous voulloir secourir de ses forces et bons moyens pour, avec Monsieur d'Apchier et le sieur de Drujeac et leurs troupes, donner sur les forces de Merle, et luy rompre ses desseingz ; veu mesmes que Monsieur de Sainct-Vidal ne peult en façon quelconque si trouver, tant est il mal disposé de sa blesseure.

Vous estez si bien zellé et affectionné au païs, que nous asseurons ne nous reffuzerés en cest endroict. Et remectant le surplus au contenu de la lettre dudict sieur de Chamfremont et à vostre suffizence, ne vous ferons ceste cy plus longue que de noz humbles et bien affectionnées recommandation à voz bonnes grâces. Priant Dieu, Monsieur le juge, en bonne santé vous donner vye longue.

A Salgues ce xxvi⁰ octobre 1580.

Vos bien affectionnez amys à vous servir
Les commis, depputez et sindic du diocèse de Mende
Par leur commandement,

Signé : DES ESTREYCTZ.

(Archives départementales, C. 1795,.

GRATIFICATION A DES BLESSÉS.

Octobre 1580.

A Gaspard Larchier, pouvre garçon de la ville de Salgues, la somme de 3 escus ung tiers, à luy ordonnée par ordonnance des susdictz sieur de Chamfremont et commis dudict páys de Gévaudan, en l'absence de M. de Sainct Vidal, lieutenant et gouverneur pour le Roy audict païs, en datte du 20ᵉ jour du moys d'octobre audict an ; pour ce fere penser et médicamenter dung coup d'arquebuzade que luy auroit esté donnée à la prinse de Servière ou ledict sieur de Chamfremont et commis l'auroyent expressement envoyé pour porter certains paquetz et autres dépeches, importans grandement le service du Roy et dudict païs, audict sieur de Sainct-Vital, estant audict camp et siège de ladicte ville de Servière.

A Armand Romeus, soldat de la compagnie du capitaine Gibral, la somme de 6 escus deux tiers, à luy ordonnée par ordonnance dudict sieur de Chanfremont et commis, dattée du 29ᵉ jour dudict moys d'octobre, aussi pour ce fere penser et médicamenter dung autre coup d'arquebuzade, que luy auroit esté donnée au travers du corps, faisant service au Roy, en la ville de Chanac, et résistant en certaine escarmouche et charge que les ennemys donnarent contre ladicte ville, pretendans s'en amparer et saisir, et ou la plus grand partie de la compagnie d'hommes d armes de M. de Saint-Heran perdirent leurs armes et chevaulx.

(C. 1335).

Octobre 1580.

Par ordonnance des sieurs commis, du 31 octobre 1580, et autres députés dudict païs, a este paié au sieur de Druzac (1) la somme de 500 escus que luy avoict este ordonnée pour luy aider a supporter la perte qu'il avoict faicte de ses chevaulx en poursuivant le capitaine Merle.

(C. 1335).

MINUTE DE DEUX LETTRES ADRESSÉES PAR L'ÉVÊQUE DE MENDE, RENAUD DE BEAUME, A Mre ADAM DE HEURTELON, AU SUJET DE L'INSUCCÈS DE SON VOYAGE EN GEVAUDAN, POUR Y ARRÊTER LES PROGRÈS DES PROTESTANTS, VOYAGE ENTREPRIS CONTRE L'OPINION DU PRÉLAT.

Monsieur de Restauré,

Je n'ay pour ceste heure grand subject à vous escripre sur ung si misérable succès de vostre voïage qu'entreprintes contre mon opinion et sans aucun fondement appelé par les *gouvenens* de ceulx du pays qui espéroyent beaucoup de vous de les secourir de ce peu qui a este levé sur eulx ayant esté employé et qui a esté

---

(1) Lieutenant de la compagnie de M. de Saint Herem.

levé sur eulx en munition que viendront à rien, au lieu que ce peu de moyens que leur restoyt, debvoit plus tost tourner soit à solde de bons capitaines et soldats, pour empescher le comble de la ruine que faict l'ennemy, à son aise, qui se rit du peu de conduicte qu'il veoit ; car de moyens il en ha aussy peu que nous. Sur toutes ces occurrences advenues, puisque tout est perdu et abandonné de dela, je ne pense pas que soyés le bien venu près du Roy, pour les grandes espérences ou l'aviez mis par vos premières et secondes letres, auxquelles il s'est attendu, et non moy qui veoiès le peu de fondement, le peu de moyens et le brief temps, bien estrois, et, puis que aviez sy bonnes commissions en main et que pre niez tout ce peu qui me restoyt de là, que pourvoiriez à la conservation des places par quelques forces médiocres que feriez mestre sus pour empescher les courses de l'ennemy. Mais puisqu'il ha pleu a Dieu aultrement, il fault avoir patience et n'esperer plus riens de ce pauvre pays là ; sy Dieu ne le nous rend par la paix, donct la ruine et désolation m'aportera ung ennuy et regret à jamais. C'est tout ce que je puisse vous escripre pour ceste heure, bien marry que je n'ay plus l'oquasion de contentement.

(Archives départementales, G. 59).

Monsieur de Restauré,

Jay receu la vostre despeche du 24 du passé sur le subject de laquelle vous avoyt desja bien satisfaict tant par vostre lacquay que par le commandeur ? Requeplan, car le Conseil d'Etat auprès du Roy, qui considère les afferes audict royaume, voyant les difficultés que vous avez proposées tant pour les unes que pour aultres necessités, mesmes le divertissement des gouverneurs qui me demonstroient avoir grand haste de se ployer a cedict assiegement et soccupoient ou destinoient leurs voluntés ailleurs, l'ung au Mur de Barrez (1) et laultre à Ste Agrepve (2), avec le peu d'asseurance quon a de par deça que M. de Montmorency volsist monter à la montaigne, attendu le peu d'ordre, forces et preparatifs quon y voyoit, joinct le peu de moyen que lon cognoissoit de donner ordre à tous cela et de fere un tel assègement dedans lhiver qui estoit proche dung moys ou six semaines. Cela fut cause qu'on estima quil estoit a propos, voire quasi nécessaire, de differer ledict siege jusques au printemps. Cependant sérés les ennemys dans leur camps acoustumé, et conservez les vivres et munitions jusques au printemps. Si avant vostre partement de ce païs vous eussiez prins asseurance certaine de tout voz devoirs? et vous eussiez advancé le tout de quelques deux moys, il y eust eu quelque aparence den venir a bout dans ceste année ; mais souvenez vous que je vous dys que M. de Montmorency n'y iroit pas et que M. de St Vidal affectoit le recouvrement de St Agrève, comme je cogneuz par les commissions que son secretaire avoit faict despecher devant voz yeulx, ou St Agreve estre nommé le premier, tellement quen une telle entreprise tout cela debvoit estre considéré avant toute chose. Reste à vous due sur ce que mescripvez. . . . . . . principallement que pour mon respect et daultre costé me mandez quil ny a moyen

---

(1) Où commandait un frère de Merle au mois de juillet 1580.
(2) M. de Saint-Vidal.

remplacer les [soldatz] que ont esté pris pour la garde de mes places jusques après quon aura eu la raison des ennemis. Je vous prie estimer comment je pourray penser que seriez allé là pour le respect de ce qui me touche si ne me faictes ce plaisir ce que a esté pris du mien comme en avez bien le moien ayant des deniers leves au païs dont vous pourez fere distraire et l'employer. Si ny pourvoisier, je ne ne pourray pas croire que vous donniez beaucoup de peine de mes despeches et afferes ; mais jespere encores que ferez mieulx que je nescriprai. Jen attendray de vos nouvelles sur ce que je vous en ay escript par le commandeur.

(G. 59).

POUR PRÉSENTER ET FAIRE VEOIR AU ROY POUR LES AFFAIRES DU PAYS DE GÉVAUDAN.

Au Roy.

Sire !

Le scyndic de vostre pays de Gévaudan supplie très humblement vostre majesté recepvoir en bonne part les remonstrances et supplications desquelles il a charge luy faire et présenter de la part des gens des Trois Estatz dudict pays, pour la réduction, en son obéissance de la ville de Mende et des autres villes et places occupées en iceluy par le cappitaine Merle et autres volleurs. Pour laquelle réduction il avoit pleu a vostre majesté, dès le mois de juing dernier passé, prendre ceste résolution de faire assiéger ladicte ville de Mende et lesdites places par Monsieur de Montmorency ou le sieur de St Vidal en son absence, et, a ceste fin vostre dicte Majesté auroit dépesché Monsieur l'abbé de Chamfremont audict païs de Gévaudan, avec commissions très expresses pour les préparatifs nécessaires, soit pour les munitions que pour la levée des deniers, par vostre dicte Majesté assignés et ordonnés estre levez tant sur ledict païs de Gévaudan que sur les provinces circonvoisines, jusques à la somme de neuf vingtz douze mil livres, assavoir : sur le bas et ault Auvergne quarente mil livres, et vingt mil livres sur le Rouergue ; semblables sommes sur le Vellay, Vivarais et ledict Gévaudan, et ce par forme d'advance sur les deniers de leurs tailles de l'année prochaine, sur lesquelles diminution leur en seroit faitte, plus trois mil livres sur lesdictes provinces de Velay, Vivarais et ledit païs de Gévaudan.

Lesquelles commissions ledict sieur abbé de Chamfremont auroit esté présenter de la part de vostre dicte Majesté aux gens des Estatz de chascune desdictes provinces, lesquelz il auroit, a ceste fin, faict assembler et convocquer et a iceulx faict entendre l'intention de vostre dicte Majesté, et au lieu d'y satisfaire par lesdictes provinces, elles auroient envoié chascune d'icelles leurs déléguéz et depputtez vers vostre Majesté, pour en estre deschargéz ; ce que aucuns auroient obtenu, mesme celle de Vellay, en considération de l'assiègement de Ste Agrepve, obtenu suspension et surcéance de levée et paiement desditz deniers, à ce que autrement par vostre dicte Majesté en ayt esté ordonné sur ce que vostre dicte majesté avoit esté conseillée et persuadée de remettre et différer ledict assiègement de Mende au printemps, attendu que la saison de l'hiver commençoit lors à approcher, encores que jamais la saison ne fut plus à propos ny commode ny les occasions plus belles ny plus beaux et grands préparatifz de munitions de vivres que ceulx que ledict sieur de Chamfremont avoit préparez audict païs de Gévaudan, oultre les pouldres et canons qu'il pleut à vostre dicte Majesté faire délivrer audict sieur de Chamfremont. Lesquelz il fist soigneusement et seurement acheminer en la ville du Puy, près dudict Mende avec une affection incroiable que chascun de voz paouvres subjetz dudict païs avoient prinse, voiant l'arrivée dudict sieur de Chamfremont, dy exposer et leurs vies et si peu de substance qui leur restoit pour lors, de laquelle ilz ont depuis estés la plus part privez par le moien des assiègements que ledict Merle a faictz daucunes places dudict païs, le voiant destitué de force et de moien de les y entretenir de soy mesmes, et aussi à l'occasion de la blesseure dudict sieur de St Vidal ; de sorte que ledict Merle a parachevé de ruyner et saccager la pluspart dudit païs avec laide, faveur et assistance de la dame de Peyre et des forces que luy estoient lors survenues du bas Languedoc, et lequel sans l'acheminement de M. le marquis de Canillac audict païs de Gévaudan, ledict Merle eust continué ses dictz assiègemens, comme il ne faudra de faire pour parachever de conquérir le reste dudict païs, s'il ne plaist à vostre dicte majesté de continuer à prendre ceste bonne résolution de faire assiéger la dicte ville de Mende à ce printemps ; de quoi l'estat dudict païs de Gévaudan vous supplie très humblement et à mains joinctes, autrement se voians destituez et privez de moiens, comme ilz sont audict pays, d'entretenir les forces nécessaires pour s'opposer auxdictz aassiègemens, mesmes entretenir leurs garnisons ordinaires, ilz se voient bientost contrainctz (à leur grand regret) de quitter et abandonner lesdites villes pour ne pouvoir résister aux assiègemens dudict Merle, a cause de l'artillerie qu'il a faict fondre, l'aide, faveur et retraicte qu'il reçoit de ladite dame de Peyre, des Cévennes et du bas Languedoc, et, à ceste fin accorder dès ceste heure les mesmes moiens qu'il avoit pleu à vostre dicte majesté estre levez sur lesdites provinces, en l'endroient desquelles encores que dès à présent vostre dicte majesté ordonne soyt audict sieur de Chamfremont ou autre, de la part de vostre dicte majesté, comme il est très nécessaire, la poursuitte desdict moiens; ce sera bien tout ce qui se pourra faire que de les pouvoir faire tenir pretz pour ce printemps et sous lequel apprest il ne faut esperer que ledict sieur de Montmorency s'achemine audict païs pour ledict assiègement ny que ledict sieur de St Vidal l'entrepregne en son absence, comme ledict sieur de Montmorency a par plusieurs foys escript audict sieur de Chamfremont et aux gens desdictz Estatz, s'il ne veoient lesditz moiens tous levez et préparez, soit pour la levée de gens de guerre que autres despenses necessaires pour un tel siège.

Lesquelz moiens, par vostre majesté cy devant ordonnés, pourront suffire en ordonnant, s'il plaist à vostre dicte majesté, ladicte levée en estre promptement et sans aucune remise, dilation, excuse ny remonstrance faitte.

Assavoir sur le bas et hault Auvergne quarante mil livres par advance sur le premier quartier de leurs dictes tailles, nonobstant lesdictes descharges et exemptions par eulx obtenues; sur celuy de Gevaudan, autres vingt mil livres, nonobstant sa paoureté et ruyne. Et quant aux vingt mil livres sur chascune des provinces de Vivarais et de Rouergue, sur lesquelles il avoit pleu à vostre dicte majesté donner assignation de semblable somme, soit sur la recepte géneralle de vostre dict païs d'Auvergne, Bourges ou Lion, ou tel autre lieu quil plaira à vostre dicte majesté trop mieux adviser.

Et quant à la commission pour la vente et alliénation des trois mil livres de rente par forme de constitution et assignation sur les deniers des tailles de vostre dict païs d'Auvergne, à faculté de rachapt, laquelle commission a esté aussy par vostre dicte Majesté suspendue et différée, il vous plaira révocquer ladicte suspension et ordonner que monsieur Du Bourg, président à Riom, ensemble les trésoriers généraulx dudict lieu, lesquelz vostre dicte majesté a commis et depputtez, continueront à songneusement et dilligemment, tous affaires cessans, vacquer au faict de ladicte commission. Laquelle, lors de ladicte suspension ilz avoient jà fort advancé et les deniers tous prestz à lever sur les plus aisés et apparans habitans dudict païs qu'ilz avoient taxez, et ce non obstant toutes remonstrances faittes et à faire par les gens des Estatz.

Mesme commission adressante à Messieurs l'évêque du Puy, abbé de Chamfremont et juge du Puy en l'absence l'un de l'autre ; lesquelz il a pleu à sa majesté aussy commettre pour la vente et alliénation des trois mil livres de rente par forme de constitution et assignation sur les deniers des tailles de vos dictes provinces de Vivarais, Velay, et le Gévaudan, sur les plus aisez et apparans habitans desdictes provinces et à faculté de rachapt, nonobstant aussy toutes remonstrances faictes et à faire par les gens dudict païs de Velay et quelques descharges qu'ilz pourroient avoir obtenues, attendu que ledict emprunct ne leur apporte aucun préjudice ny incommodité, dautant qu'il ny a que les plus apparans qui sont cottisez ausdictz emprunctz, et lesquelz ne reçoivent quautant de profict de leurs deniers.

Lettres de Jussion aux esleuz dudict bas et hault Auvergne pour la levée de cinq cens pionniers par vostre dicte Majesté ordonnez estre levez en ladicte province pour ledict assiegement de Mende, ensemble la somme contenue par la commission pour le payement et entretenement desdictz pionniers pendant trois mois, qu'avoit ja esté imposée et preste à lever lors de ladicte suspension et aussy les deux cens paires de bœufz pour aider à la conduitte de l'artillerie ; et ce nonobstant ladicte suspension par vostre majesté, accordée aux gens desdictz Estatz et remonstrance par eulx faite et à faire et que ladicte levée soit preste dans le premier jour de mars prochain.

Semblables lettres de jussion aux séneschaulx de Velay, Vivarais et bailly de Gévaudan pour semblable levée de pionniers sur les dictes provinces et entretenement d'iceulx et mesme quantité de bœufz pour le charroy et conduicte de l'artillerie.

Lettres bien expresses en forme de Commission à M. le duc du Mayne, gouverneur et lieutenant général de Bourgogne, ou Monsieur le comte de Charny, grand escuier de France et lieutenant audict gouvernement de Bourgogne et aux tresoriers et guarde des munitions, de bailler et délivrer, suivant les lettres de commission à eux cy devant expédiées, à Monsieur le duc de Montmorency ou le sieur de St Vidal, en son absence, les trois mil balles à canon et mil à coullevrine pour la batterie dudict Mende, du magazin de Dijon ; comme estans lesdictes balles à vostre dicte majesté, faictz à ses propres coustz et despens, avec mandement aux tresoriers généraulx establiz à Dijon de pourveoir au remplacement de semblable quantité selon les marchéz qui en pourront par eux estre faictz avec les marchans forgeurs, pour estre paiez des deniers des tailles du premier quartier de l'année prochaine, à la mesme raison qu'il est porté par ladicte commission.

Lettres au sieur de St Vidal de faire songneusement garder les magnasins et munitions de vivres faictz et dressés par ledict sieur abbé de Chamfremont es villes de St Chely, Salgues et Langongne audict païs de Gévaudan, pour l'assiègement dudict Mende, et ou il y en auroit esté prins aucune chose pour la nourriture et entretenement des gens de guerre, de faire incontinant remplacer lesdictz vivres.

Commission de Sa Majesté adressant aux gens des Estans du pais de Languedoc d'imposer sur eulx la somme de cinquante mil livres, à quoy par estimation les vivres nécessaires pour l'entretenement de l'armée de vostre dicte majesté audict païs de Gevaudan, pour l'assiegement de ladicte ville de Mende, peuvent revenir ou bien lesdictz vivres en espèces, selon ce que a acoustumé de tout temps estre faict audict païs de Languedoc, attendu que ladicte ville de Mende est l'une des villes capitalles dudict pays ainsi qu'il a esté faict de Sommières et autres villes qui ont esté assiégées, avec mandement audict sieur de Montmorency d'y tenir la main, comme ledict sieur trouve chose plus que raisonnable.

Autres lettres audict sieur de St Vidal, de faire remplacer les poudres à canon, quil a pleu à sa majesté fère délivrer audict sieur de Chamfremont, de son archenac de Paris et qu'il a fait conduire en ladicte ville du Puy, pour l'assiègement de Ste Agrepve, à la charge de les remplacer, avec lettres bien expresses aux scindic, consulz, et deputez de ladicte ville du Puy et païs de Vellay de ny faire aucune faulte et de bailler et délivrer audict sieur de Montmorency, ou ledict sieur de St Vidal en son absence, les pouldres qui se trouveront avoir esté par eulx faict faire depuis la prinse dudict Ste Agrepve, ensemble les balles et artillerie quilz peuvent avoir en magasin de ladicte ville, suivant ce qu'il a pleu à vostre majesté leur ordonner par voz lettres.

Lettres audict sieur marquis de Canillac en forme de commission et aux gens des Estats du hault Auvergne de fournir, bailler et délivrer audict sieur de Montmorency, pour ledict assiégement de Mende, la quantité de pouldre et boulletz quilz peuvent avoir de reste des réductions des places du hault Auvergne, à la charge destre remboursez de la somme ou sommes ausquelles se trouveront lesdictes munitions leur pouvoir revenir, verification faitte par ledict sieur président Bourg et trésoriers généraux de Riom, ausquelz sera mandé pourveoir audict remplacement sur les deniers de la recepte dudict Riom.

Lettres particulieres audict sieur marquis de Canillac que, suivant les lettres de commission à luy cydevant envoiées, il ayt à fère levée de deux mil hommes de pied pour ledict assiégement et aller, tous affaires cessans, trouver audict siège ledict sieur de Montmorency, avec lesdictz mille hommes, sa compagnie de gens darmes et la noblesse du hault païs d'Auvergne.

Semblables à chascun des MM. de Quelus, du Tournon et de Rendan, gouverneurs de Rouergue, Vivarais et du Bas Auvergne, pour mesme effect.

Lettres de Monsieur le Président Bourg, par lesquelles sa majesté a eu très agréable d'entendre l'affection qu'il a à vostre service pour l'advancement des moiens dudict assiegément ; à quoy sa majesté le prira et ordonnera bien affectionnement de continuer et de s'acheminer audict païs de Gévaudan, au commencement de ce printemps, pour tenir la main à ce que toutes choses soient bien disposées et préparées pour ledict siége de Mende, et aussi à l'exécution de sa commission qu'il a pleu à sa Majesté de luy donner pour estre chef et son intendant de la justice, près ledict sieur de de Montmorency, ou le sieur de St Vidal en son absence.

Lettres d'attache adressant aux parlemens de Paris et de Toulouse pour la veriffication du pouvoir dudict sieur Président Bourg, pour le grand besoing qu'il y a audict païs de Gévaudan, de faire par sa majesté administrer et régner justice contre lesdictz volleurs et oppresseurs du peuple, infracteurs et inviolateurs de le édict de pacification, ceulx qui détiennent de faict et de force les biens des bénéfices, qui pillent et rançonnent les paouvres subjectz de sa majesté, de quelque qualité et religion qu'ilz soient, directement ou indirectement.

Lettres audict sieur de Montmorency pour le tenir adverty des dépesches que dessus et de la résolution que votre Majesté a prinse de continuer l'assiègement de

Mende; auquel il ayt à s'acheminer tout incontinant qu'il verra et congnostra le temps estre à propos pour iceluy assiègement, quelques affaires qu'ilz se puissent présenter au bas Languedoc, auxquelz il pourra fort facillement pourveoir pendant son absence et que il ayt à faire obeyr la dame de Peyre, pour remettre son chateau de Peyre en l'obéissance de sa majesté, ensemble les consulz et habitans de la ville de Marvejolz; auparavant que de partir dudict païs, les contraindra par la force, jusques a y mener le canon, si besoing est, attendu que ledict chateau de Peyre et ville de Maruejolz sont cause de tous les malheurs qui sont advenus audict païs de Gévaudan, et mesme ladite dame de Peyre (1), de la prinse de ladite ville de Mende ; et depuis son retour de la Court audict pays de cinq ou six places qui estoient aux environs d'elle. Lesquelles elle a faict assiéger et prendre par ledict Merle ; contrainct tous ses subjetz d'y assister et fournir d'argent et de vivres, imposer autres grandes sommes de deniers sur ledict païs et cruellement et inhumainement faict tuer par ledict Merle, de sang froid, cinquante ou soixante soldatz, et ce par le mandement exprès de ladite dame, après les avoir guardez un jour ou deux, et contre la foy a eux promise par ledict Merle, à la prinse de la place ou ilz estoient.

Lettres de validation des ordonnances faittes par les commis, scindic et députtéz dudict païs de Gévaudan, lors des assiègemens dudict Merle, pour l'establissement

---

(1) La dame de Peyre, était Marie de Crussol, zélée protestante, veuve de François Astorg, baron de Peyre, qui avait péri à la Cour de France, au milieu des massacres de la Saint-Barthélemy.

et entretenemens des guarnisons aux villes et places tenues en l'obéissance de vostre majesté, pour la conservation dicelle pendant la maladie dudict sieur de St Vidal, sur les deniers de vostre majesté, ordonnez estre emploié pour cest effect, ensemble les marchez faictz pour le recouvrement et fournissement des vivres pour la nourriture de l'armée sur les deniers imposez audict païs.

Qu'il plaise à vostre majesté donner reiglement sur l'entretenement des deux compagnies de gens d'armes qu'il a pleu à vostre majesté ordonner estre establies audict païs de Gévaudan, pour la déffense d'icelluy, en attendant ledict assiègement, et lesquelles, pour ceste occasion, monstre et paiement leur a esté faict de deux quartiers, par ordonnance de vostre dicte majesté, dautant que les cappitaines et gens d'armes desdictes compagnies, encores qu'ilz ayent faitte et receue entièrement leurs dictes monstre desdictz deux quartiers, ce néantmoings ledict païs de Gévaudan a esté par eulx contrainct leur fournir les vivres et eustancilles sans paier aucune chose, et si excessivement que lesdictz vivres, selon la moindre estimation qui en a esté faitte, sont revenuz et reviennent par jour, pour l'entretenement de chascune desdites compagnies, qui ne sont composées que de trente gendarmes et quarante-cinq archers, et encores fort mal complectes, a environ de trois ou quatre mil escuz par mois, pour chascune d'icelles ; chose qui apporte une très grande ruyne audict païs, et lequel ny pouvant plus satisfaire ny fournir de vivres de ceste façon, lesditz gens d'armes veullent avoir en argent ung escu par jour, pour chascun gens d'arme et quarante solz à l'archer, au lieu desdits vivres. Lesdites compagnies se sont retirées pour ne vouloir faire service à vostre majesté, à moindre raison et condition. Auquel entretenement, il est du tout impossible audidt païs pouvoir plus satisfaire sans l'aide et bon secours de vostre dicte majesté, n'y aux autres grandes et incroiables despenses, soit pour l'entretenement de leurs guarnisons et entretenement dudict sieur de Saint Vidal, gouverneur dudict païs.

(Archives départementales. — C. 1795.)

A Monsieur, Monsieur de Saint Vidal, gouverneur et lieutenant pour le Roy en ce païs de Gévauldan.

Vous remonstre bien humblement le sindic dudict païs, que combien que l'édict de pacifification ayt esté publyé et observé en ce dict païs par les catholiques et pluspart de ceulx de la Religion qui auroient promis et juré à l'assemblée des Estatz, tant généraulx de Languedoc que particuliers de ce diocèse, vivre en l'observation d'icelluy, jusques à avoir desadvoué les contreventions faictes, audict edict, par le cappitaine Merle, mesmes la prinse du chateau du Viallar par ledict Merle, que de plusieurs aultres villes et places de cedict païs qu'il essaya lors de surprendre par le moyen de la retraicte qu'il a dedans le chateau de Peyre où il demeure encores à présent, comme recepveur et serviteur, domestique de madame de Peyre, à laquelle, pour ceste occasion ledict suppliant s'estoit adressé pour lui commander de laysser ce paouvre païs en repos, à cause des ruynes, impositions insupportables et aultres rançonnementz, massacres et bruslements par luy et ses complices commis contre lédict de la paix et repos de cedict pais. Mais n'en ayant tenu compte ladicte dame, il auroit esté contrainct se retirer à justice et requis le bailly de Gévaudan d'informer contre ladicte dame de Peyre et ledict cappitaine Merle et complices. Sur laquelle information la Court de parlement de Tholoze auroit décrété prinse de corps contre ledict cappitaine Merle et sesdictz complices et adjournement personnel contre ladite dame de Peyre, en ladite Court de Parlement. Contre laquelle, à faulte de comparoir, elle auroit décrété prinse de corps. Laquelle poursuytte ledict suppliant auroit différé de fère, au moyen de ce que ladicte dame faist retirer le cappitaine Merle hors de sondict chasteau de Peyre, pour ung tamps, pour par la fère cognoistre se sembloit à ladite dame, que ledt Merle n'estoit plus en sa puyssance n'y avoit aulcun commandement sur luy. Ce néantmoingz elle n'a layssé de faire retourner demeurer ledict cappitaine Merle en sa maison de Peyre puis peu de temps, comme il faysoit auparavant, afin de luy donner moyen de continuer ses maulvais depportementz, ayant surprins despuis ledict chasteau du Viallar, qui a esté par vous réduict, faict par commission du Roy que du Roy de Navarre, le lieu de Cheminades et faict fortiffier et ung aultre lieu appellé Baldassé, qui estoit de longtemps ruyné et délayssé, mis et estably en guarnison environ de deux cens de la religion nouvelle ; lesquelz ont tousjours suyvy ledict cappitaine Merle en ses factions et entreprinses, tant en temps de guerre que de paix. Par le moyen desquelles deux places ainsin tenue et occuppée, ledict cappitaine Merle auroit faictes impositions et rançonnementz à plus de cent mille escuz ; contrainct le pouvre peuple à les payer; faict prisonniers plusieurs personnes, et encores puis peu de jours le grand vicaire de Monseigneur de Mende, ainsi qu'il alloit aux Estatz généraulx du païs de Languedoc par mandement du Roy. Tuent et massacrent la plus part de ce qu'ilz trouvent et rencontrent, de sorte que messieurs les commis et depputez dudict païs et un bon nombre des principaulx habitans d'icelles se seroyent assemblez en la ville de Langogne pour pourvoir à telz désordres pour le bien et sollagement du pouvre peuple, lequel aultrement se veoyoit constrainct et en danger de quicter et habandonner leurs demeures et habitations du plat païs et conséquemment demeurer desert, comme il est desjà à peu prez, ain in que le grand nombre de loups, qui se sont mis en cedit païs le font assez cognoistre, pour avoir mangé et dévoré plusieurs personnes comme ilz font encores. Et suyvant ladicte assemblée et resolution desditz sieurs commis et depputez et à leur prière et instante requeste de tenir par vous la main forte à justice pour l'observation de l'édict de paciffication en cedict païs; vous auriez de vostre grâce, suyvant ledict edict de paciffication et mandement exprez de sa majesté assemblé et mis sus forces suffizantes et bastantes pour la réduction desdites deux places en l'obeyssance du Roy et fere chastier exemplayrement, selon ses éditz et ordonnances, ledict cappitaine Merle et ceulx qui tiennent pour luy, et en son nom lesdictes places, comme volleurs, factieux et ennemys du repos publicq. Lesquelz maintenant, ayant sceu qu'avez mis lesdites forces sus, ilz se sont tous retirez au lieu oc Baldassé, ayant mis le feu, puis trois jours, dans ledict Cheminades, en délibération de tenir ledict Baldassé, contre l'auctorité du Roy et ses éditz de pacification, le bien commun du repos et sollaigement de ce pouvre païs, et ce suyvant le commandement que leur a faict ledict cappitaine Merle, de tenir bon, lequel a promis tout secours, faveur ayde et assistance ausditz volleurs, pour estre ledict chasteau de Peyre a demy lieue de Baldassé et situé dedans la terre de ladite dame de Peyre, de laquelle maison de Peyre ou est maintenant demeurant ledict capitaine Merle, icelluy cappitaine Merle auroit envoyé mousquez, pouldre et aultres munitions de guerre dans ledit fort despuis deux jours, et en icelle tient plusieurs prisonniers, et mesmes ledict grand vicaire.

A ceste cause, et pour éviter à la perte de beaucoup de gens de bien que pouvez fere devant ledict fort de Baldassé pour la réduction d'icelluy et aux grandes despenses et et ruynes insupportables à ce pouvre païs que ledict assiègement peult apporter et causer et que ce vous est chose toute notoire que ledict Merle est chef desditz volleurs qui tiennent et occupent de faict et de force ledict Baldassé par le moyen de la retraicte et demeure qu'il faict dedans le chasteau de Peyre, comme recepveur et serviteur domestique de ladicte dame de Peyre, et que toute les entreprinses, larracins, pilheries rançonnementz bruslementz qui se sont faictz et font en ceditz païs despuis la paix s'exercent et commectent par ledict Merle et soulz son adveu, commandement, conduicte et auctorité, et conséquement au veu et sceu de ladite dame de Peyre, à laquelle, suyvant ledict arrest cy attaché commandement luy a esté faict de le représenter à justice, sur les peynes y contenues. Et tant sen fault quelle veuille obéyr audict arrest ; elle le tient encores en ladite mayson, au comptentement et mes pris d'icelluy et contre les editz et ordonnances du Roy ; dans laquelle mayson de Peyre il est impossible au boilly et officiers de ce païs de Gevauldan de saysir et appréhender ledict cappitaine Merle, ny fere obeyr sa majesté, pour la forteresse dudict lieu, et le nombre de guerre qu'il tient encores avec luy audict Peyre, sans estre aydés et assistez de la force que vous avez maintenant eu main. Il vous playse, suyvant le commandement qui a esté à faict à ladite dame de Peyre et représenter ledict cappitaine Merle à justice, ordonner à faulte d'y avoir satisfaict que ladicte dame soict constituée et arrestée prisonnière jusques à ce qu'elle ayt mis entre voz mains ou de la justice ledict cappitaine Merle, comme estant en sa puyssance et faculté ; et à ceste fin luy fère fère ouverture de son chasteau dudict Peyre, pour l'observation et entretenement dudict édict et la punition exemplaire, tant dudict Merle que de ses complices, mener et conduire les forces que vous avez assemblées devant ledict chasteau, ensemble le canon et artillerie, pour fère en sorte que le Roy soit obey, sa justice ayt lieu et cedict pays demeure en repos.

Signé : FONTUNYE, sindic, substitut.

(Archives départementales, C. 1795).

BÉTAIL DU MAGASIN DE SAINT CHÉLY A NOURRIR ET ENSUITE A VENDRE.

Le quinziesme jour d'octobre 1580. A St Chély et maison de honorable homme Mᵉ Jean Verny, lieutenant en la terre baronye d'Apchier et ville de St-Chély. Le dict Verny, assemblé sire Guiot Chalvet, 1ʳᵉ consul de la dicte ville ; sires Jehan Constans, André Derbozes, merchans dicelle ; Mᵉ Guilhaumes de Chaudesaigues, commissaire général des vivres, leur a fait entendre les avoir ainsin faict assembler pour avec eulx communiquer et prendre advys des affaires de sa charge.

Premierement, comme par conclusion dattée du jour de yer, prinse par les gens des Estatz de ce pays, il auroit esté esleu pour recepvoir deux cens vaches, cinq cens motons et le vin que les monitionnayres de ceste ville de St Chély estoient tenus bailher au pays, et icelluy bestailh garder jusques qu'il sera ordonné par icelluy, luy donnant à manger aux despans dudict pays ; pour assister à laquelle reception, ledict de Chaudesaigues a prié les dessus assemblés, ensemble luy donner advys de moyen quil peult tenir a les garder seurement, actendu les dangiers qui se présentent en ce pays de la coursse des ennemys.

Suyvant laquelle proposition, les susdictz offrant d'acister à la dicte réception, ont esté d'advys que ledict bestailh, pour seurement le garder, fault qu'il soit bailhé a divers païsans de divers villaiges. Et pour chascune vache, attendu qu'on ne la peult fere deppaistre ouvertement et aux pasturaiges commungs, à cause desdictz dangiers, seroit bon marchander et bailler pour le foien ou la garde ung soul.

Et quant aux motons, c'est chose qui ne se peult bonnement taxer, bien seroit-il très nécessayre et requy de les ouster de ces cartiers et les admener en Aulvergne, tant pour les ouster desdictz dangiers que aussi pour les mectre en pays de melhieur abry pour deppaistre. Et pour les peynes et despance d'icelluy, fauldra adviser a veue dœilh.

Et quant au vin, pour ce que ledict vin ne se peult recepvoir en charges, d'aultant qu'il entonellé, ledict de Chaudesaigues pourra fere recepte desdictz thoneaux en vuydant lesquelz il cognoistra combien de charges ilz tiennent. Et pour ce que la garde dudict vin mérite y avoir ung homme comys pour le visiter de jour en jour et mectre de la palhe entre les thoneaux avec que de garnasses pour icelluy conserver.

Les dictz assembles ont été d'advys y comectre M° Guillaume Amoros, auquel sera bailhé ladicte charge et aulquel sera forny le nécessaire par ledict commissaire général. Et sur la reception desdictes vaches, sont d'advys que, au commung poix dicelles, chascune d'elles doibt poiser deux cens ou unze vingtz livres on environ. Et ainsin ont délibéré.

J. Verny.   Chalvet, consul.

(Archives départementales. — C. 1795.)

Du huictiesme de novembre 1580, assemblés qui dessus avec sires Anthony et aultre Anthony Prieurs, frères.

Ledict de Chaudesaigues leur a remostré avoir eu lettres de M. le scindic de ce pays pour vandre le bestalh que reste à la monition de la présent ville, suyvant lesquelles a dict avoir escript a Lengonye, à St-Flour, pour voir de treuver merchans, ce qu'il n'a peu fere, et estre bien en peyne comme sen gouverner, actendu que ledict bestailh est en grand dégast. A dit aussi avoir fait cryer publiquement en ceste ville, si personne vouldroit achester lesdictes vaches et motons, et ne s'est treuvé merchant qui aye vollu entendre à tout ledict bestailh, si non à quelques vingt cinq ou trente bestes, desquelles ilz ont présenté, les ungs dix, les aultres unze ou douze livres, qui est une perte pour le pays.

Lesdictz sieurs assemblés ont esté d'advys de mander encores de rechief à Langonye et à St Flour, pour voir desdictz motons, où à faulte de ce les envoyer à Lyon par sire Jehan Derbozes et Ferluc, bien advysés et telz affaires. Et quant aux vaches, attendre encores pour huict ou neuf jours pour voir d'en treuver melheur commodité. Et sont bien d'advys, s'il s'en treuve quatorze ou quinze franctz et prendre ledict party, encores que le payement ne soit comptent, pour ce que en ce temps icy le bestailh despandroict plus qu'il ne vault; et ainsin ent délibéré.

Jean VERNY. CHALVET, consul.

(Archives départementales, C. 1795).

M. D'APCHIER RÉUNIT DES TROUPES POUR S'OPPOSER AU CAPITAINE MERLE ET FAIT INVITER M. DE SAINT DIDIER DE VENIR LE JOINDRE A SAINT CHÉLY.

20 octobre 1580.

Monsieur le Juge,

Despuys que le malheur a esté que M' de St Vidal soyt empêché de sa blessure (1) pour s'opposer aux desaintgtz de Merle, que cest mis en champagne, et lempêcher de ne passé plus avant, je me suys mis en armes et assemblé une belle troupe de mes amys pour ce faict. Et par ce que M. de St Dedier (2) ce doibt truver à la Roche, ne faictes faulte l'aler truver pour le fere venyr à St Chély où je me viendray joindre avec luy, et y sera M. de Drugac avec sa troupe et beaucoup de bons hommes quy me suyvent vollonterement ; ausquelz vous ferès bonne chere, tiendres prestes vous monitions, esperant que ny falierés, feray fin à la presente, me recommandant à vostre bonne grace. Priant Dieu,

Monsieur le juge, en santé vous tenyr en sa grace.

Au Cheyla, ce xx° octobre 1580.

Votre bon amy.
Dapchier.

Archives départementales, C. 1795.

---

(1) M. de St Vidal avait été blessé au siège de Saint Agrève, le 26 septembre 1580. Il eut un œil crevé par la balle d'une arquebuse.

(2) M. de Pontaut, seigneur de St Didier.

LETTRE DE M. DE CHAMFREMONT A M. LE JUGE DE SAINT CHÉLY. UNE RÉUNION DE GENTILHOMMES AVEC DES TROUPES CONVOQUÉE DANS CETTE VILLE.

1er novembre 1580.

Monsieur le juge,

Je vous prie de tout mon cueur tenir prest les munitions necessaires pour jeudy, pour recevoir M. le marquis avec sa trouppe à St Chéli, avec tout le bon traictement, accueil et reception dont vous pouvez adviser, dont M. d'Apchier et l'estat de ce païs vous en sauront gré et moy en particulier et recevez le commandement de mondict sieur le marquis pour la distribution des vivres et munitions necessaires, sans vous arrester aux reiglemens, car se sont tous gentilz hommes d'honneur et de valleur qui sont avec ledict sieur. Il me semble qu'il ne sera que bon que promptement vous advertissiez MM. de Siéjac, Sévérac et Massebeau de se trouver, ledict jour de jeudy, audict St Chéli, affin qu'ilz se puissent joindre avec ledict sieur et marcher ensemblement, et ne permettez qu'aucun ne puisse sortir de St Chély, pour porter ceste nouvelle aux ennemis, s'il est possible. Me recommandant a voz bonnes graces. Et prie Dieu qu'il vous donne,

Monsieur le juge, sa sainte grace et garde.

A Salgues, ce premier jour de novembre 1580.

Vostre bon amy pour vous faire service,
CHAMFREMONT, *abbé de Restauré.*

(C. 1795).

ORDRE DE VENDRE LE BÉTAIL DU MAGASIN DE SAINT-CHÉLY.

1er novembre 1580.

Monsieur le Juge,

Nous avons veu celle qu'aves escripte à M. de Chanfremont et considéré la perte et incommodité qu'il y a pour le païs de tenir le bestail de la munition plus longuement, qui se deschet et ammaigrit journelement. A quoy desirans pourvoir, tant pour le proffit du païs que pour vostre descharge et soulagement, nous avons prinse resolution de le vendre et d'en achapter autant, au printemps, des deniers provenans de ladicte vente; et à ces fins vous le ferès conduire en ceste ville, le plus secretement et seurement que pourrès pour, puis après, le vendre à Lion ou aultre part à la meillieur commodité et mesnage, pour le païs, qu'il sera possible; remectant ceste affaire à vostre sage conduicte et providence.

Pour le regard du vin, vous le ferés soigneusement conserver tout cest hiver et ne permettrés qu'il y soit touché en aucune façon. Et nous fians quen serés tres soigneus, ensemble de toutes autres choses qui sont de vostre charge, ne vous ferons ceste cy plus longue que nos affectionnées récommandations à vostre bonne grace. Priant Dieu, Monsieur le Juge, qu'il luy plaise vous tenir en la siene.

A Salgues, ce premier novembre 1580.

Vos bien affectionnés à vous servir
Les commis, depputés et sindic du diocèse de Mende.
De leur advis et mandement :

(C. 1795). DE CHANOLHET, sindic.

LETTRE DE M. DE CHAUDESAIGUES EN RÉPONSE A CELLE DE SON FRÈRE, M. DE CHAUDESAIGUES, JUGE DE SAINT CHÉLY, AU SUJET DU BÉTAIL A VENDRE.

Monsieur mon frère,

J'ay esté très aise de scavoir de voz nouvelles par vostre laquay, pour rendre response à la vostre. Je verray, dans ceste sepmaine, si je pourray treuver aucun qui vueille entendre à l'achept des motons que me mandés, bien je me dobte n'en pouvoir treuver ou sire Jean de Michalet y vouldroict entendre, auquel jen communiqueray. Je voy à ce compte que vostre estape est à néant. Jay demeuré toutz ces jours a Ryom, pour les affaires de M. de Lastic et de Mme de Merdoigne et sohaiterois infininiment de vous voir. Mais je remetz la partie à ung temps plus serain, qu'est lendroit ou je presente mes très humbles recomendations à vos bonnes graces sans hoblyer celle de Madame ma sœur et de mon nepveu que jespère voir en bref. Priant Dieu, Monsieur mon frère, en santé, vous donner longue et heureuse vye.

A St Flour, ce 7e novembre 1580.

Vostre très humble frère.
CHAUDESAIGUES.

(C. 1795).

LETTRE DE M. DE CHANOLHET A MM. MACEL ET BRUGERON, VICAIRES GÉNÉRAUX DE Mgr DE MENDE, EN FAVEUR DES HABITANTS DE LA MALÈNE.

2 novembre 1580.

Messieurs,

Les pouvres habitans de la Malène se sont venus plaindre, à M. de St Didier et a moy, de ce qu'on les avoit cottizés à ce dernier despartement à la somme de quarante escus, laquelle il leur est impossible de payer pour leur extrême pouvreté et ruine et aussi qu'ilz contribuent à la garde du Planiol, chasteau de très grande importance, pour estre sur les terres de l'enemi. A ces fins, ilz envoyent devers vous M. Levieux, présent porteur, et mont prié vous escrire la présente, pour vous supplier d'adviser s'il seroit possible de les descharger de leur dicte cottization et metre en leur lieu un autre parroisse, qu'il vous nommera.

A quoy, MM. je vous supplie pourvoir en consideration de leur dicte pouvreté et de la charge qu'ilz portent pour l'entretien de dix ou douze soldatz dudict Planiol. Et a tant je vous baise très humblement les mains. Priant Dieu, Messieurs, qu'il vous donne bonne santé, longue et heureuse vie.

A Ste Hénimie, ce II novembre 1580.

Votre tres humble à vous fere service.

DE CHANOLHET.

(Archives départementales, G. 970).

LETTRE DE M. DE CHAMFREMONT, A M. LE JUGE DE CHAUDESAIGUES ET DE SAINT CHÉLY LE PRIANT D'ALLER TROUVER M. LE MARQUIS DE CANILLAC A L'EFFET DE SECOURIR LA VILLE DE CHANAC, ASSIÉGÉE PAR LES RELIGIONNAIRES.

3 novembre 1580.

Monsieur le juge,

Je vous supplie de tout mon cueur vouloir présenter ceste lettre que je vous envoie à Monsieur le marquis, si tost que sera arrivé à St Cheli, si tant est qu'il ayt prins ceste résolution de prendre son chemin par ledict lieu, selon l'advis que luy en aura peu donner dès ceste heure Monsiuur d'Apchier. Et ou ledict seigneur seroit encores à La Roche de-Canillac, je vous supplie luy vouloir envoier tout incontinant la présente, par laquelle je le supplie de haster son acheminement pour se joindre ensemblcment au plustôt que faire ce pourra, car autrement je veoy Chanac perdu, lequel est assiégé dès lundy et ne peult que mal aisément tenir plus longuement sans estre secouru, comme je vous supplie représenter à mondict sieur le marquis et de quelle importance est ceste place, de laquelle dépend la ruyne de tout ce païs et lesbranlement et fraieur de toutes les autres villes qui restent en l'obéissance du Roy. Je vous supplie aussi, si MM. de Siéjac, Massebeou et Sévérac sont à St Chély, vouloir haster, et s'il est possible, de persuader mondict sieur le marquis de partir dès ceste nuict pour aller joindre ledict sieur d'Apchier;

car ung jour importe d'un mois. Je me reposeray doncq sur vostre bonne affection et diligence en cest endroict et aussi pour me fere part de vos nouvelles. Me recommandant à vostre bonne grace et je prie Dieu qu'il vous donne, Monsieur le juge, santé, conservation et garde.

A Salgues, ce iiie novembre 1580.

Vostre plus affectionné frère et ami à vous servir.

Champfremont, *abbé de Restauré.*

P. S. — Si vous aves quelques nouvelles de Chanac, je vous prie m'en fère part. Mandes moy, je vous supplie, tout là incontinant de vous nouvelles au plus tost ; prenez ceste peyne que d'aller veoir vous mesmes mondict sieur le marquis s'il n'estoit arrivé.

(C. 1795).

GRATIFICATION POUR PERTE D'UN CHEVAL.

A noble Pierre Amaigier, sieur de La Rodde, la somme de 50 escus sol, à luy ordonnée par ordonnance du susdict sieur de Champfremont et commis dudict païs, dattée du 5e jour du mois de novembre audit an 1580, pour aucunement le récompencer de la perte d'ung cheval que luy auroit esté thué entre ses jambes, par les ennemys qui le rencontrarent en chemin, s'en allant de leur mandement trouver M. de Saint-Vital, gouverneur dudict pays à hault païs d'Auvergne et Limosin, ou ledict sieur s'en alloit avec ses trouppes, pour le disvertir dudict voiage et luy fère rabrocher chemin pour s'en retourner audict païs de Gevaudan, pour d'afferes importans grandement le service du Roy ; l'advertissant de plusieurs mauvés dessains que lesdictz ennemys préparoient de fere et exécuter audict païs.

LETTRE DE M. DE CANILLAC A M. DE CHAUDESAIGUES, JUGE DE SAINT-CHÉLY.

7 novembre 1580.

Monsieur le juge,

Estant arrivé ce jourdhuy en ce lieu, et ayant sceu par M. de Sainct Didier que les trouppes de M. d'Apchier et de M. de Drugeat estoyent desbandées, jen ay esté extremement marry, et c'est la cause que j'escriptz ausdictz sieurs pour se venir randre à Chanac ou à la Canorgue, le plustost qu'il leur sera possible, et de rassembler le plus de leurs forces. Je partz demain de ce lieu pour m'aller randre audict la Canorgue, pour rasseurer le pays de ça, et m'approcher des ennemys. Je n'eusse retardé mon voyaige par deça et n'eusse faly destre icy le deuxiesme, comme javoys escript audict sieur d'Apcher, mays je feus contremandé par M. de

Seveyrac, sur ung advis qu'il avoyt receu de M. d'Apcher, que Merle sestoyt retiré ; qui est la cause que veneus plus tard je ne vouldroys rester de fere quelque bon effect ; et sachant que vous estes homme de valleur et de service, je vous faiz la présente pour vous pryer de fère tenir en toute extremité de diligence celles que je escriptz ausdictz sieurs d'Apcher et de Drugiac, comme aussy celle que j'envoye à M. de Chanfermont (1) et à M. de Gondras, et vous prye de rechief que ce soict en toute diligence que sera faỳ. Me recomandant à vostre bonne grace. Priant Dieu, Monsieur le juge, vous donner, en santé, heureuse et longue vye.

De la Roche ce viie novembre.

    Vostre plus afectionné ami,

      CANILLIAC.

P. S. — Je vous prye aussy fere tenir en diligence celle que jescriptz a Monsieur de Chanfermont, et que ça soit dans demain.

---

(1) Chamfremont.

LETTRE DU MARQUIS DE CANILLAC, A M. DE CHA-
NOLHET, SYNDIC DU GÉVAUDAN, AU SUJET D'UNE
ASSEMBLÉE DE MM. LES COMMIS ET DÉPUTÉS DU
DIOCÈSE, A TENIR.

11 novembre 1580.

Monsieur de Chanolhet,

J'ay receu la vostre par laquelle me mandés de quelque assemblée qu'il seroit nécessaire de fere, pour pourvoir aux affaires de ce pays; et désirant ne m'espargner en chose que je puysse pour la conservation d'icelluy, si ladicte assemblée se peult fère dans dimanche, en ce lieu, ou lundy pour le plus tard, je seroys très aise m'y trouver. Et si ne la pouvez mander en cedict lieu, dautant que la présence de Messieurs d'Apchier et de Gondras y seroit bien requise et des autres seigneurs du pays, la faisant à Sainct Chély, Salgues ou le Malzieu, je my pourroys encores trouver, si vous voyez que ma présence y soit nécessaire et si les forces que jay icy et celles que jattendz dans ce jourdhuy ne se desbanderont, que je n'ayons veu plus amplement que les desseins de Merle a en ce pays ne soyent descouvertz ou qu'il n'ayt quitté la campaigne. J'avoys adverty Monsieur d'Apchier et le prioy sacheminer de par deça, mais je n'ay encores heu nouvelles de luy; et sil vient, l'assemblée se pourra fere commodement en ce lieu. Vous pryant que en quelque lieu quelle ayt a se fere, que ce soit promptement, parce que j'ay des affaires en Auvergne, pour lesquelz infaliblement my fault trouver, que sera cause que en attendant de vos nouvelles, ne feray ceste cy plus longue, sinon pour me recommander bien affectionement à vostre bonne grace.

Priant Dieu, Monsieur de Chanolhet, que vous donne, en bonne santé, heureuse et longue vye

A la Canorgue, ce xie novembre 1580.

Votre plus affectionné amy a jamais.

CANILLIAC, ainsin signé.

(C. 1795).

LETTRE DU MARQUIS DE CANILLAC A M. DE CHAUDESAIGUES, JUGE DE SAINT CHÉLY.

Monsieur le Juge,

J'escrips à M. d'Apchier une lettre que je vous prye luy fere incontinant tenir, d'aultant qu'elle importe de beaucoup pour le service du Roy et bien de ce païs. Jescrips aussi une aultre lettre à M. de St Vidal, que je vous prie au semblable luy fere tenir en toute dilligence. Je m'asseure que vous aymes tant le bien de ce païs, que la dilligence quy est requise y sera fête. Et à ce m'asseurant je me recommande bien fort à vous. Priant Dieu, Monsieur le juge, que vous tiene en sa garde.

A la Canorgne, ce xiie novembre 1580.

Votre afectioné ami.

CANILLIAC.

LETTRE DE M. DE CHANOLHET, SYNDIC DU DIOCÉSE, A M. PIGIEYRE.

Monsieur Pigieyre,

Il est très necessaire de mander promptement une assemblée à lundi xiiiᵉ du présent aux consulz des villes de ce quartier, suyvant ce que jescris à MM. les viccaires, et le subject que je vous envoye. A ces fins je vous prie y travailler ceste nuict en toute diligence, tant les affaires sont pressés et importans, et me renvoyer ladicte despesche demain au point du jour. Vous retiendres les lettres du Chapitre de Mende, sieur du Tournel et autres qui seront de vostre quartier de delà et accompagneres MM. les vicaires allant à ladicte assemblée pour escrire ce que y sera résolu. Au reste, il me souvient que vous me tintes propos à Salgues, de quelque robbe longue que vous aviez à Chanac et que vous désiriez m'en accomoder; laquelle je vous prie m'envoyer par le présent porteur, et je la prendray en payement de ce que me deves, et de la plus value, si elle y eschoit, je la vous sattissferay, comme vous mesmes adviserés. Surquoy, attendant de vos nouvelles, je me recommande humblement à voz bonnes graces.

Priant Dieu, Monsieur Pigieyre, qu'il vous tiene en santé.

A Ste Henimie, ce xiiᵉ novembre 1580.

Vostre bien humble et obeissant à vous fère service.

DE CHANOLHET.

P. S. — Je vous prie advancer ladicte despesche et nous renvoyer ce pourteur avec les lettres deça pour les fere tenir. Me recomande à vostre bonne grace.

Des Estreyctz.

(Archives départementales, C. 1795).

LETTRE DU SYNDIC DU DIOCÈSE A MM. MACEL ET BRUGEYRON VICAIRES GÉNÉRAUX.

11 décembre 1580.

Messieurs,

Vous verrez celle que M. de Bressolles a receue des consulz d'Hispaniac; à quoy je vous prie pourvoir et fère mètre à l'estat de leur despartement Balmes et Rousses, au lieu de Saint Julien du Tournel, qui leur est a la vérité mal commode. Aussi pour ce qu'ilz sont menassés du siège et qu'ilz ne sont guières bien porveus de poudre, il vous plaira fere en sorte que le cappitaine Costeregord les accommode de deux quintaux sur les douze que M. le marquis luy fit délivrer. Il nous faut entrayder les uns les autres en ceste miserable saison. J'escrivis dernierement aux consulz de la Canorgue pour avoir deux quintaux de poudre pour ceste ville, et il me respondit qu'ilz n'en avoint que six qui leur fesoint bien besoin, en ayant baillé quatre à M. de

Castelfort pour le chateau de Saint Laurens, et en cest endroit je vous baise très humblement les mains.

Priant Dieu, Messieurs, qu'il vous donne longue et heureuse vie.

A Ste Hénimie, ce xi° décembre 1580.

Vostre tres humble à vous fere service.

DE CHANOLHET.

AUTRE LETTRE AUX MÊMES VICAIRES GÉNÉRAUX A EUX ADRESSÉE PAR M. DE CHEMINADES, LE 11 DÉCEMBRE 1580.

Messieurs,

Je vous envoye onque lettre que messieurs les consulz d'Ispagnac mont escryte, par laquelle verez de ce que il ne sount contans de la parouese de Saint Estiene dou Tournel. Je vous pouis asourer que ilz ont besonyn dantretenyr les soldas; par ainsyn vous suplye de y prouvouer que de jour en fere balyer aultre parouese à la mesme soume que ledict Saint Estiene. Vous en suplyant encores seste foues. M. de Lanbradès, mon cousyn, ma escryt ausy au mesmes fet, vous masouré que leur doneray contantement nous ofrant servyse de sy bon ceur que vous bese les mayns et prye Dieu, Messieurs, vous donner en santé se que desyrez.

A Ste Enymye ce xi°° desanbre 1580.

Vostre pleus honble à vous fere servyse.

CHEMINADES.

P. S. — Je vous suplye me mander la lettre que vous envoie desdictz consulz d'Ispagnyan. Je vous suplye fere que lesdictz Messieurs auront de poudre, ou de Chanac ou de la Canorgue comme ilz vous diront.

G. 1795.

LE MARQUIS DE CANILLAC A LA CANOURGUE.

Aux consulz de la ville de la Canorgue a esté payé la somme de 276 escus pour les rembourser de la despense par eulx fournye, durant huict jours, à mondict sieur le marquis de Canilhac, estant audict La Canorgue, avec 194 chevaulx, au moys de novembre 1580.

GARNISON AU MALZIEU

Aux habitans de la ville du Malzieu, pour trois monstres par eulx fournies et advancées de leurs propres deniers, suyvant lordounance du sieur de Chanfremont, vicaire de Mgr de Mende et autres commis de ce diocèse à 60 soldatz qu'ont demeuré en garnison en ladicte ville soubz la charge du sieur Dalaret, durant les moys de novembre, décembre 1580 et janvier 1581 pour la garde et conservation de ladicte ville en l'obeyssance du roy. . . . . 700 escus.

(C 1338).

PROCÈS-VERBAL DE LA PRISE DE QUÉZAC.

à diverses époques.

Estienne Boniol, seigneur de Bieisse, bachellier ez droictz, lieutenant de juge royal en la Court commune de la ville de Yspaignac, en Gevaudan. A tous ceulx quy ses presantes verront, salut. Scavoir faisons que ce jourd'huy, datte des presantes, pardevant nous, tenans l'audiance de ladicte Court audit Yspaignac, se seroient présantés venerables personnes Mᵉ Jehan Testelat, doien, et Jehan Daudé, chanoine et procureur du Chappitre et esglise collegialle Nostre-Dame de Quésac. Lesquelz, tant en leur nom que des aultres chanoines dudict Chappitre, auroint expausé et remontré avoir besoing fere sommaire apprinze et verifficauon, pour la conservation de leurs droictz en plusieurs et divers lieux et negoces de ce que leur esglise et maison collegialle, en lan mil cinq cens soixante deux, feust esvahie et surprinze par ceulx de la prethandue religion réformée, et, dicelle esglize toute les reliquères et ornemens servans au divin service, de grande valleur, et aussi les cloches et les meubles du comun et particullier, des doien, sacrestain et chanoines, princippallement les papiers, tiltres et documans de leur archifz feurent prins et empourtés; le couvert de leur dicte esglise breullé, comme aussi la maison de lhospital dudict lieu avec neuf lictz garnis de coytres, couvertes et linceulx. Et despuis, en lan mil cinq cens soixante sept, leur dicte maison collégialle feust brullée du commandement du seigneur de Thoras ensamble le couvert de l'esglise, que lesdictz doyen et chanoines avoint faict recouvrer. Et encores en lan mil cinq cens huictante leur dicte maison collégialle feust batue du canon, conduict par le cappitaine Merle, et par ce moyen forcée et prinze ; deux desdictz chanoines tués et plusieurs aultres faictz prisonniers et rançonnés ; ung prebtre du village et ung leur parroissien aussi tués, et tout ce qu'ilz avoint peu de rechief acquérir et remectre dans leur dicte maison collegialle et esglise des meubles pour eulx et ornemans, pour ladicte esglise ; de rechief, le tout feust pillé et empourté, ensemble tout le reveneu et meubles des habitans dudict Quésac, se que despuis la susdicte premiere prinze de leurdicte maison et esglise et commancement de troubles lhors surveneus et despuis continués au present royaume, comme est notoire, lesdictz doyen et chanoines n'auroint peu jouir, la plus part du temps de leurs dismes, rantes et reveneus que auroint esté prins et levés par eulx de contrere party, tenant garni son en leur dicte maison et occupans les beneffices dépendans dicelle, situés au pais de Cevènes, quest à leur hobéissance et dévotion et de fort difficil accès, mesmes le beyneffice de St Fleur du Pontpidor et St Estienne du Valdonnés, ausquelz consistent leur principal bien ; le tout aiant esté prins et levé longtempz par ledict cappitaine Merle, mesmes par délibération publique et authorizée par feu Monseigneur frère du Roy, pour sortir ledict Merle et luy fere quicter la ville de Mende, leur dicte maison feust baillée pour retrete sans en avoir faict aulcune recompance ausdictz chanoines ; lesquelz, à ceste occasion auroint esté constrains vaguer et recourir aux empruntz, pour santretenir, sur leurs amis, ung fort longtemps, se estans tellemant et cy davant endebtés sans avoir faict que bien peu de réparation à leur dicte esglise et maison, qui sont encores la plus part descouvertz, quilz nont à présent moyen de satisfere à paier beaucoup d'aultres debtes qu'ilz ont faict aussi pour le paiement des decimes et pour la garde et conservation de leur dicte maison à l'hobeissance du Roy, oultre plusieurs rantes et reveneus qu'ilz ont esté constrains vandre et alliéner; tellement que par les moiens susdictz que des grandes courses et passaiges de gens de guerre pandant les susdictz siéges et despuis durant les troubles qui ne sont encores estains en cedict païs, lesdictz chanoines non seullement mais la pluspart des habitans dudict lieu et parroisse de Quésac, chargés d'ailleurs de g andz tailles et subcides extraordinéres, joinct l'infertillite des terres et estérillité des fruictz quont regné ces dernières années, et ce presentent ceste cy plus grandz, à cause que la plus part des povres paisans ne recueillent pas seullement la semance qu'ilz avoint impozé aux terres, sont extremement travaillés et ruynés, ainsin quest tout notoire et esvidant: requérans sur la verité de ce dessus les assistans et illec presens, estant des principaulx habitans, tant dudict lieu et parroisse de Quésac que de la present ville d'Ispagnac, leur voisins prochains, ne distans que demy quart de heue, estre ouys et examinés et de leur dire et deppansation leur estre faict et expédié acte, pour leur servir comme de droict et raison.

Nous dictz Leutenant, aians entandu la susdite esposition aurions interrogés, sur le conteneu d'icelle, Mes Guilhaumes Robert, baille de la Roche, et aagé comme il a dict de soixante ans; Pierre Mathieu, baille de Quézac, aagé de cinquante ans. Estene Olivier, de Quézac, aaigé de soixante ans ; Pierre Yssarte, dudict Quézac, de quarante ans ; M° Jehan de Broa, sirurgien, aigé de soixante quatre ans ; Claude Lagarde, habitant d'Ispagnac, aagé de septante ans. Michel Menade, d'Ispagnac, aagé de soixante ; Anthoine Corsier, dudict Yspagnac, aagé de soixante cinq. Anthoine Albaric, de Montbrun, aagé de cinquante ou environ. Toutz lesquelz aiant au préalable faict et presté serment de dire vérité selon Dieu Vivant, levans la maing au Siel, ont dict et dépausé l'exposition dèsditz sieur doyen et chanoines, estre tres certaines et notoires et véritables, cest assavoir que la maison collégiale dudict Quézac a esté prinze, reprinze, brullée, forcée, batue de canon par ledict cappitaine Merle, l'ésglise Notre Dame dudict Quézac bruslée et est encores descouverte la plus part et en povre estat, toulz les joyaux et ornemans d'icelle, ensamble les meubles, papiers et documans de ladite maison collégiale de Quézac, prinz, ravis et pilles plusieurs et ritérées fois par ceulx de contrère party, et non seullement ceulx desdits doyen et chanoines, mais beaucoup de biens meubles que les habitans dudict Quézac et de la parroisse avoient mis pour retrete dans ladicte maison collégialle, beaucoup de maisons desdictz habitans aussi ruinés et la plus grand part d'icelles bruslées et abatues, tant par le feu que aultres courses et ravaiges dung party et d'aultre, les rentes et revenus de ladicte maison collégiale, tant de Quézac que St Estienne du Valdonnès, St Fleur du Punpidour, scitué au païs de Cevenes estant de contrère party, que aultres en deppandans, prinz et occupés la plus part du temps despuis lesditz troubles, tant par ledict cappitaine Merle que aultres. En sorte que

lesdits chanoines ont demeuré longtemps despolliés de
leur dicte maison et privés de leurs dictes rantes et reveneus, ains ils esté constrains se retirer pour vivre, ce
que ne peult avoir esté sans avoir enprunté leurs amis,
estant voix et femme publique quils sont beaucoup en-
deptés, encores qu'ilz aient vandu plusieurs de leurs
biens et rantes, estant grand domaige, voire grand mespris et casi escandalle aux catholiques de voir ladicte
esglise de Quézac ruinée et descouverte, comme elle est
de long temps renommée ; disans en oultre que lesditz
chanoines sont tellement povres à cause de ce dessus et
que pour la perte de leurs tiltres ilz ne peuvent à présent lever leurs rantes, que a ceste occasion leur sont
deues et mises en procès et que dallieurs aussi pour
la povreté de leurs parroissiens, ravaigés et ruines que
dessus, et encores a present surchargés de grandz charges extraordineres et par la grand infertilité et sterillité des dernieres années et dont la presente se monstre encore plus pire et mesmes que tant pour raison
desdictes gueres et contagion plusieurs personnes sont
morts et aussi de peste que a eu courtz en ce païs de
tempz de l'armée y veneus pour batre Maruéjolz et
Peire ; et les terres sont demeurées incultes et maisons
inhabitées ; iceulx chanoines nen peuvent tirer aulcung
secours que il leur est impossible de satisfere et paier
de longtemps se qu'ilz doibvent, veoire sans vandre, a
ces fins, d'avantage de leurs biens Et ce dessus lesdictz tesmoingz, toutz ensamble et uniformement, ont
dict, confirmé et certiffié estre chose véritable et le
scavoir pour avoir veu la pluspart desdictes chozes,
comme habitans là, estans lhors des temps susdictz audict Quésac, les aulcungz et ies aultres comme leurs

prochains voisins et pour estre chozes très notoires et magniffestes. Dequoy aurions octroié acte ausdictz exposans comme de raison.

Donné à Ispagnac, le lundy quatriesme jour du mois de septanbre l'an mil v^e quatre vingtz quinze.

Boyyol, lieutenant.

Moy notere royal soubzsigné, pour le greffier scripvant sous ledict sieur lieutenant.

Signé : Leblanc, notaire.

(Archives departementales, G 2240).

LETTRE ADRESSÉE A M. DE CHAUDESAIGUES, JUGE, A SAINT-CHELY.

6 janvier 1581

Monsieur,

Nous envoyons le présent porteur devers monseigneur d'Apchier pour le supplyer de s'acheminer bientost par deçà avec les forces qu'il aura assemblées et se joindre avec M. de St Vidal, pour fere quelque bon service au Roy et empecher les desseins de l'ennemy qui est à présent devant le chateau de Bédoesc, avec lartilirie. Et daultant que nous sommes très assurez de vostre bonne volunté et affection au bien et repos de ce pouvre pays, nous vous supplyons de promovoir nostre requeste envers mondict seigneur et luy représenter le miserable estat auquel le pouvre peuple est reduict par deça, et si de fortune il n'estoit à sa ville de St Chély, il vous plaira l'aler trouver, la part qui sera, et fere en sorte qu'il se rande promptement par deça, et baillez s'il vous plaict deux escuz audict porteur, que vous seront passez en la despance de vos comptes. Aussi parce que n'avons moyen aulcun de recouvrer de vin par deça pour la nourriture des troupes, tant de mondict seigneur que de celles que mondict seigneur de St Vidal menera, vous ferez fort bien, et nous vous en prions très instament, de fere conduire après lesdictes troupes tout le vin qui est de reste a vostre magasin pour le distribuer à Chanac ausdictes troupes et continuer vostre charge de commissaire général près de mesdict seigneurs. Et esperant de vous veoir bientost par deça, nous ne ferons ceste cy plus longue que de noz humbles et affectionnées recomandations à vostre bonne grace Priant Dieu, Monsieur, qu'il vous treuve en la sienne tres saincte.

A Ste Enymie, ce vi° janvier 1581.

   Voz bien affectionnnez à vous servir.
Les commiz, sindic et députez du diocèse de Mende.

       DE CHANOLHET, sindic.

(Archives départementales, C. 1795).

PROCÈS-VERBAL DE LA PRISE DE BÉDOUÈS PAR LES PROTESTANTS.

janvier 1581.

Estienne Boniol, seigneur de Biaisse, Bachelier ez droitz, lieutenant de juge royal en la court comune de la ville d'Yspaignac en Gevaudan, à tous ceulx quy seu présentes veront salut. Sçavoir faisons que ce jourd'hui, datte des présantes, par devant nous au lieu de Bédoesc et place publique ou est de coustume tenir la court ordinaire du dit lieu. Se seroient présentés venerables personne Mᵉ Jehan Brager, doien ; Claude Cappellier, sacristain ; François Conte, Jehan Julien, Privat Fohet, chanoines de leglise Notre Dame de Bedoesc au dit païs de Gevaudan, lesquelz tant en leur nom que des aultres chanoines en ladite église, par la bouche dudit Mᵉ Brager, doien, nous auroit exposé pour la conservation que de leurs droitz leur estre nécessaire fere apparoir en plusieurs lieux et pour diverses causes et occasions et vériffier sommerement comme par la malice et incoveniant des troubles dont ce royaume a esté et est encores affligé, leur maison collégialle ensemble lesglise quy estoit dans ycelle, au dit Bédoesc, après esté avoir pas plusieurs fois surprinse, evahie et occupée durant lesditz troubles par ceulx de la Religion prétandue refformée, enfin auroient esté battus du canon au commancement de l'année mil cinq cens quatre vingtz ung par le cappitaine Merle et ses troupes, et après les avoir prinz et viollantement forcés occirent la plus part des chanoines et aultres furent prisonniers et ransonnes, tous les meubles papiers et documens de leur dit maison, ensemble les cloches reliques et joiaulx de leur dite eglise, aussy plusieurs aultres biens meubles que les habitans du dit lieu de Bedoesc y avoient mys pour reffuge, furent pillés et ravis ; et après par ordonnance du dit merle et aultres de son party leur dite maison collégialle ensemble leglise furent sappés, mis sous pillotins et après par feu entièrement brullés, tumbés et réduits en monceau de piere quy couvert les fondemans sans apparance daulcune habitation ; tellement que au moien de ce et que ledict lieu de Bedoesc ensemble lieux de Castanolz et Ste Croix-de-Valfrancesque, bénélices en dépandans, sont situés au païs de Sevenes quy est longtemps de contrere party et est de fort difficille accez, contre les rantes et revenus du dit co'lege ont este fort long temps tenus et occupés par ceulx dudit contrère party et encores maintenant ne peuvent estre leves pour lopposition et controverse que plusieurs font à cause de la perte des ditz tiltres, tellement que les chanoines quy ont esté despuis et sont encores pourveus, ont esté constrains demurer ça et la, disperces et naians moien de vivre de leur bien et revenu ny de fere ledict service sur le lieu jusques a despuis quelque temps quilz auroient faict reparer une petite chapelle au dit village quy auroit esté aussy auparavant ruynée, et se loger en de maisons particulières quilz tiennens a louage bien cherement et au grand asard de leurs personnes, pour les corses et passages de gens de guerre quy ont passé, repassé et encores vont et viennent en ce païs et passent ordinairement au dit lieu de Bedoesc ; considere aussy lextérillité et grand infertillité quont correu despuis quelques années et continuent encores la présente plus rigoureusement, oultre ce que le païs est de soy mesmes megre et pouvre ; yceulx opposans nont moien aulcung pouvoir satisfere a beaucoup de debtes quilz ont faictz tant pour sentretenir comme dessus et fere quelques petites reparations à ladite chapelle et achapter une petite cloche, paier grands arrirages de décimes que leur ont esté imposées ordinaires et oultre plus jusques a présant bien qu'ilz aient vendu plusieurs sensives et aultres revenus et engagé deux preds, lung de St Julien et l'aultre appelé la Levade, que sont deux pièces des plus revenantes quilz aient sans en vendre beaucoup davantage au moien desquelles ventes silz continuens yls viendront peu à peu à se priver entierement de leurs dictz revenus. De quoy ont requis estre faicte sommaire a prinze et vériffication comme des choses manifestes et notoires, avec les assistans qui sont des principaux habitans dudit lieu et aultres villages voisins et de la paroisse dudit Bedoesc, et, de leur dire et depposition leur estre despechée acte pour servir en temps, lieu et occasion que de raison. Nous dit Lieutenans aiant ouy et entandu la requête et opposition des susdits doien et chanoines aurions intérogé, ouy et examiné sur ycelles Mr Barthélemy Arnauld, habitant de Bedoesc aagé comme a dit de cinquante ans, Jehan Arnal, masson, aussy dudit Bedoesc, aagé de cinquante ans, Laurens Rampon de mesme lieu, de mesme aage de cinquante ans, Guillaume Huc, dudit Bedoesc, aussy agé de cinquante ans, Jehan Amblard, du lieu de Coqures aagé de soixante ans, Estienne Rampon, de Coqurès, aussy agé de soixante ans, André Huc, du lieu des Sales, agé de quarante cinq ans, Jehan Huc, du dit lieu des Sales, agé de quarante ans, Jehan Borme, du lieu des Vernèdes, age de trente ans, Jehan Afflalet, du lieu de Rune, age de trente cinq ans ; desquels ages chascung deulx a tesmoigné et toutz ensemble ont uniformemant et sans discrepance, après avoir presté sermant sur le dieu vivant, levant leur main vers le ciel, ont dit et deppose que le dire et esposition desdits doyen et chanoines sont trop plus que vrai et notoires et quune bonne partie d'icelles se vériffie encores oculerement par la ruine quest aparante a la place ou souloit estre la susdite maison et eglise collégiale, ny ayant que quelque mourceau de pieres et sable sans aulcune habitation, et lesdits doien et chanoines font le service à une petite chapelle qu'ils ont réparée puis quelque temps et font leur habitation et despance en de maisons qu'ils tiennent a louage ou chez leur particuliers amys. Que plusieurs chanoines furent tués et murtris, ensemble plusieurs qui estoient dons ladite maison collégiale ; feust battue du canon sappée et renversée entierement par les troupes du cappitaine Merle ; il a environ quatorze ou quinze ans passés : les chanoines qui eschapparent, après avoir este ransonnés et ceux quy ont este proveus au lieu des morts ont demuré long temps dispers et hors ledit lieu de Bedose ou despuis quelques années ilz se sont reduictz et font le service a une fort petite chappelle appelée de St Jacques, quavait este aussy ruinée et quilz ont faicte recouvrir et reparer, faisant leur habitation chascung a part parmy leurs amys ou en de maisons de louage. Disant aussy estre véritable que la plus part du temps, puis et durant lesdits troubles, toutes les rantes et revenus dudit colliege de Bedoese, dont la plus part sont en Cevenes, païs de difficile acces, ont esté occupés et prins par ceulx de contrère party et encores nen peuvent lesdits chanoines guieres bien jouir a occasion de ce dessus et que leurs papiers et documens avec leurs meubles et de plusieurs des habitans du dit Bedoesc, quy les avoient mys et retirés dans ladite maison collégialle, furent pillés et emportés, ensemble les cloches de ladite église et les Joyaulx et ornemans dicelle; aiant falleu que les chanoines que sont à présant en ayent achepter de nouveau et mesmes une petite cloche. A cause de quoy et aussy comme quelques années dernierement passées ont esté sy rares et estérilles en bled, vin et aultres fruits comme est encores la présente que diminue fort les dismes et aultres revenus dudit colliége et des pouvres paisans, partie desquels costitues en lieux de montaignes comme est la Vaissière et aultres lieux dans la paroisse des Bondons, ou lesdits doien et chanoines prenent plusieurs rantes et revenus, demeurans vacquans et inhabitables tant a occasion des grandz courses que estérillite quilz ont souffert comme dict est, iceulx chanoines sont fort pouvres et ont esté contrains vendre plusieurs rantes, mesmes le village du Villaret, et engager deux des meilleures pieces qu'ilz ayent que sont deux beaux pretz, l'un tenu par Jehan Brès et l'aultre par Jehan Bornie, merchans de Florac, et ledit village du Villaret ensemble plusieurs aultres rantes sont tenues par le cappitaine St Martin que les à acheptées, en sorte que a grand difficulté lesdits doien et chanoines se peuvent norrir et entretenir, tant sen fault quils puissent paier plusieurs debtes quilz doibvent et ne peuvent espérer secours de leurs paroissiens, daultant que oultre les susdites raisons et esterillites de fruitz, ils sont sur chargés de sy grands fraitz, tailles et aultres succides extraordinaires comme tous les aultres du présant diocèse qu'ilz sont remys a un pouvre et misérable estat, plusieurs sont contrains abandouner leurs maisons et familles pour aller ailleurs quérir leur vie. Et tout ce dessus disent sçavoir pour estre choses tres véritables, tres notoires et manifestes. De quoy lesdits doien et chanoines ont comme dessus requis acte, pour leur servir comme de raison, que leur aurions octroyée et faicte. A Bedoesc le judi septiesme jour de septembre, lan mil cinq cens quatre vingt quinze,

BONNOL, lieutenant.

Moy, notaire royal soubsigné, pour le greffier escripvant, pour ledit sieur lieutenant.

LEBLANC, notaire.

(Archives départementales — C. 2223.)

NOMINATION DES DÉLÉGUÉS POUR SE RENDRE A FLEIX, AUPRÈS DU ROI DE NAVARRE, POUR LA REDDITION DE LA VILLE DE MENDE.

janvier 1581.

L'an mil v^{c}xxx et le... jour de janvier. A la ville de Ste Hénimie, assamblés nobles et vénérables personnes: Sébastien de Pontaut, sieur de Saint Didier; Jehan Dumas, licencié ez droictz, juge du balliage de Gévaudan; Jehan Malzac, procureur du Roy audict balliage; Anthoine Chevalier, esleu premier consul de la ville de Mende ; Robert de Chanolhet, licencié ez droictz, sindic dudict diocèse de Mende ; Barthelemi de Requoles, docteur ez droictz ; Louys Chevalier ; Antoine Gleyse ; Jehan Vivian, merchans dudict Mende ; André et Jehan Comitis, baille et greffier dudict Ste Hénimie ; Estienne du Brunenc, consul de ladicte ville. Lesquelz, traictans des affaires commmuns dudict diocèse, et considérans le mauvais estat auquel il est reduict par les occupateurs de ladicte ville de Mende, pour advancer et promovoir la reddition d'icelle et procurer un bon et assuré repos à tout cedict païs, ont très toutz unanimement commis et nommé les sieurs Chevalier, premier consul ; Chanolhet, sindic ; Chevalier et Vivian, bourgeois de ladicte ville de Mende, pour aller au Flais, (1) là où Mgr et le Roy de Navarre se sont assemblés pour pacifier les troubles ralumés en ce royaume, poursuyvre, vers son altesse, la reddition de ladicte ville et négotier et poursuyvre tous les moyens qu'ilz jugeront plus propres et adventageux pour l'advancement de cest affaire, avec promesse de leur fere payer et rembourser tout ce qu'ilz fourniront pour ceste négotiation.

(C. 814).

---

(1) *Le château de Fleix.* — Fleix (le), departement de la Dordogne, arrondissement de Bergerac, canton de Laforce.

Ce château fut choisi par le duc d'Alençon pour conférer avec le roi de Navarre, ou se trouvèrent les deputés des Calvinistes pour résoudre les difficultés qui avaient empêché l'entiere execution de l'édit de septembre. Les articles de cette conférence furent signés le 26 novembre, ratifiés par le roi le 26 decembre 1580 et vérifiés au parlement de Paris le 26 janvier 1581.

MM. DU CHAPITRE ET DU CLERGÉ DE MENDE CONVOQUÉS A CHANAC PAR LES VICAIRES GÉNÉRAUX DU DIOCÈSE.

13 février 1581.

Le 15° febvrier 1581, ayant receu une lettre de MM. les vicquaires de Mgr de Mende, par laquelle mandoyent tant à MM. de Chappitre que clergé venir promptement à Chanac pour conclurre sur le faict de la reddition de la présent ville de Mende, nous sommes acheminés MM. Brès, Claustre, chanoynes ; mestre Imbert, Boquét et le comptable, audict Chanac, ou avons sejourné cinq jours ; pour la despence, comprins le louaige des montures, vingt troys livres dix solz troys deniers, que revient pour ung tiers au clergé...... 7 livres 16 solz 9 deniers.

(Compte tenu par M Pierre Delagente, baille du clergé. G. 2766).

ASSEMBLÉE DES CATHOLIQUES A CHANAC, DÉLIBÉRÉ D'ENVOYER DES DÉLÉGUÉS POUR INFORMER SON ALTESSE DU REFUS QUE FAIT LE CAPITAINE MERLE DE RENDRE LA VILLE DE MENDE.

15 février 1581.

L'an mil v°lxxxi et le xv° jour de février. Dans le chateau de Chanac. Assemblés M" Jehan Brugeron, vicaire général de Mgr de Mende ; André de Ret, escuyer, sieur de Cheminades, substitué du sieur de Saint Alban, commis des nobles ; Antoine Chevalier, esleu premier consul de la ville de Mende ; Robert de Chanolhet, licencié ez droictz, syndic dudict diocèse, assistés ne nobles et vénérables personnes, Sébastien de Pontaut, seigneur de Saint Didier ; Jehan Dumas, licencié en droictz, juge du balliage de Gevaudan ; Louys Chevalier ; Antoine Vacheri ; Jehan Vivian ; Jean Vanel et autres, marchans et principaux habitans de la ville de Mende, réfugiés audict Chanac.

Sur le raport faict par MM. Dugué, porte manteau de Monseigneur, et de Lambert, gentilhomme servant du Roy de Navarre, du refus faict par le capitaine Merle de rendre ladicte ville de Mende et obéir aux comandemens de son altesse et dudict Sgr Roy, quelles persuasion et remonstrances qu'ilz en ayent sceu fere, disant ledict Merle ne le pouvoir fère sans avoir receu pareil commandement de Monsieur le prince de Condé et églises réformées du Bas Languedoc qui se doivent assembler à Nismes le premier jour de mars. Conclud que le sieur Dugué sera supplié de s'en vouloir promptement retourner vers son Altesse, assisté et accompagné desdictz sieurs juge Dumas, qui pour cest effect ont esté nommés et délégués affin qu'ilz informent sa dicte Altesse du refus et désobéissance dudict Merle, et poursuyvent les expéditions nécessaires pour le fere obéir. Et dautre costé est supplié ledict sieur de Lambert s'acheminer, avec ledict sieur de Chanolhet, en Languedoc ; le sindic, part où sera mondict seigneur le prince et assemblée desdictes églises pour obtenir les commandements et consentements requis par ledict Merle pour la reddition de ladicte ville.

(C. 811).

DÉLIBÉRATION PRISE A L'OCCASION DU REFUS QUE FAIT LE CAPITAINE MERLE DE RENDRE LA VILLE DE MENDE.

25 mars 1581.

L'an mil v^cLXXXI et le xxvie de mars. Dans le chateau de Chanac. Assemblés vénérables personnes Jehan Brugeron, vicaire général de Mgr de Mende ; Sébastien de Pontaut, escuyer, sieur de St Didier ; André de Reth, escuyer, sieur de Cheminades, substitué du sieur de St Alban, commis des nobles; Anthoine Chevalier, jeune; Levieux et Guilhaume Jehan, esleus et créés consulz de Mende ; Robert de Chanolhet, licencié en droictz, sindic dudict diocèse, assistés de MM. Jehan Dumas, juge du bailliage de Gévaudan ; Jacques Urbain de Reth ; Robert Leynadier et Guillaume Brès, chanoines de l'église cathédrale dudict Mende ; Louys Chevalier ; Anthoine Vacheri ; Jean Vanel ; Jehan Vivian ; Jehan Leynadier ; Anthoine Geymar ; Guillaume Liris et autres bourgeois de ladicte ville de Mende, réfugiés audict Chanac.

Messieurs Du Gué, porte manteau ordinaire de Mgr et d'Yolet, maistre d'hostel de Madame la princesse de Navarre, envoyés pour la rédition dudict Mende, ont remonstré ausdictz sieurs : que combien ilz ayent faict entendre au capitaine Merle la finale résolution prinse par mondict seigneur et ledict sieur Roy sur la reddition de la ville de Mende et la grand faute qu'ilz faisoit de ne leur rendre le respect et obeissance qu'il devoit, attendu mesmes que pour cest effect ilz lui ont apporté tous les commandemens, provisions et descharges qu'il pourroit désirer ; neaulmoins ledict Merle continuant de s'excuser sur la volunté et consentement de Monseigneur le prince de Condé et églises réformées du bas Languedoc, refuse d'obéir, sans avoir receu ledict commandement que luy doibt estre bientost envoyé, suyvant ladicte promesse........ dautant que lesdictz sieurs Du Gué et Diolet, pour le bien du service du Roy et contentement et satisfaction de leurs maistres, désirent infiniment voir quelque bon succès de ceste négociation. A ces fins ont requis lesdictz sieurs commis leur donner sur ce leur advis, offrans de fère tout ce qui dépendra deux pour la perfection d'une si bonne œuvre.

Conclud par mesdictz sieurs, qu'il leur semble estre très expressement necessaire pour trancher les longueurs et remises dont ledict Merle veut traverser cest affaire, quilz prenent la peyne de s'acheminer au bas Languedoc pour requerir Mgr le prince de Condé, de vouloir commander au capitaine Merle la reddition de ladicte ville, et aussi pour sommer les églizes pretendues dudict païs, de la promesse que leurs depputés ont faicte à mondict seigneur, affin qu'ilz ne puissent plus fuir de donner leur consentement sur ladicte reddition et que ledict Merle naye plus de quoy coulorer sa rebellion et désobeyssance. Et si estans audict Languedoc ilz ne pouvoient obtenir ledict consentement, pourront de rechef retourner à sadicte altesse et audict sieur Roy, pour les advertir des particularités de leur dicte négociation. Et, pour les seconder et assister ausdictes poursuytes, ont esté délégués lesdictz sieurs de Chanolhet, sindic dudict diocèse, et Levieux, second consul, dudict Mende, qui recevront, en toutes choses, les commandemens de monseigneur de Montmoranci, et pourront s'acheminer vers son altesse, avec lesdictz sieurs Du Gué et Diolet, selon l'occurance et disposition des affaires.

(C. 814).

ENVOI DES DÉLÉGUÉS VERS MM. DE SAINT-VIDAL ET D'APCHIER.

4 avril 1581.

L'an mil cinq cens quatre vingtz et ung et le mardi quatriesme avril, au chateau de Saint Alban. Assembléz MM. Jehan Brugeyron, vicaire de Monseigneur de Mende; le seigneur de Saint Alban, commis des nobles; Anthoine Chevalier, 1er consul de Mende, commis et depputez du diocese de Mende, assisté de Loys Chevalier et Jehan Vivian, traitant des afères du pays.

Par ledict Loys Chevalier, substitud du scindic, a esté remonstré qu'il est très nécessaire déléguer, vers Mgr de Saint-Vidal, personnes notables pour l'advertir des afères du pays et touchant la redition de Mende, suyvant le édict de paix, auquel le cappitaine Merle n'a encores obey et tient ladicte ville, nonobstant le dict edict ; aussi advertir Monsieur d'Apchier.

Surquoy y auroit esté advisé et conclud que ledict

premier consul yroit avec le sieur Vivian vers lesdictz sieurs de Sainct Vidal et d'Apchier et que seroient priés y vouloir aller pour leur fere entendre toutz lesdictz affaires dudict pays ; ce que lesdictz sieurs consul et Vivian se sont offertz se y acheminer.

Archives départementales, C. 814.

LETTRE DE M. DE SAINT VIDAL « AU CAPPITAINE GRIMAUD, COMMANDANT POUR LE SERVICE DU ROY AU VILLAR. »

Cappitaine Grimaud. J'ay receu celle que vous m'es crivéz pour fere pourvoir a l'entretenement de la garnison du Villar. Javois cy devant mandé à MM. les commis de faire pour toutes les garnisons du païs generallement; à quoy je me promettois qu'ilz eussent satisfaict selon qu'ilz eussent advisé pour le mieux, suyvant l'ordonnance que Mgr de Montmorancy ma mandé avoir bailhé au seindic et que tienne la main à leffectuement dicelle ; Ce que je ne puis faire ny moins pourvoir à ce que m'es crivez, n'ayans sceu avoir dudit seindic lesdicte ordonnance ny coppie d'icelle, encore que je luy ay mandé par troys ou quatre foys de ce faire. Mais jespere que nous nous assemblerons bientost après le retour des sieurs Dugué et de Diolet devers M. le prince de Condé, où ilz sont allez pour la reddition de Mende, et questantz tous ensemble nous pourvoyons à toutes choses le mieux que fere ce pourra, qui me gardera vous dire davantage pour ce regard sinon que n'estre recommandé a vostre grâce. Je prie Dieu vous donner cappitaine Grimaud, bonne et longue vie.

Au Puy, ce vi° apvril 1581.

P. S. Vous vous pouvez cependant retirer a MM. les commis du païs qui sont de delà pour vous y estre pourveu, selon le mandement que je leur fiz dernierement de pourvoir à la garde des places de delà, avec le nombre d'hommes quilz adviseroyent estre de besoin ez chascune d'icelles, depuis la paix publiée; ce quilz pourront fère suivant ycelle et l'ordonnance du mondict seigneur de Montmorancy que le scindic a en son pouvoir. Vostre affectionné seur et parfaict amy,

SAINT VIDAL.

Archives départementales, C. 1795).

DÉLIBÉRATION DE MM. LES COMMIS, SCINDIC ET DÉPUTÉS DU DIOCÈSE, RÉUNIS A SAINT-ALBAN, SAMEDI 8 AVRIL 1581.

Par M. le premier consul de Mende a esté proposé qu'il avoyt faict sa délégation devers Mgr de St Vidal, auquel avoyt faict entendre les affères touchant la redition de Mende et aultres importans au pays, et qu'il seroit bon de adviser, si tant estoit que Merle quittat

Mende, de pourvoir à l'entretenement de M. de Fressonet et à ses troupes, que aussi, si ledict Merle trouvoyt excuse de ne sourtir de ladicte ville sans argent, trouver le moyen d'en trouver.

Conclud que, si tant est est que ledict Merle obeysse en quictant ladicte ville de Mende, ledict seigneur de Fressonet fault qu'il s'empare d'icelle ; ledict sieur de Saint-Alban sera de tout adverti par MM. les vicaires et consul de Mende pour pourvoir à tout ce qu'il sera possible pour l'entetement de dudict seigneur de Fressonet et de ses troupes.

Ledict sieur consul aussi propose que Mgr le marquis de Canilhac auroit escript ausditz sieurs commis de différer la tenue des Estatz jusques à la fin de may.

Conclud que, lesditz Estatz sont différés jusques au retour de MM. les commissaires et scindic du pays, qui sont encores en Languedoc, devers Mgr le prince, pour la reddition de la ville de Mende, et que l'on escripra audit seigneur marquis, baron de tour, la présent année, le suppliant ne trouver malvays ne pouvoir differer jusques à la fin de mai, veu la nécessité en laquelle est ceste diocèse.

VENTE DU VIN.

Les approvisionnements faits par le pays pour la subsistance des troupes qui devaient venir faire le siège de Mende, furent vendus après l'avortement du siège. Le vin qui était dans les magasins d'Aubrac et de Saint-Chély fut cédé a M. Guillaume Ruat, notaire de Saint-Chély, procureur ez terres de Mgr d'Apchier.

Monsieur Ruaty,

Combien que nous ayons trouvé melieur commodité du vin, si est ce que nous vous en vollons grattifier, qui est cause que vous envoyons nostre dernier consul, auquel vous prions deslivrer la somme que restes de la vente des vins et luy rendre l'argent au lieu ou este tenu par vostre constraincte, affin qu'il aye moyen de le randre par dessa en surette, car pour les afferes du pais en avons grand besoing.

Nostre segond consul est arrivé du Languedoc où a esté arresté la paix, proveu que par son altesse leur soit accordé adveu sur la prinse et vente de la sel et des choses quon esté faictes depuis quelle a esté publiée, et pour l'avoir, ont esté depputtés le sieur de Clernan, et mesmes Mgr le prince s'achemine vers son altesse et roy de Navarre, dont espérons que leur entrevus sera de grand effest ; et M^r le syndic y est allé en poste. Ceulx de contrère party se préparent d'obéir, et ce jourdhuy ont quitté La Vigne. Nous attendons leur retour dans huict jours. Vous scaves que ces affères sont de despence, laquelle ne se supporte sans avoir argent en bourse, qui est cause que vous prions encores delivrér a cedict porteur, le dernier consul, au lieu ou scavés ce qu'est porté en vostre constraincte ; de laquelle ce faisant en prennant son acquit au dos de ceste ci serés tenu quitte et deschargé ; luy ayant donné charge de ne bouger, sans avoir cella. Nous assurans que ny manqueres, ne vous la ferons plus longue que pour prier Dieu vous donner, Monsieur, en bonne santé, longue vie.

A Chanac ce 15ᵉ avril 1581.

  Vostre bien affectionné a vous servir,
   Les commis du pais de Gevaudan :
    BRUGEYRON ; CHEVALIER, consul ; CHEVALLIER.

Nous vous prions faire part de ces bonnes novelles a M. le juge de Chaldesaigues et lequel trouvera nos recommandations à ses bonnes grâces.

          C. 1337.

LETTRE DU ROY DE NAVARRE AU CAPITAINE MERLE.

20 avril 1581.

Capitaine Merle, ayant receu l'adveu général que Messieurs du Bas-Languedoc demandent, j'estime qu'ils ne fairont à présent aucune difficulté de publier la paix ; et par même moyen, vous ne différerez de rendre la ville de Mende, suivant le comendement qu'il vous en a été fait à cette fin. Monsieur vous envoit le sieur de Lagarde, qui vous porte votre décharge et adveu particulier du roy. Je vous renvois aussi le sieur de Lambert qui vous porte le mien, lequel si vous ne trouvés assez ample, je vous fairés réformer toutes et quantes fois que voudrés et selon qu'adviserés.

Je vous prie considérer qu'il va en cecy du repos de tout l'Etat, de mon intérest particullier et de ma réputation qui demeure engagée par votre retardement. Ontre ce que la Guyenne demeure frustrée du fruit qu'elle doit sentir, ayant de son côté satisfait, et pour une seule ville vous empêchés la restitution de plusieurs qui m'appartiennent, qui fait que plus instemment je vous fais cette recharge et vous prye, cette fois pour toutes, de satisfaire incontinent à ce qui vous est ordonné. Je vous ay cy-devant envoyé le sieur d'Aramont, le sieur Lambert et le sieur Dyrolles, outre ce que avez peu entendre par les députés du Gévaudan. Ledit Lambert retourne encore pour la dernière fois, me promettant qu'obeirés puisqu'avés ce que demandés. Autrement je ne vous veut point céler que je seray contraint d'y procéder par toute voye de rigueur et d'apporter à l'effet que dessus les moyens que Dieu m'a donnés. Mon cousin et M. de Turenne vous fairont sur ce entendre plus particulièrement mon intention. Sur quoy me remettant, prieray Dieu vous avoir, capitaine Merle, en sa sainte et digne garde.

A Coutras ce 20 avril 1581.

Votre bon ami
Henri.

Par apostille, écrit de la main du roy de Navarre :
Vous estes à moy et de ma maison, regardés de m'obéir plus tost qu'à d'autres. Autrement il n'est point d'ami.

RÉPONSE DU CAPITAINE MERLE.

Sire, ayant répondu à celles desquelles auroit pleu à Vostre Majesté m'honorer, et qui m'auroit été rendue par le sieur d'Aramont, je me sus advisé de vous dépescher le sieur de Lescure, présent porteur, afin que par lui qui a veu comme toutes choses se sont passées en ces cartiers, depuis la prise de cette ville de Mende, Votre Majesté puisse être instruite bien au long de la vérité, vous suppliant très humblement, sire, de croire en ce qu'il vous dira comme moy même et au surplus consider de même la réussite de l'entreprinse, et pour avoir depuis trois moys tenu la campagne avec deux canons, et dans ce temps, pris 17 villes, châteaux, places ou forteresses en haut et bas païs de Gévaudan, que j'ay réduit soubs vostre obéissance ; je me suis tellement rendu l'ennemy de vos ennemys, et avec moi les gentilshommes, capitaines et soldats qui m'ont fait tant d'honneur que de m'accompagner, qu'il sera mal aysé qu'ils nous puissent endurer près d'eux, si Votre Majesté ne vous fait donner quelque lieu d'asseurance à pouvoir les contenir en respect de quoy, Sire, je vous supplie très humblement, afin que vous conserviés nombres d'hommes qui vous assurent de leur vie, pour à jamais vous faire très humblement service, baisant humblement les mains de Votre majesté.

A Mende, ce.........

FRAIS POUR LA GARNISON DE CHANAC.

L'an 1581 et le 24 jour du mois d'avril. Au chateau de Chanac, Assemblés MM. Brugeyron, vicaire général de Mgr de Mende, comte de Gévaudan ; Anthoine Chevalier, 1er consul de Mende, commis et depputez du diocèse de Mende, illec tractans des afferes du pays, en l'absence des aultres sieurs commis.

De tant que la paix n'est effectuée en ce diocèse et que la ville de Mende et aultres places dans icelluy sont encores dettenues par ceulx de la Religion préthendue, qui tiennent les champs et tachent surprendre les villes et places restans encores en son obéissance, et que Chanac en est l'une de la plus grande conséquence, en dangier d'estre perdue, si la compaignie du cappitaine Gibrat, jusques au nombre de soixante dix soldatz, à pied, francoys, arquebuziers, comprins les chiefs et membres, suyvant le dernier estat, n'y est, pour le moys que commancera le 26e du présent, entretenue.

Dont ayant lesditz seigneurs recherché toutz moyen pour en pourvoir tirer la solde et entretement, ensemble pour quinze soldatz au cappitaine Costeregord pour la garde du chateau dudit Chanac, l'estat dudict cappitaine et dung sergent y comprins, comme le précédant, aussi au cappitaine Grimauld, vingt soldatz pour la garde du Villar, estant aussi de conséquence, sa personne, d'ung sergent et d'ung capporal y comprins, et qu'il a esté vériffié estre deub par plusieurs des paroisses dudict diocèse leurs pourtions des deniers du Roy et aultres couchez en l'assiette dernier, tenue à Salgues; ayant ouï le commis du sieur Fontunye, chargé de la levée desdits deniers, qui a dict ce qu'est deub de ladite recepte debvoir venir pour la paye des empruntz, talhon, estat des seigneurs gouverneurs de Languedoc, fraiz dudit Languedoc et aultres deniers d'iceulz et non audict entretenement; a esté conclud que la monstre desditz cappitaines de Gibrat, Costeregord et Grimauld, suyvant ce-dessus, sera prinze desditz deniers, desquelz lesditz sieurs commis au nom dudict païs ont promis et promectent, audict Fontunye, recepveur, l'en relever et fère descharger envers lesdictz emprumpteurs et aultres.

C. 814.

DÉLIBÉRATION TENUE EN LA VILLE DE SAINTE-ÉNIMIE.

Le 22 mai 1581.

Lesdictz sieurs Leynadier (1) et Borrel, ayans esté délégués vers le cappitaine Merle pour veoir de traicter avec icellui sur la reddition de Mende, lesquels ont remonstré comme ils avoient communiqué avec ledict Merle, pour le fere disposer à ladite reddition, obeyssance aux commandemens du Roy de Navarre et de Mgr le prince de Condé, et, veu le consentement des églises, luy ayant remonstré le hazard qu'il courira m'obeyssant auxdictz comandemens. A quoy ledict Merle leur auroit respondu, que proveu que le pays luy baille contant six mil cinq cens escus, pour le payement de ses troupes, qu'il se disposera incontinant randre ladite ville ez mains et pouvoir de MM. de La Garde et Lambert, commissaires envoyés, pour cest effect, de Monseigneur et du Roy de Navarre.

Sur quoy, ledict sieur de Chanolhet, scindic, a prié l'assemblée d'en donner chascun son opinion, si lon luy doibt accorder ou non ; bien les a requis vouloir considérer comme la cuillette est proche, qui la perdant de nostre cousté reviendra à plus grand perte que de ladicte somme ; joinct aussi que tous les jours ses troupes tuent, ravaigent le pouvre pays ; et d'ailheurs qu'ilz ruinent tous les jours les maisons qui restent encores en ladicte ville.

Robert Leynadier, chanoine de l'église cathédrale de Mende.

Après avoir faict courir les voix et entendu plusieurs remonstrances faictes et ayant en consideration les maulx que du cousté dudict Merle en adviennent, a esté conclud que on doibt accorder audict Merle ladite somme de six mil cinq cens escus, tant pour éviter l'entière ruyne du pays et de ladicte ville, que pour avancer la reddition de ladite ville, proveu qu'on la puisse trouver par emprunt ou aultrement, car aultrement ne la luy fault accorder ny promettre.

(C. 814).

POUR RECOUVRER PROMPTEMENT DENIERS POUR LA REDDITION DE LA VILLE DE MENDE PAR EMPRUMPT.

Seront priés MM. du Villaret et recepveur ; Chevalier et le sire Jehan Vivian, s'acheminer promptement devers Mgr d'Apchier, pour veoir d'en recouvrer de luy par prest ou par acquittement envers M. de Merle, si tant est quil se desface de Salavas et Lagorce, et arrester avec ledict seigneur toutes les commodités pour luy que se pourront trouver à luy agréable pour l'asseurance desdictz deniers.

Et de tant que pour quitter ladicte ville ledict Merle demande grandz sommes de deniers ou ledict seigneur d'Apchier ny pourroit entièrement, iront lesdictz sieurs du Villaret et Chevalier, sil leur plaict, au Puy, sercher lesdictz moyens, ou du sieur de Jonchieres, de Gondras ou aultres quilz adviseront et recouvreront lesdictes parties et jusques à la somme de huict mil escuz, s'il est possible ; pour lesquelz recouvrer, tant chascun des commis du diocèse et habitans de Mende, sobligeront à eulx pour fere payement de ladicte somme au terme porté par l'obligation quilz en passeront.

Seront aussi priez MM. Gleyse et Guillaume Destreictz s'acheminer devers le seigneur de Trélans et le cappitaine Fspinace et aultres que cognoistront avoir volunté prester argent pour ladicte reddition ; et ou nen pourroient recouvrer d'iceulx, se transporteront à Clermont-Montferrant et aultres lieux qui verront estre nécessaires.

Sera supplié Mgr de Mende ou MM. ses vicaires, pour ce quil sagist de la reddition de sa ville, d'arranter son esveché ou aulcune de ses places a deniers anticipés, pour employer lesdictz deniers à ladicte reddition, à la charge que MM. les comis et principaulx de la ville de Mende s'obligeront, à mondict seigneur, payer les deniers aux termes que sont ordinaires desdictes affermes.

De mesmes seront priez MM. du Chapitre et du clergé den fère de mesmes.

Le sire Vidal Borrel et M. le segond consul seront priez s'acheminer vers MM. des Vans et La Bessière, pour recouvrer, par leur moyen, tant de deniers qu'ilz pourront pour estre employés aux fins susdictz.

Pour le faict de l'arrentement de Mgr de Mende et avoir deniers anticipés, créons MM. le recepveur Chevalier et Garrejac.

Pour fere arranter et avoir deniers anticipés de prieurés de St-Pierre-de-Nogaret et Colet-de-Dèses que pré du Chappitre de Mende ; Hallenc, MM. de Bressoles, Claustre et Brés.

Pour fere arranter, à deniers anticipés, les prieurés de Cubière, Chasseradés et Chaldeyrac, apartenant au clergé de Mende, comettons MM. de Lagente, ses conseillers et M° Pigière.

(C. 814).

DÉLIBÉRATION DU 24 MAI 1581, A SAINTE ENIMIE, ET DANS LE JARDIN DE M° ANDRÉ COMITIS, BAILLE DE LA DITE VILLE.

Sur la lettre envoyée par MM. les commissaires, sur l'exécution de la paix et reddition de la ville de Mende, laquelle a esté leue en la présente assemblée, a esté proposé par ledict sieur scindic de pourvoir au contenu d'icelle, et, lecture faicte, a esté conclud quil sera escript ausdictz seigneurs commissaires que lon est en continuelle dilligence de recouvrer de deniers, aux fins de tenir adverti le cappitaine Merle en la bonne volonté qu'ilz sont, ayant pour ce reguard envoyé délégués exprès vers M. d'Apchier et aultres partz, pour les prier fère tant de bien ausdictz habitantz de ladicte ville de prester deniers.

(C. 814).

L'an mil v⁰ quatre vingtz et ung et le penultiesme de may. A Chanac, dans la grand salle de la maison du cap-pitaine de Grimauld. Assemblez MM. Jehan Brugeyron, vicaire ; Anthoine chevalier, premier consul de Mende ; le sieur de Saint-Didier ; Dumas, juge du Bailliage ; le sieur de Bressolles ; de Chanolhet, scindic ; A. Vacheri ; le sieur de la Pathière, Pol Albaric, Jacques Dumas, le sieur de Garrejac, A. Dangles, Vidal Doladilhe, Bony, G. Escurete ; La Bire, Anthoine Geymar.

M. le vicaire est doppignion lui bailler la somme de 6,500 escus pour le tiers, hors et pour éviter aulx maulx et ruynes qui se comectent.

M. Chevalier, consul : que l'on advise que le Corps du pays puysse satisffere, veu que les habitans de la ville de Mende n'ont le moyen et hors de toutz poinctz de le fère ; est d'advis de luy bailler ladicte somme.

Le sieur de Saint-Didier, MM. de la Garde et les aul-tres commissaires ; tous les susdictz unaniment ont esté d'adviz luy bailler ladicte somme, si tant est que se puysse recouvrer.

(C. 814).

LETTRE ADRESSÉE A MM. MAGEL ET BRUGEYRON, VICAIRES GÉNÉRAUX DU DIOCÈSE DE MENDE.

13 mai 1581.

Messieurs,

Estans de retour du Puy, M. le segond consul et le sire Guillaume Destreictz, pour veoir de trouver la partie dont vous avons escript ces jours passez par *le Pastrou*; ilz ont si bien negot é quilz ont trouvé homme qui nous accomodera deladite partie, pour l'employer à l'effect pour lequel l'avons demandée, à la charge qu'on luy baille de respondans dans la ville de Lengoigne. Ce qu'à esté promis fère dans jeudy, qui nous constrainct tous de nous y acheminer pour y donner tout l'ordre possible, affin que lesdictz de Lengoigne y soient plus enclins. Il sera besoing que quelques ungs de la ville de Mende. mesmes MM. Chevalier, Vacheri, Vanel, Gleysse, Ducelz et aultres principaulx, leur en escripvent une bonne lettre de supplication, contenant que, avant toucher lesdictz deniers, ilz leur en donneront toutes les assurances d'indempnité quilz désireront. Car a esté arresté que lesdictz deniers ne seront mis hors des mains de ceulx qui les emprumpteront ou sen randront respondans, que pour la reddition de Mende ou pour l'entretenement de la garnison que y sera mise et non à aultres usaiges, et, en evenement que le cappitaine Merle ne voulust obeyr, en rendant lesdictz deniers et payant les aportz on en demurera quitte. Jeudi prochain nostre rendés-vous est assigné à Pradèles ; il vous plaira à toute diligence nous envoyer, par homme exprès, lesdictes lettres à Langoigne, par tout mardy prochain ; car après ne seroit temps, pour ce que l'homme qui offre prester ne séjournera audict Pradèles que jusques à jeudy à dyner precisement et s'en veult retourner chez soy. Quant aux apportz et aultres conditions arrestées, nous le vous dirons, Dieu aydant, quant serons par dela. Si faillons ceste commodité, je ne doubte que nen trouverons pas une aultre, veu mesmes que aulcung de par de ça ne se veult obliger.

Monsieur de Fressonet sejorne en ce lieu jusques à ce que par Messieurs les commissaires luy sera mandé ce qu'il aura affère, et faict ce bien au pays de ne mener dans icelluy ses troupes jusques audict mandement ou dans dix jours après icelluy; bien est vray qu'il a promesse du pays que sa compaigne sera payée, à l'entrée d'icelluy et luy recognu et ramboursée des fraiz qu'il aura faictz et gratiffié; qu'est cause qu'il faut de toute nécessité que lesditz deniers se trouvent pretz, aultrement nous nous trouverons en une extrême perplexité. Nous faisons grand despence et avons esté contrainctz emprumpter, avec promesse de le rendre incontinant que serons labas. Nous neussions faict si grand séjour par deça, mais la cause nous y contrainct, et nous a bien servi d'avoir retenu ledict sire Destreictz, qui sy employe avec grande affection. Si avès aulcunes nouvelles desdits commissaires ou de Monsieur le syndic, vous plaira nous en fère part par le mesme porteur, ensemble audict sieur de Fressenet, et nous commander ce que aurons affere pour le meilheur, par deça, avant que en partions, et nous entretenir voz bonnes graces et souvenances. Remectant le surplus à vous dire de bouche à nostre retour. Ferons fin, vous avoir dit que si lesditz commissaires sont arrivez avant que vous escripviez, il sera nécessaire que quelques ungs des sus nommez viennent audict Lengoigne pour recepvoir la partie, avec procuration des aultres, pour emprumpter jusques à deux mil escuz, a port et change, pour le temps que sera advisé accorder dudict change, recepvoir ladite somme et fere les obligations lung pour l'aultre, sans division de leurs personnes et biens, en ample forme ; car, avant qu'on se désaisisse de l'argent, on aura contraire promesse d'indempnité du pays et de la coucher à l'assiette. Aussi serez advertis que cest M^{sr} de Rozilhes qui a promis fere ledict prest a dix pour cent, pour ung an, à la charge que ceulx que s'obligeront pour ladicte somme de quatre à cinq cens livres que luy est deue par le pays pour quelques bledz que luy furent prins à Naussac ; laquelle somme fust couchée en l'estat des debtes et ordonné estre payée sur l'imposition extraordinaire de l'an 1578, pour ce que ne luy a esté payée par les receveurs. Si vous avez quelque meilleure commodité que celle là, nous en advertirés et ferez entendre vostre intention pour icelle suyvre, et ferés voz commandementz d'aussi bonne voulonté que très humblement vous baisons les mains.

Priant Dieu, Messieurs, en santé vous donne vye longue.

A Salgues, ce sabmedi de Pentecoste, au soir, 1581.

Voz bien humbles et affectionnez serviteurs : Desestreyctz. — Levieulx, consul, Bayssenc.

P.-S. S'il fault d'argent davantage, avons espoir le trouver, avec lassurance des sus nommez.

Archives départementales, C. 1795.

Le 24 may 1581, estantz assemblez en la ville de Ste-Énymie, MM. les vicquaires de Mgr de Mende, les bailles du Chapitre et clergé, les consulz et plusieurs habitans de Mende pour recouvrer argent promptement, pour la réduction de la présent ville, et ayant ung chascun donné ordre de recouvrer argent, pour la part du clergé, furent commis mestre Imbert Boquet, hénefficié et sire Jehan Destrectz, dit Pellicier, pour sacheminer vers MM. de Morenguers, Crussole, les Alpies, Du Champ et le capitaine Reversat, pour scavoir deulz s'il vouldroyent entendre à l'arrentement des bénéffices de Cubière, Chasseradès et Chalderac, à deniers anticipés, n'ayant plus propre moyen pour reccouvrer argent proptement.

(Comptabilité du clergé de Mende G. 2766.)

Le 7 juin 1581, MM. de la Ville (de Mende) ayant entendu qu'avions receu argent, ne firent faulte incontinent nous solliciter à leur bailler tout l'argent qu'avions receu pour subvenir aulx fraix que ce faisoyent journellement pour la reddition de la ville; auxquelz, par advis du conseilh, fut bailli, comme appert par les receuz, signé : Chevalier, consul et Jehan Lalenc.... 400 livres tournois.

DÉLIBÉRATION DU 5 JUIN 1581, TENUE AU CHATEAU DE CHANAC.

Auroyt esté propozé par lesdictz Leynadier, Borrel et Vivyan, que le cappitaine Merle est en vollonté quicter la ville de Mende en luy payant ce qu'il a demandé; et oultre ce, affin quil aye moyen de promptement vuyder ladicte ville, luy bailer quarante mulletz à bast, pour fere conduire le bagage qu'il a audict Mende, seullement, et ne demande lesdictz mulletz que pour la conduite de ses ardes et meuble.

Surquoy, discoureu les voix, l'une après laultre, ont esté d'advis et conclud que le cappitaine Costeregord sera prié trouver moyen, en ceste ville de Chanac que ailheurs, recouvrer lesdictz quarante mulletz, aux gaiges qu'il advisera et à la melheur condition que fère se pourra, pour tirer ledict Merle dudict Mende promptement, affin que ne trouve excuse pour dyllayer son ysseue, à cause desdictz mulletz, à la charge de luy fere rembourcer ce qu il aura promys ou fourny pour ledict louaige, ensemble la perte desdictz mulletz si aulcuns en y a, et le relever de tous despens, dommages et interestz quil pourroyt souffrir à raison de ce, et ce à la première assemblée des Estatz particulliers de la présente année, ou bien au quatre Corps de la ville de Mende, si le pays en faisoyt reffuz.

Conclud, de tant que le seigneur de Merle se dispose à obéyr à l'édict de paix et remectre la ville de Mende, et que icelle délaissant, Mgr frère du Roy, luy accordé, par son brevet, la maison collégialle de Quézac, mesdictz seigneurs les commis ont promis et promectent, à MM. les chanoynes dudict Quézac, de leur reffere aultant de revenus dudict Quézac que ledict seigneur de Merle en prendra, suyvant ledict brevet et l'intention de mondict seigneur.

(C. 814).

MERLE REFUSE DE RENDRE LA VILLE DE MENDE.

A Messieurs, Messieurs Vacheri, de Garrejac, Vanel, Pigiere, Baslit, La Bode, à Chanac.

Messieurs avant recepvoir la vostre, avons mandé que Merle ne vouloit randre la ville, n'ayant trouvés les tiltres de la Gorce souffizans, a faict retirer ses ostaiges. Depuis avons entendu que monseigneur n'estoit guieres bien envers le Roy. Il nous fault fere melheur garde que jamais et fere que l'on continue à fortiffier. Vous le pourrés dire à MM. le capitaines au plustost que pourrez ; nous serons auprès de vous, Dieu aydant. Nous recommandant du meilheur du cueur à vostre bone grace, et priant Dieu, Messieurs, en bonne santé vous donner vie longue.

A Sainct Chély, ce xiiiɪᵉ juing 1581.

Vos bien affectionnez à vous servir,

BRUGEYRONIS ; CHEVALIER, consul ; DUMAS ; DE CHANOLHET ; CHEVALIER ; GLEISE.

P. S. — Nous vous supplions de vous evertuer et prendre couraige en ceste extrémité et fère fortiffier Chanac et pour cause.

(G 2207.)

11 juin 1581.

L'an mil cinq cens quatre vingtz et ung et le dimenche unziesme jour du moys de jung, heure de dix heures du matin. Par MM. Françoys de La Garde, escuyer, lung des escuyer du service de Mgr frère unicque de sa magesté et Jehan de Lambert, escuyer, seigneur des escuyers, gentilhomme servant du Roy de Navarre, depputtés de la part de son altesse et dudict sieur roy de Navarre, pour fere fere la reddition de la ville de Mende et effectuement de lédict au pays de Gevauldan ; a esté presenté à M⁰ Pol Albarici, docteur ez droictz, substitué du procureur du Roy en ladicte Court du bailhaige, lédict de pacification faict par le Roy, contenant confirmation, ampliffication et déclaration, tant des précédens edictz, faictz par sadicte magesté, que des articles arrestés à Flex, ensemble coppie de lettres patentes de sa magesté, portant adveu de tout ce qua esté faict, tant d'une religion que d'aultre, en ce bas pays de Languedoc, despuys la publication dicelluy édict, faicte par devers Mgr le duc de Montmorency, pair de France, gouverneur et lieutenant général pour sa magesté au pays de Languedoc ; aussi ung extrait des lettres pattentes de abolition octroyée par le Roy à ses subjectz de la religion préthendue refformée du bas pays de Languedoc, pour le tout fere lire et publier en ladicte ville et place publicque et carraffours dicelle, et de la publication en rettenir acte. Surquoy, ledict sieur Albarici, subztitué susdict, auroict requis M⁰ Françoys Dumas, licencié ez droictz, plus ancien advocat en ladicte Court du bailliaige, en l'absence des aultres magistratz d'icelle, la publication et estre enregistrés ez actes de ladicte Court du bailhaige. Suyvant laquelle réquisition ledict sieur Dumas et réquisition aussi faicte par noble Mathieu de Merle, gouverneur dudict Mende, soubz l'authorité dudict sieur roy de Navarre et de son consentement, par ledict seigneur Dumas, auroient esté ordonné le susdict édict et lettres patentes d'abolition et aultres dessus nommés estre leues, publiées en ladicte ville de Mende, place et carrefours dicelle.

Ce que auroict esté faict par Léonard Fabre, trompete dudict sieur de Merle; et de ladicte publication par ledict sieur Dumas en auroict esté octroyé et en oultre ordonné estre enregistres ez actes de ladicte Court, pour servir à qui appartiendra, ez presences de MM. Bernard Renard, lieutenant de bailli; Jehan Grassin, Claude Corrier, marchand; Robert Bourguineau, appoticaire; Jehan Destreclz, jeune, et plusieurs aultres habitans dudict Mende, et de nous Vidal Chevalier, notaire royal, et Françoys Jacques, soubzsigné audict greffe, presens et recepvantz ledict acte, soubzsignés.

Extraict des registres de la Court royale et commune de Gévauldan.

   Guerin, subztiteu en ladict Court; Cavalery.

         G. 1791.

DÉLIBÉRATION DU 18 JUIN 1581.

Au chateau de Chanac.

Par Estienne Gasanhe, consul de la ville de Chanac, a esté remonstré, despuys la publication de la paix faicte en la présent ville, le 6ᵉ février dernier, jusques au jour présent, ilz auroient esté chargés de la compaignie des cappitaines Gibrat, estant de 150 soldatz, et aussi de celle du cappitaine Costeregord, en nombre de 60 soldatz, tant pour la nourriture des moys de fevrier et mars derniers, que ustencilles des moys subséquens; ce que leur seroit impossible de plus susporter, mesmes attendu ladicte publication, par laquelle ilz doibvent estre déschargés de ladite garnison.

Conclud, attendu que les commissaires depputez par M⁼ʳ et le roy de Navarre sont arrivés à Mende, pour la reddition d'icelle et qu'il y a quelque aparence que le cappitaine Merle, vaincu de tant de rescharges et commandement, se disposera à obeyr, pour le solaigement des habitans, la compaignie dudit Gibrat sera redduicte au nombre de 55 soldatz, pour tousjours conserver ladicte ville à l'obéissance du Roy, jusques à la reddition de ladite ville de Mende, en exécution dudict edict en cedict pays, et qu'elle sera entretenue aux despens des dictz habitantz, sauf leur remboursement sur le general du pays.

(Archives départementales. — C. 818. .)

FIN DE LA PREMIÈRE PARTIE.

Mende, impr. A. PRIVAT.

www.ingramcontent.com/pod-product-compliance
Lightning Source LLC
Chambersburg PA
CBHW061958300426
44117CB00010B/1389